六十年來，前往定陵參觀的人不計其數，大家穿過金剛牆，走過重重的石門，才能到達玄宮後殿。（林馨琴 攝）

幾百年來，十三陵神道兩側的石像生默默地守護著陵墓的主人們

明十三陵於2003年被聯合國訂為世界文化遺產（林馨琴 攝）

將軍頭戴鳳翅盔，身穿鎧甲

文臣身穿朝服，手持朝笏

四腳跪地的石馬

神獸之一——麒麟

十三陵神道前的石像生，共有十二對石獸、六對翁仲。

十三陵前的大宮門

定陵為明萬曆朱翊鈞之陵，前有三座石橋及無字碑。進陵園後有祾恩門、祾恩殿(僅見遺址)，殿後有琉璃屏、石五供、寶城，寶城上達明樓，寶城中為帝后葬所。原陵園外有外羅城，已毀，僅見遺址

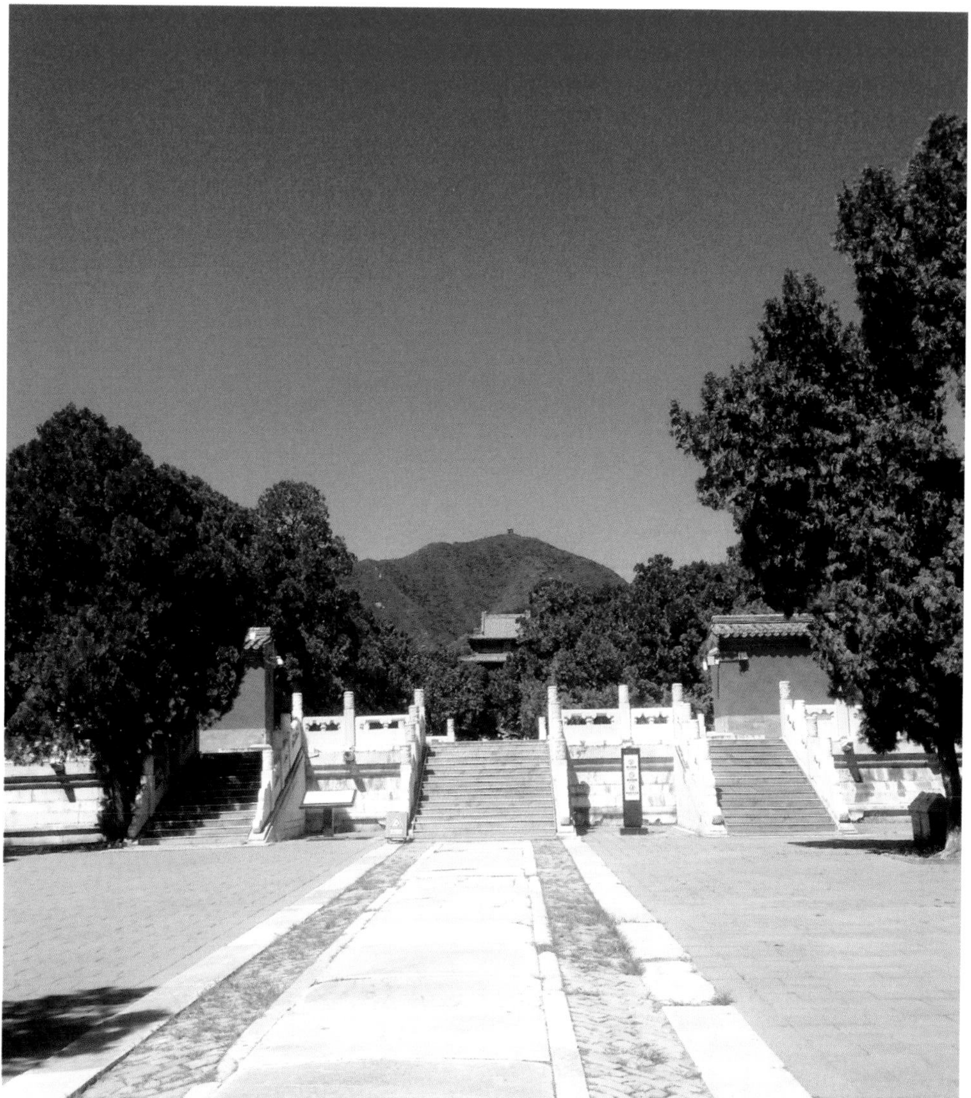

通往定陵明樓的金磚石道（林馨琴 攝）

萬曆皇帝像

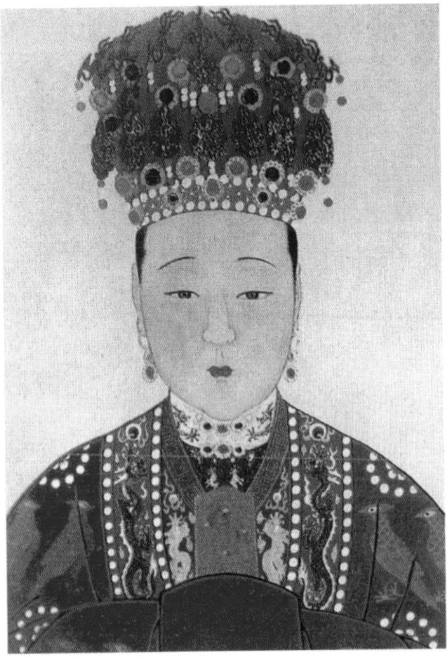

孝端皇后像

王恭妃（後為孝靖皇后）像

金翼善冠

烏紗翼善冠（帽胎復原）

孝端皇后的六龍三鳳冠

孝靖皇后的十二龍九鳳冠

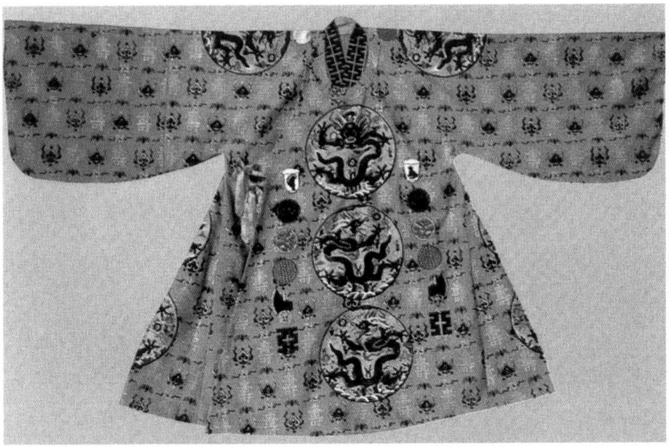

緙絲十二章袞服（複製件）

紅素羅繡平金龍百子花卉方領女夾衣（複製件）

暗花羅方領女夾衣繡博戲、戲球、鬥毆圖

鑲寶金釵；V型二式鑲寶金簪

V型三式鑲寶金簪；III型鑲寶金簪；VIII型鑲寶金簪

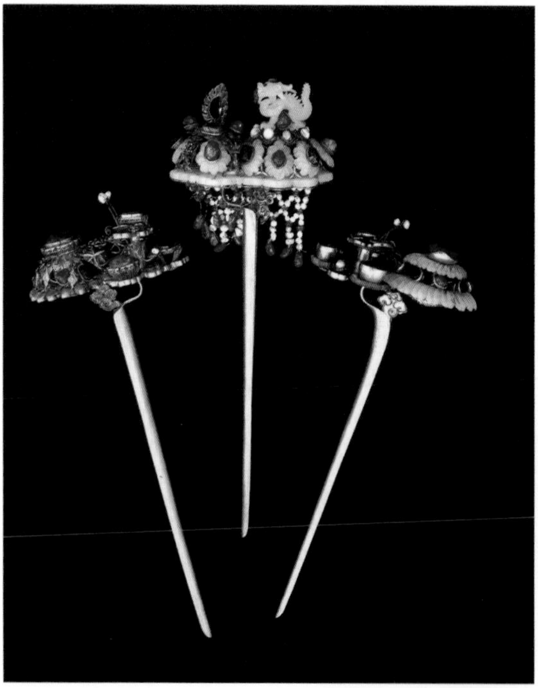

V型一式鑲寶鎏金銀簪；I型鑲寶金簪；I型鑲寶鎏金銀簪

鑲寶花絲仙人鎏金銀簪

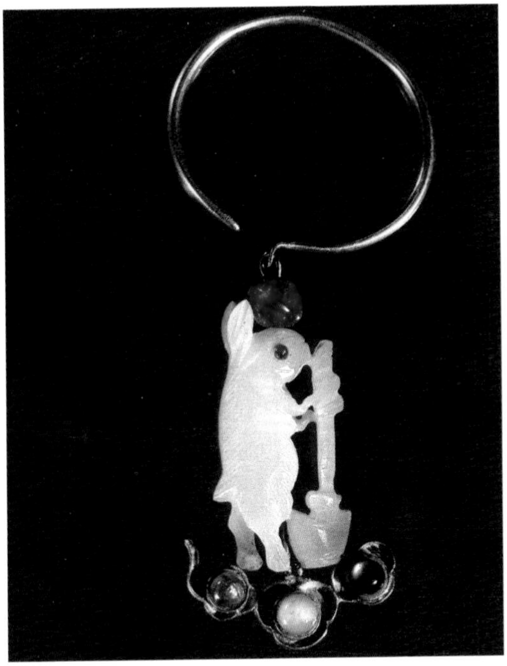

金環鑲寶玉免耳墜

鑲寶玉龍戲珠金簪

鑲寶花蝶鎏金銀簪

I型金盆

II型金盆

刻雲龍紋金漱盂內壁紋樣

明隆慶年制金累絲鏤空盒玉盂之一

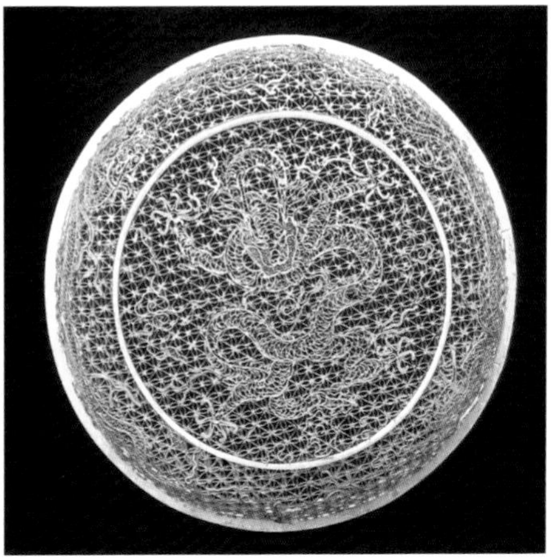

花絲鏤空金盒玉盂盒蓋頂

金蓋金托玉碗

金盞

玄宮的五供桌前有一口巨大的青花龍缸，缸內儲存油質，是點燃長明燈之用

金蓋金托盤青花碗

青花梅瓶

黃琉璃香瓶

明萬曆年製刻雲龍紋金筒形盒

金匙筯瓶（分置）

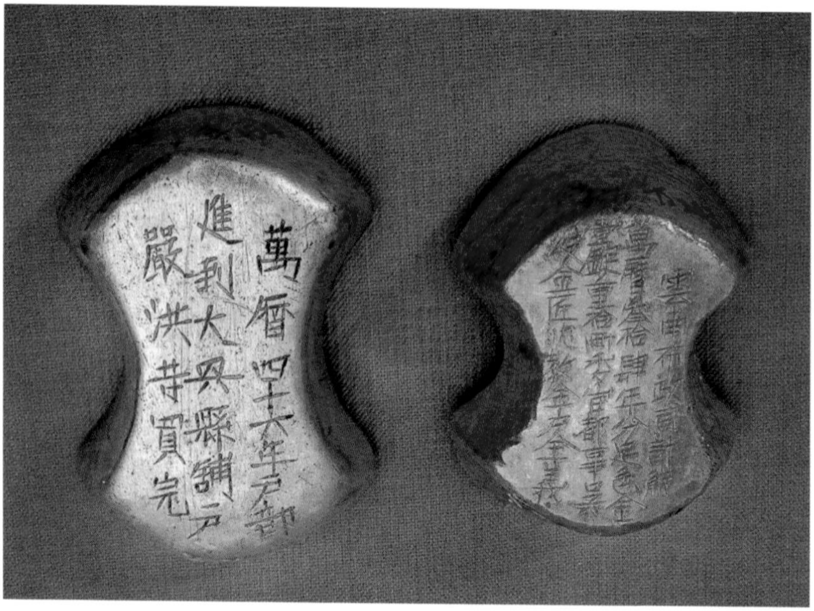

孝端皇后棺中金錠底部銘刻

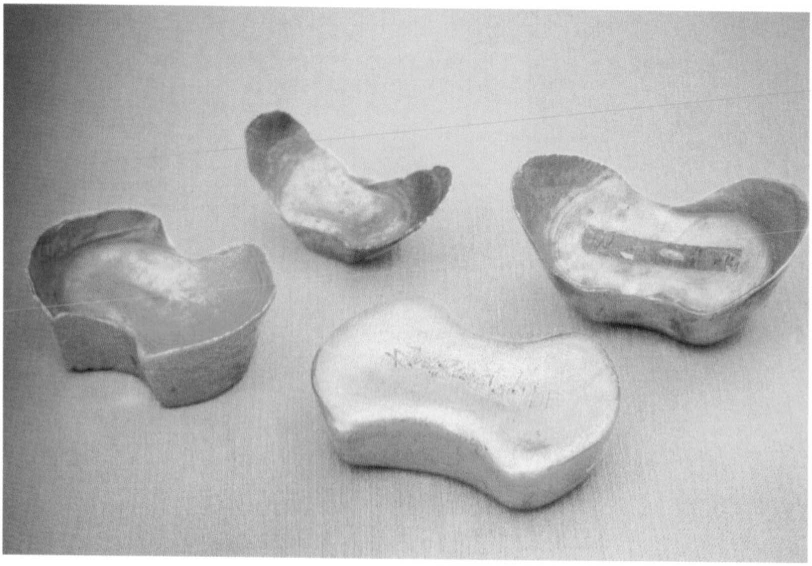

孝端皇后棺中的金錠

親切的、活潑的、趣味的、致用的

實用歷史叢書

遠流出版公司

風雪定陵——從萬曆到文革　地下玄宮洞開之謎
（二十週年修訂版）

作　　者——岳南、楊仕
圖片提供——岳南
總監暨總編輯——林馨琴
編　　輯——楊伊琳
企　　畫——張愛華
美術設計——唐壽南
發 行 人——王榮文
出版發行——遠流出版事業股份有限公司
地址：臺北市10084南昌路二段81號6樓
電話：（02）36926899　傳真：（02）23926658
郵撥：0189456-1
著作權顧問——蕭雄淋律師
2016年11月1日　三版一刷

新台幣定價450元　（缺頁或破損的書，請寄回更換）

ISBN 978-957-32-7910-5
YLib 遠流博識網
http://www.ylib.com　E-mail:ylib@ylib.com

風雪定陵

從萬曆到文革
地下玄宮洞開之謎

岳南、楊仕◎著

出版緣起

王榮文

・歷史就是大個案

《實用歷史叢書》的基本概念，就是想把人類歷史當做一個（或無數個）大個案來看待。

本來，「個案研究方法」的精神，正是因為相信「智慧不可歸納條陳」，所以要學習者親自接近事實，自行尋找「經驗的教訓」。

經驗到底是教訓還是限制？歷史究竟是啟蒙還是成見？——或者說，歷史經驗有什麼用？可不可用？——一直也就是聚訟紛紜的大疑問，但在我們的「個案」概念下，叢書名稱中的「歷史」，與蘭克（Ranke）名言「歷史學家除了描寫事實『一如其發生之情況』外，再無其他目標」中所指的史學研究活動，大抵是不相涉的。在這裡，我們更接近於把歷史當做人間社會情境體悟的材料，或者說，我們把歷史（或某一組歷史陳述）當做「媒介」。

• 從過去了解現在

為什麼要這樣做？因為我們對一切歷史情境（milieu）感到好奇，我們想浸淫在某個時代的思考環境來體會另一個人的限制與突破，因而對現時世界有一種新的想像。

通過了解歷史人物的處境與方案，我們找到了另一種智力上的樂趣，也許化做通俗的例子我們可以問：「如果拿破崙擔任遠東百貨公司總經理，他會怎麼做？」或「如果諸葛亮主持自立報系，他會和兩大報紙持哪一種和與戰的關係？」

從過去了解現在，我們並不真正尋找「重複的歷史」，我們也不尋找絕對的或相對的情境近似性。「歷史個案」的概念，比較接近情境的演練，因為一個成熟的思考者預先暴露在眾多的「經驗」裡，自行發展出一組對應的策略，因而就有了「教育」的功能。

• 從現在了解過去

就像費夫爾（L. Febvre）說的，歷史其實是根據活人的需要向死人索求答案，在歷史理解中，現在與過去一向是糾纏不清的。

在這一個圍城之日，史家陳寅恪在倉皇逃死之際，取一巾箱坊本《建炎以來繫年要錄》，抱持誦讀，讀到汴京圍困屈降諸卷，淪城之日，謠言與烽火同時流竄；陳氏取當日身歷目睹之事與史實印證，不覺汗流浹背，覺得生平讀史從無如此親切有味之快感。

觀察並分析我們「現在的景觀」，正是提供我們一種了解過去的視野。歷史做為一種智性活動，也在這裡得到新的可能和活力。

如果我們在新的現時經驗中，取得新的了解過去的基礎，像一位作家寫《商用廿五史》，用企業組織的經驗，重新理解每一個朝代「經營組織」（即朝廷）的任務、使命、環境與對策，竟然就呈現一個新的景觀，證明這條路另有強大的生命力。

我們刻意選擇了《實用歷史叢書》的路，正是因為我們感覺到它的潛力。我們知道，標新並不見得有力量，然而立異卻不見得沒收穫；刻意塑造一個「求異」之路，就是想移動認知的軸心，給我們自己一些異端的空間，因而使歷史閱讀活動增添了親切的、活潑的、趣味的、致用的「新歷史之旅」。

你是一個歷史的嗜讀者或思索者嗎？你是一位專業的或業餘的歷史家嗎？你願意給自己一個偏離正軌的樂趣嗎？請走入這個叢書開放的大門。

六十年來誰著史

一九五六年五月十九日上午，一支考古隊攜帶專業探鏟，悄然來到北京昌平十三陵之定陵前。隨著一聲令下，發掘人員鏟下第一鍬土，標誌紅色中國建政以來，有計畫、有組織、以科學手段主動發掘的第一座皇帝陵寢——明定陵地下玄宮考古行動拉開了序幕。

事隔四十年後，首部呈現定陵考古的紀實文學《風雪定陵》，一九九六年由台北遠流出版公司出版，引起台灣甚至海外廣大讀者高度關注和喜愛。據遠流出版公司董事長王榮文先生多年後對我說，此為兩岸破冰後，遠流自大陸引進若干簡體版權著作中，最為成功的一部，無論是題材還是寫作、敘事手法，對台灣文化界和讀書界是一大衝擊，當年更被評為《中國時報．開卷》十大好書。二〇一一年，我受聘到新竹清華大學任駐校作家，與經濟系教授兼藝術中心主任劉瑞華教授相識，有次一起喝酒時，劉兄對我說：「當年你的《風雪定陵》被評為時報『開卷』十大好書，我是評委之一。」我聽後略吃一驚，表達深深的感謝之情。

二〇一二年底，劉教授舊事重提：「十六年前，大陸作家岳南在台灣出版《風雪定陵》的時候，我因為參與《中國時報》開卷版的書評工作，仔細讀了這本書，而且與其他委員共同把此書選為一九九六年的十大好書。」、「當年我們很驚喜這位名不見經傳的作者，能把一個考古工作的過程寫得如此深刻而生動，也不曾考慮過大陸作家的作品選為十大好書有何不妥。」

感謝讀者的熱情與評委們的眼光、胸懷兼盛意。此一著作，是我與定陵地下玄宮考古隊隊長趙其昌夫人楊仕女士首次合作的一個成果。得天時、地利、人和之便，在題材的開發和歷史細節上，我們做了非「近水樓臺」者難以做到的工作。訪問了當年參與發掘地下玄宮、尚存人世的幾乎所有見證者，近似搶救式地取得了第一手材料。在趙其昌先生指導下，對相關的古代史跡、文獻資料，探賾索引、稽考鉤沉，終於成就了這部著作。

不僅如此，拙著的出版，對旅遊從業人員也提供了一定助力。一九九〇年代時，明十三陵，特別是定陵地宮景點與出土文物，沒有一本書甚至小冊子予以介紹。北京市旅遊局便把《風雪定陵》定為導遊必讀和考試教材，許多導遊買來日夜翻閱甚至背誦，直至熟稔於心。前些年，我與趙其昌、楊仕夫婦等一批文化界朋友，住在十三陵水庫北岸的北新村（明代修建十三陵時為工部廠）寫作，受陵區辦事處之邀，每逢週末或節日，我與趙、楊二位便到定陵前廣場簽名售書。閒來與導遊聊天，方知他們之中多數人，就是以《風雪定陵》為教材並通過考試拿到導遊證的。言說間，有一小夥子現場慷慨激昂背誦書中〈吳晗與海瑞〉一章的開場白：「歷史的海瑞，現實的吳晗，陰差陽錯，三百年後糾纏在一起。不同的時代，相似的際遇，死者為活者打開了心靈的閘門……」在場者為這位帥哥導遊超強的記憶力拍手稱讚的同時，又為書中人物的悲慘命運感到哀傷……

據北京昌平十三陵特區管理人員表示，一九九六年有近三十萬台灣人到此觀光，許多是看了《風雪定陵》後專門跑來的，參觀後一來是對十三陵如此浩大輝煌的建築群感到驚嘆；再是對皇帝與后妃於陵寢中陪葬那麼多金銀財寶感到不可思議；讓他們感到沉痛的是，當年以考古的手法挖掘定陵地下玄宮，結果成了一個大悲劇。

而今，當年對我們寫作給予大力支持與幫助的定陵考古隊隊長趙其昌，已於二〇一〇年十二月十四日去世，其他參與挖掘的人員也凋零殆盡。蒼茫的十三陵前，「白頭老漢在，閒坐說明皇」的情景，已一去不復返。所幸的是，隨著國內外有識之士的督促與社會本身的進步，整個十三陵園區的保護逐漸展開。二〇〇三年七月，明十三陵正式列入世界文化遺產。守陵人的後代子孫早已伴著消亡的大明王朝喪失過去的待遇，只以活化石的姿態存在於這片皇家陵園中。除了種植水果為生，部分守陵人後代與時俱進，經營各種供遊客吃喝逍遙的「農家樂」生意。

二〇一六年，正是定陵地下玄宮發掘六十週年。為紀念中國考古史這段特別的日子，中國明史學會與北京有關方面不斷召開會議，以不同形式紀念中共建政以來首次對皇家陵寢——定陵的考古發掘，並對當年發掘得失進行反思與檢討。遵循歷史學家陳寅恪先生所云「在史中求史識」、「吸取歷史的教訓」，以避免日後悲劇重演和中華文明再遭劫難。遠流出版公司總編輯林馨琴，也特別從台北前來北京，邀我一起重訪定陵，拍製影像，重新修訂《風雪定陵》二十周年紀念版。

我們除了針對二十年來發生的與定陵有關的史事作補充，同時對定陵的主人——萬曆皇帝宮中生活，特別是著名的「國本之爭」等史實，根據最新的研究資料，給予補充和修訂。經過近半年的努力，終於與讀者見面。相對於二十年前的版本，修訂版的內容更加豐富，特別是對萬曆皇帝、臣僚以及后妃之間的祕辛，爭鬥的焦點和來龍去脈，疏理得更加清楚明瞭，對「明雖亡於崇禎，而實亡於萬曆」這句歷史學家的未定之論，有更加明晰的認知和判別，想來讀者能夠體會出箇中滋味的。

「文以載道，文以化人，匯則興邦」等聖賢人語，是古人的理想和精神寄託，《風雪定陵》一書不足以承載如此重任，但願能引起當代人類對古代文明的重視與珍愛，激發人類良知和社會責任感，我們的心血也就沒有白費。

最後要向大家報告的是，由北京此刻影業公司投資、根據《風雪定陵》一書改編的電影，已於今年雙十節正式啟動計畫。期待不久能於兩岸三地的影院、劇場，一睹這部大片的風采。

二〇一六年十月十日於北平

目錄

前言

明定陵自一五九〇年建成至今已四百餘年。

四百餘載滄桑歲月，使這座宏偉瑰麗的皇帝陵寢如同它那地下玄宮存放的青銅器一樣，蒙上了一層難以辨認的綠鏽。而陵墓主人那極富傳奇色彩的一生，更像一個謎團久久地困惑著無數學者、先哲，至今為此爭論不休：一個幼年極端聰穎並頗有大志的皇帝何以在剛剛步入黃金時期就為自己修築陵墓？一個皇帝對一個女人的愛何以近四十年始終不渝，以至為她引起的「國本之爭」，差點斷送了大明江山？這個皇帝又何以二十多年不理朝政，使大明帝國江河日下，幾乎伴同他一起走進了墳墓？

一九五八年九月六日，新華通訊社向世界播發了這樣一條消息：

明十三陵中的定陵已被打開。陵墓是一座地下宮殿，全部用大塊青白石砌成的拱券，有兩層樓高、八十多公尺長。在後殿裡放著三口一人多高的朱紅色棺材，明朝第十三個皇帝朱翊鈞和他的兩個皇后都躺在裡面。屍體已腐爛，骨架完好，頭髮軟而有光，屍骨周圍塞滿了無數的金銀玉器和成百匹的羅紗織錦，這些錦緞時經三百餘年，有的還金光閃閃。織錦品的發現，對瞭解和研究久已失傳的明代特有的絲織技巧，具有極其重要的意義……

震驚、愕然、猜疑……這條被封鎖了兩年多的消息一經播出，立即使各國考古界為之譁然，無數驚愕的目光驟然投向東方這塊古老而神奇的土地。

與此同時，某些大國的科研情報部門，立即開動迅速運轉的機器，用不同的手段和方式，探測著定陵洞開的隱密和出土文物的價值。

其間，最敏感的美聯社率先作出反應——

這是中國自成立後有計畫主動發掘的第一座皇帝陵墓。它從一九五六年五月開始動工，至一九五八年七月結束，為時二年二個月。一切跡象表明，定陵的發掘是由一批實力雄厚、訓練有素的專家完成的。這不同於以往任何一次考古發掘，說明中國的考古學事業正在走向成熟……

定陵已經開放，似乎一切都不再是祕密。

然而，事實並非如此。

當我們步入古老幽深的地下玄宮（王者的墓穴），面對三口複製的朱紅色棺槨，仍覺一團團迷霧在心中升騰，冥冥之中似有一種聲音在向世間訴說著什麼，如泣如訴，如悲如哭。

當年出土的那三口用金絲楠木精製而成的巨大朱漆棺槨原物安在？那三具骨架完好，頭髮軟而有光的屍體存放何處？那金光閃閃，囊括了整個中華民族絲織技術和人類紡織技術高峰的幾百匹織錦珍品又在哪裡？

迷霧又一次困惑了人們。

國外科學界睜大了眼睛密切注視著定陵發掘報告的誕生，希圖從中得到破譯的密碼。

但，三十年過去，中華大地上卻沒有一篇有關定陵發掘的學術性報告問世。這時，無論是西方還是東方，人們望眼欲穿，如火的希望漸漸地變為灰燼。

終於，耐不住寂寞的人們開始用不同的形式探測這一「祕密」的起因，信函如雪片一樣從世界各地飛來。不解、惱怒、甚至出言不遜……一位香港的華人女科學家在信中憤然寫道：「定陵發掘近三十年而不出一篇學術報告，如此巨大的時間間隔是世界考古史上絕無僅有的。我真擔心，中華五千年燦爛文明及祖宗留下的基業，會毀於你們這些不肖子孫之手……」

巨石飛來，響聲如雷，中國考古界卻出奇地沉默。他們不能不表示沉默，又怎能不表示沉默？

面對異國他邦那一雙雙真誠、期待的眼睛，即使是一代考古巨匠夏鼐也無法解釋和羞於訴說。定陵的發掘連接著久遠的過去，交織著一系列錯綜複雜的歷史事件，在他和他的弟子心中，當年那史詩般的偉大發掘，以及輝煌的榮光，似乎早已成為遙遠的夢幻。縈繞在腦際的卻是一曲棺槨毀棄，骨架被焚，發掘者家破人亡、妻離子散的蒼涼輓歌……

三十年過去，彈指一揮間。

歷史給予我們的是定陵發掘見證人衰老病死的噩耗。當年首次倡議發掘並聯名上書政務院的吳晗、郭沫若、沈雁冰、鄧拓、范文瀾、張蘇以及參加指導發掘工作的鄭振鐸、夏鼐等文化巨匠俱已作古，即使是當年參加發掘的不到二十歲的熱血青年，也已青春早逝，華髮頻添，垂垂老矣。自然法則不可抗拒，歷史就是這樣造就著一切，又毀滅著一切。

面對這種可怕的「死亡周期」，今天的我們不能再度沉默。既然歷史已經不可挽回地賦予了定陵洞開的歷史事實，我們理應當此重任，以沉重的筆尖作犁鏵，去刺破歲月沉積的覆蓋層，撿拾遠古遺留的碎片，以期修補和復原歷史的原貌，使其閃爍自身的光華或暗淡，讓死去的感到欣慰，活著的不再遺憾。

——這便是我們筆耕的誓願。

第一章

周恩來的抉擇

發掘明陵，吳晗決心已下。搬兵請將，上書總理。鄭振鐸、夏鼐提出異議。雙方紛爭在所難免。

巨人的抉擇，揭開了中國考古史新的一頁——

獄中吳晗的悔恨

一九六九年十月十日。夜，漆黑。風，瘆人。一股肅殺的氣氛纏繞著古城北京某監獄。

行將歸天的吳晗，苦苦掙扎著不肯離去。

呼吸越來越困難了。他雙手緊緊扼住自己的下顎，笨拙的身子在被他的熱血浸泡過的乾草上急劇地抽搐、顫抖，兩條乾瘦的小腿伸開、蜷回、又伸開，靈魂在掙脫軀殼的最後時刻是那樣不情願。或許，這顆痛苦的靈魂在徹底絕望之前，還要回到清華園的綠草地、北京市政府那張明淨的辦公桌前，到定陵那神祕深邃的地宮中再走一趟，向他們一一告別、辭行。

然而，這一切都不屬於他了。

早在一九六二年，一些「左」派學者就把他當作「資產階級學術權威」的重點抨擊對象。歷史劇《海瑞罷官》的清官問題、歷史人物的評價問題、道德繼承問題，已經遠遠地超出了學術的討論範圍，而進入一種居心叵測的陰謀鬥爭，他已經無可逃脫地成了批判的靶子。而風靡全國的「三家村」事件，終於使他走上了十年內亂開刀祭旗的淒壯祭壇。他被跪綁在烈日下的枯樹幹上，脖子裡灌滿了曬得滾燙的沙粒，無數條皮帶抽打著他那越來越枯黃乾瘦的身子，無數雙酷似魔爪的手在撕扯他的耳朵、頭髮，挖戳他的眼睛。頭皮被掀揪，鮮血流滿了面額……從那時起，他和他鼎力宣導和創造幾十年的學術基業，遭到毀滅性的劫難就註定了。

時任北京副市長的吳晗

現在，他要死了。

一豆油燈照著他灰白痛苦的臉。彌留之際，他依稀記起六個月前監獄長送來的消息，在苦難中突然舊病復發的愛妻袁震，已經與世長辭。臨死時，面對朋友送來的一鍋紅豆稀粥，她有氣無力地說：「我覺得心裡悶得慌，什麼都吃不下，只想看一眼老吳……」此刻，他和愛妻一樣，也將在巨大的悲憤中死去了。他可以忍受死亡，但他再也無法忍受臨死前的孤獨。他巴望著十五歲的女兒小彥和十一歲的兒子吳彰突然闖進來和自己親熱地擁抱，做最後的訣別。他企望與自己肝膽相照、同舟共濟的鄧拓、夏鼐兩位良朋益友作一次長談，甚至他希望那個定陵發掘隊隊長、自己的學生趙其昌再來到面前，向他彙報定陵的情況。

明陵的發掘是他學生時代的宿願，也是他建國以來鼎力促成文化事業方面的一件大事。自從萬曆帝后的棺槨被毀之後，他就重新檢討發掘定陵的得失。當那個皇帝和兩位皇后的骨架被騰升的烈焰，頃刻化為灰燼的消息傳來時，他才清楚地認識到，在十年前那場爭論中，鄭振鐸、夏鼐兩位諍友的遠見。此時，假如鄭振鐸、夏鼐出現在眼前，他會爬起來抓住他們的手說：「如果那時我能看到今天，也許不會……」

但是，沒有人來。

流逝的時光不會再一次到來了。今天，屬於他的，只有悲憤和無盡的悔恨……

上書國務院

一九三五年初夏。北平清華園中的古月堂。

即將赴河南安陽殷墟參加田野考古實習的歷史系學生夏鼐，和他的同窗好友吳晗踏著綠茵茵的草地正親切交談，暢述著自己日後的志願。夏鼐問打算留校任教的吳晗：「如果由你來選擇，你打算挖什麼古跡？」

以研究明史嶄露頭角，從而成為胡適愛徒的吳晗，不假思索地說：「當然挖明十三陵。」

兩人相視一笑，握手言別。他們誰也沒有想到，二十年後，這次看似無足輕重的閒聊，竟成為現實，並由此引發起一場紛爭。

一九五五年十月四日，國務院祕書長習仲勳的辦公桌上，平放著一份剛送來的報告：

關於發掘明長陵的請示報告

國務院：

在社會主義建設取得偉大成就的今天，我們的文化事業也得到了飛快發展。為進一步加強和繁榮社會主義文化事業，我們請求對十三陵中的明朝統治者朱棣的長陵進行發掘。

封建統治階級的帝王，死後陵墓中都有大量殉葬品。朱棣是明朝開國皇帝朱元璋的兒子，他在世時遷都北京，是十三陵的首陵，殉葬品可能多於其他陵墓。通過對長陵的發掘，以活生生的事例與實物，進行歷史探索，並可利用這些器物，進一步開展對明朝政治、經濟、軍事、文化等史實的研究，更好地為社會主義建設服務。

陵墓發掘後，就原址建立博物館，將出土器物整理陳列。以偉大領袖毛澤東提出的「古為今用」的方針，向廣大人民群眾進行階級教育，可進一步認清封建統治階級的反動醜惡面目，加強對偉大社會主義祖國的熱愛，同時也可增加首都人民群眾的文化生活內容。

當否，請批示。

郭沫若　沈雁冰　吳晗

鄧拓　範文瀾　張蘇

一九五五年十月三日

習仲勳看罷報告，覺得事關重大，立即批轉主管文化的陳毅副總理並呈報周恩來總理閱示。

消息傳開，文化部文物局局長鄭振鐸、中國科學院考古研究所副所長夏鼐大驚。當他們得知這份報告的發起人是北京市副市長吳晗時，便急忙前來勸阻並希望其收回報告，一場紛爭由此開始。

「出土器物是最可靠的歷史資料，我們發掘長陵後，可利用明成祖的隨葬器物，進一步開展對明朝政治、經濟、軍事、文化等史實的研究工作，同時將出土文物整理後，就地成立博物館，對首都人民進行歷史唯物主義教育，增加首都人民的文化生活內容……」

鄭振鐸聽罷吳晗的敘述，從椅子上站起身，急不可待地說：「我國目前考古工作的技術水準還難以承擔這樣大規模陵墓的發掘工作，出土的古物在保存、復原方面的技術也不過關，如此規模龐大的陵墓發掘和出土文物的保存，就連世界上技術先進的國家也會感到頭痛……」

未等鄭振鐸說完，吳晗接著反駁：「全國已經解放五、六年了，有老一輩的考古專家，也有新培育的一批大學生，從人力物力都有條件勝任這項巨大的工程。」

夏鼐見二人難分勝負，便及時地出來為鄭振鐸助一臂之力。他先是不動聲色地望望面前的這位同鄉加同學，詼諧地講道：「老吳，眼下全國都在大規模地搞基本建設，考古人員嚴重不足，今天西北告急，明天東南告急，我們的人全所出動，配合基建還應付不了局面，又怎能主動發掘皇陵呢？再說出土的許多古物都要保存和復原，這方面的人手更少。你應該從全國考古工作的輕重緩急來考慮問題，不能以明史專家的角度來安排發掘工作。老兄！你已經不再是清華園那個吳晗了啊！」

整整一個下午，紛爭仍無結果。發掘明陵對於主管北京市文化教育的副市長吳晗來說，既然決心已下，就很難有外來的力量予以改變。

鄭振鐸、夏鼐走後，吳晗怕風雲不測，便立即找到郭沫若、鄧拓等好友，透過不同的方式在中央領導人面前加緊了對發掘長陵重大意義的宣傳和鼓動。與此同時，鄭、夏也間接地向中央提出了自己對長陵發掘的不同觀點，爭論雙方都把希望寄託在周總理身上。五天之後，有消息傳來，周恩來總理已經作出裁決並在報告上簽字——

同意發掘

巨人的抉擇，使中國的考古事業揭開了新的一頁。同時，有許多意想不到的故事，也要在這一頁上書寫。

一九五五年十二月初，在吳晗的鼎力主持下，成立了「長陵發掘委員會」。委員會成員為：

中國科學院院長　郭沫若
文化部部長　沈雁冰
北京市副市長　吳晗
《人民日報》社社長　鄧拓
中國科學院歷史研究所第三所所長　范文瀾
全國人民代表大會常務委員會副祕書長　張蘇
中國科學院考古研究所副所長　夏鼐
文化部文物局局長　鄭振鐸
北京市副市長　王昆侖

長陵發掘委員會下設一個考古工作隊。工作隊由文化部文物局、中科院考古研究所、北京市文物調查研究組共同抽調人員組成。

其成員姓名及概況為：

趙其昌	隊長	二十八歲	北京大學歷史系考古專業畢業
白萬玉	副隊長	五十八歲	小學畢業
于樹功	隊員	五十二歲	蘇聯莫斯科中山大學畢業
劉精義	隊員	二十三歲	南開大學歷史系肄業
冼自強	隊員	十七歲	初中畢業
曹國鑒	隊員	十八歲	初中畢業
龐中威	隊員	十九歲	初中畢業
李樹興	隊員	十九歲	初中畢業
王傑	隊員	十九歲	初中畢業

我們不惜篇幅，列舉長陵發掘委員會和考古工作隊人員的概況，意在為中華人民共和國成立以來，以研究歷史並建立陵墓博物館為主要目的，有計畫、主動發掘的第一座皇帝陵墓的歷史史實，留下盡可能詳細的紀錄，以期為政治家、歷史學家、考古學家以及其他學科多方面的研究工作者提供更加開闊的思考空間，為此次發掘的得失作出真實而科學的評價。

風雪天壽山

既然發掘明陵已成定局，身為考古研究所副所長並主管業務的夏鼐，責無旁貸地承擔起發掘的指導工作。他催促工作隊長趙其昌——也是他的學生，盡快上路去明陵調查。

一九五五年最後的一天，趙其昌偕同探工趙同海攜帶著考古專用的各種工具，走出古城北京，冒雪北上，來到十三陵這座昔日的皇家聖地。

寒風呼號，雪花紛飛。起伏的群山和荒蕪的陵墓蒙上一層慘白的葬衣，沉睡了幾百年的皇家陵園越發顯得死寂與淒涼。趙其昌踏著沒膝的積雪，越過祾恩殿❶，爬上長陵寶頂❷。

「會當凌絕頂，一覽眾山小。」站在大明成祖皇帝這座輝煌、雄偉的寶頂之上，舉目四望，群陵棋布，高低錯落，黃瓦紅牆，掩映在綠松白雪之間，真是一幅絕妙的風景畫；俯首南眺，一條長達七公里的中軸線如同一道寬大壯美的銀鏈，從遙遠的天際橫空而降，直通腳下，巨石雕刻的文臣武將排列兩側，形成一條「神道」，顯示著威嚴而肅穆的皇陵氣派。狂風勁吹，積雪翻騰，樹枝撼動，嗡嗡之聲伴隨旋捲飄揚的雪片忽隱忽現，此起彼伏，遮雲蔽日，如戰鼓擂響，似萬馬奔騰。淒淒北國曠野，彷彿燕王朱

傳朱元璋寫真圖

十三陵神道

棣正率領千軍萬馬，揮舞金戈鐵甲，再度高擎「清君側」的大旗，開始橫掃天下的征程……

公元一三九八年閏五月，明朝開國皇帝朱元璋在南京西宮的御榻上進入彌留之際，他竭力睜大眼睛，望著皇太孫朱允炆，渾濁的眸子裡閃現著幾分憂鬱和惶惑。在他七十一年的漫長生涯中，朱元璋由一個無家可歸的和尚成長為一個擁有八荒四海的皇帝，他禁受了無數次刀光劍影的生死考驗，而每一次都憑藉自己傑出的膽略和才能，鋼鐵般的意志，正當的或卑劣的手段扼住了命運的咽喉，由勝利步入輝煌。而步入輝煌的他在權力的頂峰，又做出了一系列令世人震驚的事情。他廢除了中書省、丞相制，以六部為最高政務機關，直接對皇帝負責；廢除了行省制度，代之以布政司、按察司、都司；廢除了大都督府，設中、左、右、前、後五軍都督府；大肆屠戮宿將元勳；頒布了一系列旨在防止後宮和宦官干政的禁令；借鑑漢唐時期的封藩制，將二十六個兒子封為藩王，又採取措施，限制藩王勢力……所有這些，目的只有一個，那就是保證朱家永遠處於權力的頂峰而不被摔下。

既然這一切都安置完備，那麼，在撒手人寰之際，這位頗具文韜武略的皇帝，除了對自己即將離去的不情願，還要擔憂什麼呢？他動了下嘴唇，似乎要跟長孫——這位自己權位的繼承人交待些什麼，但嘴唇抽搐了一陣，卻沒有說出話來。也許，朱元璋憑藉那種在酷烈的政治鬥爭中鍛煉出來的敏銳直覺，他預感到有一個人，一個在相貌、性情、秉賦、才幹等各個方面都與自己酷肖的人，將在他死後掀起一場巨大的波瀾。這個人就是他的第四個兒子——燕王朱棣。

或許是出於更加複雜的考慮，朱元璋最終還是沒有對皇孫朱允炆說出這個可怕的預感，他只是把身邊一個心腹太監叫過來，有氣無力地悄悄叮囑了幾句祕語便閉上了眼睛，一代梟雄——大明江山的開國之君，就這樣離開了他親手創造的煌煌大業，走進了南京郊野、鐘山之下那座規模宏大、氣度非凡的陵墓——孝陵去了。

太祖駕崩的消息傳至北平後，一隊人馬立即馳出古城向京師飛奔，跑在隊伍最前邊的就是燕王朱棣。朱棣本是朱元璋第四子，封國在北平（今北京），北平為古燕地，故稱燕王。此刻，他心急如焚，恨不得插翅飛到京城，弄清朝廷虛實，掂量一下能否將那個誘人的夢化為現實。由藩王到皇帝，這個夢從洪武十三年他被封北平藩王開始，已在心中埋藏了十八年。

當朱棣興沖沖向南疾馳，快要抵達淮安時，突然碰到新皇帝朱允炆派來的特使。使者向他宣讀了太祖遺詔：「傳位於皇太孫朱允炆；諸王各守信地，勿到京師會葬；王所在地，所有文臣武將悉聽朝廷節制。」

聽罷遺詔，朱棣大驚失色。詔書的意圖很明確：不讓諸王接近京城這個權力中心，以免影響政權的順利更替。削弱諸王的政治、軍事實力，以確保皇權的絕對優勢。

朱棣強按怒火，率隊返回北平……

現在的朱棣已今非昔比了。從這個威風凜凜地雄踞於馬背上的中年漢子身上，很難找到十八年前那年輕初封的藩王影子。十幾載寒來暑往、雨雪秋霜，無數次吶喊衝殺、拚死搏鬥，大大地改變了他的形象：在那金光粼粼的堅甲內，一身堅實而富有彈性的肌肉取代了昔日柔弱的肌膚，正隨著駿馬的顛簸而躍動。原先白皙而細膩的臉龐已刻上了深深的皺紋，古銅色的皮膚在陽光的照映下泛出暗褐色的光澤。細長而微微外凸的眼睛凝視著遠方，時而陰沉，時而熾烈，時而迷濛，時而豁朗。高鼻樑、鼻尖微微內勾，使人聯想到蒼鷹的利爪。往昔那帶著乳臭的唇髭，已變成漆黑而濃密的長髯，正同烈馬的雄鬃一道在風中飄拂。

當年的毛頭小夥子已接近不惑之年。三十八歲，這是一個成就偉大事業的黃金歲月。長期的漠北征戰生活，賦予他一個古代優秀軍事家所需要的一切素質：深謀遠慮的戰略眼光，狐狸般狡詐的用兵方略，不懼死亡的勇猛氣魄，精湛的武藝以及邀買軍心的種種花樣。更重要的是朝中現狀十分有利，頗受朝野好評的太子朱標早已去世，勢力不在自己之下的秦王朱樉、晉王朱棡先後病死，當年那班富有文韜武略的開國元勳，幾乎被他的父親以各種罪名殺光了。現在聲威赫赫的父皇已命歸黃泉，新繼位的侄兒只有十六歲，圍繞在他身邊的只是幾個貌似胸有城府、多謀善斷，實則只是拘法古人的迂腐儒生。所有這一切無疑給朱棣造就了一個奪取皇位的絕好時機。在經過漫長而焦慮的等待之後，潛藏在心底的夢終於不可遏止地激盪起來，催促他不惜生命去完成偉大而驚險的事業。

燕王朱棣是朱元璋的兒子，朱允炆是朱元璋的孫子。皇孫朱允炆已經稱帝，建元建文，而作為皇帝叔叔的朱棣篡奪侄兒的王位，於理不通，於法不容。於是在朱元璋崩駕一年二個月後，燕王朱棣便以朝中齊泰、黃子澄等奸臣在皇帝面前撥弄是非為藉口，毅然打起「清君側」的大旗，宣布起兵，以靖「國難」。

大風起兮，猛士如雲。朱棣手執丈八蛇矛親率大軍離開北平，一路車騎交錯、戈矛並舉、刀劍迸擊、戰馬嗚嘶。燕軍過固安，渡巨馬河，越白水溝，橫跨長江天塹……經過四年的征戰廝殺，終於攻克了南京城。

燕軍入城後，朱棣立即派出人馬，前往皇宮捉拿建文帝朱允炆。這時，皇宮突然起火，烈焰沖天，混亂中卻找不到建文帝的蹤跡。朱棣聞訊，急忙下令緊閉宮門、城門，派人四處搜尋。一連數日，一無所獲。把一些沒死的太監和宮女找來詢問，一位大膽的太監指著一具燒焦的屍體說這便是皇帝，其餘內侍也隨聲附和。於是朱棣命人把這具屍體當作皇帝盛殮起來。至於那是真皇帝、假皇帝抑或是一名太監宮女，卻無從證實。因為有的太監說，皇帝死於大火。一個當年服侍朱元璋後又服侍朱允炆的太監，在經受了一頓拷打和恐嚇後，又說出了皇帝朱允炆已經逃走的故事，並把逃走經過說得極為具體詳細——

當金川門失守的消息傳至皇宮後，建文帝長吁短嘆，徘徊前庭，打算自盡。這時一個老太監猛然想起了太祖朱元璋的遺囑，便急忙拿出一個鐵皮箱遞給皇帝，說是太祖臨終前交給他收藏的，太祖特意叮囑：「遇大難，啟之。」建文帝打開鐵箱一看，裡面有三張度牒❸，分別寫著「應文」、「應賢」、「應能」三個名字。有三副袈裟，僧靴僧帽，一把剃刀，十錠銀子。

另外還有太祖朱元璋親筆朱書一封：「應文從鬼門出逃，餘人從御溝出走。」

剛好建文帝身邊的兩個太監一個叫楊應能，一個叫葉希賢，兩人讀罷朱書，像是心有所悟，解開了「天機」，便自願與朱允炆一起落髮為僧，按朱書所示，分頭逃離京城。

關於建文帝的生死，眾說紛紜，難辨真偽。有人說他出逃後先到神樂觀暫避戰亂，之後三人相伴浪跡江湖，行蹤遍及雲南、四川、貴州、陝西、江蘇等地，並在國外度過了後半生……各種傳說已無確切文字史料記載，至今仍是明史上的一大懸案。不過，朱棣稱帝後，確實派出許多心腹查訪過朱允炆的蹤跡。大臣胡濙到處巡遊就領有這一旨意。後來鄭和率船隊下西洋，據說就曾肩負這項重大使命，其主要目的就是打探建文帝是否已逃往海外並建立新的政權。

明成祖朱棣經過四年的血戰，終於用無數屍骨鋪成了一條通往皇宮的大道，當年那個輝煌的夢實現了。他在群臣的一片勸進聲中在南京稱帝後，改年號為永樂。由於他鎮守北平多年，深知它在軍事上的重要地位，便決定遷都北平，並於永樂四年徵調工匠、民夫上百萬人，開始營建北京宮殿。今天的故宮、天壇、太廟（勞動人民文化宮）等規模宏大的建築，就是在此期間及以後陸續建造，而成並為後人留下的珍貴文化遺產。

永樂五年，皇后徐氏死去，因為正在修建北京，所以朱棣經過深思熟慮之後，沒有在南京建陵安葬，而是派禮部尚書趙狃及江西術士廖均卿等人去北京尋找「吉壤」。他們遍訪北京四郊，足足跑了兩年時間，才找到幾處可供挑選的地方。最先是口外的屠家營，但因皇帝姓朱，「朱」和「豬」同音，皇帝認為豬家要進了屠家定要被宰殺吞刮，未能同意。另一處選在昌平西南的羊山腳下，羊和豬本可相安無事地各自生活，但山後有個村子叫「狼兒峪」，豬的旁邊有狼出沒危險可怕，也未被採用。再一處是京西的「燕家台」，可那位永樂皇帝感到「燕家」和「晏駕」是諧音，不吉利，又遭否定。京西的潭柘寺景色雖好，但山間深處地方狹窄，沒有子孫發展之餘地，亦未能當選。直到永樂七年，才在昌平縣黃土山下選中陵地，並由朱棣親自察看後決定下來。

這裡確是一塊最為理想的風水寶地，燕山餘脈自西北高原逶迤而來，曲折環繞，成為一道天然的屏障。中間一片平原，廣袤寬闊，風景綺麗，泉水順山而下，沿平原兩側緩緩流過，真可謂山青水秀。更為奇特的是，在平原的東西兩側，有青山兩座，成守衛之勢，儼然是兩位頂天立地的將軍。在此處興建陵墓，不只風景美好，更主要的是這裡山勢如屏、易守難攻，一旦駐軍把守，既可護衛陵寢，又便於保衛京師。朱棣立即降旨「圈地八十里為陵區禁地」，開始動工修建長陵，並派軍守護。

朱棣不愧是明代少有的軍事家和政治家，對陵區的選擇和駐軍的守衛，再一次顯示了他非凡的才華，其苦心遠見，在他死後不久便可得到證實。無論是北方的俺答、瓦剌大軍，還是努爾哈赤的鐵騎，都把十三陵視為通向北京的咽喉和畏途，從而費盡心機、不惜餘力進行攻打。即使在中原縱橫馳騁的李闖王，也是從柳溝先入德勝口，再下十三陵，只因居庸關守將投降，才使十三陵變得唇亡齒寒，導致北京陷落。

長陵是十三陵中第一個完成的陵墓

自永樂皇帝圈地築陵的聖旨傳下，黃土山四周百餘里便成為禁地，凡在此住居的百姓，十日之內必須遷往外鄉。於是，一幅悲慘的帷幕隨之拉開。官兵們披掛整齊，手持棍棒，殘忍地毆打和驅趕著遲遲不肯離去的百姓。男人推車挑擔，女人抱著嬰兒，面對祖祖輩輩賴以生存的家園傾刻間變為廢墟，不禁聲淚俱下，孩童的啼哭和老人的呼喊，在淒冷的曠野裡迴盪。其悲苦之狀，撼天地、泣鬼神。

有一叫李煥的白髮老者，面對烈焰升騰的兩間茅屋，撲臥在地，抓起一把黃土放在懷裡，死死不願離去。撕裂肺腑的哀嚎和頭上濺出的熱血，使執棒的官兵都為之動情，淚溼

明十六帝及其陵墓一覽表

★除孝陵位於南京，景泰帝陵位於北京金山，以及惠帝不知所終外，其餘明十三帝陵皆位於北京昌平境內

陵墓	帝名	建元	廟號	諡號	享年	祔葬皇后
★孝陵	朱元璋	洪武（1368—1398年）	太祖	高皇帝	71	馬氏
★	朱允炆	建文（1399—1402年）	惠宗	成皇帝	26	
長陵	朱棣	永樂（1403—1424年）	成祖	文皇帝	65	徐氏
獻陵	朱高熾	洪熙（1424—1425年）	仁宗	昭皇帝	48	張氏
景陵	朱瞻基	宣德（1426—1435年）	宣宗	章皇帝	38	孫氏
裕陵	朱祁鎮	正統（1436—1449年） 天順（1457—1464年）	英宗	睿皇帝	38	錢氏、周氏
★景泰帝陵	朱祁鈺	景泰（1450—1457年）	代宗	景皇帝	30	汪氏
茂陵	朱見深	成化（1465—1487年）	憲宗	純皇帝	41	紀氏、王氏、邵氏
泰陵	朱祐樘	弘治（1488—1505年）	孝宗	敬皇帝	36	張氏
康陵	朱厚照	正德（1506—1521年）	武宗	毅皇帝	31	夏氏
永陵	朱厚熜	嘉靖（1522—1566年）	世宗	肅皇帝	60	杜氏、陳氏
昭陵	朱載坖	隆慶（1567—1572年）	穆宗	莊皇帝	36	孝懿李氏、陳氏、孝定李氏
定陵	朱翊鈞	萬曆（1573—1620年）	神宗	顯皇帝	58	孝端王氏、孝靖王氏
慶陵	朱常洛	泰昌（1620年） 實際在位一個月	光宗	貞皇帝	39	郭氏、王氏、劉氏
德陵	朱由校	天啟（1621—1627年）	熹宗	悊皇帝	23	張氏
思陵	朱由檢	崇禎（1628—1644年）	思宗	愍皇帝	35	周氏、田氏（妃）

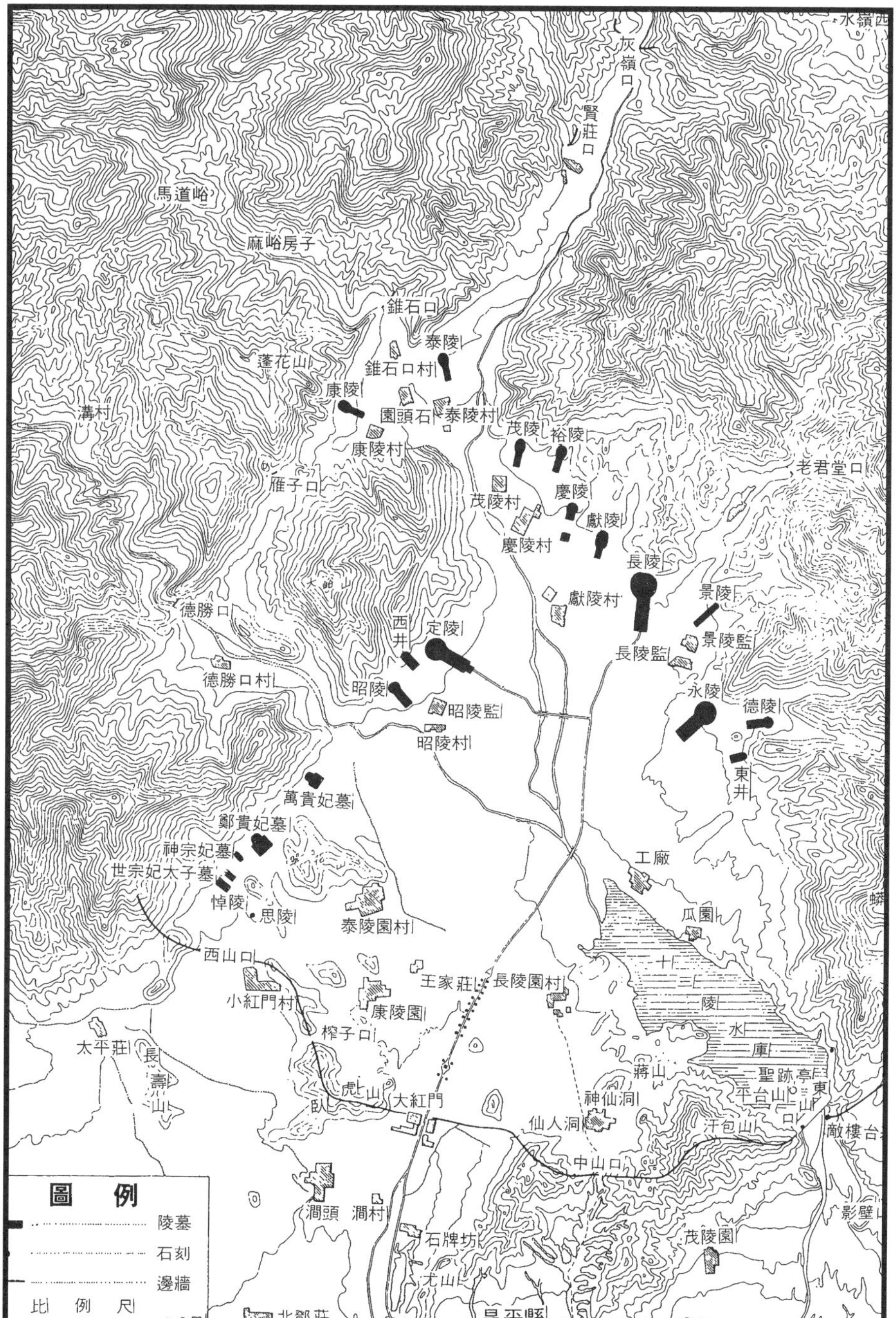
水嶺西
灰嶺口
賢莊口
馬道峪
麻峪房子
錐石口
泰陵
蓬花山
錐石口村
康陵
園頭石
泰陵村
溝村
康陵村
茂陵
裕陵
老君堂口
雁子口
茂陵村
慶陵
獻陵
慶陵村
長陵
大峪山
景陵
獻陵村
德勝口
西井
定陵
景陵監
長陵監
德勝口村
昭陵
永陵
昭陵監
德陵
昭陵村
東井
萬貴妃墓
鄭貴妃墓
神宗妃墓
世宗妃太子墓
工廠
悼陵
思陵
泰陵園村
瓜園
西山口
十三陵水庫
王家莊
長陵園村
小紅門村
康陵園
太平莊
榨子口
長壽山
蔣山
聖跡亭
神仙洞
平台山
東山口
臥虎山
大紅門
仙人洞
汗包山
敵樓台
中山口
圖例
陵墓
石刻
邊牆
比例尺
2公里
澗頭
澗村
影壁山
石牌坊
茂陵園
尤山
北郊莊
昌平縣

明十三陵位置圖

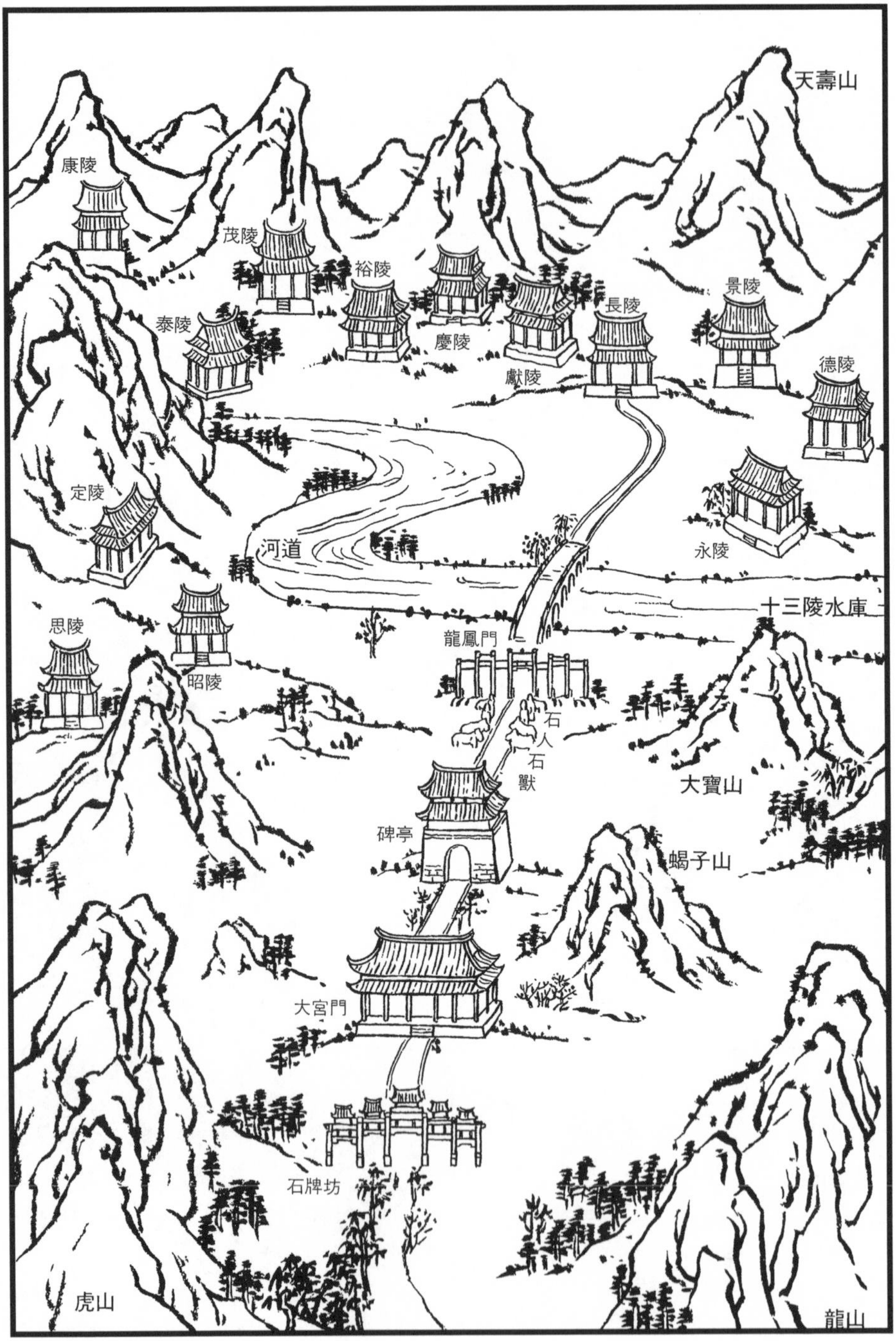
天壽山
康陵
茂陵
裕陵
泰陵
慶陵
長陵
景陵
獻陵
德陵
定陵
河道
永陵
十三陵水庫
思陵
龍鳳門
昭陵
石人石獸
大寶山
碑亭
蝎子山
大宮門
石牌坊
虎山
龍山
十三陵全景簡圖

長陵祾恩殿金絲楠木柱

長陵匾額

衣襟。最後，李煥老人口吐鮮血，一命嗚呼。永樂皇帝得知此情，感其對家園的依戀，特傳旨將他葬在天壽山旁側。至今，這座荒塚還和十三陵一樣默默地守在天壽山麓。

永樂七年，浩大的陵墓工程在黃土山下正式動工，所用軍工、民夫四十餘萬。據《太宗永樂實錄》等書記載，當年朱棣生日，在黃土山上飲酒作歌，百官上壽時為討他歡喜，稱此山為天壽山。朱棣聽罷大喜，即傳旨改黃土山為天壽山。

長陵的營建，先後用十八年時間方完成。朱棣的皇后徐氏於永樂五年去世後，在南京停屍六年，直到永樂十一年，長陵的地宮建成後，才由南京移來入葬，成為十三陵第一個入葬者。

西元一四二四年，朱棣第五次率大軍出征漠北，病死於歸途。這位在歷史的中心舞臺活動二十二年的一代君王，終於走進長陵的地下玄宮，尋找他的生前伴侶去了。

從成祖朱棣在天壽山下建造長陵起，到明代最後一個皇帝思宗朱由檢（年號崇禎）止，除景帝朱祁鈺因故別葬外，其他諸帝都在天壽山附近營葬，共十三處，成為明代中後期皇帝陵墓的集中區。陵區周圍因山勢築有圍牆，長達十二公里，圍牆設垛口、城關、敵樓，駐軍守護。十三陵各陵建築自成整體，布局、形制與皇祖朱元璋的孝陵一脈相承。祭殿在前，寢宮在後，門廊、殿堂、明樓❹、寶城❺排列得層次分明，嚴肅整齊，從宮前莊嚴的神道、石橋、無字碑，直達寶城，一線相貫，地勢逐步升高，有曲有直，有高有低，遠山近水，連成一個氣勢宏偉壯麗的建築整體。十三陵的地上或地下建築，無疑是封建剝削階級的產物。但從某種意義上說，它又是中國古代人民非凡的智慧與才華的結晶，是一種文明與文化的創造。

遺憾的是，這筆財富大都沒能完整地保留下來。從正統十四年「土木堡之變」，來自北方的瓦剌大軍在十三陵燃起焚燒殿宇的大火之後，這文明便開始了它悲劇性的毀滅。最能象徵十三陵各陵建築藝術與風格的祾恩殿，經過數次戰火之後，也只剩長陵的一座孤影自憐了。這座建成於宣德二年的輝煌建築，歷經五百餘年滄桑而無恙。祾恩殿以六十根金絲楠木大柱形成構架，其中，中間四根高為一四．三米，直徑一．一七米。這樣高大的楠木柱，是我國古建築史上獨一無二的奇蹟，即使故宮的太和殿也不能與之匹敵。祾恩殿無論是形體結構、建築風格，都堪稱中國古代建築藝術的典範，它的出現同樣反映了當時國家的富庶與強盛。

……風雪早已停歇，夕陽西下，餘輝灑在起伏的山巒上，翻起銀色的光芒。蒼涼的北國之冬，一片肅靜。趙其昌、趙同海兩人經過對長陵三天的勘察，沒有發現可供發掘的線索，倒是給他們新的啟示：這個陵墓規模太大了，能否找一個較小的陵墓進行試掘，等積累了經驗再掘長陵？

三天之後的夜晚，吳晗家中不大寬敞的書房中燈燭明亮，長陵的照片、草圖、各種資料資料和幾塊填土標本擺滿了地板。吳晗和夏鼐靜靜地聽著趙其昌的調查彙報：「我們在長陵的寶城、寶頂上上下下來回跑了兩天，找不到半點可供考慮的線索。在明樓後的寶城內打了兩個探眼。全是填土，沒有生土比較，打鏟已經沒什麼意義了。沒有線索，僅靠臆測，會使我們走向失敗……」

吳晗低著頭，拿鉛筆輕輕地敲打著桌子。夏鼐用放大鏡不停地檢查填土標本。書房中悄然無聲。一位小姑娘送來一大盤水果，幾碟小點心。她走後，屋子裡仍然一片寂靜。

趙其昌又提出一個建議，打破寂靜的氛圍：「現在天寒地凍，調查中動土又很困難，能不能給我兩個月時間，查查文獻。十三陵的皇帝、皇后，無論生前建陵或死後建陵，總不會同時死去，如果不能同時入葬，就有個再次挖開二次入葬問題。類似的問題，他們又是怎麼處理的？我想帶著一些問題，再著重調查一下，多住些天。」

夏鼐一向重視調查，尤其注重結合文獻的調查，所以非常同意。他說：「十三陵的建造，前後延續二百多年，無論建築布局和形制，早、中、晚期總是有些變化的，應該普遍調查，再歸納一下，比較異同，總會提出些問題來，結合喪葬制度，相互參照、印證，可能會有些收穫。然後動工，才有把握，我看這樣好。」

吳晗也表示同意，對趙其昌說：「查文獻，好！我這裡講明代的書不少，你隨便拿去看，今天就可以帶走些。」他指了指書架，「再去調查，你打算住多久？」他轉向夏鼐，「作銘（夏鼐字），多長時間合適？」

趙其昌伸出兩個手指。夏鼐接下來：「兩個月可以，一個陵總要幾天，兩個月不算多。」

也許吳晗原以為兩個手指是指兩周，既然是兩個月，也不再說什麼了。他端起水果、點心：「來，嘗嘗，嘗嘗！」下一個步驟、時間大體有了眉目，緊張的氣氛鬆弛下來，話題又轉入閒談。

正吃著水果，也許是趙其昌感到肩上的擔子太重了，順口冒出一句：「吳副市長，長陵太大了，能不能找個小的，試掘一個？」吳晗一怔，轉身問夏鼐：「什麼叫試掘，哪個『試』？」夏鼐笑笑：「辰伯（吳晗字），考試的『試』！你考試考得不及格的『試』。」吳晗也笑了：「那試掘與發掘又有什麼不同？」

夏鼐道：「試掘與發掘，其實方法程式上完全一樣，完工後整理材料沒什麼不同，照樣印出報告，只是沒有很大把握時叫法謙虛一些而已。國外也有這樣的先例。」

在試掘問題上，二人意見完全一致。至於是否試掘，要等調查後的結果再定，而且還要上報批准。

彙報結束，夜已經很深了，吳晗送到大門口，對趙其昌笑了笑說：「這次長陵之行很辛苦吧，天怪冷，住哪兒？」趙其昌如實回答：「十三陵沒有客店，我們是在山下一個農民小茶館裡，兩個人雙腿交插睡在一條寬板凳上，過了兩夜。睡得晚，起得早，還不感到怎麼冷。」吳晗轉臉對夏鼐說：「目前昌平縣還不屬北京市，屬河北省，以後可能要劃歸北京市，開工後我去看看，打個招呼，對工作方便些。」夏鼐也笑了：「田野工作很辛苦，吃不好睡不好是經常的事，我們考古所也是這樣，這不算什麼，年輕人都禁得住……」春天轉眼就要到來，十三陵的積雪開始融化。再次北上十三陵，他們將有什麼收穫呢？

注釋

❶ 祾恩殿：即享殿，是祭祀時舉行典禮的處所。

❷ 寶頂：墳丘封土中央再堆一個小丘，常用灰土作成。

❸ 度牒：亦稱「祠部牒」。中國古代僧尼出家，由官府審核發給的憑證，有牒者可免地稅、徭役。

❹ 明樓：陵寢建築中的明樓建在方城之上，作用接近碑亭，方城與寶城連成一體，明樓四面各開一門，四出重簷，屋頂為十字形穹窿，樓內置豐碑。

❺ 寶城：墳塚周邊之圓形城牆。

第二章

穿過歷史的迷霧

趙其昌率隊踏遍十三陵。初次尋訪，便遭公安人員盤查。一場誤會之後，引出新的線索。監獄犯人的供詞，當地百姓的幾句閒話，定陵玄宮重見天日在所難免——

痛苦的歷程

一九〇一年春，瑞典地質學家斯文・赫定（Sven Hedin），為繼承導師李希霍芬（Ferdinand von Richthofen）的事業，踏上了中國西部異常神祕的土地，要解決懸而未決的羅布泊地理位置問題。

在中國歷史上，羅布泊的地理位置曾有明確的文字記載。然而，十九世紀末，俄國軍官普爾熱瓦爾斯基（Porivaskee）又提出新的看法，從而引起世界學術界對這個神祕之湖的熱烈爭論。

普爾熱瓦爾斯基曾兩次去新疆塔里木河下游進行考察後，宣稱中國史書上的記載是完全錯誤的，而他所發現的台特馬湖才是歷史上真正的羅布泊。

他的一家之言使世界地理考古學界為之譁然，歐洲一些國家的科學家也撰文大力吹捧。英國的卡萊（Carey, A.D.）、達格里（Dagleish, A.）、本瓦羅特（Benwallt）和愛爾蘭的亨利親王（Henry），還有俄國的普熱爾佐夫（Purirzv）、科茲洛夫（Kozilov）等人相繼前赴羅布泊考察後，對普爾熱瓦爾斯基的觀點表示認可和稱讚。為此普爾熱瓦爾斯基這位普通的俄國軍官名噪一時，連連加官晉職。

斯文・赫定

正當普爾熱瓦爾斯基大走紅運、得意忘形之時，斯文・赫定的導師、德國著名地理學家李希霍芬卻對這個「劃時代的發現」提出了質疑。他認為普爾熱瓦爾斯基所找到的新湖泊為淡水湖，而羅布泊實為鹹水湖，歷史上的羅布泊該在塔里木河東流的盡頭，並不在普爾熱瓦爾斯基所勘定的位置。從此，新舊羅布泊的學術大爭論在世界範圍內展開。

這場曠日持久的學術大討論，將青年時代的斯文．赫定的興趣引向東方這塊神祕的土地，也正是導師李希霍芬的積極支援與鼓勵，使他踏上了通往羅布泊的征途。一九〇〇年三月，斯文．赫定勝利地跨越塔克拉瑪干大沙漠，從英庫勒北行，穿過孔雀河，沿庫魯克干河床，在樓蘭遺址的東南一帶發現了一塊大窪地，他驚喜地探測到此地是一個乾涸的湖泊。經過仔細地勘察和鑒定，認為這就是歷史上真正的羅布泊。這一論斷在二十八年之後得到證實。

令人驚嘆的是，斯文．赫定無意中發現了被人類歷史遺忘了千餘年的古樓蘭遺跡。第二年，他又來到此地，組織人力對古城遺址進行發掘，事實再次證實了他的論斷，沉默死寂的樓蘭古城終於重見天日。羅布泊荒漠隱藏的千古之謎，終於被一個瑞典人解開。斯文．赫定的探險發現頓時傳遍整個西方。也就在此時，一株近代考古學的幼芽，在東方這塊神祕的國土上埋下了。

可惜在中國，以地質學為基礎發展而成的田野考古學，這剛剛破土而出的稚嫩幼芽，並沒有引起東方人的注意和興趣，他們奉行和沿用的依然是清代顧炎武、阮元、王國維等從宋代沿襲發展而來的以研究古文字為主要內容

斯文．赫定率領考察人員在羅布泊大澤中前行（斯文．赫定繪）

的金石學。真正知道這株幼芽的價值並為之培土，從而在中國誕生田野考古這門學科，是在斯文・赫定離開的二十年之後。那時，西方的田野考古學已經盛行，東方的版圖自然成為這門新興學科的試驗基地和掠奪目標。從英國的斯坦因（Stein, A）於一九〇六年第二次在中國西部地域的古樓蘭、陽關、敦煌等城堡和洞窟掠奪大批珍貴文物之後，中國的古代文化便開始遭到了空前的劫難。敦煌、龍門、雲崗等石窟的壁畫、石雕像等古代藝術品，被盜鑿得傷痕累累、百孔千瘡；西安、洛陽的古墓被掘，隨葬品被西方人洗劫一空；大批古建築被毀，許多古遺址和文物古跡被掘得破爛不堪，一片荒涼……

殘酷的事實使中國人猛醒，不能再沉默了。中華民族有自己豐厚的文化積累，中國人有自己的文化事業，更應當有一支研究、考察、發掘和保護自己古代文化的隊伍。於是，在二十世紀二十年代，中國黃河流域的考古工作便興盛起來，國民黨中央地質調查所從一九二一年開始，陸續派人到各地勘察，發現和發掘了一系列石器時代遺址，其中包括瑞典地質學家安特生（Andersson, J.G.）指導發掘的著名的仰韶文化遺址。北京地區周口店的古人類遺址，在一九二一年由裴文中博士主持的發掘中，發現了第一個著名的「中國猿人北京種——北京人」完整的頭蓋骨化石，並首次通過研究，確認石器、燒骨和用火後灰燼的存在，從而明確了「北京人」的文化性質，將它納入了考古學範圍。稍後，他和賈蘭坡教授主持發掘的山頂洞遺址，又獲得了舊石器時代晚期山頂洞人化石及文化遺物。儘管這些遺址的早期發掘是國際合作性質的，但它卻是中國考古事業崛起的先聲。一九三五年，安陽殷墟的發掘工作由中國人首次獨立完成。可以說，中國近代考古學是從這時開始誕生的。

一九五〇年十月，中國科學院考古研究所的建立，標誌著中國考古事業一個新時代的到來。通過對中原、西北、東北、西南、東南一系列文化遺址的發掘，以詳實的出土資料，否定了法國人約瑟夫・德・歧尼（J. de Guigne）和波提埃（Pouthiot）等提出的關於中國文明之源來自西方的學說。中國史前和早期歷史的發現、發掘和研究，終於在全世界的考古學領域內，占據了自己應有的位置。

中國本來就有悠久的歷史，燦爛的文明。在這塊豐厚的黃土地上，辛勤勞動的先民，一代一代，用智慧、血淚滋潤著它，創造了高度的文明，而這一文明，又隨著時光的流逝物化了。遺留在地上的、掩埋在地下的物質文化，長期以來沒有引起後世子孫足夠的理解和重視，更不為外國人所認識。當新一代考古學者和老一輩的考古學家把這些早已物化了的文明捧出來公諸於世的時候，外國人一下子驚呆了：看看吧！這不是古董，更不只是文物，也絕不僅是藝術品，是行將復興的中華民族記錄他們從古到今祖祖輩輩建功立業的活生生的文明史，是留給全人類的物質的、精神的巨大財富、遺產，其數量無可比擬，其價值無法估量，其內涵精深、博大，又華光四射！

中國對皇陵的首次發掘，使世界再度為東方這個文明之邦肅然起敬。

獻陵風流事

新的一年開始了，對於趙其昌來說，也是一個新的開始。他在大學時代，學的是舊石器、新石器、甲骨文金文、商周的青銅器，以及秦磚漢瓦、魏晉碑刻，唐宋詩文等等，一下子轉到明朝，真是個新課題新工作，必須從頭開始。他在導師夏鼐的指導下，進行了幾個月的實物與史料研究。從所掌握的中國考古資料和出土文物表明，在每一個歷史階段，不僅有大量的生產工具、生活用具和裝飾品等實物出土或遺留下來，並有許多古遺址和古墓葬，尤其是古城遺址和帝王墓葬更是屢見不鮮。

西安曾經是十一個朝代建都的地方，周圍有周、秦、漢、唐時期帝王墓七十二個，僅唐代就有十九個。洛陽為九個朝代建都之地，東漢十三個皇帝就有九個帝陵建在洛陽，五代十國時期的七個帝陵也在此處。南京亦有九個朝代建都，而以六朝古都著稱於世。六朝為漢唐過渡階段，時經三百餘年，其帝后王侯陵墓共七十一處，已有三十一處在南京近郊和丹陽一帶發現。北宋的九個皇帝，除徽宗、欽宗被金人所擄囚死漠北外，其餘七個均在河南鞏縣入葬，加上趙匡胤父親的陵墓，謂之「七帝八陵」。在中國漫長的歷史上，只有元代帝王墓葬，仍是一個難解之謎。其緣於蒙古貴族盛行「深葬不墳」，使葬地無處尋找。史書曾載：「其墓無塚，以馬踐蹂」，即埋葬之後，萬馬踏平，不留痕跡。其習俗與漢族稍異。至於元太祖成吉思汗陵就另當別論了。

趙其昌當前研究的重點，自然是明清兩代帝王陵墓的史料。他幾乎跑遍北京各大圖書館，在浩如煙海的史籍中，查找著有關的資料。找來《明實錄》、《大明會典》、《明史》、《國榷》、《日下舊聞考》等經典仔細揣摩，連明清人的筆記、野史，都盡可能一一翻閱。他要弄清眾多的帝后、王侯、嬪妃和各種陵墓的建築形制、布局規格、祭祀禮儀、埋葬制度、隨葬器物，以及帝王墓葬的發展演變過程，尤其是地下建築的形制。遺憾的是這最為關鍵的一環，文獻史料卻極少記載。要想弄清皇陵真相，就必須做實際的探訪和勘察，捨此別無選擇。

積雪消融，枯草微露，走進巨大的皇家陵園，立感悲愴淒涼。輝煌的明樓、大殿、寶城，俱已失去原有的風采雄姿而變得滿身瘡痍，殘垣斷壁、荒草淒迷，一代豪華璀璨的建築群，已經成為一片廢墟。目睹現狀，不禁感慨萬千，「昔日皇陵形勝地，壘壘荒塚伴斜」。工作隊的幾位同志來到長陵管理處，開始了調查和訪問。他們白天一座一座陵墓仔細查看，晚上走訪當地老鄉。十三座皇陵，想要找到一點線索，真如大海撈針。

經過幾天的探訪，工作隊決定把目標重點放在獻陵。

獻陵位於長陵西側一華里的黃泉寺山下，埋葬著朱棣的長子朱高熾。陵園規模較小，距長陵地域最近，入葬時間上前後緊接，從發掘工作考慮，如果試掘，以獻陵最為合適。不僅埋葬制度、地下建築結構，必然有很多可供參考之處，試掘之後還可以直接把設施、人員拉到長陵，工作、食宿解決起來都比較方便。於是對獻陵開始了第一步工作：查閱史書，收集資料，實地勘察，尋找線索。

明成祖朱棣親率軍隊第五次出征漠北，在大軍班師途中患病，逝於榆木川（今內蒙多倫西北），遺命把帝位傳給皇太子朱高熾。朱高熾四十七歲當上了明朝的第四位皇帝，改元洪熙。可他只在皇帝的寶座上坐了十個月，就一命嗚呼了，死後謚廟號為「仁宗」，葬於獻陵。

把朱高熾稱為「仁宗」，這「仁」字用得倒也確切。對於一個封建帝王來說，像他那樣關心百姓疾苦的實在為數不多。洪武二十八年，他由祖父朱元璋親自冊立為燕世子，定為燕王朱棣的接班人。那時諸王大多數都到藩國去了，有些晚輩卻仍留京中。朱元璋把這些孫子留在身邊，就是想教育他們將來怎樣做藩國的領袖。朱高熾文筆華美，諸王世子中無人與之相比。朱元璋時常讓他幫助自己批閱奏章。而朱高熾選批最多的是那些關於百姓生活，特別是各地上報災情的奏疏，他總是立即讓爺爺過目，朱元璋曾不解地問他：「怎麼你選的盡是些上報災情的奏文？」

「孫兒覺得民以食為天。現下有的地方鬧災，民不聊生，乃是最急迫的事情，才請皇爺優先處理。」

「唔！」朱元璋點點頭，又問：「堯在位時鬧了幾年水災，湯時七年大旱，百姓又靠什麼活下來呢？」

「靠的是堯、湯聖人有恤民的政策。」

朱元璋聽後大喜：「你這孩子雖然生長在深宮，卻關心民間疾苦。好！」明朝開國皇帝朱元璋，是農民起義領袖出身，懂得民間疾苦，建國以後，實行了一些較開明的政策，經濟得到復甦，國庫也頗為殷實。但朱棣好大喜功，頻繁地進行大規模征戰，加之建都北京、疏浚運河等浩大工程，耗費了大量人力物力。朱高熾登基當天，第一道命令就是追回第七次下西洋的鄭和遠洋船隊，召回在交趾採辦珍珠的中使和在西域買馬的官員；對將為皇宮進行採購、燒鑄、供應等一切花錢的勾當，一律停止。可惜這位雄心勃勃、一心強國富民的皇帝，在位短短十個月就因病去世了。

獻陵和其他各陵都有一個明顯的不同之處，就是在祾恩殿和明樓之間有一座小山相隔，把陵墓切割成兩塊。如今前方大殿已不存在，僅留有山後一片殘破的建築。趙其昌率人在山后的明樓和寶城內外查找線索，仔細辨別、分析當年入葬的隧道口可能留下的痕跡。明朝陵墓制度，一般是寶城內應當用厚實的黃土填滿，並築起高大的寶頂。但獻陵的寶頂卻掩埋不住寶城內牆，顯得極簡單和寒酸。趙其昌回想起史料上記載的仁宗朱高熾的遺詔：「山陵制度，務從儉約，喪制用日易月，皆以二十七日釋服，各處總兵鎮守備禦重臣，悉免赴闕行禮。」兒子朱瞻基遵從父命，獻陵的營建，不尚奢華，三個月後就把仁宗埋葬了。看來這段記載確為事實。

近半個月的勘察仍無線索，工作隊開始分頭探訪。一個偶然的機會，得知附近村裡存有祖宗留下的《陵譜》，據說上面記載有陵墓的建築和入葬經過。這些村莊大多是由當年的守陵宮監發展而來，有祕籍存留也許可能。當趙其昌查訪三天，終於從當地一富農家中借來《陵譜》時，卻不禁啞然失笑：原來所謂《陵譜》所記全是臆說傳聞，毫無史料價值。三十年後，我們採訪中有幸讀到了《陵譜》中關於獻陵的記載：

> ……仁宗朱高熾為太子時，每日在宮中遊蕩。其時，宮中規矩，凡夜晚宮中妃子門口掛紅燈，太子方可進入。掛綠燈，表明內住長輩，不得入內。
>
> 一夜，朱高熾游宮，見一樓內窗櫺上掛著紅燈，便喝退侍從，逕直入樓。待其寬衣上床後，卻見床上竟是姨娘……
>
> 此事在皇宮裡譁然傳開，或曰太子對比其年長幾歲之姨娘早有此意。當夜，是其事先將姨娘房門綠燈摘下，於窗櫺之上換成紅燈；或曰姨娘早對太子有情，是其親摘綠燈，換上紅燈……
>
> 仁宗皇帝駕崩，其子朱瞻基命人將父皇陵墓建於小土山後，使石碑殿堂及明樓寶頂互不能見，意在以小山將父皇仁宗與其姨娘之醜行遮掩。故此小山謂之「遮羞山」……

老鄉們自然不會知道，據文獻記載，這座陵墓的建造形制實則與「風水」有關。皇家園陵最重要的一條就是選擇「龍脈」，這起伏的山丘就是「龍脈」的象徵。獻陵建造時，因這小山形如几案，是作為「龍脈」而完好保存下來的，史書上稱為「玉案山」，殊不知「風水」反給這位仁宗皇帝蒙上一層不白之冤。

走進監獄

史書缺乏記載，《陵譜》只能當作飯後談資，面對一座座巨大的陵園，卻找不到一點可供科學方法發掘的線索。時間一天天過去，吳晗、夏鼐不斷派人前來詢問，工作隊員心急如焚。

正當他們一籌莫展時，兩位全副武裝的公安人員卻找上門來。

「有老百姓報告說，你們前來十三陵盜墓，這是怎麼回事？」一個大個子公安人員右手按住挎槍的部位，站在三米以外問道。趙其昌望著兩名公安人員嚴肅、緊張的面孔，從口袋裡掏出介紹信，風趣地說：「我們這可是公家的買賣，詳細情況已和十三陵管理處的負責人談過。」

大個子員警接過介紹信仔細看看，嚴肅的面孔立即堆上笑容，右手自然地放下，遞支煙給趙其昌，略表歉意地說：「對不起，由於這裡的盜墓案件時有發生，我們聽說後就來查看一下真假。」

這個原本一笑了之的插曲，卻給工作隊帶來新的啟示：能不能從被盜的墓葬中發現點線索，或者從盜墓者的口供裡判斷陵墓玄宮的結構？主意商定，工作隊員再度分頭行動。

終於，趙其昌從長陵園村得到一點消息。民國十二年，當地土匪侯現文，領十八人對德陵和東井、萬貴妃墳進行挖掘，由於人少墓大未能成功。事發後，侯現文被關進監獄，終了一生。到民國三十三年秋，長陵園村的程老六拉起百餘人的隊伍，自稱程六爺，占山為王。他重走當年侯現文的老路，在一天深夜，將隊伍偷偷拉到萬貴妃墓前，開始挖掘。經過三個晝夜的刨、挖、鑿、炸，終於將墓頂打透，萬貴妃的隨葬品被搶劫一空。程老六命人找來六匹馬，將金銀器物連夜馱到長陵園村進行分贓。當兵的每人分到一兩黃金、二十顆寶珠，當官的每人分一金罐或相當於一金罐的器物，程老六自然得的最多。

盜墓後的第三天，程老六便舉行大婚，所用車輛浩浩蕩蕩，宰殺豬羊無數，其威風與排場為當地百姓未曾所見。筵席之上，程老六的新娘子頭戴從墓中盜出的金頂鳳冠，趾高氣揚，說話拿腔拿調，走路一扭一扭的，儼然一副京劇戲臺上皇后氣派。

可惜好景不長。半年之後，程老六和國民黨警備部隊發生衝突直至混戰，被亂槍打死在工部廠村的河套裡，其妻妾家產俱被國民黨警備部隊瓜分一空。

趙其昌得到線索，立即趕往萬貴妃墓地尋蹤覓跡。萬貴妃是憲宗皇帝朱見深的妃子，四歲就從山東諸城被選入宮，爾後充當宣宗孫皇后的宮女。長成之後，就被那時還是太子的朱見深看中，並有了男女私情。朱見深十八歲即位時，萬氏已是三十五歲的半老徐娘，可由於她生來姣豔，而且駐顏有術，又為人機警，因此一直受到朱見深的寵愛。為了她，朱見深竟尋找吳皇后的過錯從而將她廢掉，想借機封萬氏為皇后，因群臣竭力勸諫和朱見深母親的阻撓而未成功。一四六六年，萬氏因生子而被封為貴妃。

成化二十三年，五十九歲的貴妃病死。憲宗朱見深萬分悲痛，為她輟朝七日，並打破皇妃不得入葬陵區的常規，在蘇山腳下為她修建了一座規模巨大的墳墓，以慰藉愛妃的在天之靈。

然而，現在趙其昌所見到的，卻是一片碎磚亂石，地面建築俱成廢墟，只有一個長滿荒草古樹的大土堆，在這淒涼的山野中形影相弔。他圍著廢墟轉了一圈，又爬上墓頂仔細察看半天，竟未找到當年程老六盜墓的一點痕跡。幾十年的風雨，早已使那罪惡見證蕩然無存了。

趙其昌直起身，用拳頭捶打著酸痛的脊背。面對西沉的紅日和遠處稀疏的明樓、大殿、寶城，一股焦躁的情緒縈繞在心頭。他驀然覺得自己的行動並不聰明，即使找到程老六的盜墓痕跡又有何益？目前的發掘不同於盜墓，盜墓者在寶頂隨便打個洞進入墓室，取出金銀寶物就是目的；而發掘明陵是要以科學的考古手段，首先找到地宮入口，沿當年棺槨入葬的通道進入地宮，直至找到死者屍骨……這才是考古工作者應做的一切。

就在趙其昌去萬貴妃墓尋跡的同時，工作隊的于樹功拿著介紹信來到昌平縣監獄看守所，向負責人說明了自己的任務和意圖，他要從這裡打開缺口，尋找線索。

一個身著囚衣，剃著光頭的中年漢子，被兩名公安人員帶進審訊室。

「你盜過哪些墓？」于樹功坐在審訊桌前，急切地問道。

中年漢子撲通一聲跪倒在地，用一種哀求的眼光看看左右人員，結結巴巴地說：「首長，我……我全交待了，我知道坦……坦白從寬，抗……抗拒從嚴的理兒，我……就盜過一座墓。」

「在什麼地方盜的？」于樹功眼中露出喜悅的光。

「德勝門外一座王……王爺墳。」

「你是怎麼進去的？」

「我……我是石匠，那夥盜墓的找我，我……我幫他們撬石頭。」中年漢子額上滲出油亮的汗珠。看得出，這是個初進監獄的新手。

「你們是怎麼找到墓門的？」于樹功站起身盯問著這關鍵的一環。

「三個人刨了一會兒，就……就見到了石頭。我……我先找到石頭縫，連鑿帶……帶撬，大夥沒用一個時辰，就……就掀開了墓頂。」中年犯人臉露喜色，似乎又回到了那難忘的夜晚。

「裡面有多大？」于樹功皺皺眉頭問。

「黑乎乎，看……看不清。」犯人用手比劃著，「大概有這間屋子這麼大。」

于樹功聽罷，重新坐到椅子上，沉默片刻，示意公安人員將犯人帶下。再找來兩名犯人詢問，同樣毫無所獲。走出監獄大門，于樹功才感到這次尋訪純屬徒勞，像十三陵這樣碩大的陵墓，怎是幾個人可以盜得了的？除非像孫殿英那樣的大軍閥，架起機槍，用炸藥把乾隆和慈禧墓炸開。但如此方法對現在的考古發掘又有多大參考價值？真是被任務急昏頭了。要想盡快找到線索，必須改變「戰術」。

城牆黑洞的啟示

吉普車沿著崎嶇不平的路，向十三陵駛去，車後騰起團團塵霧，車上坐著趙其昌、趙同海和于連增三人。透過迷濛的玻璃窗，眼望十三陵漸已轉綠的原野，趙其昌一言不發，陷入了沉思。小趙憋不住先開口問：「吳副市長和夏所長有什麼安排？」

「先在定陵找找看。」趙其昌回答。

「為什麼先在定陵？」小于問。

「定陵營建年代較晚，地面建築保存得比較完整，將來修復起來也容易些。」

「吳副市長怎麼說？」小趙追問。

「他說萬曆是明朝統治時間最長的一個，做了四八年皇帝，可能史料會多一些。」

「那我們先從哪裡著手呢？」趙其昌沒有回答。他根本沒有聽見小于的問話，此刻他已沉浸在初次調查定陵的情況和有關定陵的史料之中。

定陵雖是明代陵墓中建成較晚的一個，至今只有三百多年，但風雨剝蝕、戰亂兵燹，使這座十三陵中僅次於長陵的巨大陵園殘破不堪。高大寬厚的朱紅色外羅城❶早已蕩然無存，陵牆兩處倒塌，那輝煌地象徵皇帝權力與威嚴的黃色琉璃瓦大殿，只殘存幾排柱礎石，似乎在向世間訴說著所經歷的劫難。據史料記載，定陵曾遭受過三次大火的焚燒，以致造成毀滅性的破壞。清軍入關後，對明陵進行了大規模破壞，並放火焚燒了萬曆帝的定陵和天啟帝的德陵。

此前不久，李自成率大軍逼近京城，從柳溝入德勝口，因居庸關守將投降，十三陵被起義軍攻下。李自成下令焚燒十三陵大殿，搗毀定陵、慶陵、德陵宮牆與宮門，整個十三陵「磚石遍地，大火三日不絕」。

順治四年（一六四七年）以後，清朝出於政治上的考慮，為緩和民族矛盾，安撫明朝遺老，說江山並非得自朱明王朝，而是取自李自成之手，還對明陵進行了一定的保護。設陵戶、給贍田、禁樵採，並對崇禎的思陵進行了修葺。乾隆五十年（一七八五年），高宗弘曆在明成祖朱棣的「神功聖德碑」碑陰鐫刻「哀明陵十三韵」，略示對明代帝王哀悼之意，並對曾經遭到破壞的定陵、德陵進行較大規模的修繕。

經工作隊考察，所謂乾隆帝對十三陵的修繕，只是利用舊料，拆大改小而已，這在定陵的祾恩門、祾恩殿遺跡中反映最為明顯。而天啟皇帝的德陵，史料雖記有修繕事宜，但實際並未動工。

民國初年，陵區附近一家姓郭名五的接替陵戶，負責十三陵的看管和保護。政府除免其租稅外，每年尚略有補助。當地一閒漢王某感到護陵的差使有油水可撈，便找到郭五要當陵戶，遭到郭五拒絕後，王某惱羞成怒，趁夜深人靜，提一桶煤油悄悄來到定陵，把油潑在祾恩大殿上，放火焚燒。頓時，烈焰沖天，映紅了整個陵區，方圓四十里可見煙火升騰。

三天後，祾恩殿就變成了一堆灰炭。王某嫁禍郭五未成，自己反吃了官司，暴死獄中……

趙其昌手提探鏟，站在寶城門外，眼望殘垣斷壁，不禁感慨。他蹲下身，捲支旱煙點上，面對東方初升的朝陽，想起了《文物參考資料》月刊中一段令人難忘的記載——

一九四八年歲尾，清華、燕京兩所大學已先於北平解放了。一日，解放軍某兵團政治部主任來清華作形勢報告。有學生問：「大軍為什麼還不對北平發起攻擊？一旦攻打，對保護古都有什麼打算？」

主任回答：「我們隨時都可以打下北平。但是為了保護古都，盡可能減少損失，我們敦促傅作義將軍和平談判。萬一非打不可，我黨中央已嚴令部隊保護文物古跡。」不幾日，設在城外的北平軍事接管委員會文物部，特地派人來清華園訪問營建系主任、著名的建築大師梁思成教授，請他把北平的重要古建築在地圖上一一標出，以備萬一和談不成，在攻打中寧可多流血也不能損毀古都。

沒過多久，北平和平解放，京城安然無恙，大軍揮師南下和西進前，黨中央又派人來找梁思成指點全國文物古建之處，梁思成教授立即組織建築系教師，夜以繼日編出一本長達百頁的《全國重要文物建築簡目》，供大軍沿途參考……

李自成的農民起義與共產黨的革命，時隔三百餘年，單從這一點上透視，即可見其天壤之別，而各自隱涵的命運結局，已是註定的了。

趙其昌掐滅煙火，來到寶城外側，鏟開一堆雜草和塵土，仔細辨析外羅城城牆的殘跡。在十三陵全部陵宮建築中，惟有嘉靖皇帝的永陵與萬曆皇帝的定陵建有外羅城，其它陵宮則沒有。史料記載：永陵建成後，嘉靖皇帝前去尋視，他登上陽翠嶺，往下一望，見只有明樓、寶城一座，便問督工大臣：「陵寢這算完工了嗎？」言下之意自然是不滿。大臣見皇上不甚滿意，趕忙說：「還有外羅城一座未建。」自此之後，遂日夜趕工加築外羅城，定陵的建築全仿永陵，因之也築有一道龐大的外羅城。

外羅城原有朱門三孔，門樓重簷，上覆黃瓦，上面鑲琢山水、花卉、龍鳳、麒麟、海馬、龍蛇圖像。定陵外羅城約為康熙四十三年之後漸被毀壞。時至今日，這外羅城牆遺址也埋在黃土之下，只有一道朱紅色的內羅城牆，歷經滄桑劫難，一直忠心耿耿地守護著它的主人。

趙其昌扛起考古探鏟❷，來到寶城牆下，自東向西仔細察看。七米多高的城牆，雖經三百餘年風雨剝蝕而變得殘破，但仍不失它的壯麗與威嚴。

自古以來，建築都包含著強烈的政治色彩。古羅馬巴勒登山丘上的凱旋門，無疑是奧古斯都偉業的象徵。尼羅河畔那古老碩大的金字塔，則是法老權勢和力量永恆與不朽的輝煌傑作。而歐斯曼大刀闊斧拓出的巴黎宏偉的協和廣場和放射形道路，則更是為了炫耀拿破崙帝國的蓋世雄風。面對這道古貌尚在，雄風猶存的朱紅色城牆，似有一股巨大的震懾力直射而來，它同雄偉的故宮一樣，顯示著自己堅不可摧的力量和永恆的權威，人類在它面前傾刻變成渺小。

趙其昌一步步向前走去，他感到脖子發木，腰痠腿痛，精疲力竭，在身邊找塊石頭坐下，點燃一支煙，陣陣煙霧從喉管噴出，在眼前彌漫開來。順著飄渺的煙霧，望望遠處的山巒和藍藍的天空，又把眼睛轉向前方不遠處的紅色高牆。就在這一剎那間，奇跡出現了——在離地面三米多高的城牆上方，幾塊城磚塌陷下去，露出一個直徑半米的圓洞。

「這是怎麼回事？」趙其昌自問著，揉揉被太陽刺花的眼睛，緊緊盯住黑乎乎的洞口，心臟加劇了跳動。

他突然想起前幾天一個老鄉對自己講過的話：「長陵西面說不準是哪座陵墓，城牆外面塌了一個大洞。村裡百姓遇到土匪綁票、日本鬼子搶燒，就把人捆牢後藏在裡面……」眼前的洞穴難道就是老鄉所說的那個藏人的地方？假若是真的，此處必有文章可做。正可謂踏破鐵鞋無覓處，得來全不費功夫！

他再也無法抑制自己激動的心情，撒腿向後跑去。

「發現了，發現了！」

「快來看，快來看！」

洪亮的聲音沿著寶城迴盪，又從寶城傳向曠野。

兩個夥伴聞聲跑來。三個人六隻眼睛死死地盯著那個洞口。

沒有梯子，附近又找不到大塊石頭和木料，怎麼辦？兩個夥伴望著趙其昌激動的面孔，立即蹲下身：「來吧，蹬著我們的肩

挖掘前考古人員拍攝的定陵全景

膀上去看看，這個葫蘆裡到底裝的什麼藥！」

趙其昌踩上他們的肩頭，三人組成一個「矗」字形，沿城牆慢慢地升長起來。正午的陽光照射在洞口，裡面的景物若隱若現，像是一個門券❸的上端，光照處可辨別出磚砌的痕跡，但一時難以證實門券存在的真偽。三個人輪流看過一遍，仍未得出一致的結論。

「你們在這裡守著，我去長陵村打電話請夏鼐老師來看看。」趙其昌囑咐著同伴，轉身向長陵村跑去。

夏鼐接到電話，立即驅車趕到定陵，同時還帶來了幾位年輕的考古工作者。

在定陵地下宮殿打開三十年後，我們在《中國大百科全書．考古卷》中，讀到了一段關於夏鼐的記載：

夏鼐，字作銘，生於清宣統元年十二月二十七日，中國考古工作主要指導者和組織者之一。

一九三四年畢業於清華大學歷史系。

一九三五年夏去英國倫敦大學，並獲該校埃及考古博士學位。

一九三六年在英國留學期間，曾參加倫敦大學考古學教授M．惠勒領導的梅登堡山城遺址的發掘。一九三七年隨英國調查團，在埃及的艾爾曼特和巴勒斯坦的杜韋爾參加發掘，並親自向彼特里先生請教。他結束了在英國五年的留學生活之後，於一九四〇年底回國。

一九四四年至一九四五年，他和向達教授負責進行了西北科學考察團甘肅地方的考古調查。通過對寧定縣陽窪灣「齊家文化」墓葬的發掘，確認「仰韶文化」的年代比「齊家文化」早。發表了《齊家期墓葬的新發現及其年代的改訂》一文，糾正了瑞典考古學者安特生關於甘肅新石器時代文化的分期，為建立黃河流域有關新石器時代文化的正確年代序列打下了基礎，同時，標誌著中國史前考古學的新起點。

夏鼐在發掘明陵的問題上，雖持有異議，但一經決定，便全力以赴投入發掘的指導工作。目前的當務之急，是要找到當年帝后入葬時，通往地宮的入口。只有沿入口發掘，才能再現三百年前的原貌，從中辨別歷史的真偽。

發掘隊員按原來的方法搭成人梯，讓夏鼐站在肩上沿牆慢慢升起。夏鼐從腰中掏出手電筒，認真察看洞中的一切，不時地用探鏟叮叮噹噹地敲打著洞中的磚石……一刻鐘之後，回到地面上。

隊員們紛紛圍攏上來，用期待的目光望著考古大師，希望盡快找到正確答案，解開百年之謎。

夏鼐沉思片刻，轉身望著大家：「據我觀察，裡面的砌磚不像是原來築成的，有再砌的痕跡，可能是一個門券的上緣。」

「寶城砌得這麼結實，怎麼會有門券藏在裡頭？」不知是誰問了一句。

夏鼐望望大家，似在講解，又像自言自語：「定陵的歷史有三百多年了，可能因為原砌的和後砌的兩層磚之間銜接不緊，經過風吹雨打，外面的砌磚，也就是後來砌成的磚牆就塌陷了。」講到這裡，他望望趙其昌，不再言語。

趙其昌心中一動，豁然開朗：定陵是皇帝生前營建的，萬曆十二年（一五八四年）開工，為時六年完成。這一點《明實錄》記載得很清楚。可是，陵墓建成，人並沒死，怎樣辦？地宮就必然再埋好。事實上，又過了三十年，即萬曆四十八年（一六二〇年）王皇后才死，緊接著皇帝也死了，才一起入葬，再度挖開入葬，二次砌磚的現象就可以解釋了。不過，定陵明樓下面不建通道，棺槨靈柩又從何處進入地宮呢？「我百思不得其解。」趙其昌說著話，又搖搖頭，擺擺手。

考古所的青年考古同行們也議論紛紛。有的說：「如果真的是券門上緣，那它很可能就是入葬的通道。」一句話又提醒了趙其昌，史料記載，定陵仿永陵建築，寶城外面，都有一道外羅城牆。現在外羅城牆雖已毀壞，但從遺址來看可以證實這堵城牆的存在。「是不是可以作出這樣一個結論：如果是入葬的通道，它正處於外羅城之內，內宮牆之外，帝后的棺槨進入大門之後，繞到寶城外面，再從這裡進入地宮？」趙其昌說完，看看夏鼐。大家頓時騷動起來：「夏所長，會不會這樣？」

夏鼐不露聲色地點點頭：「說得有道理，我回市里和吳副市長商量一下下步的打算。」說完，驅車同趙其昌向北京奔去。

兩人一見面，未等夏鼐講話，吳晗就急不可待地問：「作銘，調查的結果怎樣？」

「我看是一條極有希望的線索。」

「有把握嗎？」

夏鼐望著老同學焦急的面孔，笑著說：「辰伯！我看你對考古倒真是外行，我們只有挖開後才能下結論喲！」

吳晗的臉微微紅了一下，在屋內踱了幾步，略帶埋怨的口氣：「你倒是說一句有把握的話呀！」

夏鼐沉著地回答：「像是通往地下玄宮的入口。」吳晗立即站住，面露喜色：「那就和大家研究一下，上報試掘，開始行動吧。」

注釋

❶羅城：陵宮外再築一道大牆，將祾恩殿、寶城等都包圍在內。

❷考古探鏟：一名「洛陽鏟」，因過去由洛陽盜墓人所創。用以鑽探地下古物，根據鏟頭帶上的土質及其他物質，判知地下堆積的情況。洛陽鏟上端裝木柄，木柄頂端可系繩索，探地下淺埋土時，手握木柄用力鑽探取土，分辨土質，探深埋土時用鏟的重量下鑽，可取土至二十米。

❸門券：門的頂部作成半圓形，常用磚或石材作成。

第三章

少年天子

穆宗駕崩，太子朱翊鈞登上皇帝寶座。少年天子，幽居深宮，只能在桎梏中成長，殘酷的禮教制度，使少年皇帝心靈變態受挫、性格扭曲的同時，也埋下了大明帝國衰亡的伏筆——

十歲的小皇帝

皇陵尚未打開，但顯而易見，我們無法繞過在這座陵墓地宮中依然酣睡的那位主人。

——這是一個讓世人倍感陌生的神祕體。

一五七二年五月二十五日，明朝第十二代君主，剛剛三十六歲的隆慶皇帝朱載垕自知病入膏肓，不久於人世，急忙召見大學士高拱、張居正、高儀入乾清宮聽候遺詔。三人匆忙到來，見皇帝斜倚在御榻之上，面如死灰，氣息奄奄，左右靜靜地站立著皇后、皇貴妃和十歲的太子朱翊鈞。幽深清冷的宮殿裡，氣氛緊張，景象淒慘。此時此刻，這位皇帝唯一放心不下的是侍立在病塌左邊年僅十歲的愛子、未來皇位的繼承人——朱翊鈞。他感到留給兒子的並不是一個國富民強、安康興旺的帝國，他心裡有一種莫名其妙的恐懼，他無法預料大臣們將怎樣對待這個兒子和朱家江山。他再也沒有時間和精力護佑愛子了。在彌留人世的最後一刻，他伸出由於縱慾過度而變得乾瘦並毫無血色的手，轉動著滿含期待的淚眼，有氣無力地向高拱、張居正、高儀三位內閣輔臣囑託後事：「以天下累先生……事與馮保商榷而行。」穆宗說完，便命身邊的司禮監太監馮保宣讀遺囑。

遺囑分為兩道，一道給皇太子，一道給顧命大臣。給皇太子的遺囑寫道：「遺詔，與皇太子。朕不豫，皇帝你做，一應禮儀自有該部題請而行。你要依三輔臣，並司禮監輔導，進學修德，用賢使能，無事怠荒，保守帝業。」

給顧命大臣的遺囑寫道：「朕嗣祖宗大統，今方六年。偶得此疾，遽不能起，有負先皇付託。東宮幼小，朕今付之卿等三臣，同司禮監協心輔佐，遵守祖制，保固皇圖。卿等功在社稷，萬世不泯。」

遺囑剛剛讀畢，首輔高拱大吃一驚，心中暗想：自古有國以來，未曾有宦官受顧命之事，這「同司禮監協心輔佐」一句成何體統？此遺詔，分明是張居正勾結馮保所擬，並非皇上本意，當不足為訓。但高拱知道此時不是計較的時候，一切待日後再作計較，想到這裡，忙匍伏在地，慟哭不已……

第二天淩晨，穆宗駕崩於乾清宮。

一五七二年六月十日，皇太子朱翊鈞登基。此時，年方十歲，詔告以明年（一五七三年）為萬曆元年，從此開始了長達四十八年的統治。

老皇帝死去，對於大臣們來說可謂又悲又喜，因為隨著新皇帝的繼位，必然又是一場重新爭奪權力的較量，是為一朝天子一朝臣。小皇帝朱翊鈞的理政，也同樣不可避免地使他的臣僚展開了一場權力爭奪戰。於是，萬曆初年三個最引人注目的人物首先登上了政治舞臺，這便是內閣輔臣高拱、張居正和司禮太監馮保。由於這三個人物對萬曆一生及他的政治生涯都產生了深刻的影響，我們有必要對他們作些介紹。

高拱，字肅卿，河南新鄭人。嘉靖朝進士，後拜文淵閣大學士，與郭樸同時進入內閣。穆宗即位後，高拱自以為是先帝舊臣，開始不把他的引薦者、內閣元輔徐階放在眼裡，常與之相抗衡，並迫使徐階「乞歸」。自此之後，他以精明強幹自詡，負氣用事，傲視同僚，先後又趕走了四位閣臣。至隆慶五年（一五七一年）十一月，內閣輔臣只剩下他、高儀和張居正三人了。

張居正，字叔大，湖廣江陵人，生於嘉靖四年（一五二五年）。他少年時聰穎絕倫，素有荊州神童之稱。五歲開始讀書，十歲通曉六經大義。十二歲即中秀才，十六歲中舉人，二十三歲中進士並選為庶起士，二十五歲授翰林院編修，正當張居正志得意滿，要實施自己的政治抱負時，卻又逢奸相嚴嵩權勢熏灼，因而感到懷才不遇而悲觀氣憤。幾年後，他告病回家，種了幾畝竹以排遣歲月。六年之後，他根據父親的願望再度入京，利用當史官的有利條件，集中精力研究歷代盛衰興亡的原因，留心觀察社會現實，因而受到大學士徐階的賞識和舉薦，自此進入內閣參與機務。接著又晉升為禮部尚書，武英殿大學士。不過，這時的張居正雖有滿腔的政治熱情和扶大廈之傾斜之志向，但仍不得施展，這個機會還要等到十年之後。

另外一個極受矚目的人物馮保，號雙林，真定府深州人。據傳此人知書達禮，又喜愛琴棋書畫，頗有一點儒者風度。由於他的學識涵養在宦官中出類拔萃，官運亨通，嘉靖年間就當上了司禮監秉筆太監。這不僅是皇帝本人的機要祕書，也是耳目喉舌。此時的馮保，權勢雖已顯赫，但還想進一步上升，成為司禮監掌印太監，並為此費了不少心機和錢財，用來打通關節。到了隆慶四年（一五七〇年），司禮監掌印太監的位子終於有了空缺，按例應由馮保升補。但當時任內閣首鋪的高拱為了報答照應、舉薦他的太監，便違例推薦御用監太監陳洪替補，以後陳洪出缺，高拱又推薦司膳監太監孟沖補位。馮保見自己應推而未被推，好事難成，不覺心生大恨，自此便與高拱結下了不共戴天之仇。

馮保雖然沒有當上掌印太監，但由於長期擔任司禮監的秉筆太監，權位也十分重要。因此，他和高拱之間經常發生磨擦爭鬥。到了穆宗駕崩和萬曆皇帝登基這段時期，雙方的爭鬥達到了白熱化的程度，無不絞盡腦汁想利用改朝換代的機會將對方置於死地。

正在這劍拔弩張之時，高拱最先瞅準了一個機會。就在萬曆皇帝登基的那天，百官齊集金鑾殿朝賀。不知是馮保為穆宗的遺詔得以順利傳示而感到高興，還是出於其他考慮，竟站立在御座之側，怡然自得地看著眾臣僚。這種間接接受百官跪拜的舉動，使得舉朝譁然，驚憤不已。更出人意料的是，禮畢之後，馮保即奉旨督領東廠事務。這個變更，使高拱感到自己面臨巨大威脅。因為誰都知道，這個號稱東廠、專向皇帝一人負責的特務組織，是什麼事都幹得出來的，誰都無法保證自己不會落入這幫殺人不眨眼的特務魔掌。而馮保最想收拾的臣僚中，第一個當然是高拱。處於巨大威脅之中的高拱，自然不能坐以待斃。退朝後，他立即發動全體言官（給事中、御史），依仗人多勢眾，猛烈參劾馮保矯詔等罪行，以達到先發制人的目的。高拱認為，僅此一條，就可以置馮保於死地。

但是，素來驕傲自大的高拱卻錯估形勢，也低估了馮保的能量。他萬萬沒有料到馮保在將這些奏章全部扣匿的同時，又跑到張居正跟前求計。張居正的性格恰好與高拱相反，他精於謀略，城府極深，對於高拱的高傲獨斷，專橫跋扈，從不把別人放在眼裡的作法自然是深惡痛絕，心中早有除掉高拱的打算。只是時機尚未成熟，也就未有半點流露，他在默默地等待時機。現在，時機終於到來了。作為英雄，首先要善於抓住時機，否則，便不再是英雄。

當馮保懷著驚恐而又冷酷的表情前來求計時，張居正深知雙方的決戰已不可避免，既然戰刀已經出鞘，就很難不帶血而還。既然爭奪和拼殺的目的都是為了自己的權勢，那麼此時的張居正也就顧不得其他了。他順水推舟，以政治家出色的才能，為馮保獻出奇計。他知道，只要此計成功，高拱必敗無疑。

馮保按照授意，急忙趕到萬曆的生母李太后、也就是剛加封不久的慈聖皇太后和萬曆的養母仁聖皇太后宮中，磕頭不絕，聲淚俱下，添油加醋地將高拱在穆宗駕崩時所說的「十歲太子如何治天下」一句，篡改成「高拱斥太子為十歲孩子，如何做人主」，並謊稱高拱要廢掉萬曆，準備擁立周王做皇帝……萬曆皇帝的母親雖是太后，其實只有三十多歲，對政治角逐的洞察力自然不夠敏銳，況且她早已風聞高拱其人專橫跋扈，在朝廷唯我獨尊，有時連太后和皇上也不放在眼裡。終於，在馮保一番入情入理的表演後太后震怒了，她決心懲治這位聲名顯赫的首輔大人。而在這場政治較量中，小皇帝萬曆也站在馮保一邊。當萬曆還是皇太子的時候，馮保就日夜伴隨著他，裸抱提攜，悉心照料，幾乎形影不離。因此，小皇帝萬曆曾親切地稱他為「大伴」或「馮伴伴」，並視為心腹。

第二天，百官奉召在宮門前集合。馮保手執黃紙文書，諸臣下跪聽他宣讀。這是兩宮太后的懿旨，也是新皇帝的聖旨：「仁聖皇太后、慈聖皇太后、皇帝聖旨：告訴你等內閣、五府、六部諸大臣，大行皇帝殯天前一日，召內閣三大臣於御榻前，與我母子三人，親授遺囑：東宮太子年幼，全賴爾等大臣輔導，但大學士高拱，攬政擅權，威福自專，全不把皇上放在眼裡，使我母子晝夜不安……」黃紙文書一經宣讀完畢，大臣們一個個驚呆了，跪在前列的高拱更是神色大變。他已被褫去官銜職位，勒令即日出京，遣返原籍。這位聲名顯赫的內閣首輔原以為這次召集群臣，是採納他的意見驅除馮保，沒想到大禍竟落到了自己的頭上。由於聖旨說「即刻起程，不許停留」，他連家也沒敢回，在街上雇了一輛牛車又羞又憤地回河南新鄭原籍去了，此時，張居正取高拱而代之自屬理所當然。但是，高拱和張居正之間的政治角逐卻遠沒有結束，既然高拱還沒有死去，隨時就有復仇的可能。也許，在這一點上，張居正尚沒有能力致高拱於死地。十年之後，高拱終於射出了復仇的利箭，致使張居正及其全家罹難。

高拱被趕走不久，另一名閣臣高儀也病故了。這兩個顧命大臣的一走一死，自然使已成為首輔的張居正高興異常。他推薦了一個對自己構不成威脅的好好先生，原禮部尚書呂調陽入閣作為自己的助手。而實際上的朝政大權則完全控制在張居正的手中，張居正以勝利者的姿態開始了他新的政治生涯，這時距老皇帝去世才剛剛一個月，但此時朝中官員卻議論紛紛，除對高拱給予同情外，還對張居正勾結內監極為不滿。於是，怨言四起，朝野大嘩。面對這種危局，張居正很是不安，他知道，如果不能樹立威權，便不能服眾，他在伺機尋找這個樹威服眾的時機。

終於，又一個天賜的時機到來了。

萬曆元年（一五七三年）正月的一天，皇帝朱翊鈞依照慣例上早朝，當他出了乾清宮，只見一個無鬚的男子穿著太監的衣服，在朦朧的曙色中躲躲藏藏，行跡可疑。這位男子很快被衛隊拿下，經馮保詢問，那人自稱叫王大臣，原是一名南兵，是從總兵戚繼光那裡來的。

早在明朝的嘉靖、隆慶年間，海上倭寇基本蕩平，而北方韃靼土蠻、董狐狸兩個部族卻常來騷擾。隆慶元年，已入內閣的張居正把江南名將戚繼光調到北方，讓他總管薊州、昌平等北方各鎮的兵事並節制各鎮總兵。一代名將戚繼光一上任，看到邊兵久缺訓練，毫無戰鬥力，便決定從頭開始操練兵馬。他從南方訓練出來的

「戚家軍」中抽調一部分將士，作為練兵的骨幹和頭領遣到軍中。這王大臣便是這批南兵中的一員軍士，他來到北方後，由於禁受不住環境和生活之苦，又加思念江南家鄉，便決定跑回南方。當他借著月色溜出軍營來到北京城時，忽然想出了一個看看紫禁城的念頭。於是，他左拐右穿，終於來到了巍峨壯麗的紫禁城下。這時天近黎明，城門已開，一些穿太監衣服的人進進出出，很是熱鬧。出於一時的好奇，王大臣乾脆一不做二不休，大著膽子偷了一套太監衣服穿在身上，混進宮去想看個究竟，想不到這一進去就再也沒能活著出來。

王大臣不識路徑，東跑西逛，想出宮卻找不到道路。正在他心驚膽戰、焦急萬分的時候，見一大群人簇擁著一個男孩朝自己走來，他躲藏不及，便被衛隊、宮監當場捉住。由於王大臣的供詞裡牽扯到戚繼光，馮保又知道張居正跟戚繼光的關係非同一般，便把此事告訴了張居正。張居正聞聽先是一驚，在沉默半晌後，終於心生奇計。他對馮保說：「戚繼光現握軍權，絕對不能把他牽扯上。至於王大臣一事，正好可以借機除掉高氏。」

馮保心中自然明白張居正所說的高氏就是被趕走的那個過去的首輔高拱。張居正顯然是要借刀殺人，準備對高氏家族斬草除根。馮保心領神會，也自然樂意幹這個差事。回去後，立即派一個叫辛儒的太監，給王大臣換上一件蟒褲，帶上兩把劍柄上飾著寶石的短劍，然後押送到由馮保作為主監人的東廠。

王大臣被押到東廠後並未受刑，卻由辛儒陪著他飲酒。辛儒對王大臣說：「你驚了聖駕，一定要追究主使你的人，你要不講，就會被活活打死。」

王大臣嚇得魂不附體，哀求辛儒出面救他。

辛儒故作憐憫地說：「看在你上有老，下有小的份上，我就救你一次。這樣吧，你只要說是高相國派你來行刺皇上的就沒事了。」

「高相國是誰？我不認識他。」

「你就說是高相國的僕人來找你的就行了，他的僕人叫高旭。你只要這樣說，不但自己可以免罪，還要賞你一千兩銀子，封個官職。」王大臣終於答應了，並在馮保審問時按辛儒教的話重複了一遍。馮保拿到證言，立刻派人去新鄭逮捕高拱的僕人高旭。消息傳出，舉朝大嘩，大臣們怎麼也不相信高拱會幹這種蠢事，並斷定是有人暗中搞鬼。於是一齊上表，要求皇帝慎重查處。不久，皇帝下詔讓馮保和都御史葛守禮、都督朱希孝一同會審此案。

高拱的僕人高旭很快被解到京城，朱希孝找了一些校尉來，把高旭混在當中，要王大臣辨認。王大臣自然認不出來。會審那天，按照規定要先對被指控犯罪者打一頓板子，然後過堂，而當板子打到身上時，一直蒙在鼓裡的王大臣大喊道：「不是說好了要給我銀子、官職嗎，怎麼又來打我？」

馮保面帶不悅，問道：「是誰指使你幹的？」

「不就是跟你一樣打扮的人教我的嗎？怎麼又反來問我？」

「胡說！」馮保勃然大怒，大聲喝道：「那你上次怎說是高相國？」

「那是那個太監要我說高相國，我怎麼認得什麼高相國、矮相國？」

這時馮保面如紫茄，無言以對。朱希孝趁機問道：「那你這蟒褲、雙劍，又是從哪裡來的？」「也是那個太監給我的。」王大臣指著馮保說。

朱希孝不再追問，吩咐退堂。馮保一見陰謀戳穿，便祕密派人給王大臣飲了啞藥。王大臣無法說話，又不通文字，案子無法審下去了，最後刑部只好以王大臣是個傻子，犯了驚駕罪而將他斬首，草草了結這個案子。

高拱一家險些被滅了九族，嚇得趕緊關上大門，誰也不再接見。而他的黨羽門生，路過中州的時候，怕受牽連，也都繞道避開新鄭。至於朝中的大臣們，從這次事件中真正認識了張居正，並在他的威懾下不得不表示臣服了。

至此，在萬曆一朝初年，朝中形成兩股強大勢力，代表人物分別是張居正和馮保，而張、馮的短暫結合，對日後的政治將產生深遠的影響。這一點，一個只有十歲的少年天子，自然是無法預料的。

在鎖鏈的綑綁中成長

張居正擔任內閣首輔以後，除了處理日常軍政要務以外，所做的第一件事，就是輔導他的學生——年輕的皇上。在這件事上，張居正晝思夜想，費盡心力，企圖把這位新任皇帝引向他所認為的理想境界。張居正以高度的熱情和責任感，為萬曆精選了五位主講經史，兩位主講書法的老師和一位元侍讀，所學內容也由他親自編訂。實際上，此時的張居正，已成為教育年幼的皇帝和處理軍政要務，身兼內外雙重職務的萬曆朝中最受矚目的重臣。

明朝開國之初，朱元璋接二連三地砍了幾個宰相的腦袋，並且嚴令其後代不復設立，以免大權旁落。但後來的君主並不像他們的先祖那樣勤政，到他的兒子朱棣時，隨著政務繁多，開始讓殿閣大學士參與政務，並逐漸行使起宰相之權。開國皇帝朱元璋費盡心機避免發生的事情，到萬曆初年還是發生了。

少年天子萬曆皇帝像

由於張居正這種實際上具宰相兼太師的特殊地位，一方面決定了他的才能得以充分發揮，可在政治、經濟、軍事諸方面進行了一系列頗有成效的改革；另一方面，他將自己的意志強加於對萬曆的教育中，致使這位越來越不堪重負的少年天子養成一種被扭曲的特殊性格。其結局是，張居正企圖為垂死的大明帝國恢復元氣的同

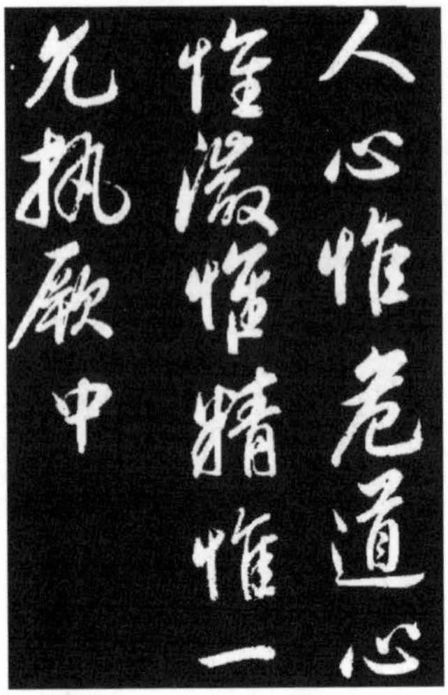

傳萬曆書法拓本

時，也為它的毀滅種下難以治癒的毒菌。

萬曆皇帝是一位早熟的君主，他五歲時就能讀書識字，若按中國舊時的計算方法，那時他的實際年齡還不足四歲。也就在差不多這個年齡的時候，有一天，他見父皇在宮中馳馬，立即跑上前，說道：「陛下是天下之主，如此馳馬急奔，倘馬蹶失足，後果作何設想？」穆宗皇帝聽罷，立即跳下馬來，把他擁在懷中，激動得熱淚浸濕了眼眶，深為有這樣的兒子而自豪。穆宗當場嘉獎這位兒子，不久後將他立為太子。

成為皇帝後的萬曆，在張居正精心輔導下，學業日有進步。萬曆二年三月，這位小皇帝將自己書寫的「學二帝、三王、治天下大經之法」十二個字的條幅，懸掛在文華殿的正中，接著又書寫條幅，準備分賜給眾官。張居正來文華殿見萬曆「縱筆如飛，頃刻畢就」，每個字足有一尺見方。十二歲的孩子書寫這麼大的正楷字，令張居正十分欣慰。他還特別寫了「緝熙聖學」詩一首，頌揚其事。詩中寫道：

沖齡已賦聖人資，典學尤勤恐後時。
努力寸陰常為惜，談經終日竟忘疲。
閑觀翰墨情偏愜，坐對縹緗手自披。
二帝三王心法在，文□高揭即著龜。

萬曆二年（一五七四年）閏十二月十七日，小皇帝講讀完畢，遂將自己親自書寫的「弼予一人，永保天命」八個大字賜給張居正。這八個大字雖然反映了萬曆對張的無比信賴之情，但張居正出於政治「賜臣之大和」治國方針上的考慮，對萬曆此舉進行了勸諫。他說道：「書，筆力遒勁，體格莊嚴，雖前代人主善書者，無以複逾矣。但以臣愚見，帝王之學，當務其大。自堯舜以至唐宋，所稱英賢之主，皆以其修德行政，治世安民著稱。不聞其有技藝之巧也。梁武帝、陳後主、隋煬帝、宋徽宗，皆能文章善繪畫，然皆無救於亂亡。由此可見，君德之大，不在技藝之間也。今皇上聖聰日開，正宜及時講求治理，留心政務，以古聖帝明主為法。書法一事，不過藉以收心而已，即使殫精費神，直通鐘王（鐘繇、王羲之），亦有何益？」

萬曆聽罷，立即答應道：「先生說的是，朕知道了。」自此之後，在萬曆的功課之中，書法被取消，而只留下經史給這位小皇帝攻讀了。

萬曆三年（一五七五年）五月二十日，萬曆命中使捧出他母親（李太后）所寫的御書一帙，叫張居正看，並說自己的母親不但每天在宮中看史書，還要堅持寫字一幅。她不僅自己這樣做，還令三十歲以下的侍女都要讀書寫字。張居正聽了之後，深以為然，並借此進行開導說：「聖母，母也，猶孜孜勤學如此。今皇上當英雄少年，將來有萬幾之重，何不銳精學問，講究治理以負祖宗託付之重乎？伏望皇上仰體聖母愛育之心，及時典學無怠無荒。則睿智益升，聰明愈擴。」

萬曆當即答道：「先生言是也，朕當勉焉。」

萬曆三年十二月十一日，萬曆對張居正說：「朕於宮中默誦所講書，多能記憶。間亦有遺忘者，溫習未嘗廢也。」張居正聽了大喜。

正當張居正為萬曆皇帝能按照自己設計的道路奮力前行而感到欣喜時，這位少年天子的幼小心靈因為受到刺痛而漸漸脫軌。書法課的取消以及經史的枯燥和講讀的緊張，使萬曆皇帝對所學功課日趨厭倦，便開始藉故停輟。而張居正卻一如既往地嚴格勸諫，毫不退讓放鬆。

萬曆五年（一五七七年）閏八月初三，小皇帝藉故暑雨太多太大，口諭朝講暫歇。張居正得知後，立即前來諫阻，並趁勢講了一番古今中外的大道理。在張居正嚴厲、懇切的勸諫下，萬曆不得不收回口諭，重新進入研習功課。

早在此前，張居正還仿照唐太宗、明成祖和明仁宗的做法，繪製天下疆域和職官書屏，懸掛在文華殿的後牆上，讓萬曆朝夕觀閱。這幅疆域職官書屏畫得十分精詳，全屏共分九扇，中間三扇繪天下疆域圖，左右各三扇分別列文武職官的姓名、貫址、出身、資歷等。而每個職官的情況，均用浮貼，如有升遷改調，可以隨時更換。如此布局，按張居正的理想應成為「四方道理險易、百司職務繁局、某某官員賢否，莫逃於聖鑒之下」。對如此苦心，萬曆皇帝並不領情，他在覽閱之後，只輕輕說了句：「先生費心，朕知道了。」算是對張居正這番苦心孤詣的回報。

此時的張居正並未因萬曆對功課的厭倦而醒悟，也未對這位小皇帝精神上表現出來的痛苦而深究，他依然按照自己的人生哲學和一個臣僚對朝廷效忠的責任，來訓導這個只有十幾歲的孩子，有時表現得十分嚴厲和刻薄，甚至達到了令成年人都難以忍讓的程度。

有一次，萬曆在朗誦《論語》時，把「色勃如也」，讀成了「色『背』如也」。張居正聽罷，當即厲聲糾正道：「應當讀『勃』！」這一聲嚴厲得近似指責的叫喊，使萬曆極為驚恐和憤慨，儘管他只是個十幾歲的孩子，並稱張居正為先生，但他又深知自己是當朝皇帝，是神聖不可侵犯的。所有的人都是他的臣民，都應該服從他的意志。張居正此時嚴厲而刻薄的責備，萬曆認為這是對自己不尊不敬，有辱他作為一個皇帝的尊嚴和少年自負的自尊心。類似這些事情的不斷出現，使少年萬曆在心靈深處漸漸生髮起了反抗的欲望，同時也埋下了他對張居正忌恨的禍端。多少年後，張居正舉家獲罪，他自己差點被開棺戮屍，與先前種下的惡果是分不開的。

張居正當然不會理會這些。他在將自己的意志和理想強加給萬曆的同時，也企圖讓這位小皇帝相信這樣一個道理：他之所以貴為天子乃是天意，天意能否長久保持不變則在人和。要使國家興旺發達，百姓安居樂業，就應當審慎地選擇稱職的官吏，而要選擇稱職的官吏，就必須信任張居正。確切地說，張居正才是引導大明帝國在夜航中前行，並有能力渡過急流險灘的不滅燈塔。

事實上，年輕的萬曆和張居正本人都按這個理想去做了，且確有將暮氣沉沉，已是破帆朽木的大明帝國這艘古船，引出漩渦和險灘的跡象。可惜好景不長，隨著張居正的油燈滅，這艘古船又重新進入迷茫的黑夜，並加速向另一個漩渦駛去，直至粉碎破滅。

當然，少年天子精神上的痛苦，不完全來自學業上的枯燥、壓力、以及張居正的嚴厲刻薄。他那只有三十多歲、精力充沛又滿懷希望與期待的母親——李太后，也在不知不覺中扮演了一個雪上加霜的角色。李太后她一直和年輕的萬曆皇帝同住在乾清宮，並對這位親生兒子能否盡心盡職和勤奮學習表現出了特殊的熱情和關懷。她要求被稱為小皇帝「大伴」的馮保，不斷向她報告宮中內外以及皇帝本人的各種情況。由於這個太監兼特務的精明能幹，讓太后耳目靈通。也由於這個神祕莫測的特務，不分白天黑夜地監視著皇帝的一舉一動，使得萬曆皇帝漸生畏懼和厭惡。一旦太后聽到對皇帝不利的密報，年輕的母親盛怒之下，萬曆就會受到長跪的處罰，有時一跪就是幾個時辰。這不僅使萬曆承受了肉體的折磨，更讓這位至高無上的天子感到了極端難堪和精神創痛。可惜皇太后並沒有因此感到自己的做法有什麼不妥，反而認為自己做了既合乎祖訓又不悖逆常理的極富責任感的事。因為她的經歷和思維方式無不在告訴自己：這樣做是對的，不這樣才是不可思議的。

明代開國之君朱元璋，怕自己百年之後子孫不肖，會出現類似漢、唐那樣外戚或母后專權的現象，所以明確規后妃由良家挑選。李太后原出身貧寒之家，被選入宮後，在裕王府侍候那時還是裕王的朱載垕。她之所以沒有像絕大多數宮女那樣，在紫禁城中空虛寂寞了此一生，僅僅是一個偶然的契機，她與朱載垕在夜深人靜時發生了一段情意纏綿、難以忘懷的愛情故事。就在她與他「私通」後的第二年，生下了兒子朱翊鈞，並以「母以子貴」的緣故一躍成為皇貴妃。這位三十多歲便守寡的女人，深知能到達現在的地位是多麼不易。她極愛兒子，是他給予了自己今天的榮耀和權勢，但這並不妨礙她對兒子進行相當嚴格的管教。年復一年，每逢上朝的五更時分，她會推醒酣睡的兒子，帶他去臨朝聽政。她這樣不辭勞苦地培養兒子，當然是希望他成為一代賢君，也讓自己名垂青史。

一五七八年，十六歲的萬曆皇帝已經到了大婚的年齡。為了廣延子嗣，必須先冊立皇后，然後再立妃嬪。對萬曆來說，這無疑是一種新生活的開始。當然，他暗自高興的不是大婚，而是嚴慈的母親不必再陪他住在乾清宮而可搬回慈寧宮，他將有可能在日後的生活成為一個自由的君主，一個獨立的人。正是出於這樣一種考慮，大婚後的萬曆從表面上看似乎和這位年輕貌美的皇后是天生的一對，但萬曆皇帝的內心卻極不喜歡這位總討母后歡心的女人，不時給她臉色看，這種做法萬曆保持了一生都沒有改變。王皇后憤懣之極，只得拿宮女發洩怨氣。史料記載，死在她杖下的宮女就有數十人。王皇后為什麼一生從未得寵，史料並無確切記載，世人也無處捉摸。或許，愛與不愛本身就無明確的因果，它只是存於人類本體的一種飄渺的感覺。但無論如何解釋，有一點是明確的，大婚後的萬曆皇帝認為他已經從母親嚴格束縛下擺脫出來，正是打破單調和空虛的絕好機會，他將可以獲得一種比較有趣的生活。

但是，他想錯了。就在萬曆皇帝盡情享受新生活的時候，一件意想不到的事發生了。有一個名叫孫海的宦官，引導皇帝在皇城別墅「西內」舉行了一次極盡歡樂的夜宴。這裡湖波盪漾，寶塔高聳，風景秀麗，喇嘛寺旁所蓄養的上千隻白鶴點綴其間，使得在禮教和太后嚴格管教下長大的皇帝恍如置身蓬萊仙境。新的生活天地已經打開，萬曆皇帝越發厭倦紫禁城的枯燥歲月，嚮往旖旎的自然風光。從此，在「西內」夜遊成了他生活中不可或缺的部分。他身穿緊袖衫，腰懸寶刀，在群臣簇擁下，經常帶著酒意在園中橫衝直撞。有一次宴會上，他醉眼朦朧地叫身邊一個小宮女唱他喜愛的新曲，不料這個宮女奏稱不會，萬曆立即龍顏大怒，抽出寶刀就要砍下去。孫海等人急忙上前勸說。萬曆欲殺不能，靈機一動說：「不效當年曹孟德割髮代首，何顯朕無戲言？」其結果是截去了宮女的長髮象徵斬首，有一個隨從上前勸諫，也被萬曆下令拖出去重打一頓。

馮保對萬曆的行為大為不滿，將此事悄悄告訴太后。太后大為吃驚，對此表示極大的悲痛和悔恨。她覺得自己沒有盡到對皇帝的督導教育之責，盛怒之下，她除去簪環，準備祭告祖廟，廢掉這個失德之君，而以皇弟潞王代之。多少年後，有史學家認為，假如她真的這樣去做，這個帝國的歷史或許會重新改寫，但歷史的長河在掀起了一個波瀾之後，瞬間便平靜了。萬曆皇帝跪下懇請母后開恩息怒。他雖然曾因讀書被罰長跪，但感受到的只是母后那嚴厲逼視的目光。如今，他第一次看到母親那悲憤的目光中，含有一種萬念俱灰的哀怨神色。或許，驚慌失措的皇帝這時尚不能領略皇太后深為辜負祖宗願望和夫君遺托而自責的心情。

對萬曆來說，他從未領教過慈聖太后如此絕情的訓斥：

「先帝彌留之際，嘗內囑你兩母教育，外托張先生等輔導，可謂用心良苦。孰知你如此不肖，到處遊蕩，將來必玷辱祖宗功名。我顧社稷要緊，難道非要你做皇帝不成？」

萬曆知道自己這次闖的禍非同小可，緊急求張居正和馮保講情。經過張居正和馮保的極力勸說，萬曆皇帝再痛哭流涕地表示悔改，並寫了「罪己詔」，即今天的「悔過書」之後，太后才答應給他一個自新的機會。

這次事件，讓萬曆膽戰心驚的同時，也明顯地給張居正敲了一個警鐘，他再也不敢馬虎大意了。為避免再出麻煩，張居正大批斥退皇帝的近侍，特別是那些年輕的活躍分子。他還自告奮勇承擔起對皇帝私生活的照料，每天派遣四名翰林，在皇帝燕居時以經史文墨娛悅聖情。

也正是由於這件事的發生，萬曆才明白自己仍是一個既不獨立、更不自由的人，他冥冥中感到有一條無形的鎖鏈套在自己身上，使他無法按照自己的意志去行動、去生活。他能夠做的，只有在這條鎖鏈的綑綁下，沿著一條古老得生鏽的軌道走下去，儘管前方是一片迷茫的征途。這種嚴密的監視和精神上的束縛，並未使萬曆立即屈服，以後的歲月，萬曆每做一件「出軌」的事，總會編造出幾條理由以備盤問。與此同時，他的心靈深處對兩個人特別痛恨：告密的馮保和為自己代草「罪己詔」的張居正，因為「罪己詔」中的言辭竟鄙夷到使皇帝無地自容的程度。可惜當時的張居正和馮保都沒有意識到萬曆心靈的變化，會給他們日後帶來什麼可怕的惡果。

有一天，萬曆聽課完畢，一時興起，便開始書大字賜予輔臣，馮保立在一旁，邊逢迎邊喝采。這時萬曆心中驀然湧起一種厭惡的情緒，他懷著極大的仇恨把飽醮濃墨的大筆擲在馮保穿的大紅袍上，淋漓盡染。馮保驚恐異常，即使在旁的張居正也手足失措。但萬曆的報復此刻也僅能到此為止，既然鎖鏈還綑在身上，就勢必付出行動上的代價。

皇權與相權的結合

無疑，張居正算是我國封建社會中卓越的政治家和改革者，是明朝最著名的首輔。他以不計毀譽、勇於獻身的精神，銳意變革，厘剔宿弊，終於使危機四伏的大明帝國在萬曆初年又煥發了生機，取得了「海內肅清、四夷讋服，太倉粟可支數年，庫寺積金四百餘萬」的輝煌業績。而這業績的取得，自然是與李太后的支持和萬曆皇帝的敬畏分不開的。

早在隆慶二年，當內閣輔臣徐階和高拱不和，徐階告老退位，回到松江華亭之時，年輕氣盛的張居正，曾不失時機地給皇帝上了《陳六事疏》，提出了需要變革的六件大事：

一、省議論。凡事不要無用的虛詞，而講求實際的功效。做一件事，開初要慎審，既行之後便要決斷，用一個人，用前要慎察，既用之後便要信任。

二、振綱紀。近年來綱紀不肅，錯誤地以模棱兩可謂之「調停」，以委曲求全謂之「善處」。應該公道地進行刑賞予奪，而不曲循私情。

三、重詔令。近來朝廷詔旨，多格廢不行，有的竟十餘年猶未完成。文件積壓，年月既久，失去時效，致使漏網的終於逃脫，而國法不得申張，這樣是非怎能明斷？賞罰如何得當？因此應敕下各司，辦事應嚴立限期，違者查參。

四、較名實。器械必須試用之後才知道利鈍，馬匹必須乘駕之後才知道駑良。現在用人卻不然，官不久住，事不責成，更調太繁，遷轉太驟，資格太拘，毀譽失實。因此希望皇上慎重名器，愛惜爵賞，令吏部認真考課官員，使其名實相符。

五、固邦本。眼下風俗侈靡，豪強兼併，賦役不均，官吏們耍弄詭奇花招，吃虧的還是百姓。因此要敕令有司，盡心清理。

六、飭武備。精選將領邊吏，加強軍隊訓練，舉行大閱之禮，嚴申軍紀，注重武備，整飭戎事，國防自會鞏固。

我們不惜篇幅，列舉《陳六事疏》的大意，意在讓讀者更進一步瞭解張居正其人。作為一個胸懷大志的政治家，面對飄搖欲墜的大明帝國，是以怎樣的膽識和策略，謀劃他的變革事業的。

如果說那時的張居正由於朝中的複雜多變，而無力實施自己的改革計畫，那麼，今天這個時機已經來臨了。身處首輔兼皇帝老師雙重地位的他，借助李太后和萬曆的聲明，順利地貫徹了當年他給已故的穆宗皇帝提出的《陳六事疏》，並一步步地實行著他的變革。張居正首先要做的就是整頓吏治。他認為當時朝廷奢賄成風，民不聊生，主要原因就是「吏治不清」。於是他規定了嚴格的考察制度，裁汰貪官污吏，採取「立賢無方，唯才是用」的原則。這一點，從他推舉重用戚繼光等名將，使多年擾攘不寧的北部邊疆和海域得以安定來看，當是很好的例證。

萬曆登基之初，由於土地的兼併，全國應當納稅的田畝數目不準。許多豪強大戶掠奪了農民的土地，賦稅卻仍要失地的農民負擔，造成大批農民逃亡。於是，張居正下令在全國重新丈量土地，清查漏稅的田產。到萬曆八年，統計全國查實徵糧土地達七〇一三九七六頃，比弘治時期增加了近三百萬頃，朝廷的賦稅收入也增加了。以至出現了「自正德嘉靖虛耗之後，至萬曆十年間，最稱富庶」的效果。

張居正推行的改革勢如破竹，戰果輝煌。萬曆九年，他又下令在全國推行「一條鞭法」，把原來的田賦、徭役和雜稅合起來，折合成銀兩，分攤在田畝上，按田畝數量交稅，實行賦稅制度的大改革。同時，在水利、邊防等方面也做了極大的革新。

萬曆即位以後的第一個十年，即一五七二年到一五八二年，是明朝百事轉甦、欣欣向榮的十年。北方的「虜患」不再發生，東南的倭患也已絕跡，國家的府庫日見充實，這些超出預計的成就，凝聚了張居正無數的心血。這一點，年輕的萬曆皇帝是心中有數的，他以實際行動感激這位先生用鐵的手腕賦予這個帝國的繁榮富強。當張先生偶感腹痛，年輕的皇帝便親手調製椒湯麵給先生食用。就連名位顯赫的李太后對張先生也倍加感激，言聽計從。這位李太后是一個虔誠的奉神拜佛的女人，有一次曾準備用自己的積蓄修築涿州娘娘廟，後來聽從了張居正的勸告，把這筆錢改用於修建北京城外的橋樑。萬曆大婚時，張居正因為父喪在內閣「青衣角帶」守制喪事。按照明朝祖制，大臣在守制期間，不准參與皇帝的一切吉禮。但李太后卻不避忌諱，定要讓張居正暫易吉服主持萬曆的婚禮。這種既違背祖制又不吉利的做法，對於一個在封建社會中篤信佛教的婦人來說，沒有對張居正的無比信任，是絕對做不到的。有好幾次，李太后想在秋決前舉行大赦，但張居正堅持以為不可，太后也只好被迫放棄原來的意圖……

從歷史的角度看，張居正推行的一系列改革和主張出於維護大明王朝統治的目的，無疑是正確的，但是這又不可避免地觸動了一些官僚集團的既得利益。再加上他作為一個政治家，欠缺豁達寬容的風度，自己又無法做到清廉公正，這就不免給反對派留下了把柄。因此，在萬曆十年他病逝之後，不但所推行的變革全部被推翻，自己死後也鬧得身敗名裂。這個悲慘結局的導火線，就起於他推行改革的時期，而明顯的標誌則是萬曆五年，張居正父親死後的「奪情」事件。

萬曆五年（一五七七年）秋天，張居正的父親在湖廣江陵去世。按照當時盛行的「父母三年之喪」的習俗，張居正應當立即停職，回家按照四書所說去「守孝三年」（又叫做「丁憂」，不過時間可縮短）到二十七個月。倘軍政要務緊急，離他不得，皇上也可以採取「強迫」的辦法，將其留在位上，這個做法叫做「奪情」。這種做法只有在極其特殊的情況下才偶一為之。此時的張居正權傾天下，怕一旦離去之後被人謀算，而且由他主持的全國性的改革也已到了關鍵時刻，他又怕因此而前功盡棄，便萌發了戀棧之心。懷著這樣一種目的，他暗示吏部尚書張瀚，想讓他強留自己在朝。而張瀚不但佯作不知，反而上疏請萬曆皇帝准允張居正「丁憂」回家，幸虧馮保見此，怕張居正回家自己失去屏障，便代為操作。於是，在馮保的鼎力協助下，萬曆在和皇太后商量後，決定慰留張居正，並以半懇請半命令的語氣要求張居正在職居喪。這個命令自然正合張居正的心意，為了掩人耳目，他還是再三奏請回鄉。萬曆也深知張居正的苦衷，便將一次次奏章又一次次批回，並命令送午門的六科廊房發抄，使大小官員得以閱讀原文，瞭解事情的真相。儘管如此，朝廷的官員們還是不相信張居正請求離職回鄉守喪的誠意，進而懷疑「奪情」一事是張居正故意耍的一個花招，以遮掩眾人之口。翰林院中負責記述本朝歷史的各位編修均感自身責任重大，因為他們的職責就是要在記述中體現本朝按照聖賢教誨辦事之精神。許多翰林來自民間，他們知道法治力量的限度，但一個人只要懂得忠孝大節，他自然就會正直而守法。現在要是皇帝的老師不遵守這些原則，居然把父母之喪看得無足輕重，這如何能使億萬小民心悅誠服！

在萬曆全然不知的情況下，是可忍，孰不可忍的翰林院幾十名官員聯合請求吏部尚書張瀚和他們一起去張居正私邸，向他當面提出勸告，讓他放棄偽裝，回鄉守喪。但勸說毫無結果。

對於張居正的態度，官員們極為憤怒，他們不肯就此甘休，而是下定決心採取另一種方式，直接向萬曆參奏張居正。按照當朝的制度，翰林編修奏疏是一種超越職權的行為，尤其是面對張居正這個重權在握的政治人物更是如此，且遭到反擊的機會極大。但既然弓已滿弦，利箭必須要發出去，儘管有射不著老虎反會被虎傷的可能……

果然，上疏之後，萬曆與太后和馮保密商，決定對上疏四人給予處罰，以免有人再度效尤。與此同時，皇帝詔諭群臣嚴厲地指出：「奸邪小人，藐朕沖年，忌憚元輔。借綱常之說，肆為謬論，欲使朕孤立，得以任意自恣，茲已薄處，如再有黨奸懷邪，必罪不有。」其結果是上書的艾穆和沈思孝各挨八十大板，然後發戍邊疆充軍。在這嚴厲的高壓之下，紛紛擾擾的「奪情」事件便告結束。當然，這個結束只不過是一個短暫的收尾，更大的仇恨和較量還在後頭。

第二年是張居正父親死去的一周年。這位首輔再向皇帝請假，要回原籍安葬父親。萬曆考慮再三，終於答應了他的請求。張居正向皇帝辭行。那天，萬曆在平臺接見他，並安慰他說：「朕捨不得讓先生走，但又怕先生過份傷感，只好忍心准了先生的請求。雖然如此，但國事至重，先生走了朕實在為難。」

此時的張居正很是感動，慌忙跪在地上說：「皇上大婚之後，要注意愛惜身體，免得臣子掛懷。」說完，竟伏地大哭起來。萬曆見這位首輔一片真情，也不禁感動得流下了熱淚：「先生雖然走了，但國家大事還要留心。」於是特許張居正在家期間，如有大事，可以密封上奏。又親賜他一枚銀印，上鐫「帝賚忠良」四字。

張居正於萬曆六年三月開始回家鄉，他從京師出發，經過河南直達江陵。他乘坐的是三十二個轎夫抬的特製大轎。轎內隔成兩間，後一間用來坐臥，前一間可以會客，沿途如有地方大員來見，就請到轎上，邊走邊談。他的衛隊格外引人注目，因為這些將士除腰中佩刀之外，背上還有一支鳥銃，這是明朝總兵戚繼光所委派的部屬，而鳥銃在當時尚屬時髦火器，軍隊還很少使用。這支衛隊的衛士個個衣甲鮮明，精神抖擻。當行抵河南新鄭縣，張居正突發奇想，要見一下被廢鄉居的前內閣首輔高拱。兩人相見，恍如夢中，高拱穿一件舊衣，鬢髮如銀，老態龍鍾。再看張居正，雖然鬢邊已有霜絲，但意氣昂揚，風采過人。兩人相比，對照鮮明，各自心中自有不同的感慨。

張居正端坐在高府簡陋的舊舍裡，嘻嘻哈哈，侃侃而談，顯得仍像當年在內閣裡一樣親熱，毫無陌生隔閡之感。而一向高傲自負的高拱，如今已落到這般地步，見張居正還虛情假意地前來「探望」，其本意分明是來示威，這更增加了他的憤怒。此時的張居正在朝中的權勢正炙手可熱，自己作為一個失去權勢的退休官員，且重疾纏身，顯然是無法再跟他抗衡交手了。但高拱早年也是以精於權術聞名於朝的，豈能容忍這種汙辱？由此，在張居正走後，他就開始精心策劃一項計謀，要置張居正於死地。

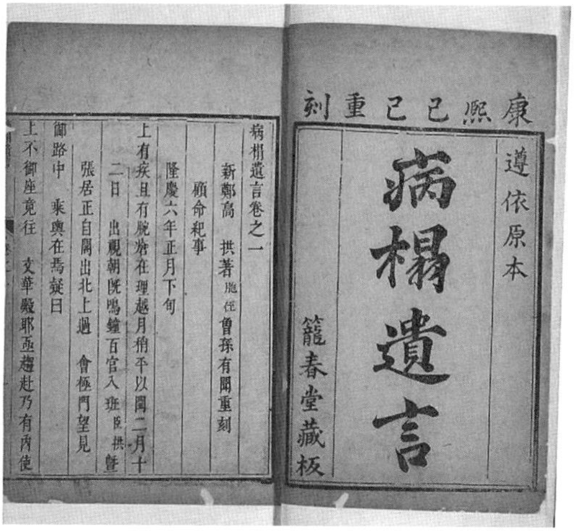

清康熙朝重刻的高拱著《病榻遺言》書影

高拱在張居正走後彌留人世的幾個月內，寫成了一篇《病榻遺言》的文章。這篇頗見風骨和文采的文章，主要揭露了兩件事：一是馮保的不法與專橫跋扈，另一件就是當年在宮中發生的「王大臣事件」。文章在揭露兩件事的真實面目後，不但為自己遭受的不白之冤進行了申辯，還把馮保跟張居正如何勾結，蒙蔽皇上的事實一一揭穿。文章寫成後，在如何被皇上和世人知曉的問題上，高拱再次顯示了他的精明老到。他既不託人呈給皇上，也不給那些朝臣過目，而是印成一本小冊子，任其在社會上流傳，這就無疑地造成了廣泛的社會影響。當然，當這本小冊子在達到了高拱所預料的效果並在後來終于為滿朝文武和皇上知曉時，高拱和張居正已雙雙去世了。張居正本人未能食到其果，而他舉家卻迎來了滅頂之災。這當然是後話了。

此時的江陵城正為張居正父親的葬禮傾城出動。事實上，早在張居正返家之前，地方要員已在張家的府第裡用藍、白兩色布匹搭起了高大的席棚，整個張府顯得莊嚴肅穆。需要特別指出的是，這張府原是遼王朱憲的府第，萬曆二年，有人告遼王謀反，張居正趁遼王被廢的時機，將這座王府弄到自己手中。當然那時的張居正沒有想到，他這個舉措又為自己埋下了怎樣的禍根。出殯那天，本省、府縣的主官，鄰近州郡的文臣武將以及其它省份的代表紛紛前來參加。出殯行列的最前面，是張居正從京城裡帶回的戚繼光所贈的衛隊，衛隊後面又是同真人真馬一樣大小的紙紮的兵馬衛隊，共一百騎。由一個百戶裝束的紙人率領，真假衛隊浩浩蕩蕩，十分壯觀。在衛隊的後面是高高舉起的一面面寬大的功名牌，上面分別刻著張居正出山以來的各級官銜。一連串的「舉人」、「進士及第」、「翰林院學士」、「禮部尚書」、「東閣學士」、「武英殿大學士」、「文淵閣大學士」、「太子太保」、「少保」、「少傅」、「太傅」等象徵著榮光與權勢的官銜，讓人無不讚嘆這位死去的老太爺，造就了一個多麼卓絕超群、驚世駭俗的天才兒子，而這個兒子從一介書生到位極人臣的高官顯爵，又為這位老太爺以及整個張氏家族的列祖列宗，帶來了何等的榮光與欣慰。

更令人驚駭的是，在「肅靜」、「迴避」牌後，那由各方官員致送的密密麻麻的輓幛和輓聯，而迎頭一幅最為高大的輓幛上，大書「風範長存」四個字——這是萬曆皇帝的御筆，也是張府的最大榮耀。在一座座亭台後面，先是笙簫鐃鈸，吹吹打打的和尚、尼姑、道士在誦經念咒，接著是身穿緋色袍子的四品以上的文官，身穿青袍的五品至七品的各地要員，以及頂盔帶甲、穿著戎裝的武官和身穿綠袍的八品以下的各等官吏……

多少年後，江陵的遺老遺少還會帶著無比的榮光和自豪告訴他們的子孫，自己年輕時曾有幸目睹過多麼盛大浩蕩的一場殯葬——那是江陵空前絕後的葬禮啊！

當年六月，張居正回朝。北京城外，司禮太監何進代表皇帝，偕同百官郊迎。兩宮太后也各派大太監李琦宣諭慰勞。可以看出，此時年輕的皇帝和兩宮太后，對張居正的信任和敬仰達到了高峰。這年秋天，張居正的母親趙氏來到北京。不久她就被宣召進宮與兩位太后相見，加恩免行國禮而行家人之禮，並贈給她各項珍貴的禮品……至此，張居正以及整個張氏家族的榮耀達到了輝煌的頂點。多少年後，有史學家指出：在接受這些信任和榮寵之際，張居正母子不明白也不可能明白這樣一個事實，即皇室的情誼不同於世俗，它不具有世俗友誼的那種由於互相關懷而產生的永久性。當張居正去世之後，這種情誼反而變成一種災難，落到他們全家人頭上了。

第四章

追蹤玄宮隧道

發掘帷幕在定陵拉開。夜空中突然一聲巨響，引起了意想不到的騷動。探溝深處，一塊小石碑指出了地宮隧道的方向。玄宮隧道裡，終於找到了通往地下宮殿的鑰匙——

地宮入口與隧道門

在原始社會時期，自從人類的心中產生了靈魂的概念之後，死後的墓葬就被看得越來越重了，但還沒有永遠祭祀的意圖。由於有了「靈魂不死」的觀念，人們便認為，死者雖然離開了人世，但靈魂尚存，只不過隨著軀殼去到另一個世界而已。這些不死的靈魂，還能回到人間降臨禍福，因此，人們對死去的祖先除了存有感情上的懷念之外，還盼望他們能夠在另一個世界過美好生活，並對家族的後人加以保佑和庇護，這就自然地形成了一套隆重複雜的埋葬制度和祭祀崇拜禮儀。這一發展過程經歷了漫長的歲月，其事實與結論不僅從歷史文獻上可以看出，在中外考古發掘中也可以得到驗證。

中國幾十年考古發掘的墓葬遺址，證實原始社會的母系、父系墓葬都沒有發現過封土或標誌。只是在甘肅臨洮的馬家窯文化氏族墓葬中，曾經在人骨附近發現有一塊小石板，似是這位死者墓內的標記，但卻不能作為墓上的標誌。在夏、商的大規模墓葬中，也尚未發現過巨大的封土和標誌。河南安陽的殷墟，自盤庚遷都於殷之後，作為殷都近三百年之久，而奴隸主殷朝帝王生前雖然窮奢極欲，但他們的王陵到現在在地面上也很難看出跡象，即便是後代有所破壞，也不至於不留一點痕跡，可知這時還處於不封不樹的階段。正如《禮記．檀弓》所載：「古也，墓而不墳。」、「凡墓而無墳，不封不樹者，謂之墓。」

從周代起，在墓上開始出現封土墳頭。《周禮．春官》上曾載：「以爵為封丘之度。」這也就是說，按照官爵的等級來定墳頭封土的大小。春秋戰國之後，墳頭封土逐漸高大，形狀好似山丘，因此有人把墓稱為丘。如趙武靈王的趙丘、燕昭王的昭丘即是實例。從考古中得知，在墓頂之上要壘土成墳、植樹做標，這與奴隸制度的完善和經常需要向祖先的鬼魂祈禱、祭祀有關。殷人尚鬼，凡事先要祈告。除向天神禱告之外，向祖宗先王禱告也是一項重要的制度。

為懷念祖先而在墓前拜奠，也需封土、植樹作為標誌。《禮記》上有一段孔子尋找他父母之墓的故事，說明了封土墳頭和植樹作標的重要性。孔子三歲時，父親就撒手歸天了。孔子長大成人後，要想祭拜一下他的父親，卻找不到墓地所在。後來經過許多老人的回憶，輾轉數月方找到。以重「禮」著稱的孔子，認為子孫祭祀祖宗是必要的禮節，於是便在父親的墓上培土壘墳，作為標誌，以便經常前來祭祀悼念。墓土壘墳可能在孔子之前就已出現，但人們常以孔子的故事作為封土墳頭的起源。

帝王陵墓發展到明清時代，布局、建築形式趨向定式，封土都採取寶城寶頂的形式。兩朝三十多個皇帝和上百個後妃的墳頭，都為寶城、寶頂。其建築方法是在地宮之上砌築高大的磚城，在磚城內填土，使之高出城牆成一圓頂。城牆上設垛口和女牆，宛如一座小城。城牆稱之為「寶城」，高出的圓頂稱之為「寶頂」。這種寶城寶頂和前方的明樓構成一個整體，不僅突出地顯示了陵寢的莊嚴肅穆，也增強了建築藝術效果和神祕氣氛。明十三陵中的寶城形制，共有四類形體組成：景、裕、茂、泰、康、昭、慶、德八陵，明樓下面既設券洞❶，券洞後邊又設月牙城❷，月牙城的後壁，即是琉璃屏❸。長、獻二陵明樓下面雖然設有券洞，但其後面沒有月牙城，因而看不到琉璃屏。儘管這十陵在形制上不盡相同，但有一點是可以肯定的，那就是如果寶城不是偽裝的話，寶頂之前、明樓之後就是通往地下宮殿的隧道口，其準確位置當是在琉璃屏之前。

除思陵屬於特殊情況外，永、定二陵明樓之下，既無券洞，其後更無月牙城和琉璃屏。它的形制明顯地告訴研究者，其地宮隧道不在明樓之後而在別處。因為明樓高大沉重，為了牢固起見，所以在明樓底下未設券洞。既然沒有券洞相通，後面的月牙城和琉璃屏便無存在的必要，但無論如何變化，定陵地宮的入口一定直衝明樓，只是隧道口要設在別處。而寶城的牆皮脫落之處，作為通向地下宮殿的隧道口已成定局。

一九五六年五月十八日，一輛大卡車載著行李、床板、桌椅、鍋碗瓢盆和爐灶煤炭等生活用品，還有鐵鍬、鎬頭、竹筐、扁擔、繩子等發掘工具，來到定陵南邊一華里的昭陵村，在一個姓陳的社員家裡安營紮寨

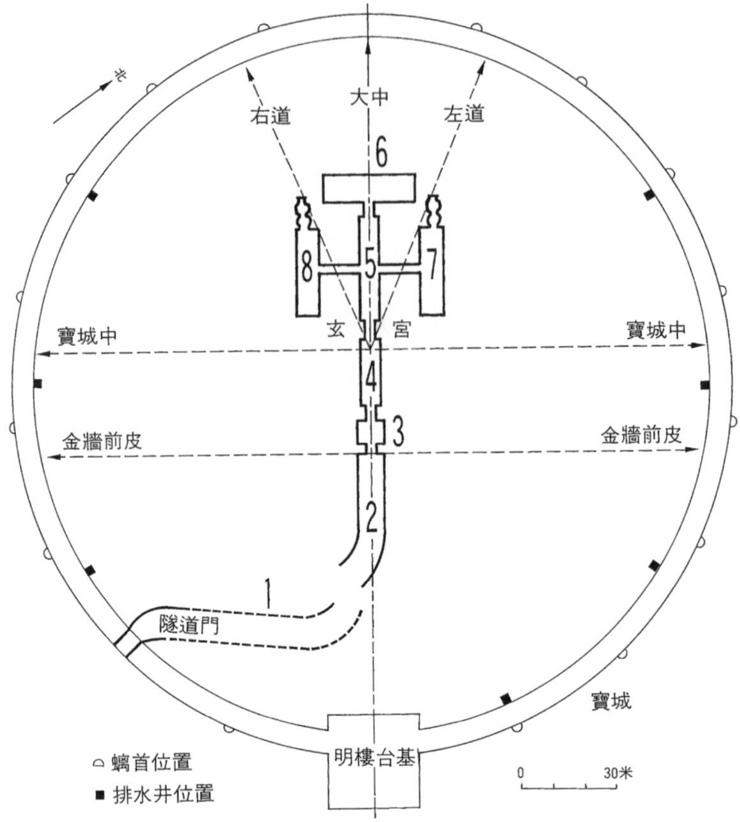

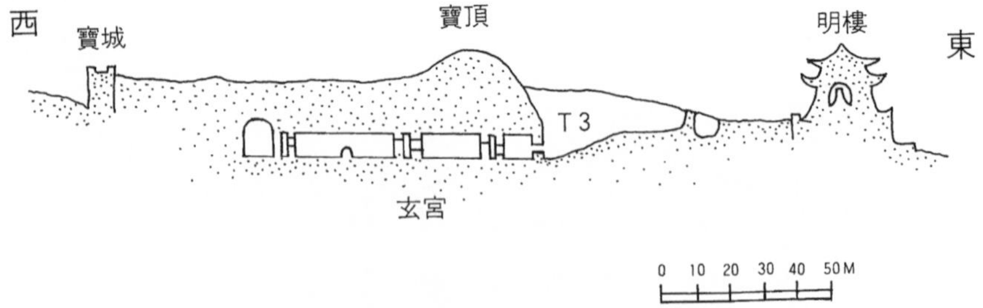

1.磚隧道　2.石隧道　3.隧道券　4.前殿　5.中殿　6.後殿　7.左配殿　8.右配殿

定陵、明樓、寶城、玄宮平面與立面剖視圖

了。隨車來的除趙其昌之外，還有位兩鬢布滿銀絲的老人，這就是在考古研究所專門負責帶工發掘、整理修復出土器物工作的白萬玉。在此之前，白萬玉的姓名雖已列入發掘隊之中並任副隊長之職，但因忙於日常事務，未能參加陵墓的勘察。在決定試掘定陵之後，趙其昌便找到夏鼐說：「夏先生，你看這樣一座大墓，我一個人領導……」言外之意，是想讓白萬玉盡快入隊。夏鼐心領神會，對趙其昌保證：「白老現在河南下田野，定陵一開工，即刻調回來，前去定陵工作。」

今天，這位在年輕時就跟隨安特生和斯文．赫定等考古前輩到西域探險的老人終於來了。無論是趙其昌還是其他隊員，對新中國進行的第一次皇陵考古發掘充滿信心。當天下午，發掘隊在定陵的寶城內側，即與城磚脫陷處相對應的地方，作出了先開一條探溝❹的計畫。在伸向明樓背後的方向，測好位置，釘上木樁，拉上繩子，立上木牌，墨書大字「T1」，表示第一探溝。一切準備就緒，只等第二天破土動工。

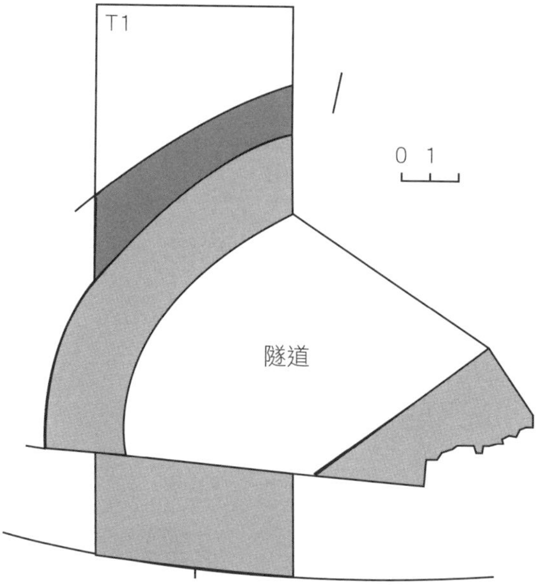

隧道第一探溝中磚隧道平面圖

這個計畫的產生，主要是從保護陵園的安全來考慮，陵園之外是一片荒野，因此才越過城牆在園內開溝。然而，正是出於這個看似重要的考慮，才使埋藏在城牆券門裡邊的一塊對發掘工作具有重要指示意義的小石碣未被發現，使挖掘工作走了彎路。

第二天清晨，趙其昌、白萬玉率隊來到現場，同時，來了三十八名民工。民工是從附近村中抽調來的。白萬玉向他們簡單地說明了發掘定陵的目的和操作規定，並要求在未打開地下宮殿之前，保守祕密。這番話，使本來就對皇陵十分敬畏的農民，心中又蒙上了一層神祕的陰影，以致後來終於出現意想不到的騷動。

上午七時整，三十八名民工和發掘隊員到齊，分成三隊，昭陵村劉懷珠、裕陵村許崇儀、黃泉寺郝喜文分任隊長，三隊民工手拿鐵鍬、鎬頭列隊而立，獻陵村三十二歲的社員王啟發自告奮勇擔當起民工隊大隊長，分管三隊的挖土、擔土、運輸、散土等等。趙其昌拿起相機，拍下了動工前的第一張照片。白萬玉一聲令下：「開始——」王啟發一馬當先彎腰揚臂，挖下了第一鍬土。於是，這在中國歷史上破天荒的以研究為目的，有組織、主動的用考古學的方法，對皇陵的科學發掘正式動工。這是一個註定要寫進中國考古史的日子——西元一九五六年五月十九日。

按照繩子作出的標誌，民工們一鍬

第一道探溝的挖掘情況。左面為定陵明樓，往右下方形密林中顯示的一道白線即為寶城，三人所站立的地面是在寶城之內、墳丘之上。最右之人站立處的寶城牆處，曾發現一處塌陷的地方，最初的第一條探溝是根據有塌陷現象的寶城內側開掘的。站立者的左面是探溝最初開土的情況，其左側所顯露的牆是寶城的內側，人站在寶城的頂端。照片下部偏右地方顯示的半圓形線即隧道一側的牆(此隧道均為磚砌，故稱為「磚隧道」)。將此段磚隧道的填土、填石清理完畢後，隧道已顯示出彎曲形狀，它並不直通寶頂，而是彎向明樓。
開完第一道探溝後，從歲道的彎曲形狀，走向明樓，已初步判定這是原埋葬時所用之道路。如果按照隧道掘下去，無疑可以走向地宮，但為了保存寶頂與墳丘上的樹木，也為了省工時而沒有沿隧道發掘。接著即在明樓之後開第二道探溝。

鍬地挖下去，再把翻起的土小心地裝入筐中運往遠處。雖然是第一次動工，但民工們卻記住了白萬玉老人的囑咐：「我們不是搞建築工程，也不是挖水庫大壩，不要求速度，而是需要細緻的觀察和小心地操作……」民工們儘管對考古學一竅不通，更沒聽說過用科學考古的方法來發掘皇陵，在他們心中只有孫殿英那樣的軍閥和程老六那樣的土匪夜間盜墓的模糊形象，但面前的景況卻讓他們感到這項工程與眾不同。每裝進一筐土，都要經過仔細的檢查，而且時常把地面挖開，用小鏟一點點地刮、尋找可疑痕跡，幹這種活，聞所未聞。

趙其昌和白萬玉在工地四周密切注視著民工們的操作，幾乎每挖出一筐土，白萬玉都要仔細觀察辨別土質的變化。兩個小時之後，探溝已挖了三米多寬、一米多深。寶城內側一米半深處露出了一塊砌在寶城城牆上不大的石條，這時，有個民工突然大喊一聲：「石條上有字！」

大家頓時聞聲而來，圍住石條，趙其昌、白萬玉也急忙奔過去。果然，在一塊橫砌的小石條上，顯出模糊不清的字跡。趙其昌找來毛刷，蹲下身，輕輕地刷掉上面覆蓋的一層積土，奇跡出現了：石條上露出三個雕刻粗淺的字跡。經過仔細辨認，兩人幾乎同時喊出：「隧道門！」

趙其昌幾乎要把臉貼在石條上，他像是對大家也像在自言自語：「沒錯、沒錯，是隧道門三個字！」白萬玉按捺不住激動的心情，隨聲附和：「對、對，是隧道門！」民工們望著他倆大喊大叫的興奮神態，弄不清「隧道門」三字的真正含義，但從兩張漲紅的笑臉中，卻預感到這是

定陵陵園內的明樓

一個成功的起點。

一陣興奮過後，兩位工作隊長卻又對著石條呆愣起來，心中都在琢磨這個石條的來歷和用意。營建帝王陵墓，有著非常嚴格的要求，必須按照規定的制度施工。而隧道是什麼樣？地宮大門是什麼樣？在什麼地方應當設置裝飾和標誌？用考古學方法發掘帝王陵墓，在新中國這是首次，陵墓內到底是什麼樣，文獻上缺乏記載，只能根據出土的實物進行分析和研究。

趙其昌仔細地端詳著三個刻字，白萬玉不聲不響地蹲在一旁抽煙。石碑字體刻痕較淺，也不大工整，不像是營建墓葬所特有的定制。那為什麼在這裡出現三個字呢？會不會是當初故意製造的假象，以迷惑盜墓的後人？民間曾流傳皇帝墓中有「迷路石」之說，這塊刻石是否就是證據？趙其昌想著，似乎覺得這種推斷不可能。因為陵墓建成後要派重兵把守，那時的皇帝和大臣，是斷然不相信會有人盜墓的，更不可能預見幾百年之後，將被當作研究物件來發掘。「迷路石」一說不能成立。

那麼，這三個粗糙的字到底意味著什麼？回顧史料他們作著這樣的推斷，自萬曆十八年（一五九〇年）定陵建成，到萬曆四十八年（一六二〇年）皇帝死去，前後經過了三十年的漫長歲月。地下宮殿建成之後，就必然要用土封存起來，等待皇帝死去入葬時再開啟墓道門。但是，皇帝的死期是無法預測的，一旦死去，就需要立即打開，等待皇帝的棺槨入葬。這一工作是由工部主管，如果找不到入口，延誤葬期，營陵工匠必遭殺身之禍。經過長年累月的塵封土埋，入口定難尋找，這就要在入口的某個部位作一標記，以備急需。趙其昌想著，轉過身看著白萬玉，輕輕地說：「我看這石條砌在寶城這不正不中的地方，會不會是當年建陵工匠偷偷留下的？」

白萬玉吐出一口濃濃的煙霧，點點頭：「我也在想，這石上的字很可能是工部指使人、或者工匠偷偷留下的。因為皇帝死後，入葬的日期要禮部決定，一旦日期定下，而工部打不開地宮，從工部尚書、郎司到工匠都要問罪，所以才在這裡留下記號。看來這裡是通往地宮的隧道已不成問題了。」英雄所見略同。二人相視，會心地笑了起來。

白萬玉留在工地，指揮民工繼續發掘。趙其昌立即回京，向夏鼐彙報發現「隧道門」的經過和他們的推斷。夏鼐靜靜地聽著，最後點點頭：「我看這種推想是成立的，看來你們兩位完全能夠勝任這項工作了。」

夏鼐和吳晗先後來到工地，詳細地看過「隧道門」三個刻字之後，也一致認為這裡就是地下玄宮隧道入口。果然未出所料，十幾天後，在探溝挖到離地面四．二米的深處，發現了兩側用城磚整齊平鋪的磚牆。兩牆之間距離八米，如同一條弧形的胡同由南向北彎曲伸張。這條隧道的出現，證實了當年皇帝的棺槨從這裡入葬的推斷。「隧道門」三個字正對著這條隧道的中心部位，後來發掘人員稱這條隧道為「磚隧道」。

電光閃過之後

進入七月，天空開始不斷地下起雨來，發掘工作只得根據天氣狀況時進時停。自寶城內挖開第一道探溝以後，工作進展極為順利，民工們將填土磚石，一筐筐運出，一個多月的清理便告完成。在「隧道門」刻石下面，果然露出了一個用大城磚壘起的大門，事實證明了最早被發現的那個塌陷的缺口，就是大門外側上面的邊緣，也是通向地宮隧道的第一座大門。帝后棺槨入葬之後，大門就用城磚巧妙地堵死，磨磚對縫和城牆別無兩樣。當年的君臣工匠怎麼也不會料到，三百多年之後，這精心的偽裝終未迷住考古工作者的眼睛而被識破。

遺憾的是，門外是荒郊野地，如果挖開這牆門通道將無法保證寶城券門內石碣陵

寶城內側「隧道門」刻石

寶城券門內石碣

內的安全。發掘人員沒有將此門拆通，竟讓埋藏在城牆門之內的那塊對發掘具有指路意義的小石碣，從工作隊的眼皮底下逃脫了。石碣清清楚楚地刻著：

> 寶城券門內石碣一座城土襯往裡一丈就是隧道棕繩繩長三十四丈二尺是金剛牆前皮

這段文字可謂打開地宮的第一把鑰匙。它至少告訴人們兩個主題，一是從石碣本身所處的位置，往城牆裡側再掘進一丈的距離就是通入地下玄宮的隧道；再就是說明此處至玄宮前面金剛牆❺前皮的準確距離。

這塊石碣，直到一年多地宮打開之後，徹底清理現場和修復陵園時，才從牆中拆出。既然這個天賜良機沒有被及時抓住，發掘人員在以後的探索中陷入困惑與迷途似乎已是無法避免。隨之發生的一連串近似荒唐的鬧劇，似乎也不是意外之事了。

大門之內的磚隧道，儘管明顯地伸向明樓之後，但離明樓還有很長一段距離。為減少出土量和保護園內的古松，考古隊決定隔開一段距離，再開第二條探溝。這個決定向夏鼐彙報後，得到了贊同。於是在第一道探溝的延長線上，即明樓之後開第二道探溝，將「T2」的木牌立起來。

七月六日，第二道探溝開始破土動工。

為加速探溝的發掘速度，由人工挑土改為滑車吊土，即在探溝兩側上方支起兩個木架，安裝上滑輪，把土筐由溝底吊到地面，倒入手推車後運走。按照這樣的程式，民工們每天把土一筐筐吊上去，再一車車運走。一個多月過去，沒有發現任何新的跡象和線索，甚至連磚隧道的痕跡也丟失了。眼前只是一條六米寬、七米深、二十多米長的深溝。

望著面前的景況，發掘人員都在心中打起了小鼓，並漸漸對這個做法的正確性產生懷疑，工作熱情急劇下降。身為工作隊隊長的趙其昌，除在探溝邊來回勘察外，就是紮在宿舍裡翻閱史料，大家再也見不到他那平時大喊大叫談笑風生的形象了。只有白萬玉老人，每天蹲在探溝邊和往常一樣不聲不響地抽著旱煙，似對在此處發掘胸有成竹。然而，在打開地宮之後，這位白髮蒼蒼的老人回憶當時的情景，才道出了他的真情：「眼望大軍受挫，如果我這個老將再穩不住腳，必定潰敗無疑。其實，我的心裡也和大家一樣在犯嘀咕……」真不愧是久經沙場的老將，老馬識途，在不久之後出現的騷亂中，更加顯示了他的謀略與才華。

在發掘隊陷入困境之時，有幾位關心發掘工作的老前輩來到現場，在探溝邊轉悠一番後，找到趙其昌和白萬玉，有一位「專家」指著自己的頭頂說：「你們挖得太淺了，才挖到腦瓜皮就想找到地下宮殿，簡直是妄想。」趙其昌望著他那悠然自得的樣子，沒作任何表示。他心裡清楚，「專家」越出「專業」半步，就不見得再是「專家」了。他們的話，不過表示一種願望、心情或關懷罷了。

早在尋找地宮隧道入口的時候，記得也有些關心發掘的人曾力主要從明樓前面的石五供，即琉璃壁前面做祭台之用的石條長桌處開始下挖，穿過明樓底層，直通寶頂下方。有些是領導、學者、長輩，一片熱誠，但考古學自有其一套完整的方法論，任何沒有根據的想像，都是臆測。即使不查資料、文獻，也可清楚地看到定陵明樓的建造結構和其他陵墓的不同。這是一座近似封閉的石結構建築，其自身的重量和堅固程度超過了十三陵中任何一座明樓。據史料記載，建造定陵明樓時，為了達到堅固的目的，在地基中澆鑄了鐵汁，整個明樓和地下原有的岩石融為不可分割的整體。也正因為如此，定陵在遭到李自成的大順軍、多爾袞的大清軍和土匪無賴的毀滅性災難後，唯獨這座明樓巍然不動。當時考古隊就堅決反對這個意見，曾直言不諱地指出：「帝后的棺

俯瞰明樓前石道，可見石五供（林馨琴 攝）

槨決不可能從這裡進入地宮，因為在明樓下面修一條隧道，無疑是非常艱巨和困難的工程，再說從這裡修隧道實無必要，營建地宮的官員和工匠決不會如此愚蠢……」面對這種種好心的關照，對這些「專家」的諄諄教導，趙其昌只有無可奈何的苦笑，夏鼐則緘口不語。

夜漆黑。勞累了一天的人們進入了夢鄉，整個陵區一片沉寂。空寥、幽靜的夜色中，偶爾傳來幾聲雞鳴犬吠。

煩燥和悶熱使趙其昌無法入睡，他躺在炕上，面對黑漆漆的空間，胸口憋得難受，似有一個沉重的物體壓在身上。一個多月了，探溝雖然在不斷地加寬、加長、加深，但一直沒有任何新的線索。他回想起在大學課堂時，老師曾講解過如何劃分土層，辨別土色和土質，又如何確定定位關係等一系列考古手段。在西安、洛陽、鄭州的田野考古實習和北京郊區的大型、小型墓葬、遺址發掘，他都是按照老師的要求去做的。然而現在，自己同樣是這樣做的，也曾仔細地觀察過探溝裡的土層，並發現了有夯土的痕跡，已經說明這裡曾被掘動過，同時也證明探溝的位置沒有選錯。既然沒錯，又為何找不到磚隧道的痕跡？難道真的如那些「專家」們所指出的是「挖得太淺」嗎？他反覆回憶著探溝現場的情況，覺得他們的話仍然不能成立，隧道在這裡不會太深。如果這個探溝有什麼不足，那是寬度的問題，目前的探溝只有六米寬，而在券門處發現的隧道卻是八米寬……趙其昌思索著，窗外傳來「吧嗒、吧嗒」的聲音，天又下雨了。

淅淅瀝瀝的雨聲，使他本來煩燥不安的心更加緊張和焦灼。他穿上衣服，索性來到屋外，面對深遠幽祕的蒼穹，讓雨水點點滴滴地落到自己的身上和臉上。清涼的雨水擊打著他的面額，濕潤著乾燥的沾滿泥土的頭髮，感到分外愜意。沉悶焦灼的心在大自然的洗禮下，重新振作起來，他伸手抹了一把臉上的雨水，長噓一口氣，似乎看到了黑夜中傳來一絲亮色。

雨越發大起來，天幕中滾過陣陣響雷，閃爍的電光映照著寬大的雨簾，翻卷起片片金鱗。整個曠野被雷雨擁抱，天地融為一體。塵世的一切景物似乎已不復存在。

突然，一道刺耳的閃電切開迷濛的蒼穹，隨之滾過一聲驚天動地的霹靂，大雨傾盆而下，整個宇宙似乎搖晃飄蕩起來。趙其昌迅速跑回屋內，對剛被驚醒的隊員大聲喊著：「糟了，快起來！我們的探溝……」

第二天清晨，雷雨過去，天地清新。工作隊員和民工們圍在探溝旁，望著半溝渾濁的泥水，一籌莫展。這時，遠處有人急匆匆地跑來，大聲喊著：「快去看，明樓的坐獸給雷劈掉了！」驚訝、迷惑、愕然。大家飛奔到明樓前面，仰頭眺望，見明樓前簷右角上的石獸果然被擊落摔在地上。觸景生情，人群開始騷動起來，民工們一個個神情緊張，面對摔掉腦袋的坐獸，竊竊私語起來：「怕是皇帝顯靈了呢？這坐獸是給皇陵守陵的，陵沒守好，皇帝一怒把它給劈掉了！」一席話提醒了大夥：「這是不是皇帝對咱們的警告？」

「這是皇帝的鬼魂殺雞給猴看，說不定還有什麼事呢！」有人趁機煽風點火。

「皇家的陵墓怎好隨便盜掘，這差事咱得重新掂量掂量。」科學的考古發掘，一變成「盜掘」，自然要重新掂量一番了。

一個年長的民工，撲通跪在明樓前，磕頭作揖，痛說自己的「罪過」。

不到半日，一個更為可怕的消息又傳到工地：看守定陵的谷水中被雷火劈死，張利被劈成重傷，已送到縣衛生院搶救——眾人大嘩，竊竊私語已變成公開的吵嚷、議論甚至詛咒。工作無法進展下去，趙其昌、白萬玉也像被抛進迷魂陣，不知如何面對眼前的一切。

更加滑稽和熱鬧的事還在不斷湧現。裕陵村一個中年婦女，去草垛拿草時，突然倒地，口吐白沫，人事不省。家人立即請來一位神婆，對其進行醫治。神婆見狀，並未驚慌，從腰中取出一根半寸多長的銀針，在口中沾些唾液，照準中年婦女的「人中」猛力紮去。銀光閃過，中年婦女怪叫一聲蹦將起來，然後撥開人群，向大街奔去，邊跑邊喊：「不是我的錯，定陵裡來了一夥人，要掘我的老窩，我待不下去了，哎呀，救救我……」老鄉們見狀，說這是中了「撞克」（當地一種說法，意同中邪或鬼魂纏身），叫皇帝的鬼魂纏住了。

沒過兩天，工地上來了一個瘋老婆子，白髮披肩，披髮垢面，上身穿一件破爛不堪的桃紅色大褂，形同妖怪。她瘋瘋癲癲地在工地上來回游竄，見人就躬身作揖：「求求你們，饒了我吧，饒了我吧，不敢害人了，再不敢了……」大家一見，不禁毛骨悚然，民工們悄悄地說：「這叫狐仙附體了。」趙其昌見被她攪得無法工作，便率四名民工，前來驅趕，老婆子躺在地上，死活不肯離去，怪叫之聲令人心寒。大家見軟的無效，乾脆將她按倒在地，然後抬出陵園，扔在野地裡，並派兩人把守大門，以阻止她再次向工地「進攻」。

緊接著，定陵周圍的村莊，也不時傳來女人們中「撞克」和「狐仙鬼魂附體」的可怕消息。一時間沸沸揚揚，老鄉們議論紛紛，民工們情緒低落。昭陵村一個發掘定陵的民工，找到趙其昌，近乎哀求地說：「趙先生，我老婆在家中邪了，鍋碗瓢盆全砸了，你快去幫忙鎮鎮吧。」趙其昌一聽，熱血在胸中奔湧，心中騰地升起一股烈火。這些天來發生的一幕幕鬧劇，使他越來越感到心煩意亂，他覺得必須站出來真的去鎮「邪」。除此，別無選擇。想到此處，他把手中的鐵鍬一扔，衝這位民工說：「好，我去。」

那女人仍在家中怪叫著摔砸東西。趙其昌撿起一塊磚頭拿在手中，扒開圍觀的人群，來到女人面前大吼一聲：「姓趙的來啦！你到底想幹什麼?!」聲音傳出，如同炸雷，眾人大驚，那女人也立即停下舉著瓦罐的雙手，望著面前這位鐵塔般魁梧的大漢，呆愣著不再動彈。有人上前將罐子奪下，把女人拉進裡屋。女人哼哼幾聲，坐在炕上，不再聲張。一場鬧劇平息了。白萬玉組織民工全力排水，可有的民工藉口回家拿排水工具，趁此機會不來了，有的則推說家裡有事告假，即使在場的一些人，也懶懶散散無精打采地應付著。這情形顯然與這幾天發生的事有關。有人曾在民工中散布：「真龍天子不是咱鄉下人能惹得起的，連陵裡住的鬼魂都受不了啦，要再挖下去，非得像看陵的老頭一樣被劈死。這幾個城裡人命根子硬，咱們山裡人可別跟著他們瞎闖禍了……」

面對騷亂和眼前的景況，工作隊再也沉不住氣了。劉精義找到白萬玉，極為惱怒地說：「白老，去給民工們講講，這雷電是自然界的正常現象，鬼魂之說純屬迷信！」白萬玉望著劉精義激動的面龐，輕輕搖搖頭：「不行。你不了解他們的心理。這些民工祖祖輩輩都住在這片皇陵區內，好多人還是當年護陵人的後代，對皇帝有一種盲目的崇拜心理，必須慢慢地來。等鬧過這陣之後，我們再做說服工作，自然就會成功。」白萬玉笑了笑接著說：「我有辦法，看我的吧！」大家望著白老充滿自信的面容，心裡似乎踏實多了。

「火神爺」的傳說

探溝的積水終於一桶桶排完了，下一步怎麼辦？八月十一日，吳晗副市長召集有關人員在北京西郊公園開了個氣氛沉悶的會議。趙其昌向各位領導作了彙報，夏鼐和吳晗的意見又發生了分歧。一個主張把所有資料記錄、整理好，存封起來，改變計畫，發掘獻陵；一個堅持不改變原訂計畫。兩人似乎都有充足的理由。夏鼐提出改挖獻陵，其根據是獻陵規模小，明樓下面有自然通道可直達寶城前的地宮入口；而且對獻陵詳細地勘察過，借鑑兩個月來的發掘經驗，在獻陵找到地宮將不會有太大的困難。

吳晗的意見卻恰恰相反，他堅持認為既然定陵發現了磚隧道，肯定了入葬時的入口，那就應該按這條線索繼續找下去，這比到獻陵重新尋找入口要容易得多。各說各有其理，又各不相讓，夏鼐了解吳晗的強脾氣，望著他那張堅定的面孔，最後作了讓步。會議再次決定，按已有的線索，繼續發掘定陵。時光過去多少年之後，與會者回首前塵才真正領悟到夏鼐的苦心，也許那時他就已經預感到，在以後的歲月中發生的種種悲劇了。正是出於一個學者對文明的愛戀和避免更大的悲劇，他才提出如此方案。要不，作為一個國際級考古大師，是不會棄定陵而改掘獻陵的。

如果說發掘工作遇到了重重困難，那麼工作隊的生活更是讓人感到困苦不堪。定陵發掘完成的三十年後，我們採訪當年的發掘人員，在他們紛擾複雜的人生旅程中，印象最深的仍是這段生活。

陵區的八月，天氣悶熱，山村裡蠅蚊成群，寂寞難耐。白天忙著工地的發掘，晚上幾個人擠在一盞煤油燈下，看文獻、記筆記、寫簡報，或者相互打趣、逗樂，以排除心中的煩悶與寂寞。在這段日子裡，大家時常看到趙其昌揮動一把大斧「咚咚」地劈著木柴，似乎那鬱悶的心情只有通過這高強度的勞動和沿著脊背淌的汗水才得以排遣。要不他就和幾個人合抬陵院內的大石頭，三個人在一頭，他獨自一頭，抬著大石無目的地繞院子轉。白萬玉老人總愛叼一支煙，找個不顯眼的屋角蹲下，獨自品嘗箇中滋味，陣陣白霧從他的口鼻噴出，瀰漫在整個木板小屋，使人越發感到壓抑和沉悶。

他們之中，唯獨二十三歲的劉精義生活別具一格。他整天嘮嘮叨叨地說一些無聊而略帶幽默的話：「天又下雨了，真討厭！」、「蒼蠅這麼多，真哄（混）蛋。」、「路這麼難走，真討厭」。這「討厭」和「哄（混）

蛋」構成了他語言的主旋律。或許，從這些無聊而簡單的話語中，可以窺視到年輕的劉精義，此時的心境也是怎樣的煩悶。

三十多年後的今天，數以萬計的遊人，每天在北京乘上汽車，沿著水平如鏡的柏油馬路，可直達定陵門前的廣場。此時的遊客也許並不知道當年發掘定陵時，是怎樣的一種景況：沒有公路，只有殘橋；沒有公共汽車，要進一次北京，就得步行十幾里到長陵去搭運輸公司的卡車。劉精義第一次來定陵，就是背著自己的行李，從北京西直門坐火車到南口下車，一路打聽、詢問，翻越了兩個山口，經由銀泉山，一步步走了四十多里，才找到這裡的。他後來接受採訪時，才說出了這樣一段軼事。

進入六月，山水積滿河溝，工作隊的于樹功從北京回來，走到定陵前面的小石橋時，發現大雨後的山洪把橋面淹沒了，水深齊胸，水流湍急，無法通過，他只得在對岸大聲呼叫，一個小時後才被工地民工發現。民工們解下抬筐的繩子，扔給于樹功，讓他綁住身子，這邊連拉帶拽，終於使他越過洪水，爬到岸上時，全身的衣服已經濕透了。

西郊公園會議之後，夏鼐來到了工地。他和趙其昌在探溝裡仔細觀察土層、辨認土質後，確定夯土遺跡。這就是說自然土被掘過之後，再度埋到原有位置，爾後夯實。趙其昌說出「寬度不夠，才沒有發現磚隧道」的看法，並得到夏鼐的贊同。二人決定，加寬探溝。

民工的情緒依然低落，幹起活來鬆鬆散散，工作隊望著大家，急得手足無措。在壓抑煩悶的氣氛中，趙其昌倒是偶爾來點略帶詼諧的小插曲。比如一次在飯桌上，他見又是一大盤野菜拌豆腐，便說：「我看這個盤子像古瓷，你們說是哪朝的？」眾人不解，他伸出粗大的竹筷子，把菜使勁夾到自己碗裡，然後笑道：「這是『嘉靖』的，『嘉靖』、『嘉靖』，一『夾』就『淨』。」，劉精義會意，立刻端起大湯碗往自己碗裡一倒，然後翻過碗底說：「這個是『道光』，一『倒』就『光』！」管伙食的龐中威送來一大盆熬倭瓜，也接上話：「我光給你們續菜，這個盆準是『光緒』！」曹國鑒見白萬玉端著白瓷碗盛飯去了，低聲對冼自強說：「白瓷、白瓷，白老要改名『白吃』了！」不料被白老聽見，辯道：「我怎麼白吃……」一陣捧腹大笑之後，方才各自低頭吃起飯來。

一大盆倭瓜，一會吃光了。這天夜裡，天氣悶熱，趙其昌檢查過大家的工作日誌之後，又和大夥聊起了閒話。他說，甲申年三月，李自成大軍圍了北京，朝野頓時大亂，文武百官四散逃命，崇禎皇帝猛敲景陽鐘，百官沒一人前來，只有太監王承恩侍奉左右。崇禎慌不擇路地出得皇宮，來到街上，見一卦攤，就上前問個凶吉。先生說：「我是梅花測字，你說個字，我憑解字定吉凶。」崇禎順口說了個「友」字，想看看這時刻有沒有人來幫一把。不料先生面帶難色，說：「此字犯忌，是『反』字出頭，造反的來了，正應了當前時局。」崇禎立即改口說：「不是那個『友』，是有無之『有』。」先生大驚：。「此字更是大忌，『有』字拆開是『大』字一半，『明』字一半，這不是大明江山丟了一半嗎？」崇禎再也掩飾不住內心的悲痛，有氣無力地說：「是時辰上酉時之『酉』。」先生頓時掩面作哭泣狀：。「哎呀呀不好！此乃不祥之兆：『尊』者無首無腳，預示貴人將有殺身之禍，速避速避！」這時京城九門已被攻破，殺聲震天。崇禎在王承恩攙扶下，倉皇登上煤山，回首宮中，迷迷茫茫、亂亂紛紛，長嘆一聲「大明江山氣數已盡」，解下白綾長帶，在一棵歪脖子槐樹上吊，自知是亡國之君羞於見到祖先，後來遂以長髮覆面死去。聽到這裡，冼自強趕緊問：「後來呢？」

「後來嘛，就有許多小說演義編造出來了……」

晚上，白萬玉提著一瓶老白乾燒酒，約來組長王啟發、許崇儀和部分民工，來到明樓的石階上邊喝邊聊。他看到民工臉上都泛起紅暈，便咧開嘴笑笑：「你們聽說過月亮碑的故事嗎？」

「聽說過，現在定陵門前那個王八馱著的石碑上，還有一個圓圓的白印呢！」

白萬玉乘著酒興，和民工們親切攀談起來。他說，在全部明代歷史中，萬曆皇帝的荒淫昏聵是十分典型的。他十歲登基，二十一歲就興師動眾為自己修造這個定陵。等到定陵建成，他竟一連二十五年不上朝，成年累月深居後宮，花天酒地尋歡作樂，即使清兵犯境，他也不聞不問。有一天，萬曆酒足飯飽，懷裡還摟著一個年輕宮女尋歡作樂呢，後來就迷迷糊糊地睡著了。正昏睡間，忽然看見一個紅臉、紅髮、紅穿戴的人來到跟前，萬曆吃了一驚，忙問：「你是何人？」那人說：「實話實說，我是火神爺。你的昏庸無道，我們早有所聞。我奉玉皇大帝之命，要把你那勞民傷財建成的定陵，燒它個一乾二淨。」萬曆聽罷大怒，他仗著自己是「天子」，便大聲喝道：「我們朱家天下，氣數正在興旺，難道真會怕你不成？皇帝陵寢，自有神佑，諒你不敢，恐怕你也沒這個能耐！」火神爺說：「咱們打個賭，怎麼樣？」萬曆氣呼呼地說：「要是將來定陵火燒，讓我現在就瞎一隻眼睛。」話音剛落，火神爺竟哈哈大笑而去。萬曆嚇了一跳，從夢中驚醒，他正想要睜開眼看看周圍，左眼睛忽然被眵目糊糊住，不久左眼竟真的瞎了。萬曆回想夢裡情景，神志迷亂，從此一病不起，沒過幾天就死了。

定陵無字碑

萬曆「駕崩」後立即入葬，可是他那只右眼始終睜著。等到安葬完畢，有人發現，定陵石碑背面的右上角，現出一個白圓形的東西，每逢月底月初，這個白圓形的東西就發亮，如同一個月亮。「定陵月亮碑」從此被叫開了。這個「月亮」就是萬曆右眼睛變成的。因為他怕火神爺真的要來燒他的陵，因此只要一有動靜，這只「眼睛」就像探照燈一樣照住放火人，陵戶便能立即將其拿獲。有天晚上，一陣風起，從定陵後面的山頭上飄來一朵烏雲把月亮遮住。就在這一剎那，火神爺立顯神威，一下子把定陵燒得個片瓦不存，打那以後，定陵屢建屢燒，屢燒屢建，直到最後定陵改為全部石建築，才算作罷。可是定陵月亮碑上的那只「萬曆眼睛」從此也被燒瞎了，再也沒亮過，變成現在看見的那個不會發光的白圓圈了……

白老講完，看看大家聚精會神的樣子，輕輕一笑：「大家知道嗎？火神爺不是說過要毀了萬曆的陵墓嗎？現在看來，是地下宮殿的氣數盡了。」白萬玉捋了把鬍子，長嘆一聲：「唉，應了玉皇大帝那句話了，定陵地宮在劫難逃呵！」他說得雲山霧罩，大夥聽得瞠目結舌。

第二天上午，民工們的情緒又高漲起來，大家都在紛紛議論著「月亮碑」的故事。這實際上是白老的一次沙場點兵啊！趙其昌在欽佩之餘，又不禁暗自感嘆：為什麼真理往往都要加入迷信色彩才為人們所接受呢？

神祕的指路石

探溝在不斷地加寬，出土量越來越多。九月二日上午，剛剛開工不久，來自慶陵村的民工欒世海，一鎬刨下去，傳出鈍器的撞擊聲。「嗯，這是碰到了什麼東西？」他捉摸著，用鎬頭輕輕刨開積土，一塊石頭露出了地面。

「快來看，這是塊什麼東西？」他大聲喊叫著，溝底的人立即圍過去。白萬玉見狀，急忙喊道：「輕點，別弄壞了！」大家用鐵鍬沿石頭兩側，輕輕地鏟著土。十分鐘後，一塊小石碑出現在眼前。一個民工突然大喊一聲：「上面有字。」王啟發立即找來一根竹片，小心地刮著字上沉積的泥土，白萬玉拿一把刷子走下探溝，邊走邊喊：「快去找趙其昌。」

一刻鐘後，趙其昌氣喘吁吁地跑來了。他迫不及待地跳下探溝，扒開人群，擠到小石碑前，只見白萬玉跪在地上，一點一點地擦著碑上的泥土。趙其昌急忙蹲在一邊，「怎麼回事？」白萬玉拿著刷子的手輕輕地顫抖著，激動地說：「這回可蹩著它啦！」趙其昌望著這塊一尺多長、半尺多寬的小石碑，仔細地辨認著上面的字跡，當白萬玉剛把泥土刷去，他就高聲念道：「此石至金剛牆前皮十六丈深三丈五尺。」

話音剛落，人群轟然炸開，歡騰之聲在這昏暗、潮濕的探溝中嗡嗡作響，勢如波浪，聲似洪鐘。大家扔掉手中的工具，興奮地圍著石碑來回轉悠，一道曙光再度照亮大家的心房。

歡騰過後，就是一場論戰，民工們爭相發表自己的最新見解。

「石碑上的丈數，一定是通向地宮的長度。」身為隊長的王啟發第一個搶先拋出了自己的理論。

「那就是打開地宮的鑰匙了？」有人附和。「不對，皇帝怎會那麼傻，明明白白地寫出來，讓人去挖他的老窩？」一個粗壯的漢子對此提出異議，並抓住時機發表自己的高見：「說不定是大臣們搗的鬼，埋下這塊迷路石，把人弄迷糊。」

他的高見似乎喚醒了大家的靈感，馬上有人說出了極為恐怖的見解：「這塊石碑指的地方就是地宮的暗道，如果按石碑指的方向走下去，肯定走上絕路被暗道機關中的毒箭射死。」

趙其昌見民工們越說越玄，越議論越可怕，為防止再度出現上次那樣的意外，他和白萬玉商量，立即決定給民工放假一天。

在定陵的發掘過程中，發掘隊始終是伴隨著查閱文獻資料進行的，按照內部分工，趙其昌總管整個發掘工程，包括查資料、繪圖、記錄、照相、製定計畫等等；白萬玉老人則在工地「蹲坑」，具體指導民工的操作；查閱資料、接待、傳遞情報由劉精義負責。在浩瀚的明代史料中，對於陵墓的建制，只能找到一般歷史概況的紀錄。如陵墓的營建年代、規模、用工用料、建造花費銀兩等事宜，至於玄宮的形制、結構，史料絕不記載，這是明代一項極為嚴格的制度。但它既然存在，留下了痕跡，就必然會從帝后的喪葬制度中，分析、辨別出這塊小石碑所起的作用。

民工們走後，發掘隊人員圍在石碑前，仔細地研究起來。大家此時的心情比民工還要激動，近三個月來發生的一幕幕鬧劇和一連串故事，又在心頭再現。「專家」的指點，吳、夏兩位大師的論爭，雷電的炸響，瘋女人的「撞克」，老婦的出現，民工的騷動，白萬玉的「講演」，這次面對小石碑的出現，使他們終於在這沉寂的荒野，看到了再生的希望。面對玄宮中透出的一絲曙光，怎不令人激動萬分！正午陽光灑進探溝，使小石碑閃著亮光，字跡越發清晰可辨。白萬玉放下毛刷，神情嚴肅地望著大家，一字一頓地說：「我看像是和隧道門一樣的道理。」

劉精義驚訝地望望老人，又看了眼趙其昌：「那麼說，又是工匠留下的標記了?!」

白萬玉沒有回答，從兜裡掏出紙煙，逕自抽起來。趙其昌向劉精義點點頭：「白老說得有道理。皇帝也好，帝后也好，他們都是人，而人總是要死的。如果沒有特殊情況，皇帝皇后不可能同時死去，既然如此，就出現一個問題：是先死先葬，還是先死者要等後者死去，再同時入葬？」他一邊吸著煙，一邊推理似的慢慢講下去。「從文獻記載看，明朝帝后的入葬程序，習慣上是採用前者做法。以長陵為例，徐皇后早於成祖先死，死在南京，等長陵玄宮建好後，才把她從南京移來入陵。爾後成祖皇帝死去，再開地宮，葬入長陵和徐皇后作伴。其他陵墓的主人也都採取這種方式。定陵是萬曆生前預先營建的，建成後，他並沒有死，只好把墓室關閉，再用土封嚴墓道，等到他死後再重新掘開使用。推理是這樣，事實上也非如此不可。這從我們發掘的土質中完全可以得到證實。既然如此，我們還是可以作出和隧道門的石條一樣的結論，這塊小石碑是工匠為了帝后入葬能順利地打開地宮而偷偷埋下的標記。石碑上的刻字應該是可信的，這不是迷路石，確實是一把打開地宮的鑰匙。」趙其昌說到這裡，轉身看看白萬玉，老人微笑著點點頭。

第二天，民工們主動做了一個木套，把這塊在關鍵時刻給予他們希望的小石碑罩上，小心地原地保護起來。三十年後，這塊為定陵的發掘立下奇功的「指路石」，仍安然無恙地躺在定陵博物館的櫥窗內。這是定陵自發掘以來出土的第一件珍貴文物。

為慶祝發掘「戰績」，發掘隊決定給予老民工每人一條毛巾，新民工每人一塊肥皂的獎勵。對一九五六年的中國來說，一條毛巾和一塊肥皂無疑已是十分珍貴的獎賞了。

夏鼐聽到彙報，立即作出了「這確是一把打開地宮的鑰匙」的結論。但有一個問題尚未弄清：為什麼在前段的發掘中，卻把磚隧道的線索丟失了呢？儘管後來探溝加寬到九米，仍不見磚隧道的蹤跡。經過進一步的發掘，才真相大白。原來第二道探溝，正處在磚隧道的盡頭，隧道在小石碑的位置，就已經彎向寶城中心了，而這彎曲的地方，又正是通往地下宮殿的石隧道的開始。磚隧道和石隧道，一個是末端，一個是起點，既不銜接，也不相對，發掘隊在此處迷失方向已成必然。在這裡，就不能不重新提起，在寶城券門中隱藏的那塊上刻「寶城券門內石碣一座城土襯往裡一丈就是隧道棕繩繩長三十四丈二尺是金剛牆前皮」的那塊石碣，正是因為當初的一念之差，未能清理寶城券門，才造成後來迷失方向和發生了那麼多滑稽而熱鬧的故事。

工作隊清楚地記得，在那段苦悶的日子裡，劉精義一次突然從睡夢中醒來，他望望一直未眠的白老，極為認真地說：「剛才我夢見在探溝下面有一塊石碑，上面寫滿了字，因為有泥，看不清內容。」面對他的夢囈，白萬玉只是一笑置之，他寧肯相信這是胡言亂語，而不屬真實。想不到半個月後，這個夢境真的成為一種活生生的事實。這是一種靈魂的感應，還是一種資訊的溝通與傳遞？或許，正如西方一位哲學家所說的：「夢境，不是一種幻想，而是未來的預告。」

看來，萬曆皇帝是「在劫難逃」了。

注釋

❶券洞：建築物的頂，用磚或石材作成半圓形的頂以承重，不用橫樑。

❷月牙城：墳丘封土之前；方城之後，建成一座小城，因形似月牙得名。從月牙城兩側可以登寶城。

❸琉璃屏：方城之前是石五供，石供之前、享殿之後建立一座屏門，形似牌樓，有門，門欄上飾斗拱，頂用琉璃瓦，兩側用石柱作成。因結構特殊，故名稱不一，有時稱牌樓門、石柱門。

❹探溝：考古發掘中所開的溝，用以探索遺址的堆積情形、建築道存的結構和地層關係等。每一溝可做為工作的基本單位，面積大小視需要而定。

❺金剛牆：古建築中凡是隱蔽不可見的牆體均叫金剛牆。陵寢建築被土掩埋的牆體（系指出土之前），亦屬其中一種，一般都特別厚實，故名。

❻夯上：構築地基或城牆時，借助人力或其他動力反復將槌狀物提起、降落，利用其撞擊力把泥土等鬆散材料砸至密實的程度，形成牢固的地基或牆體。

第五章

大廈崩潰

張居正溘然長逝，標誌著大明帝國最強有力的支柱轟然倒塌。大風起於青萍之末，朝野驟起反張浪潮。高拱的《病榻遺言》，使這位首輔徹底走向悲劇的終點。而一代將星戚繼光的殞落，使帝國大廈徹底崩潰——

（右圖為張居正《彤幃高敞》七律，財團法人何創時書法藝術文教基金會提供）

悲愴人生

萬曆十年（一五八二年）初夏，大明帝國的朝廷上，發生了一件驚天動地的大事，叱吒風雲的一代首輔張居正溘然長逝。自隆慶六年（一五七二年），張居正獨自擔負起輔弼萬曆皇帝和內閣首輔的雙重重任後，就開始了他那輝煌悲壯的人生旅途。他曾苦心孤詣地輔導聖學，主持改革，協調官府關係，一年四季煩忙至極。正如萬曆三年，張居正本人在給山東巡撫李漸庵寫信時談到自己的近況時所言：「自受事以來，晝作夜思。寢不寐，食不甘，以憂國家之事……每日戴星而入，朝不遑食，夕不遑食，形神俱瘁，心力并竭。」如此沉重的負擔，對於一個五十多歲的人來說，長此以往，必然心力耗竭，難以承受。

果然未出所料，張居正在輔佐萬曆皇帝整十載的一五八二年二月，也就是他五十八歲的時候，終於一病不起了。十年之前，張居正就患有痔瘡，因無暇醫治，最終導致了日後的惡果。他從家鄉請來一位名醫，做過手術後雖然得到根除，但從此血氣虧損，脾胃虛弱，不思飲食，不久便寸步難移，臥床不起了。在這個時刻，張居正只得再次要求致仕。早在兩年前，當已是十八歲的萬曆皇帝相繼舉行了耕獵禮和謁陵禮，這兩個標誌著皇帝本人已經成年並能獨立治理朝政時，他便向皇帝以「高位不可久竊，大權不可以久居」為中心議題提出了「乞休」請求。多少年後，人們仍能從這篇奏疏中觸摸到張居正的真實情感以及深深的憂慮之情：

臣受事以來，夙夜兢懼，恒恐付託不效，有累先帝之明。又不自意特荷聖慈眷禮優崇，信任專篤，臣亦遂忘其愚陋，畢智竭力，圖報國恩。嫌怨有所弗避，勞瘁有所弗辭，蓋九年於茲矣。每自思惟，高位不可以久竊，大權不可以久居。然不敢遽爾乞身者，以時未可爾。今賴天地祖宗洪佑，中外安寧……以皇上之明聖，令諸臣得佐下風，以致昇平保鴻業無難也。臣於是乃敢拜手稽首而歸政焉。

這篇奏疏可謂是張居正輔政八年多來真實的心靈寫照。完全可以推斷的是，張居正作為一個政治家，畢竟非同常人，雖然每個人對權位都有不同的嚮往和貪戀之心，但此時位極人臣、功高權重的他，不得不對自己的言行以及伴君如伴虎的歷史教訓有所顧慮。因為此時的張居正由於任重事煩，積勞過慮，形神頓憊，鬚髮變白，血氣早衰，已經進入垂垂暮年。在政治的漩渦中，他已感到力不從心，難以應付錯綜複雜的人際關係和新政的重重阻力，稍有不慎，即產生家破人亡的嚴重後果。與其中途翻車，不如急流勇退。於是，他以一個傑出政治家的姿態和謀略向皇帝提出了「乞休」請求，並希望皇帝「賜臣骸骨生還故鄉，庶臣節得以終全」。遺憾的是，張居正的「乞休」疏沒有得到允可，萬曆皇帝毫不猶豫地降旨挽留：「卿受遺先帝，為朕元輔，忠勤匪懈，勳績日隆。朕垂拱受成，依毗正切，豈得一日離朕！如何遽以歸改乞休為請，使朕惻然不寧。卿宜思先帝叮嚀顧托之意，以社稷為重，永圖襄贊，用慰朕懷，慎無再辭。」

面對皇帝的挽留，張居正並不甘休，於是，兩天後，他再次上疏以示「乞休」。而面對張居正的堅決態度，萬曆皇帝有些躊躇了，在兩難之際，他只得向皇太后請示。意想不到的是，皇太后挽留張居正的態度比萬曆還要堅決：「待輔爾到三十歲，那時再作商量。」萬曆提筆寫了一道手諭，把慈聖皇太后的慈諭原原本本地告訴張居正。事情到了此時，張居正除了感激涕零地稱頌皇恩浩蕩外，還有什麼理由再提及「乞休」。

當然，無論是皇帝還是皇太后，他們不可能站在張居正的角度上去觀察判斷問題，君臣的差異和不同，必然造成相互之間感情的隔閡與各自利益上的無法真正溝通和平等。事實上，無論張居正怎樣地位極人臣，權傾朝野，但他畢竟是主子家的一個工具，當這個主子尚需要這個工具以達到自己的目的時，作為工具自身是無法退出掌握著它的那副手掌的。而此時的張居正卻產生了一種憂慮，他深知這個工具在驀然夭折之後是怎樣的一種場面和結局。他在給自己的親家、刑部尚書王之浩的信中，將這種如臨深淵的心境明確地表露了出來：「弟德薄享厚，日夕栗栗，懼顛躋之遄及耳。頃者乞歸，實揣分虞危，萬非得已。且欲因而啟主上以新政，期君臣於有終。乃不克如願，而委任愈篤，負載愈重，孱弱之軀終不知所銳駕矣。奈何！奈何！」長期的重負，使張居正身心交瘁，體質日趨衰弱，而無形的恐懼與憂患又加快了他生命的衰竭，直到一病不起。

在這種情況下，張居正只得再次要求致仕，但這個要求仍然沒能得到允許，萬曆只命他在家中安心調理。因為張居正把持朝政已久，內閣的其他輔臣對重要的朝政大事不敢裁決，故每天還有十幾本甚至幾十本奏章源源不斷地送上門來，張居正只得強打精神在病榻上批閱。到了六月初一日，張居正的身體更加虛弱，整個肌體疲羸，僅存皮骨，起臥翻身都需要別人幫扶，萬般無奈中，再次上疏「乞休」。

當張居正發病時，萬曆對其病情就表現出特別的關心，除了召名醫、賞金銀、賜珍食之外，甚至為此落淚而吃不下飯。而這次萬曆接到這最後一本奏章後，在悲痛一番外，仍下詔慰留。詔旨極為親切感人：「朕久不見卿，朝夕殊念……惕然不寧。仍准給假調理。」

六月十二日，遼東鎮夷堡明軍在反擊前來侵略的北方少數民族中獲得大捷，萬曆諭令論功，晉張居正為太師，並將其任錦衣衛指揮僉事的兒子升為同知、世襲。而此時的張居正已經人事不省，對萬曆的獎賞再也談不到上疏謝卻了。六月十八日，張居正已處於迴光返照的階段，頭腦暫時有些清醒。萬曆聞知，立即讓司禮監太監持手敕前去慰問，同時授意讓張居正留下遺囑。張居正將未來內閣、六部人選都做了最後一次薦舉。至六月二十日，終於放下手中的權柄，遺下七十餘歲的老母，三十餘歲的伴侶和六個兒子、六個孫子，離開人世。終年五十八歲。

張居正的去世令大多數人感到突然，感到遺憾，畢竟他才只有五十八歲。然而蒼天悠悠，人生苦短，由不得他再展宏圖了。所幸的是，他畢竟在有生之年，大致實現了作為一個偉大政治家的抱負。在蒼天賦予他那天時、地利、人和的交叉點上，他厘剔奸弊，推行改革，終於使已經衰落的由明太祖朱元璋所制定的治國成憲，在萬曆初年又煥發了生機，並做出了「海內肅清、四夷讋服。太倉粟可支數年，同寺積金四百餘萬」的輝煌業跡。

當然，就在他初步完成了這輝煌基業，並使自己躋身於中國歷史的名相之列，因而有可能名傳千古之時，也必然地受到當時舊勢力的攻擊和誹謗，甚至受到身家性命朝不保夕的威脅。對於這些，張居正生前早有感知和思想準備。多少年後，我們從他給河漕按院林之源的信中可以看到：「孤數年以來，所結怨於天下者不少矣！憸夫惡黨，顯排陰嗾，何嘗一日忘於孤哉！」對於這些攻擊和誹謗，雖然他當時表示無所畏懼：「念已忘家殉國遑恤其他！雖機阱滿前，眾鏃攢體，孤不畏也！」但時間一久，對自己的前途也未免有些擔憂，因此，在萬曆八年（一五八〇年）以後，便屢屢上疏堅退。但由於李太后和萬曆皇帝本人的堅留，以及由他自己所造成的長期獨自當國的政治局面，要想中途隱退是根本辦不到的，而越是不能隱退，心中就越發焦慮不安，憂鬱不止。萬曆九年（一五八一年），他在給已退休的前首輔徐階寫信時，又進一步談到了這種進退維谷、騎虎難下的局面。他說：「正膺重任九年於茲，恒恐不得保首領以辱國家。乞不肖之身，歸伏隴畝，以明進退之節。自是羈絏愈堅，憂危愈重矣！」

果然不出所料，張居正這座燈塔的熄滅，在使這個龐大的帝國迷失方向而迅速滑向深淵的同時，也使這座燈塔照耀引導下的帝國舵手萬曆皇帝頓感茫然無措，直至最後沉淪於官河宦海的泥沼而無力自拔。其最終結果是，張居正再也不能前來為他解脫，而他也自然就顧不得張居正了。張氏舉家的厄運由此得以開始。

舉家罹難

萬曆十年（一五八二年）十月，也就是張居正死後僅三個多月的時間，那些代表舊勢力的「憸夫惡黨」，便開始向張居正反攻了。

當張居正生前的反對派，山東道監察御史江東之、江西道御史李植，從左右太監口中得知，張居正在病故以後，萬曆特別厭惡馮保的消息後，便決定先從馮保身上下手，然後再看萬曆的態度。為了慎重起見，首先由江東之上疏彈劾馮保的親信徐爵，結果徐爵很快就被逮入獄論死。這樣，萬曆痛惡馮保的態度得到了證實。於是，在萬曆十年（一五八二年）十二月壬辰（初八日）再由李植出面，上疏彈劾馮保十二大罪狀。萬曆覽奏之後，果然大喜說：「吾待此疏久矣！」立降馮保到南京閒住。司禮監太監張誠和張鯨見馮保勢危，也乘機在神宗面前攻擊馮保，說馮保家資富饒勝過皇上。這一誘惑，馬上激起了萬曆的好奇之心，立即下令逮捕馮保及其侄子馮邦甯等人，並沒其家，結果抄得金銀一百餘萬兩，珍珠寶玩無以數計。從此，萬曆始嘗到了抄家的甜頭。到了萬曆十一年（一五八三年）一月，這個歷侍三朝，大體上還能保持名節的馮保和他的侄子馮邦甯便死於獄中。

這些「憸夫惡黨」沒費多大力氣就將馮保參倒，並將張居正臨終之前所推薦的潘晟、梁夢龍、王篆等人逐個逼退。這樣，萬曆對張居正的態度便不偵自知了。於是，他們也照用攻擊馮保的辦法來對付張居正，即先由吏科給事中陳興郊上疏彈劾張居正的家奴游七（游守禮），結果游七很快被逮入獄。陝西道御史楊四知，趁機上疏彈劾張居正欺君蔽主，奢僭侈專、招權樹黨等十四大罪。萬曆覽奏以後，馬上諭旨說：「居正不思盡忠報國，顧怙寵行私，殊負恩眷。」但此時還算沒有完全忘記張居正的功勞，「念系皇考付託，侍朕沖齡，有十年輔理之功。姑不問，以全終始」，並諭令廷臣：各省修職業，對張居正，不必再追論往事。如果廷臣真的能夠按照萬曆的諭旨行事，那麼張居正還可能做到「以全終始」。但這些「憸夫惡黨」，既已得勢，對張居正的攻擊豈能就此甘休？到了萬曆十一年（一五八三年）三月，大禮寺將游七等人屈招誣指張居正的獄辭呈上以後，萬曆覽閱大怒，諭令追奪張居正贈官，兒子除名，游七等人論死，其餘人遠戍。同年八月，再追奪張居正諡號。到了此時，以前加封於張居正的張太師、張文忠等尊稱全部沒人再提了，就只剩下一個普普通通的張居正而已。這還不算完結，到了萬曆十二年（一五八四年）四月乙卯（初九日），遼莊王次妃王氏，又進一步上疏鳴冤，說張居正陷害親王，強佔遼府祖業，並造謠說，遼府萬計金寶，盡入張居正家中。萬曆一見「萬計金寶」的訟詞，好奇嗜利之心頓起，遂產生了沒收其家產的欲望。然而，更令萬曆憤怒的事還在被繼續揭露出來。由於張居正回家奔喪時，戚繼光曾派了一隊鳥銃作為衛士助威。於是，有人便借題發揮告發張居正有謀反之心，而總兵戚繼光就是他謀大逆的後盾。為了證實這個推論的確信無疑，告發者還舉出兩件事作為佐證。一是有一次應天府鄉試，試官出的題目是「舜亦以命禹」。也就是說，天下者，非一人之天下，惟有德者居之，即皇帝應該像舜那樣禪位於德才兼備的張居正。這居心險惡的題目，是為張篡位作輿論準備。二是張居正曾在有人奉承他有「人主之風」時，竟含笑不語。張居正的野心，在他回家奔喪時，所帶的戚繼光的鳥銃手大顯威風中亦可看出……

正在這刀光劍影、張氏家族性命難保的緊要關頭，前首輔高拱的《病榻遺言》傳到萬曆的手中。這本小冊子的傳來，尤如一把利劍深深地刺痛了萬曆皇帝的心，並使他對張太師的回憶，連勉強保留下來的一部分敬愛和憐憫也化為烏有。他發現，他和他的母后曾誤信張居正的所作所為是出於保障皇位的穩定，而現在看來，張居正不過是出於卑鄙的動機而賣友求榮，純粹是一個玩弄陰謀與權術的小人。他憶起了張居正與母親、馮保合夥，逼他向群臣下「罪己詔」的尷尬場面；憶起了張居正當著群臣之面，大聲喝斥「當讀作勃」而讓自己無地自容的痛苦的求學歷程……既然如此，就沒什麼情誼和憐憫可言，籍沒家產也是理所當然。於是，萬曆皇帝立即諭令司禮監太監張誠、刑部右侍郎邱橓、錦衣衛指揮賈應魁，赴江陵籍沒張居正家產，並查抄其在京寓所。

萬曆十二年（一五八四年）四月二十一日，籍沒張居正家產的諭旨傳至荊州。荊州知府和江陵知縣為了搶頭功，親自到張府封門，將張宅內的男女老少全部關進空房，不供食水，不許走動。直到五月五日，張誠等人才到達江陵，待打開房門一看，已餓死十餘人。張誠等置死人於不顧，馬上命令吏卒抄掠財物，經過搜查拷問和挖地撬石之後，共搜出黃金一萬餘兩，白銀十萬餘兩。五月七日，開始審訊張居正的嫡子張敬修，對其黑巾蒙首，嚴施酷刑。五月十日，又將全部家人一一隔離，分別拷打審問。審訊當中，慴以非刑，悲慘之狀目不忍睹，淒哭之聲令人肝腸寸斷。張敬修不堪忍受殘酷折磨，懸樑自盡。張居正三子張懋修投井未死，絕食不亡，幸保一命。抄家之後，張敬修自縊，張宅餓死十餘口的消息傳至京都以後，引起滿朝大嘩。由於內閣重臣申時行、左都御史趙錦的懇求，萬曆皇帝才允許給張居正家留空宅一所，田地十頃，用以贍養張的老母。

「張居正事件」的突發，使朝野上下頓時變得烏煙瘴氣，混亂不堪。各色官場人物懷揣各自的目的，相互懷疑和攻擊，排擠與陷害，一時出現了「群指為躍冶，合喙以攻之。大臣與小臣水火矣。又有奔走權門，甘心吠堯者，小臣複與小臣水火矣」的混亂局面。在查抄張府的過程中，刑部尚書潘季馴等人曾在奏疏中提及張府餓死多人，對於這一情節，萬曆皇帝極為不快，下詔命司禮太監張誠查明。作為此次抄家的主管太監，自然不敢如實稟報，便回奏稱：「只二人」，迴避了餓死多少人這一事實。這時，江西道御史李植以獨特的政治敏感與嗅覺，上疏彈劾潘季馴，說潘季馴「無中生有，欺皇上於今日矣」。於是，潘季馴很快被降旨革職為民。而李植以及先前彈劾張居正有功的江東之、羊可立三人，以「盡忠言事，揭發大奸有功」的名義，分別晉升為太僕寺少卿、光祿寺少卿和尚寶司少卿。這三個以整人發跡的政治暴發戶驟然成了萬曆皇帝心中的紅人。而抄家有功的張誠很快升為司禮監掌印太監，並兼管東廠及內官監，取代了當年炙手可熱的人物——馮保。

江陵張居正故居

「張居正事件」既然已經至此，作為萬曆皇帝自然無法後退，對這一切措施和結果，他必須向天下臣民作出交代。如果說張居正謀逆篡位，一則缺乏證據，二則對皇室也無裨益。在抄家四個月之後，萬曆皇帝正式對張居正宣佈了總結性的罪狀：「誣衊親藩、侵奪王府墳地、箝制言官、蔽塞朕聰……專政擅政，罔上負恩，謀國不忠！本當斬棺戮屍，念勤勞有年，姑免盡法。」張居正患病的時候，北京的部、院及大部分省、府，都為他建齋祈禱，保佑他平安。讚揚之聲充滿朝廷內外，很少有人指責他的缺點。待他病故，萬曆追論他的罪過以後，又千夫亂指，誹謗、誣陷充滿朝廷，幾乎沒有人為其說一句公道話。只有當時拒官隱退的大思想家、學者李贄，以高貴的人格精神，勇敢地站出來替張居正奔走呼號，大鳴不平，並稱頌他是「宰相之傑」、「膽如天大」、。當然，那些「憸夫惡黨」們以及萬曆皇帝本人，不會因為李贄的呼號而改變對張居正的看法。與此相反的是，在抽掉張居正這根帝國的政治支柱以後，又在謀劃著抽掉另一根軍事支柱，直到這座帝國大廈徹底崩潰方才甘休。

將星西隕

早在張居正逝世不久，反張派就祕密提醒萬曆：戚繼光是埋伏在宮門外的一頭猛獸，他只聽從張居正的調遣，別人無法節制，倘不提防，極有可能使其謀反。而作為手握重兵，捍衛京都門戶的「戚家軍」一旦謀反，後果不堪設想。

萬曆聽後，深以為然。為防後患，他當機立斷，把駐守華北重鎮、京都門戶薊州的總兵戚繼光調任廣東任總兵。因為一時還抓不到戚繼光謀反的把柄，萬曆及反張派都認為這樣做是最好的方式。戚繼光的官職依舊，但實際上已經失去了捍衛京都的重要地位，這一點，戚繼光本人更是明白無誤。所以調往廣東之後的他，如同一隻猛虎被趕進了鬆軟的沙灘，很難再有大顯身手的可能了。不過作為一員武將，只是在精神上感到消沉鬱悶，並未完全意識到處境的嚴峻，而當清算張居正達到高潮的第二年，他才猛悟到局勢的嚴重和自己身處的險惡境地。為避殺身之禍，他很快向朝廷呈請了離職的疏文，實指望早日交出兵權，以絕朝廷及反對派的懷疑。可惜的是，迅速發展的時局已不允許他做出如此聰明的選擇了。既然他被視為張居正的同黨和朝廷的心腹之患，等待他的自然也是一場悲劇。他很快作為張居正的黨羽而受到參劾，萬曆皇帝毫不留情地將其革職，並將他的部下將領胡守仁、朱鈺、金科等人或革職或發戍邊陲，以此斬草除根。

對於戚繼光的這個結局，沒有人感到奇怪。既然這顆將星是由於張居正的庇護和支持得以冉冉升起，並由此照亮了大明王朝的邊陲，那麼在張居正營築的權力大廈崩潰之時，他就理所當然地摔落下來，並從此黯然失色。當然，就在這位「一劍橫空星斗寒」的名將戚繼光遭到革職之時，也有正直的臣僚表示了內心的不平和同情，尤其對「戚家軍」的解體表示出極大的憂慮：這曾是一支怎樣的鋼鐵部隊，它在抗倭和捍衛京都的風風雨雨中，為飄搖的大明王朝立下了何等的戰功，贏得了多麼顯赫的聲名。這樣一支帝國最優秀的軍事力量，就這樣隨著戚繼光的革職而土崩瓦解了嗎？多少年後，人們仍能從戚繼光的軍事著作《紀效新書》中，看到他是怎樣建立起這支鐵軍的。這位自小生長於山東沿海的武舉，在移駐浙江並經歷了一連串同倭寇的作戰之後，終於做出了具有歷史性的創建「戚家軍」。從戚繼光宣佈招兵辦法、規定月餉數字、擬訂分配兵員職務的原則、明確官兵職責，到設置隊、哨、馬的各級組織，以及統一武器規格、頒發旗幟金鼓等一系列措施和方略來看，這位年輕的將軍具有極高的軍事修養和以身示範的獻身精神。而他創立的「鴛鴦陣」、「兩才陣」、「三才陣」以及「連坐法」，又使這種軍事天才發揮到極致，並賦予這支軍隊以鋼鐵的紀律和戰無不勝的氣概。

戚繼光生逢其時，明朝中、晚期沒有大的戰爭，確立了他在中國歷史上赫赫名將的地位，並為此留下了不朽的聲名。對於時勢的造就和朝廷以及地方官員的支持，戚繼光當年總是感激不已。就在「戚家軍」成立不久一次對士兵訓話時，他說：「你們當兵之日，雖颳風下雨，袖手高坐，也少不得你一日三分。這銀錢分毫都是官府徵派你的地方百姓辦納來的。你們在家哪個不是耕種的百姓？你們思量在家種田時辦納的苦楚艱難，即當思想今日食銀之不易。不用你耕種勞作，養你一生，不過望你一二陣殺勝。你不肯殺賊保障他們，養你何用？就是軍法漏網，天也假手於人殺死你們！」道德義務的勸說加上群眾固有的宗教信仰，使戚繼光得以在所招募的新兵中建立了鐵一般的紀律。這一點，從浙江總督胡宗憲檢閱新軍的場景中可以看出。

當戚繼光將招募的新軍練好，並等待支持自己的上級胡宗憲檢閱的那天，天空忽然下起了大雨，胡宗憲坐著蒙著油布的大轎趕到校場。只見偌大的校場中央，一排排盔甲鮮明的將士，筆直地站在瓢潑大雨之中，尤如雕塑般一動不動，而前面正中站著一位銀盔銀甲的將軍，正是年方三十四歲的戚繼光。總督胡完憲站在檢閱臺上開始檢閱，只見在戚繼光的率領下，隊伍一個分隊一個分隊地從台前走過。雨越下越大，道道水柱從將士們的頭盔、戰袍上淌下來，但他們一個個精神抖擻，步伐整齊，號聲響亮，雖然只有三千人，但校場內卻像捲過了千軍萬馬，氣貫天地。胡宗憲當然是激動萬分，讚嘆不已，他為擁有這位軍事天才而慶幸，更為「戚家軍」雄壯的軍威所折服。待閱兵完畢，他不無感慨地對戚繼光說：「今戚將軍所建新軍，頗有虎狼之勢，若用之於戰，當攻無不克，戰無不勝，何愁倭寇之患？」胡宗憲回到衙門後，立即下令將原有的軍隊退回原地駐守，將「戚家軍」作為機動主力迎擊倭寇。

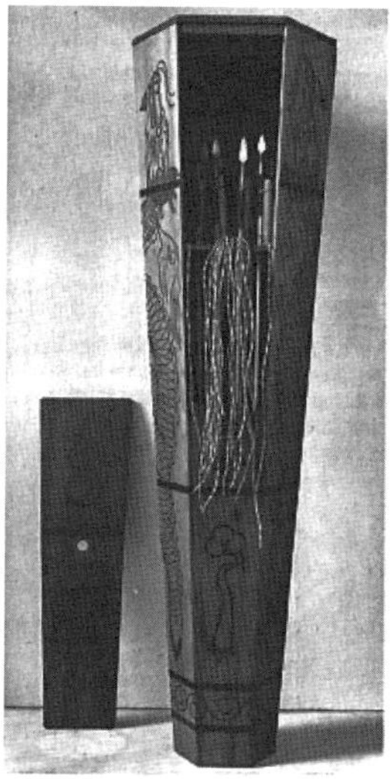

戚繼光部隊配置使用的「一窩蜂」火箭單體發射器。幾十支火箭放在一個大竹筒裡，點燃後幾十支火箭齊放，好似群蜂出巢，故稱「一窩蜂」。這是世界上最早的多彈頭火箭。通常一百七十一釐米，直徑四十八點五釐米

「戚家軍」不負所望，從嘉靖三十八年（一五五九年）開始，這支部隊在倭寇活動最為猖獗的浙江前沿，屢次攻堅、解圍、迎戰、追擊，並在戰鬥中顯示了無比的威力，致使倭寇聞風

喪膽，望風而逃，不得不先後撤出浙江，轉而攻掠福建。而已擴編到六千餘人的「戚家軍」，又奉命進入福建前沿，轉戰千里，連打勝仗，至嘉靖四十四年（一五六五年）戚繼光率師再下廣東，肅清了廣東境內的殘倭。至此，明代中晚期猖獗了二十年的沿海倭患，基本得以平定。這個頗令人欣慰的結局除部隊本身的戰鬥力外，作為主帥戚繼光卓越的軍事指揮戰略和組織才能，更是決定戰鬥勝利不可缺少的因素。隆慶二年（一五六八年），戚繼光調任薊州總兵，總管全區部隊的指揮調度之權。薊州為華北重鎮，防區為北京東北一帶，這裡的情況同南方截然不同，其威脅來自邊外的遊牧民族。每當遇到乾旱，蒙古的騎兵部隊就會按照他們的慣例掠奪中原財產。他們的軍事特點在於流動性和迅猛的衝擊力量，如同山洪傾瀉而下，勢不可擋。戚繼光的到來，正是為迎擊這一股股強悍的敵軍而充當帝國屏障的。

張居正在戚繼光北調的前幾個月才出任內閣大學士，作為一名具有戰略眼光的政治家，早在他入閣之初就有重整軍備的雄心，這一點，從他給穆宗的《陳六事疏》中即可看到。如今東南沿海的倭寇已除，而薊州就理所當然地成為他所關注的熱點。當戚繼光下定決心要改進薊州軍隊裝備的消息傳入內閣後，大明一朝最能決定帝國命運的兩個人物，就自然而然地走到了一起，他們之間的友誼也自此拉開了序幕。

有了張居正的支持，薊州軍隊就按照戚繼光的意志開始了新的旅程。戚繼光先把他在浙江所訓練的一部分士兵調至薊州，最初為三千人，以後擴充為二萬人，以穩住陣勢。為使戚繼光的改革順利進行，張居正設法把薊州轄境內的其他高級將領調往別處，以免遇事掣肘。在以後的幾年中，凡是和戚繼光為難的當地文官，也被張居正不露聲色地陸續調遷。薊州軍漸為戚繼光所控制。訓練一開始，就受到了來自朝廷的優厚財政支援，從而製造、購買了大量的軍馬、火器及戰車。張居正的做法，在給予了戚繼光支援的同時，也加劇了其他各鎮文武官員的嫉恨和猜測。所以張居正死後，反對他的人提出薊州駐軍是他培植私人武裝以作政治資本，攻擊戚繼光是埋伏在宮門之外的一頭猛獸，也就毫不奇怪了。

戚繼光出任薊州總兵不到三年，就使他的軍隊再度展起江南「戚家軍」的雄風。其軍紀之嚴明，戰術之精湛，作戰之勇猛，為本朝其他軍隊所未有。正是懾於他的強大力量，北方的蒙古部族才主動放棄騷擾中原的政策，並立誓不再進犯，而且約束所有的北方部落，以作為接受津貼和互市的條件。

多少年後，有研究者認為，和戚繼光同時代的將領，沒有人能夠建立如此輝煌的功業，他得到武官所能得到的一切榮譽。他之所以取得如此偉大的業績，關鍵在於他沒有把張居正的支持和自己的才華，當成投機取巧和升官發財的本錢，而只是作為建立新軍和保衛國家的手段。正是鑒於他的輝煌偉業和高貴的人格，在後人眼中他晚年的遭遇就更顯得悲壯和令人同情。

戚繼光被革職家居以後，他的結髮妻子毫不留情地遺棄了他。他曾統率十萬大軍，素以慷慨直爽著稱，對朋友更是熱情相助，肝膽相照。可是在家閒居的日子，卻只有很少幾個朋友和他來往。在他叱吒風雲之時，沒有過多的積蓄，以至於革職之後，落得一貧如洗，醫藥無資。英雄末路，令人扼腕嘆息，當他終於在貧病交加中死去，為他書寫墓誌銘的汪道昆寫到「口雞三號，將星殞矣」之時，在場的人無不潸然淚下。萬曆十六年（一五八八年）十二月十二日，一代名將戚繼光去世的消息，通過東廠特務的祕密通報，被萬曆皇帝所獲悉。此時的萬曆神情木然，像了卻了一件心腹大事一樣，輕輕地吁了口氣。而這時的萬曆皇帝尚不知道，在將星西隕之際，西班牙的無敵艦隊已經準備出征英國。三十年後，本朝的官兵和努爾哈赤的部隊不可避免地交鋒，因明軍缺乏「戚家軍」苦心訓練的戰術和嚴明的紀律，結果潰不成軍，一敗塗地。茲後八旗軍作為一股新生力量崛起於白山黑水之間，無敵的鐵騎越過山海雄關，踏碎了中原大地，一個以清代明的新時代馬上就要到來。

第六章

皇陵中的愛情

簡易的木板房，包容著一條條年輕的軀體，卻包不住一個個桃花春夢。相思穿越歷史的長廊，尋回許多滋味。在古老的皇家陵園裡，兩對戀人做出了不同的抉擇——

一根骨針

西郊公園會議之後，吳晗和夏鼐先後來到定陵發掘現場，察看了小石碑的形狀和位置後，和發掘隊一起制訂下一步的行動計畫：在第二道探溝的西側，隔開二米寬的距離，並與第二探溝垂直，對準寶頂的地下中心方位，挖掘一條東西走向的探溝。這樣可取捷徑找到通向地宮的隧道，直達地宮。

由於小石碑的出現，民工們不再像以前那樣鬆散，而且酷暑漸漸退去，秋風在園中吹拂，大家精神大振，幹勁十足。就在第三道探溝挖到二米深時，有個民工突然發現了一根約五釐米長的細棍。這根比鉛筆還細的東西，酷像皇妃頭上插戴的玉簪。民工用手擦去上面的泥土和腐質，跑上探溝，高聲呼喊：「趙先生，我挖出一支皇后的玉簪，你看看。」

趙其昌驚喜地接過來，仔細端詳了一會，欲說什麼，又沒有說出，最後鼓勵這個民工一番，就去找白萬玉。

「白老，你看這是什麼？」趙其昌遞過去：「我看這是根骨針，新石器時代的產物。」

白萬玉接過放在手中掂了掂，又擦了擦塵土，點點頭：「沒錯，是根骨針，幾千年了，怎麼在這裡出現呢？」

按教科書劃分，這骨針應屬於原始社會後期的產物，最短時間也應是三、四千年以前的，為什麼會跑到這三百年前的探溝中？它從哪裡來？它的出現與陵墓有什麼樣的聯繫？正當他們思索著這個謎時，夏鼐驅車而來。趙其昌把骨針遞上，詼諧地說：「夏所長，探溝裡發現了一支玉簪，你看看。」

夏鼐接過，瞅了一眼，臉上露出淡淡的微笑：「好一支玉簪呵。」他沉思片刻，極

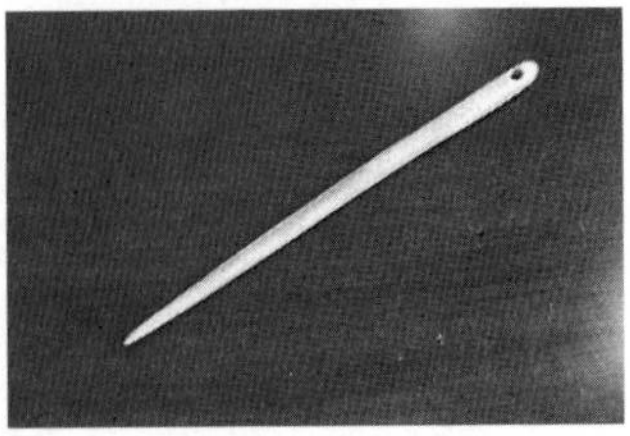

考古人員發現的骨針

其肯定地說：「這根骨針是隨著隧道的填土，從遠處遷移而來的。這就說明在陵區周圍，有新石器時代遺址。要想得到證實，你們不妨找找看。」

當地傳說，各陵寶城內黃土堆成的寶頂，不是就地取土堆成的，而是來自十幾里外。皇帝注重風水、龍脈，陵園內不僅不能取土，也不能用車運土，而是軍民工匠排成長隊，一筐一筐地從遠處傳遞而來。文獻記載，金代建立中都城就是用的這一方法，從百里之外的涿州運土。明代文獻也屢有記載，陵園附近嚴禁破山取土損傷龍脈。看來這傳說可能是事實。但龍脈的邊緣在哪裡？小小的骨針把工作隊引向十幾里外。

在定陵西南十五、六里地方，有一片潔淨的黃土，中間是大片坑窪，原有積水，現已乾涸，窪地足足有二萬平方米。問了問當地老鄉，他們說這裡叫「黃土塘」。就在塘邊土沿上，又採集到一些與骨針屬於同一時代的陶片；再取土樣與定陵的填土對比，完全一樣，這就可以肯定，定陵的填土取自於此。有來龍就有去脈，滄海變桑田，三千多年前的先民遺址，而今又作了皇陵上的一坏黃土。

實際上，這枚小小的骨針還把人引到了另外一個地方。就在陵區大紅門東北邊的寶山下，發現了一把石斧和一些原始人做飯使用的陶罐碎片、鬲腿等，還不時出現一些時代較晚的瓦片。稍後，趙其昌和白萬玉帶領考古所和北京大學的老師、同行再到寶山查看時，每個人手裡幾乎都撿到一些遺物。他的老師，北大考古教研室主任蘇秉琦教授當著大家的面問趙其昌：「對這個遺址，你怎麼看？」白萬玉湊過來說：「蘇先生又要考你呢！這是你野外實習的補考，好好答，爭取滿分。」趙其昌笑笑，果真一本正經地回答道：「這是個先民理想的生活處所。第一，小山北面陡峭，山下是河，下山取水方便；第二，山南平坦，便於農耕，搭個草棚，高坡向陽。至於時代嘛，從遺物看自然屬新石器時代晚期，不過從那些布紋瓦片看，可能延續到漢代或再晚些，這裡仍有居民在活動。」大家七嘴八舌地嚷嚷：「可以及格，滿分不夠。」閻文儒教授又問：「怎麼防禦野獸啊？」趙其昌說：「北面是大河，自然的圍牆，哪來的野獸。」工作隊的龐中威立刻接道：「真有野獸，山下有狼窩。前不久泰陵那裡一個小夥子還在洞裡捉住三隻狼崽子，老狼連連嚎叫幾夜。要不是先把小狼捉走，肯定連老狼也一網打盡……」蘇秉琦笑了：「不是說北面的防禦，是說南面。」趙其昌看出老師們是在開玩笑，也轉了話題：「南面的村子叫龍母莊，長陵園，是明朝為祭陵種植瓜果上貢的地方，也是程六的老家，當年程六爺盜掘了萬娘娘的墳，把鳳冠拿回家，他結婚時新娘子還把它戴在頭上臭美呢。文獻上還說，姚廣孝扮作卜卦先生，幫助永樂選陵就是在龍母莊出現的……」

夏所長半天不語，只是微笑，最後說：「看來北京的考古圖上還要標上一個點，增加個寶山遺址。你們定陵完工後，就轉向寶山。」白萬玉笑了：「我是趕不上了，趙公可能還有希望吧！」

從三千年前的先民，到三百年的皇陵，誰也沒有想到，白雲蒼狗，變化竟這麼大。而今，又過了六十年，這裡卻蓋起旅遊飯店，建起高樓，與古老陵園形成強烈反差，反而不倫不類了。一根骨針引出的兩條長線，就這樣斷頭了。

木板房突然塌陷

發掘工程在快速進展。為了工作方便，發掘隊雇來建築工人，在陵園內北側的大牆下，用竹片和木板搭成十幾間簡易房屋。十一月中旬，發掘隊員由昭陵村搬入這片古松荒草擁抱的木板房定居。木板房雖然簡陋，卻也別緻，屋內用水泥摻合刨花壓成薄板襯裡，屋頂用石綿瓦覆蓋，在這古老殘破的陵園內，分外醒目，增添了不少時代氣息。工作隊根據人員年齡和各自的工作特點分配房間，每兩人一間，剩餘的兩間作為接待室和倉庫。

自搬進簡易房後，趙其昌和劉精義就開始精心布置他們共有的窩。幾支木箱疊起來的「櫃櫥」上，擺滿了琉璃瓦片、瓷獸、石斧，骨針……儼然是一個小型博物館。牆壁上貼滿了各種圖表和數位，一進門，就能清楚地看到十三座陵墓的布局和建築形狀，以及三道探溝的位置……當這一切完全就緒後，兩個小夥子便叫來白萬玉老人：「白老，你看這房子咋樣？」白萬玉一見，立即露出笑：「這是一間很不錯的作戰指揮室呵。」白萬玉說著，不經心地往床上一坐，「噗哧」一聲，整個身子陷了下去，頭差點撞到後邊的牆板上。兩個小夥子哈哈大笑。「哎，這裡啥名堂?!」白萬玉爬起來，掀開褥子。只見床的四條腿是用四根木樁插進土裡，四周用木板擋嚴，中間用酸棗樹枝和枯草填滿，上面鋪上山草，最後用褥子和白布封頂。白老轉身指著趙其昌的鼻子：「肯定是你小子出的鬼點子。」

「怎麼樣，白老給你也來一個沙發床?既軟又暖，美觀大方。」劉精義笑著說。

白萬玉搖搖頭：「我可沒這福氣，半夜一翻身，酸棗枝紮出來，我這把老骨頭也得進萬曆的地宮了。」兩個小夥子再度大笑起來，簡樸的木板房內，洋溢著歡樂的氣氛。

十天後的一個晚上，趙其昌和劉精義正躺在「沙發床」上酣睡，突然「轟隆」一聲巨響，天花板嘩啦啦落到兩人身上，身子被壓進床裡。白萬玉和幾個隊員聽到響動和兩人的叫聲，趕忙起身跑過來，點燃蠟燭一看，天花板蠕動著，劉精義還在下面嗷嗷亂叫。白萬玉急忙叫人掀開天花板，劉精義一咕碌爬起來，長噓一聲：「哎呀我的媽——」

第二天一早，民工們圍著劉精義問天花板塌落的原因，劉精義信口說：「不是木板房做得不堅固，就是鬼魂作怪！」一句話把民工們逗笑了。他們說：「還是鬼魂是假，科學是真喲！要不怎麼能找到小石碑？有石碑指引還愁找不到萬曆？」曾幾何時，長期困惑他們的「鬼魂」換上了科學發掘，這也許是發現小石碑後的又一重大收穫。木板房的塌陷，倒成了「鬼魂」與「科學」分界的標誌。民工們心中的「鬼魂」被送走得這麼快，這是工作隊萬沒料到的。

苦難的歲月

嚴酷的冬天到來了，雪花不停地在陵園飄灑，凜冽的寒風在北國空曠的原野上縱橫穿梭。木板房內生起了爐火，探溝內的濕泥被凍成堅硬的土塊，大家的衣服都在加厚。寒冷的天氣，給發掘工作和大家的生活帶來了困難。每天清晨，民工們要費很大的勁把溝內的凍土層鑿開，凜冽的北風小刀一樣扎在臉上，苦痛難耐。由於整天工作在潮濕的泥土中，民工的手腳都開始龜裂，工程進度明顯緩慢下來。每到晚上，民工們各自回家，發掘隊的六、七個人，卻在木板房裡苦度寒夜。小小的爐火畢竟抵不住強大寒流的侵襲，況且，這爐火給大家帶來的溫暖也是短暫的，一旦火焰熄滅，曠野的寒風就像報復一樣向木板房發起連續的攻擊。朔風咆哮，枯樹搖撼，鳥獸哀鳴，使這古老神祕的皇家陵園更加陰森、恐怖與蒼涼。這是一個生者與死者、陽間與陰間交融的世界，這是一個恍惚飄渺於塵世之外的幽祕的生息空間，是對人類生存本能所具有的最大張力與韌力的檢驗場。在這裡，幾乎每個發掘隊員都在咬緊牙關，使出渾身解數艱難地對抗著。唯獨有一個人考古人員的住房例外，面對眼前的一切，仍像平時一樣談笑風生，來去自如。他就是白萬玉老人。

事實上，目前的十三陵和無垠的西域大漠怎能相提並論。在那更為酷烈的環境中，他以失去兩個手指的代價，禁受了大自然的考驗，展示了人類頑強的生命力，在廣袤的大漠深處，用雙腳踩出了一個大寫的「人」字。

一九一四年，瑞典著名的地質學家安特生來到中國西部，進行礦產資源的調查和開發。當他行至察哈爾龍關縣時，感到人手短缺，決定在當地招收幾個青壯年，協助工作。白萬玉自幼家境貧寒，在外國人辦的教堂裡做雜工的父親，得知消息，便讓年僅十五歲的兒子前去報名。聰明老練的安特生，面對一個個身材乾瘦的窮家子弟，極不放心地進行了一次別具一格的考試。他讓參試者每人拿一杆小旗，插到指定的小山頂上。一切準備就緒，安特生喊了一聲「開始——」，孩子們撒開雙腳，向山頂奔去。白萬玉一馬當先，第一個將旗插上山尖。安特生滿意地點點頭，收下了白萬玉和另外兩名十六、七歲的孩子。

自此，白萬玉跟隨安特生走進西域戈壁大漠，開始了遙遠的探險途程。當他們一行穿過拉瓦克沙漠向古樓蘭行進時，闖入了一個光怪陸離的世界，一座座天然的城堡構成了神祕莫測的迷宮。此種地形當地百姓稱之為「雅丹」，也就是地理學上的「風蝕土台群」。

白萬玉隨安特生跋涉在這神奇複雜的雅丹地區，看到地面上覆蓋著一層層厚實的灰白色鹽殼，踩上去嘎吱嘎吱地響，有時還會噗哧噗哧地陷腳。駱駝和馬匹走在這堅硬如石的鹽鹼地上，蹄子不時地被磨出血來，從而發生嚴重的潰瘍，無法騎用。安特生不得不下令將駱駝和馬匹扔掉，率隊在沙漠中用自己的雙腿行走。

此時已進入十月，曠古幽深的西部大漠，寒風刺骨，沙石飛揚，進入夜晚，氣溫降到零下三十多度。隊員們咬緊牙關，跋涉半個多月，終於走出雅丹地帶。也就在這時，白萬玉的手指被凍壞，最後不得不將兩個已無法醫治的手指割下，以保全其他手指。

近三年的大漠生涯，使白萬玉學會了騎射、考察方法、發掘要領和繪畫、照相、保護古物等具體的事宜，同時大漠風沙也把他錘煉成了一條堅硬的血性漢子。一九二七年，白萬玉再度跟隨瑞典考古學家斯文·赫定去西域考察探險。這時的他已經趨於成熟，並在考察發掘中，發揮了巨大作用。正是從這時起，他作為中國第一代考古工作者，註定要在《中國大百科全書·考古卷》中留下他的名字。

正是得益於青少年時代這段非凡的經歷和豐富的發掘經驗，才使定陵的發掘工作在他的具體安排下，有條不紊地進行下去。他對定陵發掘所起的重要作用，在開始時並沒有引起特別的注意，隨著時間的推移和工程的進展，才越來越明顯地表現出來，並被大家所認識。在定陵工地開掘的三道探溝中，每一道探溝的兩壁都按他的要求，做成七十度的斜坡，上下每隔二米作一臺階，每隔五、六米長，再留出一道豎立的牆垛，使二十多米深的探溝形成一個階梯式結構。這種做法，完全是來自他青年時代的經驗形成。

那是一九三四年，他跟隨蘇秉琦教授在陝西寶雞附近發掘一個王侯墓。由於坡度太小，加上土坡的臺階之間距離過大，「轟隆」一聲，土方塌陷下來，把一個民工埋在溝裡。當把人從土中扒出來時，他已經停止呼吸。這一次把中央研究院撥的發掘經費全部賠償了，發掘工作沒有經費無法繼續進行。這個教訓，非常深刻，老人始終不能忘懷，並且經常叨念。趙其昌曾經問過他最後是怎麼結局的，他說：「後來的事嘛！簡直令人意想不到！」說著他吸著煙，又翹起大拇指。

「你知道蘇先生是哪裡人？」趙其昌說：「這個我可清楚，蘇老師是河北省高陽縣，離我們老家不遠，家庭是民族資本家，生產的名牌『雙龍珠』棉布，專門抵制外國的『洋布』，遠近聞名。」白老得意地笑起來：「對啦！他們家西安也有紡織廠，是他的兄長秉璋先生經營。寶雞工地出了事，發掘費沒有了，蘇先生叫我去西安，我帶了一個民工，連夜奔到西安，見了他大哥，送上信函，他看了信當然明白，我又補了句『二先生叫我來取錢』。大先生非常客氣，說：『明白！你們先吃飯吧！』沒等我們吃完飯，五百元現大洋已經包好，分裝在兩個麻袋裡，我們沒敢耽擱，背著它又趕回了寶雞。」白老真的有點激動了，漲紅的臉，手撚著紙煙頭：「趙公！五百塊銀元現在合多少錢？當時也能買幾百袋白麵！你也許說以後再還帳！其實，誰還？還誰呀！這就算捨己奉公，補助了發掘費！我經手我知道，我不說誰知道？這就是考古學家的風格！」白老再次激動起來，翹起拇指又意味深長地晃了兩下。

那是一座小墓，工程出土量自然不能和定陵相比。正因為如此，白萬玉老人才格外慎重，每天都要對土層進行詳細檢查，做到萬無一失。

年夜篝火

一九五七年的元旦到來。

清晨，工作隊員們從屋裡出來，驚訝地發現陵園裡鋪滿了一層厚厚的白雪。蒼松翠柏，樓閣殿宇，寶城寶頂都穿上了一層素白的銀裝。太陽悄悄地從東方的虎峪山探出頭來，滿面羞容地窺視著這個寧靜寬廣的世界。陽光如絲，穿過茂密的松隙，透射到雪地上，散發出金黃色的光芒，金輝銀光映襯著朱紅色的寶城，使這座皇家陵園分外旖旎與壯美，置身其中，彷彿進入一個童話的世界。這是上帝與大自然的雙重饋贈，這是千百年來人類探尋和幻想的夢中樂園！

民工們踏著積雪，三三兩兩地來到陵園，聚集到木板房前。那一張張黧黑憨厚的面龐，盪漾著很少有過的激動與歡笑。工作隊決定，元旦放假一天，上午集體會餐，下午自由活動。這樣的假日生活，對於常年匍匐在土地上的農民來說，也許是第一次享受。那個曾經在定陵發掘中鏟下第一鍬土的民工隊長王啟發，滿頭冒著熱汗，把飲用水從二里多地的九龍池挑進陵園伙房。他穿一件半舊的棉襖，腰紮一根稻草繩，褲管用麻繩繫住，顯得格外幹練和精神。兩個水桶一前一後，動中有靜，輕鬆和諧。隨著扁擔在肩上悠悠起伏，兩個用兔子皮製成的棉帽耳也不停地搧動，恰似一個雜技演員在鋼絲繩上表演絕技，逗得民工們和工作隊員個個捧腹大笑。

正午的陽光照得雪地刺人雙眼，每個人的心中都湧盪著一股暖流。伙房前大棚下的一溜長石條上，擺著酒菜，濃郁的香氣在這清淨的空間瀰漫，鑽進大家的鼻孔，不喝自有三分醉意和激情。趙其昌舉起碗中的白酒，望著一張張粗糙而充滿激情的臉，用他那特有的大嗓門說道：「各位前輩和兄弟，大家為發掘定陵聚到一起。半年來，起早貪黑泡在泥水中，克服了技術上和生活中的困難……」趙其昌突然聲音發哽，不再說話，接著眼裡含滿了淚水，大家驚訝、不解地望著趙公這個莫名其妙的舉動。現場一片寂靜。他們怎麼能夠想到，此時的趙其昌已沉浸在往昔的回憶之中。

每天中午，民工們都是自帶飯菜，在陵園就餐。柴鍋上架著的蒸籠一打開，便露出一包包用地瓜葉、蘿蔔纓、豆葉摻和著少許的玉米麵、地瓜粉做成的菜團。每當他看到民工們拖著疲乏的身子，滿臉泥水地走到籠屜前，抓起菜團狼吞虎嚥般的情景，心中便一陣陣痛楚。中華人民共和國已經建立七、八年了，作為國家的主人，仍然要以吃糠嚥菜維持生命，這不能不說是一大悲哀。而更讓他心酸和不安的，正是這樣一群破衣爛履的農民，毫無怨言，耿耿忠心地從事中國第一座皇陵的發掘，儘管他們並不清楚地了解發掘的真正意義和價值。也正是這些名不見經傳的小人物，伏臥在這塊多災多難的土地上，用血肉之軀擔起國家的重負，一步一步地艱難前行，儘管他們尚不明白這苦難的淵源和自己，即將付出的代價。但是，面對這行進路上的斑斑血汗，我們的國家應該知道！

白萬玉見趙其昌說不出話，便端起碗接著講下去：「感謝各位兄弟的支持，我們的發掘工作才終於有了眉目。下一步困難將會更大，甚至要有生命危險，還望兄弟們像從前一樣咬咬牙挺過去。來，大家乾！」

眾人起身，端碗在胸，相互對望片刻，一昂頭，一飲而盡。

王啟發臉上泛起淡淡的紅潤，剛才的滑稽消失殆盡。他端起第二碗酒，緩緩站起身，面色嚴肅而激動：「以前我們隊裡的民工，包括我自己在內，曾受鬼神之說的迷惑，做了些不該做的事，給發掘隊的同志帶來麻煩，也耽誤了工程進度。事情過後，大家都很難過，想和趙隊長、白老在一塊說和說和，又覺得不好意思。今天，我代表大家說出來，並保證今後的發掘無論出現啥事，我們豁出命，也要完成……」

「叭！叭！叭！」趙其昌帶頭鼓掌。怎麼也想不到，今天的聚會是如此融洽，如此心心相印，彼此溝通。大家喝下的已不是高粱與酵母混合而成的液體，而是一種力量、一種信念，一種情感交融的生命的甘泉。

夕陽西下，夜幕悄悄降臨。民工們回到了自己家中，陵園裡又顯得肅靜孤寂起來。木板房前的雪地上，架起了乾柴，工作隊員的篝火晚會隨著烈焰的升騰而喧鬧起來。幾個年輕人吵吵嚷嚷你推我讓地指著對方出節目。還是白老自告奮勇：「我出個對聯，大家來對。誰對上了就給誰一大塊烤地瓜。」

「好主意！」大家一片喊叫著。

白萬玉先是用手搓了把紅紅的臉龐，沉思片刻，充滿自信地吟念道：「凍雨灑窗，東兩點，西三點。」

劉精義眨眨眼睛，把手向空中一舉，大聲喊道：「我來對——喝酒論碗，你四碗，我五碗！」

「轟——」大家一齊笑起來。十七歲的冼自強譏諷道：「劉精義，你就想著喝酒，死後非變成一個酒鬼不可。」趙其昌趕忙站起來說：「這不只是對聯，是文字遊戲，把『凍』、『灑』二字拆開，『東』有兩點、『西』有三點，其實也好對，『切瓜分片，豎七刀，橫八刀』。把『切』和『分』也拆一下看！」

大家一陣喝采：「對得好！對得好！」白老不顧大家的喧鬧，繼續說：「還沒完呢，你們聽好——天上月圓，人間月半，月月月圓逢月半。」

這次沒人舉手叫喊了，大家都抬頭望著夜空，默默地想著下聯。白萬玉不無得意地摸著下巴的鬍子，掃視著大夥。

「今歲年尾，明朝年頭，年年年尾接年頭。」趙其昌一口氣對完，站起來圍著篝火轉了一圈。

「好——」大家再度歡呼起來，白萬玉望著趙其昌不服氣地說：「好小子，沒白喝了墨水呵，我再出一個，若再被對上，我就認輸了。上聯是：上上下下，男男女女、老老少少，都添一歲。」

白萬玉像一隻紅臉公雞，作出格鬥的準備。劉精義捅捅趙其昌：「怎麼樣，就看你的了，你要不行，我就出馬。」

「你出『炮』也不行。」隊員李樹興實實在在地將了劉精義一軍。

趙其昌笑笑，用手輕輕拍拍腦門，胸有成竹地說：「看來我是贏定了。大家把耳朵挖一挖，好好聽著——

家家戶戶，說說笑笑、歡歡喜喜，同過新年。」

「噢——」隊員們都跳了起來。隊員王傑捅了捅冼自強、曹國鑒，他們撿塊石頭，偷偷扔進火堆，一股火星騰空而起，撲到大家身上。白老向後一退，「噗通」一聲被一塊木柴絆倒在雪地上。眾人見狀，忙止住喧鬧，龐中威趕忙上前扶起老人，幫他拍打著身上的雪粒。白老搖搖頭，嘴裡嘟噥著：「你這孩子，你這孩子……」

喧鬧過後，篝火漸漸熄滅，天氣越發寒冷，隊員們不得不回到屋裡，圍住火爐取暖。大家都感到意猶未盡，餘興未了。於是，劉精義鼓動白老講故事——「考古雜談」。

白萬玉沒有推辭，借著酒興，聲情並茂地講起西域探險的奇特經歷。也許他這時才感到，只有這段經歷才不會在這幫小夥子面前「失敗」。這是他一生最為輝煌的時期，也是只有他才獨有的「傳統節目」。

「我跟安特生來到羅布泊，這個世界著名的湖泊早已乾枯，湖底翻著白花花的鹽鹼，找不到一滴水，大家有些絕望了。在這之前，我們穿過塔克拉瑪干大沙漠，從英庫勒北行，跨過孔雀河，在那裡重新備足水後，沿庫魯克幹河床來到羅布泊。這時大家的水已用光，每個人都口乾舌燥，筋疲力盡。忽然，大家發現有一個人遠遠地躺在沙灘旁，跑過去一看，這人的兩隻胳膊深深地插在沙土中，整個身體已變成僵硬的木乃伊了。大家不由地嚇出一身冷汗，默默地站了許久，才用沙土把他埋掉。那時，我們都在心中暗想，這個木乃伊會不會就是自己不久的歸宿呢？」

「大過年的，別盡講些死屍嚇唬人，還是講點好聽的吧。」沒等白老說完，劉精義他們又叫喊起來。白萬玉看了劉精義一眼，默默地點點頭，狠勁地吸著煙，隨著噴出的濃霧：「今天過節，就依你們了。講點好聽的。」

「大約是二十年代，我跟隨安特生來到甘肅，在民勤縣發掘新石器時代早期遺址，出土了不少完整的彩陶罐。正在得意之際，不想突然來了幾位彪形大漢，二話不說把我按倒在地，拳打腳踢，狠打一頓，還罵罵咧咧。當地的口音我也聽不懂，還是雇傭的發掘工人悄悄地告訴是不能挖祖墳，不僅打，還要送我去見官，入大獄。」

「你挖人家祖墳可不就入獄唄？」不知是誰說了句。

白老急了：「幾千年前的遺址哪裡是祖墳！是誰的祖墳？何況根本又沒有墳頭。黃河上游，要說是祖墳該是中華民族的祖墳！……咱們接著講，我被五花大綁裝在牛車上送往縣城，在縣城街上一過，一下子震驚了全城，男女老少，滿街滿巷，爭看捉來的『盜墓賊』。」白老一興奮，站起來雙手比劃著什麼叫「五花大綁」，躺在牛車上的姿勢。

這麼一來，曹國鑒樂了，笑著插嘴說：「嘿！白老可風光了！一生中沒見過這麼大場面吧！」

白老接著說：「什麼？還風光呢！差一點打死我，就仗著當時年輕。要說場面可真不小，足有上萬人！……說來也巧，正巧被人群中的郵政局長看見了，一見是我白蘊山——那是我的字，那時對外我常用這名字，他趕緊出面制止，立刻找到縣長，在縣大堂前的院子裡把我放了……。安特生給我寄發掘經費時，幾百元現洋可是大數目，取錢郵局要證明，我找到郵政局，說明情況，認識了郵政局長，晚上沒事，還一起打過麻將牌。外國人安特生派我考古的事，縣長也知道，人是放了，他也怕惹出麻煩，又由縣長出面擺了酒席，為我『壓驚』，表示歉意。」

從城裡趕到工地來過節的高德本，越聽越興奮，趕緊遞給白老一支香煙，笑咪咪地說：「白老！人家曹國鑒沒有說錯！縣長請客還不風光？」白老接過煙，點燃，還沒吸便擺擺手說：「德本，打了個半死，我哪裡吃得下喝得下呀！再說，你哪知道，縣長出面，名義是為我『壓驚』，是我掏錢請人家呀！」

大家一聽，頓時都大笑起來，情緒越來越高，吵吵嚷嚷：「講下去！接著講！」不知又是誰說了句：「白老！你考古中有花花事嗎？」一聽「花花事」，白老可真來勁了！「有，有哇！聽著！那年，在甘肅酒泉附近的一個村莊住下，想不到隔壁鄰居是一個年輕的寡婦，她不但人長得漂亮，心地也好。見我大冬天還穿著薄薄的夾襖，就偷偷縫了棉襖、棉褲送給我。出於感激，我就送她些在野外發掘中撿到的稀奇古怪的小東西，有時還給她一些錢，日子長了，就產生了感情。我們兩個經常在一塊談天說地，感情越來越深，最後都覺得難捨難離了。但是，最後還是分手了，因為我還要隨安特生西行。分別的那天早晨，天下著毛毛雨，她站在門口依依不捨哭成了淚人兒……」說到這裡，白老的眼裡溢出渾濁的淚水。他無限深情地嘆口氣：「唉，一別幾十年，也不知現在那個小寡婦怎樣了，興許早已離開人世了。」

屋裡極靜，大家都沉浸在故事之中，似乎隨同白萬玉一同回到了西去大漠的歲月，咀嚼著難忘的痛苦，回憶著那歡樂的時刻——愛情的回憶，永遠是一朵玫瑰色的彩雲。即便是痛苦的回憶也覺得有一絲甘甜！趙其昌望著白萬玉老人的淚眼，極其深情地向大家建議：「來，咱們也像電影上那樣，唱一支歌，為白老那段美好的愛情祝福吧。」

「對，唱一支歌。」劉精義抬起淚眼，隨聲附和。

「唱什麼歌？」冼自強問。

「唱《我的祖國》怎樣？」劉精義道。

「就唱《我的祖國》」趙其昌說著，也站起身，領頭唱道——

一條大河波浪寬，風吹稻花香兩岸。……

姑娘好像花一樣，小夥子心胸多寬敞。

為了開闢新天地，喚醒了沉睡的高山，讓那河流改變了模樣。

歌聲由弱變強，越來越大，穿過木板房，在幽深淒涼的皇家陵園迴盪。

「叮鈴鈴……」一陣急促的電話鈴聲響起，歌聲嘎然而止，大家驚異地望著屋裡嶄新的電話機，誰也沒有去接。這部電話自昨天安好，還沒通過一次話。是誰有這麼快的資訊，得知定陵工地已安裝了電話？

驚愣片刻，趙其昌上前抓起話筒。一個高亢宏亮的聲音傳來：「是定陵工地吧？我是吳晗。」呵，是吳副市長的電話！」趙其昌一把捂住話筒，轉身對大家說著。屋裡的人都驚奇地圍上來。

「今天剛聽電信局的同志講，電話安好了，這是個盛事呵！這大過年的你們堅守在工地，夠辛苦的！你告訴大家，我向他們問好。告訴白老，祝他身體健康。」

「是，我一定轉達您的問候。」趙其昌帶著輕微的顫音回答。

「你那個當中學教師的姑娘怎麼樣了？」吳晗的話音再次傳來。趙其昌緊攥話筒，沒有立即回答。他自北大畢業不久，便結識了一個中學教師。姑娘很美，也很有才華，兩人甚是談得來。自從趙其昌來到定陵後，關係逐漸疏遠，終於在一個月前，趙其昌收到了姑娘的絕交信，理由是：「你經常從事野外工作，將來對家庭不利。」

趙其昌嘴唇蠕動了幾下，臉上掠過一絲痛苦的抽搐，壓低嗓門說道：「吹啦——！」那邊沉默了片刻，又傳來爽朗的聲音：「以後到定陵幫助工作的單位越來越多，我估計肯定有漂亮的姑娘，你可不要錯過時機呵！」

趙其昌臉上泛起玫瑰色的彩雲，沒有說話，只是淡淡地一笑。

之後，白萬玉、劉精義和其他隊員分別和吳晗通話，相互問候、祝願和慰勉。

這一夜，小木屋裡的爐火一直燃到東方欲曉，雀唱雞鳴。

匆匆來去的「卡門」

有一次，夏鼐病了，住在昌平小湯山療養院，趙其昌去看他。閒談中趙其昌問：「梅里美（Prosper Mérimée）這傢伙是幹考古的嗎？」夏鼐一愣，接著笑了：「怎麼，你在看《卡門》？那你上了大當了！我早年看過原文版。」趙其昌漲紅著臉，也不好意思地笑起來。原來，《卡門》（Carmen）是法國作家梅里美以考古家自居，採用第一人稱寫的一部愛情小說。男主角唐・育才是一個強盜，女主角卡門是一個吉普賽姑娘，嬌美而粗野，冷峻又多情，在趙其昌心裡留下了不可磨滅的印象。自從讀了這部作品，他便渴望在活生生的現實中，有一個卡門向自己走過來。他在默默地等待著這個機遇。

元旦過後，定陵發掘工地又加緊了工作進度。為了盡快打開隧道大門進入地宮，發掘委員會決定把人力運土改為機械化搬運，以傳統的考古方法和現代化設施相結合，闖出一條考古發掘的新路子。在材料和設備運來之前，又必須先修道路。發掘委員會和交通部門協商，對定陵前的土路、石橋進行修整和建造，並鋪設北京通往昌平縣城的柏油馬路。這個建議很快得到了交通部的支持，部長章伯鈞大筆一揮「速辦」，並指定整個工程由交通部公路總局負責施工。

定陵前的漫水橋剛一建成，一車車的機械設備便運往發掘工地。北京市房屋建築工程公司派出技術人員，來現場安裝機械設備，在探溝兩側打下木樁，立起木架後，把柴油機和捲揚機安裝停當，再把兩道小型鐵軌從寶頂伸向探溝旁，由鐵斗把探溝內填土提取出來，倒入礦車，再由翻斗礦車把土運出。這個龐大的安裝工程，直到三月底才得以完成。

四月四日，機械化出土正式開始。當柴油機發出隆隆的轟響，捲揚機載著濕漉漉的黃土送出探溝時，工地上立即沸騰起來。以此種方法進行陵墓發掘，是世界考古史上未曾有過的先例。

與此同時，北京市文物調查研究組主任朱欣陶也來到工地，協助發掘隊的工作並著手籌建定陵博物館。隊伍在不斷壯大，工作量日日加重。在進行定陵發掘的同時，發掘隊又買來一台林哈夫牌高級相機，開始系統地拍攝有關十三陵的照片，以備日後博物館採用。

一天，趙其昌正在寶頂一側檢查運出的土質，突然身後傳來一聲銀鈴般的聲音：「請問您是考古隊長趙其昌嗎？」

趙其昌站起身，順聲望去，話沒說出，臉卻騰地漲紅起來。

面前站著一位眉清目秀的姑娘，齊耳的短髮，遮掩著白皙而略帶紅潤的臉龐，小巧的鼻子薄薄的紅唇恰到好處地鑲嵌在面龐上，更顯出她的風采與神韻。一件夾克式上衣裹住勻稱的身材，樸素中透出大方，文靜中顯出靈氣……趙其昌呆愣著，粗黑的臉上火一般地發燙，心在撲撲地跳動，脈管裡的血液在劇烈地流動奔湧……眼前的姑娘不正是心中嚮往已久的「卡門」嗎？今天，她正微笑著，神話般地走來了。「你是……？」趙其昌按捺住內心的激動，盡量不露聲色地問。

「我是公路局工程隊的技術員，學公路的，負責技術指導。現在我們正在鋪修定陵門前的公路，想找你們考古隊一塊研究一下具體施工方案。」姑娘說完，淡淡地一笑，露出潔白的牙齒，「你看什麼時間合適？」

趙其昌想想：「晚上吧！我帶幾個人去找你。」

「不用了，還是我找你們吧。」姑娘說完，又如一朵彩雲，飄然而去。

在考古隊，趙其昌不能不算一個怪人，從性格到愛好，有時真叫人難於捉摸。他生來一副好身體，個子不小，粗黑又健壯，中學時就踢足球，大學裡又參加了校籃球隊，長跑時一高興就馱上沙袋圍著大操場跑上兩圈，汗也不擦又走進圖書館，紮在書本裡，聚精會神，一坐就是三個鐘頭。這種矛盾的性格到定陵又有發展，為了啃完一部厚大的線裝書，他能從早到晚足不出戶，中午隨便抓起一張大餅抹上芝麻醬、辣椒麵，隨吃隨讀，通宵達旦，次日一早又去爬山了。他寧肯從山崖上抽幾根灌木條來編一個兔子窩，弄幾棵小草去戲耍兔子小崽兒，也不去睡上一小覺。他說：「勞動是休息，爬山也是休息。」這一切都被姑娘聽說了，看到了，使她迷惑不解。城市的姑娘，自然有她的理想，她只想把公路鋪得平平的，修得長長的，給千萬人帶來方便。但是今天，她已遠遠不滿足於這一點了，她想探索一下這匹野馬的本性，有時還試著想制服它，或者騎上它在平坦的公路上奔馳，天涯海角地跑下去；有時甚至夢想參加他們的考古隊。

一個陰雨天，姑娘突然跑到趙其昌的小木屋，雨衣一甩，把他手中的書本奪過來一扔，就嚷嚷起來：「白老的探險我聽膩了，今天休息，你得給我講講你！你的流亡生涯，講不好我不走……」有點撒嬌，卻又一本正經的。其實，趙其昌的年齡並不大，經歷也並不複雜，道路倒是充滿了曲折。他出生在河北省號稱「藥都」的祁州（安國縣）鄉下，祁州的「藥王廟」聞名遐邇，又和元曲大家關漢卿有鄉曲之誼。日本鬼子來了，學堂上不了，書念不成，受了點封建詩書家教。他經歷過「五一大掃蕩」、「三光政策」，見到過「大日本皇軍」用刺刀殺人，一片血淋淋，可把他嚇壞了，隨著藥材商人跑到了國統區的洛陽，去尋找在國民黨部隊當軍官的父親，在那裡考入了河北省立流亡中學。第二年日本進攻洛陽，他又隨著流亡學校西遷，開始了流亡生活。只要一提到他那流亡學生時代的生活，趙其昌還總是那麼一往情深。他把討吃、要吃有時是搶吃的叫化子式的生活比作詩、比作畫，那饑寒勞頓早已忘光了。他認為一生中也許只有這一段生活值得回味，瀟灑、愜意，無憂無慮，無拘無束……。今天面對這位短髮女郎的提問，他像是回到了童年，一派天真，回答問題又嚴肅得像幼兒園考試。

「你到過洛陽吧？日本鬼子一進攻，我們是一溜煙兒逃出這九朝故都的，最初還帶著書本，背著行李，最後都扔光了。沿著伊水西行，踏上伏牛山羊腸小徑，又穿過『蘭關』天險，步行三個多月才到達古城長安，就是現在的西安，沒過多久，又沿著左宗棠西征的驛路到達甘肅，穿過天水，在秦安縣泰山廟才安定下來，結束流亡生活，補習荒疏將近一年的初中功課。剛逃出洛陽，路過伊川縣，我懷著崇敬的心情，瞻仰了宋代大儒『二程夫子』的家廟，又在白楊古鎮卦攤算了個卦，卜卦先生說我命運不好，一生坎坷，我不信他的胡掐。向我要卦禮，『卦禮』就是要錢，我沒有，把歷史課本丟給他了，讓他學點歷史知識，開開竅。說到坎坷，那山路才真坎坷，不過風景可美極了。美術教師翟先生，沿途不住地寫生作畫，讓國民黨大兵給了兩耳光，說是特務畫地圖，同學們圍著大兵起哄，大兵急了，要開槍動武，差點闖出大禍。在龍門大石佛前，我真想過出家，可是那裡只有石窟造像，飛天、力士、佛祖、菩薩，沒有廟，也沒有和尚。在甘肅天水，我登過麥積山，不過我們的一位好同學登山失足，滾進了深淵，從此我對這佛教聖地失去敬意。在秦安縣城發現了一塊刻石，刻著『羲皇故里』，這裡是先祖伏羲的老家。我高興極了，原來我們的祖先在這裡發跡！就深深鞠了三躬，仍不盡意，又磕了一個頭，算是對華夏祖先赤誠的崇敬。當地還傳說《三國演義》中馬謖失去的『街亭』就是當地的『街泉鎮』……」

姑娘聽得不耐煩，忽然站起來，大聲說：「什麼故里、古跡，我沒去過，不愛聽！你太高興了，我生氣！講你的痛苦，痛苦！你痛苦我才高興！」

趙其昌一怔，半天不語。過了一會兒，低著頭念叨：「痛苦，痛苦是有的！不過不是那個時候，而是後來，直到現在……」

抗日戰爭時期的流亡學校是公費，而公費生絕大多數都參加三青團，趙其昌也在其內。他功課在全年級排第一，得過獎學金，當過服務生，刻蠟板，打工糊口，參加過夏令營，當過小頭目，上高中還當選過一任學生自治會主席。解放後的歷次運動，這些都要交代，再聯繫到家庭、父親等等歷史問題，處在反革命邊緣上，就是推一推拉一拉的問題了。所以這一段流亡，並不是詩，也不是畫，更沒有那麼多詩情畫意，而是現實，一次一次說不完的痛苦現實。

「課堂上講不完的舊石器、新石器、陶片瓦片，它距離現實又太遠了。有時候我後悔，還不如考個地質系去做一名地質隊員，山南海北、大漠沙荒去找礦，找不到金礦銀礦石油礦，就登上高山斷崖，雙眼一閉，身體向前一傾，一了百了！人生的意義是什麼？」

今天，趙其昌的情緒很不穩定，有時激動，有時消沉，談起話來雜亂無章，有時夾雜幾句粗俗的比喻。姑娘緊閉雙目，無心再聽下去，偶爾眼角滾出幾滴淚珠。小木屋一片寂靜，外面那惱人的雨，淅淅瀝瀝，卻越下越大起來。

三個月後，姑娘不再來木板房了。朱欣陶老人問發生了什麼事，趙其昌眼含淚水回答：「我把家庭歷史問題都告訴了她……」

一九五七年是個多事之秋，全面徹底地清理「資產階級右派分子」的號角已在中華大地吹響。這是一個滋生政治激情的時代。對於他們的分手，似乎沒有人表示不理解，分手是正常的，不分手才是不可思議的。

有情人終成眷屬

一九九〇年秋天的一個晚上，我們來到十三陵特區的裕陵村，尋訪一個期待許久的愛情故事。

三間不大寬敞的屋子裡，高保發坐在案桌前，就著一袋花生米，自斟自飲。兒媳婦在外屋做飯，小孫子在一邊蹦蹦跳跳地玩耍；兒子幹活還沒有回家。不太明亮的屋子裡彌漫著炊煙，使人感到沉悶和窒息。這是一個從苦難中走過來的家庭，也許我們心中裝著過去的那段美好時光，才對今天的這個家庭產生更多的悲壯和惋惜之情。要不是當初他遇到這個女人，並發生了激盪人心的愛情故事，或許三十年後不會有那麼多人記得住他的音容笑貌，儘管他也曾做出過別人沒有做過的事情而轟動發掘工地。

高保發在眾多的民工中，並不特別顯山露水，那時他才十八歲，十八歲的人生並未成熟。他像大家一樣整日默默無聞地在探溝裡勞作。

突然有一天，他的名字在民工中傳開，起因是為一把鐵鍬。

每天早上一開工，民工們就一窩蜂地擁向工棚爭搶輕便而順手的鐵鍬，不然就只能拿到既沉重又蹩腳的工具。有天早上，高保發搶到一把鋒利的鐵鍬後，心生一計，收工時不再把工具放回工棚，而是偷偷用土埋起來，第二天再不慌不忙地原地取出。一個月後，祕密被發現了。一個民工等他心安理得地走後，又悄悄扒出來，換一個地方埋好。次日一早，高保發像從前一樣來到原地，扒了半天卻不見蹤影。民工們哄然大笑，他只好紅著臉，去工棚撿了把最差勁的鐵鍬走下探溝。從此，高保發開始引起大家的注意。

然而，最令人關注的是，他竟從八米多高的木架上摔下來，而安然無恙！第二道探溝的發掘工程一開始，發掘隊就找來會做木工活的民工許進友，在探溝兩側搭起一個腳手架，當探溝挖下兩米深時，便由人站在腳手架上一筐筐向外提土。一天，探溝繼續挖入地下七米，高保發站在腳手架上正一筐筐艱難地把泥土從溝裡提出。突然，「轟隆」一聲，腳手架木板斷裂，架子倒塌，高保發向探溝跌去。一切急救措施在此時都是徒勞，只有瞪著一雙雙驚恐的眼睛，望著他下沉的軀體，等待命運的判決，剎那間高保發在大家的心中，傷殘或死亡已成定局，因為他的身體上面，跟著落下來的是沉重的木板。然而，奇蹟發生了：高保發落地後，一個急滾翻，滾到一堆剛挖起的泥土上，沉重的木板砸在離他頭部只有幾釐米的地方，嚇得大家出了一身冷汗。他爬起來，沒事一樣撲打撲打身上的泥土，傻乎乎地走出探溝。高保發從此名聲大振，也有人預言：「高保發大難不死，必有後福。」這預言，不久便得到了應驗。

工地從機械化發掘後，原來的民工已不能滿足需要。於是，發掘隊又從附近農村招收了一批民工，其中六名是不足二十歲的姑娘。因為有了女性的存在，工地生活便豐富多彩起來。

一天上午，大家正坐在松柏下休息，劉精義突然提議要小夥子和姑娘們輪流唱歌，雖然得到一致回應，但沒有人願意出場。最後高保發自告奮勇，站出來唱了一首《達阪城的姑娘》。

歡笑過後，臨到姑娘出場。她們更是羞澀，捂著臉不肯露面。最後還是白萬玉老人攛掇，讓十七歲的劉桂香登場。

劉桂香身材矮小精幹，好說愛動，俊俏的瓜子臉總是露著微笑，很是惹人喜愛。她只上過小學四年級，便棄學務農，平時大家都叫她「四年級」，只有很少場合、很少的人才親切地喚她一聲小劉桂香。

小劉桂香不再推辭，紅著臉，甜甜地唱了一段《送情郎》：

送情郎送到那大路旁
兩眼相望無話講
太陽升起天已亮
妹妹心中發了慌
伸手抓住郎的武裝帶
淚水如珠濺到情哥哥的身上

事情如此簡單，高保發一首《達阪城的姑娘》，劉桂香一曲《送情郎》，竟成為他們感情的紐帶和愛情的催化劑。兩個年輕人不知不覺地相愛了。

小劉桂香身體單薄，每遇重活，高保發總是不聲不響地前來幫助。小劉桂香見高保發衣服破爛，便悄悄地給他縫補，並送些繡花鞋墊之類的東西給高保發，以示感激和愛戀。一九五八年九月二十一日定陵地宮打開後的當天，他們在陵園的小木屋舉行了婚禮。這是定陵發掘兩年來唯一的一對終成眷屬的有情人，他們當初的戀情及友誼，歷經三十餘年，仍被同期勞作的人們熟記與懷念。遺憾的是，當我們來到高保發家中，要親眼目睹一下這位充滿浪漫與傳奇色彩的女性時，她已因患病無錢醫治，離開人世整整二十年了。所留給我們的，只有一張散發著青春氣息、永遠面帶微笑的照片和這個破碎悲涼的愛情故事。

第七章

定陵地宮的主人

二十一歲的青年皇帝，即著手預建自己的陵墓。群臣踏破青山，遍選吉壤；梁子琦爭功未成，反遭貶罰之禍。一場場驚險奇特的故事之後，定陵開始了長達六年的建造——

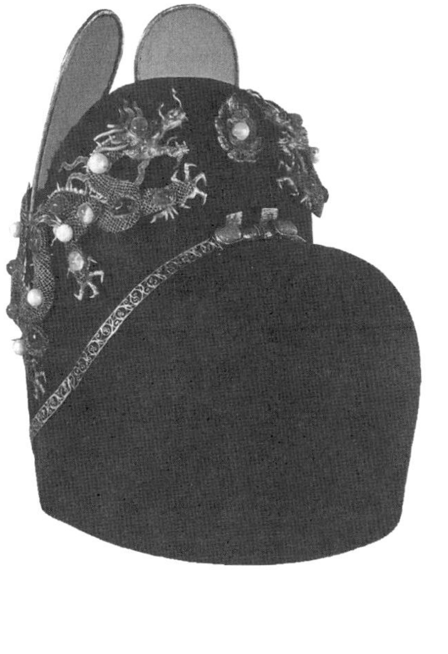

「吉壤」紛爭

從一五八二年冬天到一五八三年春天的幾個月，萬曆皇帝的情緒陷入了紊亂。繼張居正之後出任首輔的張四維，洞察主人心理後，經過一番苦思冥想，終於得到了一條計策，他建議萬曆修建壽宮，以消除張居正事件引起的不快。萬曆皇帝欣然同意。

事實上，早在一五八〇年三月，不滿十八歲的萬曆皇帝第一次到天壽山謁陵時，就開始考慮建造自己的陵寢了，只是當時擔心張居正等人勸阻諫爭，所以此次謁陵並未公開提出預建自己壽宮的想法。張四維的建議，正中他的下懷。此時不允，更待何時？於是，在張居正病故僅七個月後，他就急不可耐地發布諭旨：「朕於閏二月躬謁天壽山，行春季禮並擇壽宮。」

許多年之後，人們才真正明白，對於剛剛步入二十一歲青春年華的萬曆皇帝來說，這一看似奇特的抉擇，當然並非是他認為自己死期臨近。有研究者認為張居正的去世，使他越來越感到群臣閣僚們並沒有把皇帝當作一個有血有肉的人，而是把他當作一個機構來看待。萬曆雖然缺乏堅強的意志和決心，但並不缺乏清醒和機靈的頭腦。如果仔細地回憶萬曆的人生，就不會遺漏這件事以及萬曆在這件事情中所表達的思想脈胳及人生感悟。那是一五八三年春，恰值三年一度的會試，按照傳統，皇帝要親自主持殿試。這次策文的題目出人意料地竟多達五百字。他詢問那些參加會試的舉人，為什麼越想勵精圖治，後果越是大臣更加腐化和法令更加鬆弛？答案顯然是無法靠幾個參試的舉人能準確地找到的。此時的萬曆皇帝陷入了更加沉重的精神壓力中，他唯一的希望和寄託，就是接受這精神上的活埋。這次預築壽宮出乎萬曆意料的是，不但沒有遭到廷臣的勸諫和阻止，反而得到了極力迎合：「我皇上欲因春禮預擇壽宮，宏度卓識，其與三祖（明太祖、明成祖、明世宗）同符。臣等不勝欽仰。」對廷臣如此迎合的態度，這是萬曆皇帝所始料不及的。事實上，直到他死也沒弄明白，為什麼廷臣在他所做的其他事上，橫加干涉、屢屢進諫，而對此事卻如此寬容和諒解？也許，群臣們認為，此時的皇帝已經不折不扣地取得了列祖列宗的地位，足以讓後代的人們崇敬。同時，他雖正值青春年少，但是已為人君而且御宇十年，具有足夠的資格享此殊榮了。根據張四維的建議，此項工程參照明世宗在嘉靖十五年選擇山陵的慣例，先命文武大臣帶領欽天監❶及通曉地理風水之人，前去天壽山先行選擇「吉壤」二、三處，以便於皇上在謁陵過程中欽定。

一五八三年二月四日，禮部首次派遣祠祭署❷員外郎陳述嶺、工部派出都水司❸主事閆邦、欽天監監副張邦垣、陰陽術士連世昌等人，赴天壽山先行勘踏選擇。陳述嶺一行來到陵區以後，開始了緊張而認真的勘察，足跡遍及陵區大小山丘、平原河流，經過一番冥思苦索地選擇之後，於二月十四日返回北京。第二天禮部向皇帝呈奏了他們的選擇方案和圖示，禮部題：「據祠祭員外郎陳述嶺會同工部督水司主事閆邦等先詣天壽山，四顧相視，擇得永陵東邊一地名譚峪嶺，昭陵北邊一地名祥子嶺，東井南邊一地名勒草窪，俱為吉壤。」

祥子嶺旁明穆宗之昭陵明樓及馬道

萬曆皇帝覽閱之後，急命定國公徐文璧、內閣首輔張四維、司禮太監張宏及通曉地理風水的內外大小官員同去校勘。

徐文璧一行來到陵區，按圖示登上譚峪嶺，俯首觀望，整個陵區盡在眼底。雖是二月早春，草木尚未發芽吐青，但置身山中，卻分明感到一股春天的氣息迎面撲來。每到太陽初昇的早晨和日落的黃昏，山下的青松翠柏之中便升騰起茫茫白霧，春風蕩過，白霧飄緲起伏，在殷紅的霞光中閃爍著彩綢般的光澤。青松、霞光、白霧恍如人間仙境，的確是興建壽宮的好地方。

徐文璧一行人看過譚峪嶺，又先後來到祥子嶺和勒草窪勘察。這裡雖然和譚峪嶺不同，卻也有獨特的風格和不容忽視的地理特點。就總體而言，和譚峪嶺難分上下。

二月底，徐文璧、張四維等人回京，向皇帝呈奏：「三處地址確為吉壤。」

三處俱吉，自然不能俱用，只能從中選擇一處，作為壽宮之地；而這個選擇，只能由皇帝自己欽定。於是，萬曆假借恭謁山陵行春祭禮為名，決定在閏二月十二日進行第二次「謁陵」。聖旨一下，朝廷內外一片忙碌。禮、工、兵各部，按照自己的職責，仔細做著準備。到閏二月九日，突然狂風大作，黃塵蔽日，群臣無不驚慌失措。內閣首輔張四維認為天時不利，前行無益，並引用明太祖朱元璋的《祖訓》「謹出入」條，諫止皇帝放棄這次「謁陵」。萬曆選擇「吉壤」心切，不顧張四維的阻諫，毅然傳旨：「已將成，不敢中止」，決定繼續前行。

閏二月十二日，狂風漸小，紅日初露。萬曆皇帝由定國公徐文璧、彰武伯楊炳護駕，「率妃發京」。御駕前後，由鎮遠侯顧承光、左都督李文全，勳衛孫承光，統率佩刀五府軍衛官三十名，大漢將軍三百名，其他武裝軍校四千餘人，浩浩蕩蕩，向天壽山行進。

御駕尚未出動，京城便開始戒嚴，每座城門都由一位高級文臣和武將共同把守。皇弟潞王當時尚未成年，即參加戒嚴事宜。他的任務是把鋪蓋搬到德勝門的城樓上居住，密切監視御駕必經之路。這支聲勢浩蕩顯赫的隊伍到了郊外，皇帝及其家室住在沿路修起的佛寺裡，其他隨從人員則臨時搭蓋帳篷以供歇息住宿。在幾十里路途上，一些地方官、耆老及學校的教官被引導在御前行禮，不能稍有差錯。

萬曆發京的第二天，在由沙河鞏華城赴天壽山的路途之中，皇帝的備用「飛雲輦」，不知何故突然起火。侍衛們趕上前撲救，總算保住「飛雲輦」，未釀成大災。這次事故，群臣再度大驚失色，議論紛紛。張四維認為，這是「上天的警告」，即勸萬曆停止前行，但未得同意。

十四日，隊伍到達陵區。萬曆此行目的非常明顯，主要是尋覓及視察他自己的葬身之地。既然以謁陵為名，那麼謁祭在所難免，種種儀式自然應當周到齊備。因此，在出發之前，禮部必須斟酌成例，擬訂各種詳情細節，有的陵墓由皇帝親自祭謁，有的則由駙馬等人代為行禮。十四、十五兩日，萬曆在拜謁完長、獻、景、裕、茂、泰、康、永諸陵之後，還要親祭長、永、昭三陵後邊的主山，後經張四維諫阻，才勉強作罷，只命駙馬等人去代行祭禮，以示誠意。

十六日，萬曆率隊依次到祥子嶺、譚峪嶺、勒草窪三處詳細察閱後，對三處地址皆不滿意。十八日，萬曆回宮，並立即諭禮、工二部及欽天監諸官，再去選擇二、三處來看。禮部見皇帝如此挑剔，心中不快，即呈奏萬曆：「臣等既已寡昧，請允許張邦垣多帶些通曉地理、風水之人，共同前去踏勘，唯此才能選取更多吉壤供皇上選擇。」對於這個奏本，萬曆自然深知其中之意，但他未露聲色，當即給予允可，並諭令：「凡在京有諳曉地理風水的內外大小官員，都可到天壽山參與實地踏勘。」

萬曆的這一諭旨，不但未給禮、工二部帶來方便，反而加深了選擇「吉壤」的難度，以致最後矛盾重重，並生出許多阿諛逢迎、令人捧腹的可笑事件。

激烈的交鋒

就在禮、工二部重新組織人馬，緊鑼密鼓地赴天壽山再擇「吉壤」之際，有個名叫梁子琦的通政司左參議，感到建立奇功的機會到來，於是向萬曆陳奏：「臣子琦自幼深曉地理風水，請命臣前去天壽山選擇吉壤。」

萬曆覽奏後大喜，想不到本朝還有這麼多的奇才，急命梁子琦隨禮、工二部一同前往核視。梁子琦獲悉皇帝對自己的陳奏和才華十分賞識，便在實地踏勘中別出心裁，處處與禮部郎中李一中、工部郎中劉複禮、欽天監監副張邦垣及術士連世昌意見相反。禮、工二部及欽天監等人從東山口至九龍池逐一察看，終於選中了形龍山、勒草窪前、大峪山、寶山、平崗地、黃山嶺等六處「吉壤」；梁子琦個人擇得黃山一嶺、黃山二嶺、團山、珠窩圈、石門溝山、蔡家山、長嶺山、景陵左山等八處。三月二十三日，禮部尚書徐學謨，將本部及欽天監擇得的六處和梁子琦個人擇得的八處，一併呈給萬曆皇帝。萬曆覽奏之後，諭令部、工二部再行實際踏勘，從十四處中選擇最上吉地三、四處並繪圖來看。

四月三日，禮部尚書徐學謨、工部尚書楊巍，通過四處遍閱實地比較之後，認為形龍山、大峪山、石門溝山三處「最吉」，梁子琦得知自己選擇的石門溝山被列為「吉壤」，內心十分欣喜，仿佛看到大明帝國的高官厚祿就在眼前了。

令梁子琦遺憾和痛恨的是，首輔申時行的出任，使他失去了這次加官進爵的機會，最終落得貶職閒居的下場。

張四維繼任首輔不到一年，父親不幸病逝。張四維無法像張居正一樣，再來一次「奪情」❹，只能離職守制，在此期間，申時行代理首輔。但是張四維在居喪將要期滿之時又突然患病不起，恰在這時，比申時行資深望重的大學士馬自強和呂調陽也先後病故。命運之神自然地把這位資歷最淺的大學士推到了政治舞臺的前面。申時行和張四維不同，他以才幹取得張居正的信任，而不是以諂媚奉迎見用。張居正死後，他承認張居正的過錯，但並不借此誇大他的過失，作為自己上台的資本。他和張四維的差異為同僚所深知，也為皇帝所瞭解。

七月二十二日，萬曆皇帝諭令內閣首輔申時行、定國公徐文璧、司禮監太監張宏前去陵區核視。兩天後，申時行等人回京。

八月二十四日，定國公徐文璧、大學士申時行呈奏：「臣等謹於八月二十一日恭詣天壽山，將擇過吉地逐一細加詳視，尤恐靈區奧壤伏於幽側，又將前所獻地圖自東往西遍行複閱，隨據監副張邦垣等呈稱，原擇吉地三處，除石門溝山坐離朝坎，方向不宜、堂局稍隘、似難取用外，看得形龍山吉地一處，主山高聳，疊嶂層巒，金星肥員，木星落脈，取坐乙山辛向，兼卯酉二分，形如出水蓮花，案似龍樓鳳閣，內外明堂開亮，左右輔弼森嚴，且龍虎重重包裹，水口曲曲關闌，諸山皆拱，眾水來朝，誠為至尊至貴之地。又見大峪山吉地一處，主勢尊嚴，重重起伏，水星行龍，金星結穴，左右四鋪，拱顧周旋，雲秀朝宗，明堂端正，砂水有情，取坐辛山乙向，兼戌辰一分。以上二處盡善盡美，毫無可議。」

梁子琦得知此情後，惱羞成怒，認為這是首輔申時行與禮部尚書徐學謨故意與自己作對，盛怒之下，上疏皇帝攻擊徐學謨，奏稱申時行與徐學謨本是兒女親家，「附勢植黨」，故意不給皇上選擇最上「吉壤」。萬曆見到梁子琦的奏疏後，大怒，立即將徐學謨罷職。申時行見此情景，感到形勢嚴峻，大禍臨頭，只得上疏奏辯，並聯合禮、工二部及欽天監重臣，一起揭露梁子琦在踏勘過程中好剛使氣、固執偏狹、自以為是、不顧吉凶等罪行。由於申時行的特殊地位和在朝廷的威望，他們的陳奏自然使萬曆皇帝堅信不疑，於是，當即諭旨：「子琦挾私瀆奏，奪俸三個月。」

梁子琦的陳奏，使徐學謨被罷職的同時，自己也遭到了懲罰。然而，這個懲罰對於他來說只是一個信號，不久之後，還將有更大的災難落到他的頭上。既然他已觸犯了這個強大的官僚集團，就必須付出終生代價。

九月六日，萬曆皇帝再次以行秋祭禮為名，率后、妃進行第三次謁陵。九月九日，萬曆親登形龍山、大峪山主峰閱視，經過反覆比較之後，諭旨內閣：「壽宮吉壤，用大峪山。」這裡所指大峪山，原稱小峪山，真正的大峪山在昭陵主峰。因萬曆忌諱「小」字，便不顧與父皇昭陵的大峪山重名，將「小」改「大」，小峪山變成大峪山。

九月十九日，禮部上疏，認為陵址既已選定，就應該欽定日期營建，但萬曆仍然不允，非要待兩宮聖母看後才能確定。為此，御史朱應轂以謁陵耗費太鉅，陳請兩宮太后不必再去閱視，但仍未得到萬曆皇帝的允可。

十一月十三日，在首輔申時行的暗中指使下，貴州道試御史周之翰再次上疏彈劾梁子琦說，已奉皇上諭旨，壽宮定在大峪山下，可見徐學謨當初對皇上並未欺罔。徐學謨既已被罷職，梁子琦豈宜獨留？

萬曆皇帝覽奏之後，立降梁子琦為右參議，令其閑住，永遠不許起用。梁子琦接到聖旨，悲憤交集。落到今天這般地步，是他始料不及的，也只有在此時，他才真正知道面對這個強大的文官集團，他所要做的是什麼。一五八四年九月十三日，萬曆皇帝奉兩宮太后並率后、妃進行第四次謁陵。十六日，萬曆與兩宮太后親登大峪山主峰閱視，兩宮太后也一致認為大峪山最「吉」。至此，近兩年的「吉壤」紛爭，總算告一段落。

破土大峪山

萬曆十二年（一五八四年）十月初六卯時，大明萬曆皇帝朱翊鈞的壽宮，正式在大峪山下破土動工。

興建陵寢是本朝頭等大事，有司職責所繫，組成了一個專門機構。成員有尚書三人，司禮監太監和高級軍官數人，定國公徐文璧、內閣首輔申時行總營建造事宜。軍官之所以參加這個機構，是由於大量的土木工程需要兵士的體力。徐文璧是開國勳臣徐達之後，各種重要的禮儀都少不了由他領銜指點，而全部的籌畫經營無疑還要由申時行一人承擔。

在這之前，禮部曾按照萬曆皇帝的意圖上疏奏請：山陵依永陵規制營建，「規制盡美，福祚無疆」。所謂依照永陵規制，就是占地面積要寬廣；地下玄宮仿九重法宮之制；明樓用預製石件構成；寶城垛口❺、殿堂、方城❻、地面等處，均用花斑石鋪砌；寶城之外，再築一道外羅城；大木、磚石等物料，必須按照標準嚴格選驗。永陵為萬曆祖父嘉靖皇帝朱厚熜的壽宮。他在位長達四十五年，陵寢也在生前預建，規模較大，建築也比其他陵墓華麗壯觀。永陵陵園長度為二八九．二米，寬一四九米；寶城墳塚面積為五一六八七．

二平方米；陵園面積為四一一七〇・八平方米；不計外羅城內的總面積為九二八五八平方米。而定陵陵園長度為三一七・五米，寬一五〇・三米；寶城墳塚面積為四一五二六・五平方米；陵園面積為四二九三五・九平方米；不計外羅城內的總面積為八四四六二・四平方米。

永陵的總面積雖比定陵大八三九五・六平方米，但定陵的陵園面積卻比永陵陵園大一七六五・一平方米。因而，今天的觀光者，假如有心把永、定二陵作一比較，就會發現定陵比永陵顯得更為寬大深邃，這充分反映出萬曆皇帝對自己壽宮建造要求，也顯示出定陵設計者匠心獨具的聰明才智。假如把定陵和僅隔一里的萬曆父親穆宗的昭陵相比，就更顯出定陵的博大宏偉與昭陵的渺小拘謹。這一點，在定陵預建初期就為群臣所察覺，並引起一陣爭議。當時的侍讀講官朱賡曾向萬曆諫奏：「昭陵在望，制過之，非所安。」對於這個忠懇之諫，萬曆未予理睬，依然諭令工部明祖陵神道（位於江蘇省盱眙縣境內，石像原沉於洪澤湖底三百餘年，上世紀六〇年代因旱災湖底乾涸被重新發現）按原計劃修建。

所謂九重法宮之制，是指我國古代帝王居住和祭祀的宮殿規制，它以縱橫各三，形成一個棋盤型的九宮平面圖。在九宮當中，中央一宮稱太廟太室，中上稱玄堂太廟，中下稱明堂太廟，中左稱總章太廟，中右稱青陽太廟，四角四殿稱作個室。定陵建成的三百年後，從發掘的地下宮殿看，雖然它的個室已經省略，但其基本規制依然是九重法宮的格局。

十三陵除永、定二陵以外，其餘諸陵明樓的樓頂部分全是木質結構，因此禁不起風雨剝蝕，都已嚴重損壞。今天看到的長、景、獻三陵明樓，則於一九三五年和解放初期修繕而成；而唯獨永、定陵二明樓，雖歷經四百餘年而安然無恙。究其原因，就是因為整個明樓寶城垛口花斑石部，包括額枋❼、斗拱❽、飛子、簷椽❾以及又寬又長的角柱❿，全是由全白石所雕琢的預製石件組成。這種由預製石件建造的明樓，在明朝的所有陵墓中，僅此兩座。

既然按照永陵建制，花斑紋石自不可少，寶城垛口，明樓地面，都是花斑石。此石由多種顏色的鵝卵石經過地殼變動，受到高溫高壓以後，再生而成，當時僅在河南的浚縣能採到，不遠千里，運來應用。這種岩石，雖然五顏六色光采灼目，但卻沒有紋理，質地堅硬，雕琢十分困難。開採時，只能按最大尺寸開成毛材，然後用手工反覆研磨，其費工耗時，可以想像。據《帝陵圖說》載，定陵所用的花斑紋石做工極細，「滑澤如新，微塵不能染」、「光焰灼人」。明朝諸陵，在永陵之前都沒有外羅城而只設寶城。永陵建成後，嘉靖皇帝前去巡察，對陵園建築不太滿意，便問工部尚書：「此陵完工否？」工部尚書領悟皇帝的用心，隨機應變道：「尚有外羅城一道未建。」嘉靖走後，工部立即命人在寶城之外又補加一道外羅城。於是這道外羅城便為他的皇孫萬曆所效仿。定陵的外羅城和永陵一樣，略呈橢圓形，城牆高厚而堅固。三百年後，從城牆的遺址仍然可以看到當初的雄姿風采。

定陵自一五八四年十月六日開工，每天直接進入現場施工的軍民夫役和瓦木石匠達二、三萬人。經過一年的加緊施工，陵園工程已有相當進展。但到一五八五年八月初，太僕寺少卿李植、光祿寺少卿江東之、尚寶司少卿羊可立三位大臣，突然上奏萬曆皇帝：「大峪非吉壤。時行與已故尚書徐學謨親暱，故贊其成。憾尚書陳經邦異議，故致其去。」

三位少卿素與申時行不合，想借此機會，給申時行難堪，並替因反對申時行而被貶職的陳經邦鳴冤。面對此情，老謀深算的申時行自然不會相讓，立即向皇帝陳疏自己的觀點，使剛要偏向於三位少卿的皇帝，不得不作出另一種選擇：「閣臣職在佐理，豈責以堪輿伎耶！奪三臣俸半年。傳諭內閣：大峪佳美毓秀，出朕親定，又奉兩宮聖母閱視，原無與卿事。李植等亦在扈行，初無一言，今吉典方興，輒敢狂肆誣詆。朕志已定，不必另擇，卿其安心輔理。」

此前，少卿李植、江東之、羊可立三人，曾在參奏張居正和馮保中受到萬曆皇帝的寵幸，並得到首輔張四維的青睞。正當他們青雲直上之時，卻遇到了以前的勁敵申時行。他們每個人心中都十分清楚，不扳倒申時行，不但前程無望，後果也不堪設想。正是出於這種考慮，他們才冒險進諫，想不到制敵未成反遭敵擊。對於這次的失敗，他們自然不會善罷甘休，既然陣勢已公然擺開，就必須殺個魚死網破。他們在悄悄等待時機。

時機終於來到了。

八月二十七日，在寶城西北角的地下發現了大石塊。這是一種不祥的預兆。如果說上次的疏奏過於直白，那麼現在證據在握，正是扳倒申時行的絕好時機。於是，李植、江東之、羊可立會同欽天監張邦垣，立即向皇帝陳奏實情「壽宮有石數十丈如屏風，其下皆石，恐寶座將置於石上。」並提議寶城地址前移，以躲過石塊。萬曆閱奏，大為震驚，急令徐文璧、申時行前去察看。八月二十九日，二人看畢回京，向萬曆陳奏：「寶城西北地下確有石頭，陵址是否前移請皇上酌定。」

萬曆心急如火，這次他再也不以行秋祭禮為藉口去天壽山了，而是直接了當地傳旨說：「朕閏九月初六日再閱壽宮。」

閏九月初八日，萬曆皇帝草率拜謁完長、永、昭三陵以後，即去大峪山閱視自己的壽宮。此時定陵興工已整整一年，除重要的物料堆存在昭陵神馬房和西井兩廡之外，其他磚石物料，在壽宮現場堆積如山。在這種情況下，如果萬曆在閃念間諭令更改陵址，將會造成巨大的人力和物力的浪費。更為嚴重的是，山陵選在大峪山，徐文璧和申時行起了關鍵作用，如果更改陵址，意味著他們嚴重失職，也進一步給李植等人提供把柄，後果可想而知。徐文璧、申時行不愧是政壇老手，在這緊急關頭，立即串通禮、工二部尚書，一齊向萬曆陳請不必再更改陵址。但萬曆對此卻不予理睬，形勢進一步惡化。

第二天，萬曆皇帝在黃山嶺、寶山、平崗地、大峪山之間親自往返閱視兩次，仍下不了決心。在這緊急關頭，申時行拿出看家本領，再次向皇帝陳請不必再改陵址，並針對三人上疏中的「青白頑石」的詞句辯駁道：

「李植等說青白頑石，大不是。大凡石也，麻頑或帶黃黑者，方為之頑。若色青白滋潤，便有生氣，不得謂之頑矣。」萬曆琢磨再三，終於同意了申時行的申請，並傳諭旨：「朕遍覽諸山，惟寶山與大峪山相等。但寶山在二祖（明英宗裕陵、明憲宗茂陵）之間，朕不敢僭越，還用大峪山。傳與所司，興工事無輒改。」

徐文璧等人一聽「無輒改」，緊張的心情才平靜下來。由於申時行力挽狂瀾，才使他和他的官僚集團，再次站穩了腳跟。

李植等人見皇帝「無輒改」陵址之意，不甘心自己的失敗，他們決定孤注一擲，冒死再向皇帝陳請，說「宮後鑿石數十丈如屏風，其下便如石地。今欲用之，則寶座安砌石上，實不吉利。」而御史柯挺等人見大勢已去，急忙見風使舵，由先前上疏寶山最吉，立即改為：「大峪之山萬馬奔騰，四勢完美。殆天祕真龍以待陛下。」

這紛擾的角逐以及反覆無常前後不一的態度，搞得萬曆心煩意亂十分惱火。即召申時行至行殿問道：「茲事朕自主張，而紛紛者何？」申時行趁機以解釋為名，在反對派的背後猛刺了一刀：「以陵址選於己，沽名釣譽，以示於後。」

萬曆一氣之下，諭令李植調外地任職，柯挺奪俸三個月，張邦垣因對地下有石塊大驚小怪，奪俸四個月。為避免群臣再度紛爭，萬曆傳諭：「今廷臣爭言堪輿。彼秦始皇葬驪山，亦求吉地，未幾遭禍。由此觀之，選擇何益？朕志定矣，當不為群言所惑。」

從一五八三年二月四日，祠祭署員外郎陳述嶺等人開始踏勘，到一五八五年閏九月初九，萬曆諭令陵址「無輒改」為止，歷經兩年半的時間才把陵址最後確定下來。

輝煌的陵園

四百年後的今天，人們走進這座陵園，所得到的第一感覺依然是它的輝煌與壯麗。面對一塊塊雕刻精美的巨石和華麗壯觀的地下宮殿，感嘆之餘，不免對當初的建造者有如此精湛的技藝而感到驚詫，因為它幾乎囊括了中國古代建築風格與藝術之精髓。這是中華建築史上一部不可多得的傑作。

興建定陵的建築物料，主要是城磚、巨石、楠木和琉璃製品。由於陵墓規模宏大，工藝要求十分精細，所以對建築物料的選驗就顯得格外嚴格。定陵用料最多的當屬城磚，其產地主要是山東的臨清。這裡地處黃河下游，又是京杭大運河的必經之路，土質優良豐厚，交通便利，是製磚和運輸最為理想的地方。自黃土高原流失下來的黏土，經過千里浪淘淤積到臨清以後，已經變得質純無沙、細膩無比。製磚的過程是這樣的：首先將泥土挖出，經過冬季冷凍，春天化開晾曬，然後過濾，長期漿泡、摔打、制坯等多種工序，最後才燒製成磚。這種磚長○．四九米，寬○．二四米，厚○．一二米，重二十四公斤，抗壓係數大，品質極好。為便於檢驗，每塊磚上都打有窯戶、作頭匠人、年月等標記，查驗不合格者，一看標記便知出自何窯何人之手。因為此磚色灰稍白，故稱「白城磚」。早在萬曆二年（一五七四年）四月，

陵園中的槐樹，樹葉像龍爪故名龍爪槐（林馨琴 攝）

此時雖然沒有大的工程項目，但已開始諭令臨清各窯，每年為皇家燒造白城磚一百二十萬塊。

除臨清外，河北省武清縣也曾燒製白城磚。武清縣燒製白城磚始於萬曆二年（一五七四年）九月，宛大縣民王勇上奏說：「今有武清地方，土脈堅膠不異臨清。去京僅一百三十餘里，較臨清近兩千餘里，一改興作，不但糧船、民船不苦煩勞，抑且為國節省，生財實效。」經工部校議，令武清每年燒造三〇萬塊。自定陵動工後，兩地的燒造數量又有大幅度增加。除白城磚以外，還有供殿堂鋪地用的鋪地方磚。它只產在江南蘇州，其燒造工藝，比之白城磚更為複雜。泥土必須久經漿泡、篩籮，猶如河中淘金，故有「金磚」之稱，其質地之細膩，磚面之光滑，為世之少有。可惜因工藝失傳，今天再也無法燒製了。

磚料的運輸，多採用囚犯專職從事。這種運輸，文獻記載最早見於永樂七年（一四〇九年）六月。連綿的出征漠北，俘虜了大量的瓦剌軍人，他們被帶到關內之後，大多做搬運之類的苦力，城磚的運輸便是一項重要內容。除此之外，來往於大運河中的糧船、商船也義務為工地帶運。在當時的京杭大運河內，無論是專職為皇家運糧的漕船，還是商賈民人的私船，只要通過蘇州和臨清，都要為皇家帶運一定數量的磚料，到達京東通州以後，再由車戶走旱路運往天壽山。一五八四年十二月，工部郎中何起鳴，陳請在夏季水漲季節，將磚料直接運往小湯山以南或沙河朝宗橋以東。由此以來，船隊運輸就將京杭大運河的北端一直伸延到了沙河鞏華城下。

定陵的興建，給京杭大運河中的船工商賈帶來沉重的負擔，從而引起這些人的怨恨與不滿，紛紛要求停止無償運輸城磚。一五八七年，也就是定陵動工三年之後，工部陳奏萬曆皇帝，請求船隻減免載磚事宜。萬曆沒有允可，只是作了一些補充規定：「至於帶磚一節，壽宮用磚方急，理應照舊，待落成之日，每船量減四十塊，以二百塊著為定例。蘇州、松江、常州三府各有白銀，其免稅帶磚及減派船價。」

事實上，定陵完工後，這種載磚方式還沒有取消，並一直為後來的大清帝國所沿用。

定陵之所以構成如此輝煌的整體，與它所採用的巨石有著極其重要的關係。正是由於這些天然巨石的存在，才使定陵陵園形成了自己獨特的建築風格和磅礴非凡的藝術造型。它在給人以藝術享受的同時，不禁使人回歸自然的畫廊之中，既漂浮於塵世之外，又彷彿進入生命本體的境地。

定陵所用巨石，大部分來自房山縣大石窩，主要有青石、白石、漢白玉等數種，在幾十萬塊大石中，最重的可達上百噸。如此大的巨石，給運輸帶來了極大的困難，因為石源來自大石窩，只能採取旱路運輸。定陵修建時，巨石全由旱冰船進行人工拽運。其方法是每隔一里之遙，在地下鑿一深井，冬天到來時，將水打出，潑在路面凍成冰被，巨石沿冰路滑行，到達天壽山。當時從大石窩往京師運送長三丈、寬一丈、厚五尺的一塊巨石，就需要民夫二萬人，用時二十八天，耗銀十一萬兩。如果運往天壽山，其人力、時間、耗資還需再加一倍。嘉靖十六年（一五三七年），工部尚書毛伯溫，針對旱冰船拽運耗財、費時、費力，又受季節和氣溫限制的弱點，特地令工匠試製出八輪馬車。此車不僅可以用騾馬代替人力，節省財力和時間，而且相當安全可靠。到萬曆年間，工部郎中賀盛瑞又在八輪大車的基礎上，進一步研製出十六輪大車，運輸效率進一步提高。但儘管如此，就其開採運輸之艱難，仍為世之罕見。

由於定陵屢遭焚燒，大殿蕩然無存，今天的觀光者已無法從中領略木料的珍貴與風采。但從長陵祾恩殿現存的六十根楠木柱中，仍可想像定陵初建之時，所用木料該是何等氣度。定陵大殿多採用金絲楠木，主要產地在湖廣、雲貴和四川諸省。此木料質地堅硬，耐腐蝕且有香味，是明代皇家建造宮殿的主要用料。皇宮大殿的主要木料，大多來自這裡。楠木的貴重除這些特點外，主要還在於它的稀少和成長的緩慢。在朝廷大量採伐之初，這種樹木零星地散見於原始森林，隨著採伐量的逐漸增加，能夠利用的楠木大都只剩在「窮崖絕壑，人跡罕至之地」了。定陵所用木料大都在此種地段開採，這些地方不僅難於攀登，而且有毒蛇猛獸、瘴氣蚊蟲，砍伐極為困難。

萬曆年間的工科給事中王德完和御史況上進，就曾對四川人民的採木之苦，有過這樣一段詳細的陳奏：

「採運之夫，歷險而渡瀘（水），觸瘴死者積屍遍野。」、「木夫就道，子婦啼哭，畏死貪生如赴湯火。」、「風嵐煙瘴地區，木夫一觸，輒僵溝壑，屍流水塞，積骨成山。其偷生而回者，又皆黃膽臃腫之夫。」、「一縣計木夫之死，約近千人，合省不下十萬。」

陵園所需用的楠材大木，共計萬餘根，最粗的直徑可達一・四米以上。要採伐一根大木，所付出的代價可想而知。

當木夫將楠木砍倒之後，便沿著行進路線先行修路，然後由人工將巨木拖到江河之濱，待水漲季節，將木掀於江河，讓其漂流而下。在這漩渦急流、驚濤駭浪之中，又不知有多少人為之喪生。明嘉靖二十年（一五四六年）五月，當時的禮部尚書嚴嵩，就曾對大木的運輸情況作過如此陳奏：

「今獨材木為難。蓋巨木產自湖廣、四川窮崖絕壑，人跡罕至之地。斧斤伐之，凡幾轉歷，而後可達水次，又溯江萬里而後達京師。水陸運轉歲月難計。」從嚴嵩的陳奏中，足見採伐之難，運輸之險，民夫之不易。正如當時民謠謂：伐木者「入山一千，出山五百」。

和磚石木料相比，琉璃品的製作和運輸最為省力和方便。定陵所需用的琉璃製品，比其他陵墓的數量都多。出於建築藝術的需要，城牆與殿宇除常用的琉璃瓦、脊獸等以外，陵門、享殿⓫等重要建築，全部用帶有山水、花卉、龍鳳、麒麟、海馬、龜蛇等圖案的琉璃磚進行裝飾，不僅輝煌壯觀，而且比其他陵園又增添了一份瑰麗和華美。

這些琉璃製品主要產在京師。先把陶料粉碎，經過篩籮、和泥、製坯、烘乾、上釉，最後以高溫燒製而成。現在北京的琉璃廠，早在元代就是窯址，明永樂十八年以前，又在此處設廠，專為皇家燒造琉璃製品，因此這個廠址名稱一直流傳至今。

定陵雖然按照永陵的規制建造，但它卻在總體上超過了永陵。除整個陵園顯得比永陵更為壯觀深邃外，花

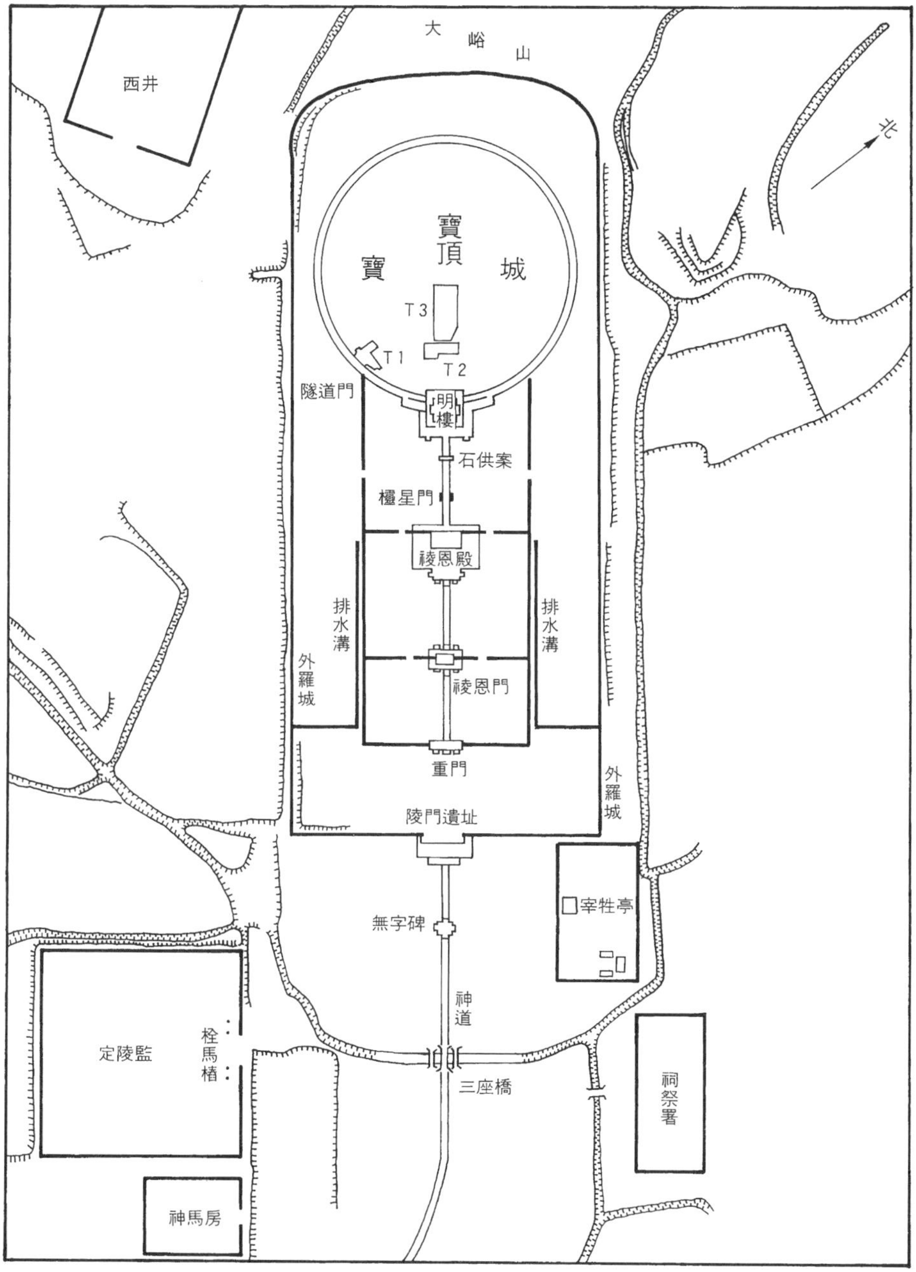
大
峪
山
西井
北
寶頂
寶
城
T3
T1
T2
隧道門
明樓
石供案
欞星門
祾恩殿
排水溝
排水溝
外羅城
祾恩門
重門
外羅城
陵門遺址
宰牲亭
無字碑
神道
拴馬樁
定陵監
三座橋
祠祭署
神馬房

定陵陵園平面圖

斑石的用量及裝飾都大大超過永陵。定陵從外城的第一道陵門，至後邊寶城城牆垛口，它的神道、牆基、殿台，很多為花斑紋石鋪砌，而永陵只在後寶城外沿的垛口處鋪砌了少量的花斑紋石。從永陵與定陵兩個祾恩殿殘存的柱礎分析比較，定陵使用的楠木大柱比永陵使用的還要粗大。而就梁椽之堅固，砌石之重厚，做工之精細，裝飾之精美，不僅永陵無法比擬，就是在整個明代的陵墓中也無與之匹敵者。

明定陵建成後的地上建築，除部分地段的神路以外，其主體建築，均在大峪山與蟒山兩山主峰之間的中軸連線上。這一獨特的建築風格及藝術，令後人讚嘆不已，傾慕不盡，實為我國建築史上不可多得的傑作。

定陵神路起於七孔橋總神路以北一百米處，然後蜿蜒伸向西北，跨過三孔橋、穿越金水橋，直抵定陵陵，全長三公里，路寬七米，中間鋪青石板，兩側砌條石為邊。可惜今天神路、三孔橋均廢，惟橋跡尚存，供人憑弔。

無字碑是置於金水橋後，第一道陵門前的巨形石碑，螭首龜趺，通碑無字。明十三陵諸陵前都有碑亭及螭首龜趺碑，但除神道上成祖的「神功聖德碑」外，其餘各碑均不著一字。

無字碑的出現，給後人留下了一個謎團，即使明、清遺老也難以破解。《范文忠公[12]文集》中有四句詩，道出了對此碑之謎的心境：

片石峰頭古並垂，無端玉簡使人疑。何書不被山林怒，深宵誰知無字碑。

明末清初的大學問家顧炎武曾數謁十三陵，在他所著的《昌平山水記》中，也未識破碑上無字的謎團。訪問十三陵區的老者，傳說嗣皇帝謁陵時，曾問過隨從大臣：「皇考聖德碑為何無字？」大臣回答：「皇考功高德厚，文字無法形容。」

這種說法顯示了大臣的聰明才智，卻未能道破真正的「天機」。倒是在清朝人南豐梁份所著的《帝陵圖說》中，對無字碑之謎作了初步解釋。

安徽鳳陽縣西南明皇陵前的神道口，有一塊篆刻「大明皇陵之碑」，其碑文為開國皇帝朱元璋親自撰寫。本來，洪武二年二月，朱元璋命立皇陵碑，由翰林院學士危素撰文，但文成後，朱元璋卻感到「儒臣粉飾之文，恐不足為後世子孫戒」，故在洪武十一年四月為皇陵新建祭殿之時，親自動手撰寫碑文。朱元璋幼年務農為業，家境十分貧寒，不幸後來又遇上天災人禍，父母兄長連續遭難喪命。據《太祖洪武實錄》載：「歲甲申，上年十七，值四方旱蝗，民饑、疾痢大起。四月六日乙丑仁祖崩。九日戊辰，皇長兄薨。二十二日辛巳，太后崩。上連遭三喪，又值歲歉。」地主劉繼德不僅不給他埋葬三個死人的墓地，而且對他百般申斥，欲要驅之出村。幸虧劉繼德之兄劉繼祖相助，才匆匆將三人埋葬。朱元璋回想開國之艱辛、前輩之勞苦、歲月之蒼涼，不禁悲憤交集，激情奔湧，他奮筆疾書，一氣完成了長達一一〇五言的碑文：

孝子皇帝元璋謹述

洪武十一年夏四月，命江陰侯吳良督工新造皇堂，予時秉鑒窺形，但見蒼顏皓首，忽思往日之辛。況皇陵碑記，皆儒臣粉飾之文，恐不足為後世子孫戒，特述艱難、明昌運，俾世代見之。其辭曰：

昔我父皇，寓居是方，農業艱辛，朝夕彷徨。俄而天災流行，眷屬罹殃。皇考終於六十有四，皇妣五十有九而亡。孟兄先死，闔家守喪。

田主德不顧我，呼叱昂昂。既不與地，鄰里惆悵。忽伊兄之慷慨，惠此黃壤。殯無棺槨，破體惡裳。浮掩三尺，奠何肴漿。

既葬之後，家道惶惶。仲兄少弱，生道不張。孟嫂攜幼，東歸故鄉。值天無雨，遺蝗騰翔。里人缺食，草木為糧。予亦何為，心驚若狂……涙筆以述難，諭嗣以托昌……

碑文情真意切，氣魄非凡。現代著名文學家、定陵發掘指導者鄭振鐸在講到此文時曾說：「《皇陵碑文》確是篇皇皇大著，其氣魄直足翻倒了一切誇誕的碑文。它以不文不白、似通非通的韻語，記載著他自己的故事，頗具有浩浩蕩蕩的氣勢。」

既然有祖訓在先，為何後來的皇帝不撰寫碑文？據史料載，原長、獻、景、裕、茂、泰、康七陵門前，並沒有碑亭和碑，到嘉靖時才逐一建成。當時的禮部尚書嚴嵩曾請世宗撰寫七碑之文，但正迷戀酒色、沉浸修道成仙的嘉靖皇帝，卻無心思和才華撰寫。自此，十三陵前的碑文便空了下來。事實上，自明朝中期以後，皇帝多好嬉戲，懶於動筆費神，而最主要的原因，則是感到江河日下，帝國飄搖，其「功德」已經不能直言了。

定陵無字碑初建時置於亭內，亭呈方形，每邊長十一米。清初被八旗軍所毀，但石碑仍然是完好無損。乾隆時重加修葺，但未恢復原亭，僅建矮牆環以四周，四牆正中各置一門以便出入。今天，只有矮牆存在，圍繞著一塊巨大的石碑矗立在藍天白雲之下，目睹世間滄桑。

定陵陵園是由一組建築群組成，位於大峪山前，座西北略偏東南。

據《帝陵圖說》載：定陵有朱門三道。外羅城牆門，即為定陵的第一道門。重簷黃瓦，雄偉壯闊。牆上鑲琢山水、花卉、龍鳳、麒麟、海馬等圖像，登高觀之，山明水淨，花豔葉翠，龍飛鳳舞，馬躍麟騰，構成了一幅天然的風情畫廊。

第二道門，即為祾恩門。祾恩門實則是一座大殿，共由五間組成，清初毀於八旗軍之手，乾隆時重修，在原來的基座上縮為三間。民國時期遭到大火焚燒，大殿蕩然無存。祾恩門兩山接於宮牆，左右各置腋門，至今保存完好。宮牆以西與第二道門之間，構成陵園的第一個院落。

進入祾恩門之後，為陵園的第二個院落。院落正中為祾恩殿，即為祭祀陵寢的宮殿，這是陵園前部的中心建築。祾恩殿原為七間，亦毀於清初。乾隆時期雖加重修，但在原來基座上，縮小為五間，現僅存殿座及石欄板。

定陵祾恩殿與永陵祾恩殿大小相同，座前亦有月臺，月臺兩側各有石階一道，台前有石階三道。階中丹陛雕龍雲紋，刀法凌厲，形象逼真，堪稱石刻藝術之精品。

祾恩殿之後為欞星門，其狀如牌樓，故有「牌樓門」之稱。門兩側高聳長方形漢白玉柱各一根，柱頂雕石獸，兩柱之間為門樓，樓上覆蓋黃瓦。每當紅日初照，欞星門燦爛輝煌，如空中樓閣，引人遐思。

明樓與寶城看似分離，實則是一個完整的整體。明樓建於寶城前的方城之上，方城兩側與寶城城牆相接。方城正中，即為明樓，明樓全部為磚石結構。樓上額枋正中，榜書塗金「定陵」二字。樓四周為平臺，內豎石碑一座，碑額刻篆書「大明」，碑身則用楷書雕刻「神宗顯皇帝之陵」七字。皇帝死後，有「廟號」、「諡號」，為嗣皇帝所尊封，「神宗」即廟號，「顯」即諡號。碑座上窄下寬，四周雕雲龍紋飾。整座明樓在追求藝術效果的同時，也含有宗教色彩。

最顯赫的寶城，則是陵園的墳塚部分。由城牆圍成圓圈形，城牆外側置垛口，內置矮牆，頂部鋪磚為道。

神宗顯皇帝之陵碑（林馨琴 攝）

定陵陵園第二道門，現為定陵博物館正門

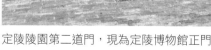

如此建造除追求逼真的藝術效果外，還有在牆上屯兵，對付外敵入侵的考慮。每隔一定距離，於城牆外側設石螭首伸於牆外。每逢雨季，城牆上的雨水便可通過螭首之口流出，以保城牆的乾燥。城牆外側底部，再置散水道，將水排入下水溝中，寶城之內用黃土填實，其中心點用黃土加白灰夯實定陵甕城隆起，形成堅固的「寶頂」。寶城之內，滿植蒼松翠柏，在保持古代禮儀的同時，亦有皇帝及朱家江山萬年長存之意。

除主體建築外，尚有服務於陵寢的附屬建築。定陵金水橋以南，為神宮監，是提督太監的衙署。監東為神馬房，豢養馬匹供陵園使用。金水橋北與神宮監隔神路相對者為祠祭署，專為料理祭祀事宜。祠祭所西南，為宰牲亭，為上供宰殺豬羊所用。外羅城以內兩側，各建朝房數十間，為祭陵官員休息之舍。用於生產供品的果園，置於昌平縣西門外御路以南；榛廠則設在密雲縣深山；負責陵園守衛的衛署，設在昌平城內。

就整座陵園而言，那壯闊深邃的整體構圖，金碧輝煌的殿宇，規則方正的城牆，秀麗無比的雕樑畫棟，別具神韻的藝術軸線，無論是它的宏偉還是精微，都閃爍著華夏人類的聰明和才智，形成中華建築藝術之精髓和東方文化之魂魄。這是中國文明創造史上的幸運與驕傲。

也正是由於定陵的修建，給華夏民族帶來了痛苦和災難，並成為天下大亂、家破國亡的導火線。這一點，早在一五八六年定陵興建不足三年時，就可從首輔申時行、工科給事中孫世禎等人的陳述中窺其端倪。

他們說：「數年以來，或見征、帶征並督於一年，或本色、折色⓭並征於一時。因而造成平民生息休養之無術。而所受的鞭笞棰楚之苦，卻日有所聞。平民之生計，真可謂艱難至極。國費有經，民力有限，人之負擔歷任百斤者，不能勝任一石。近年以來，賦稅漸有所增。如戶部草料之加增，工部燒造之加增，金花銀內供之加增。反復加增，造成財拙民窮。平民百姓對於正常賦稅不能完納，而額外之加增又怎難負擔？近來問刑及盤查官吏，多濫受辭訟，羅織罪名。有一詞而破數家人者，有一事而累數十人者。甚至立斃杖下，病死獄中，無辜之民備受其害。又說今歲以來水災異常，到處有流離死亡之徒。山西、陝西、河南，赤地千里，大江南北廬舍漂流。民窮生亂，勢所必然。今陝西有四夷流劫之亂，山西有礦徒聚攏之亂，河南有餓民搶麥之亂，直隸有樹旗剽掠之亂。有謂「做賊死，不做賊亦死」而號召聚眾起來造反者……」

此種情形，萬曆不但不曾令工程停止，反而諭令文武百官捐助工銀：「壽官工程浩大，未有次第，聞嘉靖年間，朝殿等工，撫按官各進有助工贓罰銀兩，是否可行，令工部議。」工部接旨後，一向馴服的臣僚面對全國百姓饑寒交迫的慘狀，不得不抗旨不遵：「查議助工之旨言，各處民窮，誅求已遍，今一旦以助工之詔傳之四方，撫按諸臣不得不責之有司，有司未必皆賢，萬一奉行未善，借言明旨，公肆科罰，株連波及，逮系急追，累累道路，竊恐大工未必濟而且重遺萬姓閑也。」

萬曆皇帝見此法不通，接著又實行「開納事例」，不惜以賣官籌金。凡是肯按標準出錢的人，不論出身、資歷、才學如何，都可買到相應職位的官銜。而這些官銜大都被鄉紳、土豪、無賴買去，待這些人買到官銜之後，便瘋狂地欺壓百姓、掠奪國家財富，其結果，造成明末吏治嚴重不純，干擾了國家的正常運轉。

經過萬曆皇帝的四處搜刮和群臣的東拼西湊，定陵總算於一五九〇年六月全部建成。整個工程總耗銀為八百萬兩，相當於兩年國庫的全部收入。至於萬曆皇帝本人，在定陵興建過程中究竟產生過多少感想，又生過多少感慨，在流傳到今天的宮廷史料中已無從查詢。我們所看到的只是在一五八八年九月二十四日，定陵地下宮殿建成，萬曆皇帝率群臣在玄宮中設宴飲酒時，給予有功之臣的獎賞：

朕心嘉悅，諸臣協力效勞，宜加特典：首輔（申）時行歲加祿米五十石，賞銀幣，蔭一子尚寶司司丞；次輔（王）錫爵賞銀幣，蔭一子入監讀書；定國公徐文璧加祿米三十石，給予應得誥命。侯李言恭以下各升一級；石星加太子少保；曾同亨升尚書；提督大工如舊，蔭一子入監讀書；李輔、王一鶚、沈鯉、楊俊民、於慎行、徐顯卿、蕭大亨俱加級賞齎有差；穆來浦、洪聲遠升五品京堂；常居敬、何起鳴、王友賢、趙煥、朱賡、王弘海、魏時亮、王敬民、田大年、李載陽分別加齎。內原任尚書何起鳴遇缺推用，蔭一子入監讀書。

當萬曆在壽宮中大擺酒宴，為忠實於他的臣僚加官進爵之時，他不會想到也無法想到，世界局勢已經發生了翻天覆地的變化，大明帝國的歷史也將重寫。

山雨欲來

一五八三年，正當萬曆皇帝情緒紊亂，親到天壽山尋找自己的死後樂園時，在中國北部的皚皚雪原上，一個比他大四歲的青年人正率領著女真鐵騎，開始吞併周圍部落。在不斷的擴張征戰中，逐漸創立和完善了自己的軍事組織——八旗制度，並且創造了自己的文字——滿文。這位青年就是清太祖努爾哈赤。隨後，八旗軍作為一股新生力量，走出林海莽原，奪取明朝而代之，已是無法改變的事實了。

一五八八年，也就是定陵壽宮正式開工的第四年。當萬曆皇帝下令實行「開納事例」，以國家的名義向私人售賣官職，籌建陵款項之際，西班牙國王腓力二世則下令出動擁有一百三十餘艘戰船的「無敵艦隊」，駛入英吉利海峽，對大不列顛帝國實施大規模海上進攻。

在此之前，西班牙發動了一系列海上爭霸戰爭，先後占領了美洲的墨西哥、祕魯、智利、哥倫比亞和北非的突尼斯、歐蘭等大批土地。到一五三五年，原來僅為彈丸之地的西班牙，竟成了一個地跨歐亞非三洲的殖民大帝國。

儘管「無敵艦隊」遇到風暴和英軍的襲擊，幾乎全軍覆沒。但到第二年，西班牙重整旗鼓，又出兵攻打法國，繼續它的擴張戰略。一五九〇年，定陵壽宮建成，萬曆皇帝大擺酒宴，為臣僚們加官晉爵。此時，日本的新軍閥豐臣秀吉已用武力統一了日本六十六州，制訂了占領朝鮮、征服中國，進而向南洋擴張的軍事侵略計畫，並在中國東北部大量屯兵，以見機行事。對豐臣秀吉的野心，萬曆和他的主要臣僚竟毫無察覺。只有一個名叫徐成楚的兵科給事中給朝廷上過奏章：「日本今捨中國東南不犯，直趨東北，又屯兵築舍為持久計，所謂捨股體而攻腹心，以其志足畏也。」可惜此時的萬曆皇帝根本沒有把這件事放在心上。於是一年之後，羽毛漸豐的豐臣秀吉便真開始實施他的計畫了。

值得玩味的是，就在萬曆皇帝到天壽山尋找壽宮所在地的一五八三年，英國女王伊利莎白一世派出商人約翰．紐伯萊率船隊前往東方，尋找打開中國門戶的航線。這段史實除英國史書的記載外，尚有一封伊利莎白女王給中國皇帝的信，至今仍在大不列顛歷史博物館收藏。原文如下：

天命英格蘭諸國之女王伊莉莎白，致最偉大及不可戰勝之君王陛下：

呈上此信之吾國忠實臣民約翰．紐伯萊，得吾人之允許而前往貴國各地旅行。彼之能作此難事，在於完全相信陛下之寬宏與仁慈，認為在經歷若干危險後，必能獲得陛下之寬大接待，何況此行於貴國無任何損害，且有利於貴國人民。彼既於此無任何懷疑，乃更樂於準備此一於吾人有益之旅行。吾人認為：我西方諸國君王從相互貿易中所獲得之利益，陛下及所有臣屬陛下之人均可獲得。此利益在於輸出吾人富有之物及輸入吾人所需之物。吾人以為：我等天生為相互需要者，吾人必需互相幫助，吾人希望陛下能同意此點，而我臣民亦不能不作此類之嘗試。如陛下能促成此事，且給予安全通行之權，並給予吾人在於貴國臣民貿易中所極需之其他特權，則陛下實行至尊貴仁慈國君之能事，而吾人將永不能忘陛下之功業。吾人極願吾人之請求為陛下之洪恩所允許，而當陛下之仁慈及於吾人及吾鄰居時，吾人將力圖報答陛下也。願上天保佑陛下。

耶穌誕生後一五八三年

我王在位第二五年，授於格林威治宮

當瑪麗（一五五三—一五五八年在位）統治英國時，英國政治完全服從於西班牙的利益，瑪麗自己和西班牙國王腓力二世結了婚。瑪麗死後，腓力二世又向伊莉莎白求婚，但這位登位不久的女皇毅然拒絕了腓力二世的要求，並開始執行反西班牙的外交政策。這時英國的資本主義發展狀況不比東方的大明帝國更快，新貴族與資產階級還無力建立一個自己的資產階級國家。因此，統治者便加快發展工商業和採取積極的外交政策，同時，殖民擴張的思想也在上層統治者中流行起來。英國的報刊出現許多關於航海、旅行與地理發現的文章，而如何發現通往中國的新航路，成為當時一個極為重要的問題。一五七三年，威廉·布雨出版了《論海上霸權》一書，他在書中詳盡地介紹了從英國到中國可能通航的五條道路：一、取道好望角，為葡萄牙人所專有的航路；二、取道麥哲倫海峽，為西班牙人所專有的航路；三、西北航路，要通過北美；四、東北航路，通過俄羅斯；五、北極航路，通過北極。

在殖民擴張宣傳的同時，英國也開始了具體行動。約翰·紐伯萊第三次被派出尋找到中國的航路。在這之前的一五七六年，著名的探險家馬丁·傅洛比雪爾，沿西北航道尋找中國遭到失敗；一五七八年，弗蘭西斯·德羅克率領五艘航船渡過麥哲倫海峽，企圖駛往中國，但依然沒能成功，只得於一五八〇年返回英國。

約翰·紐伯萊吸取了上兩次航海失敗的教訓，取道好望角向東方行進。然而，當他到達忽魯謨斯時，就被葡萄牙人發現並逮捕，航船再度擱淺。一次次的失敗並沒有阻止英國打開中國門戶的決心，他們除了開始向北美輸出殖民統治之外，仍繼續尋找經過北美到中國的西北通道。經過幾十次失敗，英國東印度公司的「印地號」船隊終於在一六四四年到達中國的澳門。

在英國開闢中國航路的幾十年裡，特別是在探尋南洋時期，雖然沒有奪取中國商人在南洋的貿易中的領導權，但是這裡的中國商人因為得不到國家支持，而無法擊退這些從西方來的戴著商人或探險者面具的強盜，大批的商品被他們掠走，中國控制的南洋貿易領導權也搖搖欲墜。遺憾的是大明帝國一直到滅亡時對這個新出現的歐洲民族還沒有絲毫的了解，竟一直將它和荷蘭混為一談。在中國文獻中唯一提到英國人的記載是一六三七年威德雨來到廣州的事件。而中國政府竟糊里糊塗地將這次事件記入《明史·荷蘭傳》中，卻不知在這之前英國人已開始在南洋搶掠中國財富了。當英國東印度公司的「印地號」船隊駛近澳門海岸時，大不列顛本土已開始了震驚世界的資產階級革命，並向工業社會大踏步前進。這時的京都已被清軍占領，大明帝國不復存在，資本主義的萌芽，在八旗軍的鐵騎下終於化作灰土。民族興盛的朝暉已從東方隱去，再也未能重新升起。

注釋

❶欽天監：明、清掌管天文曆法的官署。

❷祠祭署：明、清太常寺所屬辦事機構。掌各祭壇祭祀事宜。

❸都水司：明、清工部四司之一。掌理川澤、陂池水利之事，修築道路津梁、備造舟車、織造布帛、製作卷契、畫一量衡之器。

❹奪情：朝臣喪服未滿，朝廷強令出仕。

❺垛口：俗稱「躲口」，城牆皮面向外的外簷牆上所砌起的凹凸狀小牆，用以排遮己方兵員、抵擋來攻兵器，垛口下亦可砌一小方孔，以便瞭望敵情。

❻方城：方城在墳塚週邊圓形城牆之前方，為方形城台，城台與城牆連為一體。方城兩側建梯道，供上下，有的方城之下作成券洞，可從券洞進入寶城前部的月牙城，再蹬梯道登上寶城。

❼額枋：中國傳統木結構中簷柱之間的連接構件，用以承托其上的斗拱。

❽斗拱：中國傳統木結構建築中的一種支承構件，處於柱頭、額枋與屋頂之間，主要由鬥形木塊（鬥）和鬥形肘木（拱）縱橫交疊，向外挑出下小上大的托座。由於斗拱有逐層挑出、支撐荷載的作用，可使屋簷加大，兼有裝飾效果，為中國傳統建築造形的主要特徵之一。

❾簷椽：建築物之牆體與頂部中間之木構件的統稱。

❿角柱：建築物轉角處之立柱。陵墓明樓為了堅固，轉角處用大型石材做成。

⓫享殿：即祾恩殿。由於它用於祭享，故常簡稱享殿。

⓬范文忠公：范景文，明代人，字夢章，號思仁，萬曆進士，曾為工部尚書。

⓭本色、折色：自唐末至明、清，賦稅中原定徵收實物的叫「本色」，如改徵其他實物或銀錢的叫「折色」。

第八章

金剛牆謎洞

石隧道的盡頭，一座巨大的金剛牆突然出現在面前，地下玄宮只有一步之遙。隧道的轟然塌陷，金剛牆再度消失。面對神祕的巨牆，是進、是止，發掘人員陷入了深思——

石隧道的神祕文字

實現機械化出土運輸，出土量較以前幾十倍地增加。在挖開第三道探溝後的一個多月，終於在兩側發現了由大石條壘砌的牆壁痕跡，然後逐漸出現兩道完整的大牆。考古隊及時作出判斷：這是帝后入葬的最後一段甬道，或曰「石隧道」。隧道由「磚砌」變成「石砌」，這是明顯的升級，雖然隧道有些彎曲，但是他們沒有走彎路，地宮就在前面。長期緊張的神經本可以稍稍鬆弛，然而打開地宮，進入地宮，文物的清理工作將會更複雜更艱巨，工作隊又須作出各色各樣的設想分析與推斷：如果屍體未腐怎麼辦？器物半朽不朽怎麼修整？有些跡象稍顯即逝又如何及時記錄拍照？……這不僅是對年輕的考古隊的考驗，也是對我國考古水準的考驗，必須在亂麻中理出幾條，每個人必須作具體準備，大會小會、人員、工具、藥劑……白天寶頂上卷揚機、礦車轟叫，入夜來木板房內燭光通宵達旦。

幾個月後，石隧道終於全部顯露出來，它由南北兩道大牆構成，呈東西走向。東端略向南彎曲，距磚隧道雖近，但並不銜接，也不完全相對。大牆除頂部及兩端接近金剛牆部分，使用少量城磚外，其餘為花斑石做成。這些花斑石都經過仔細地研磨和加工，光滑平整，色彩絢麗。整個隧道呈斜坡形，自東向西，由淺入深，隧道兩壁花斑石，亦由一層遞次增多至十七層。全長為四十米，兩牆中距八米。發掘前全部由黃土填滿，都經過夯打，夯面有極為細薄的石灰一層，夯土在填滿隧道後，即高出牆壁而直達地面。在發掘中，隧道兩側發現了部分木柱殘跡，這可能是棺槨入葬時的臨時設備。

在開始計畫使用機械化發掘時，曾引起不少人竊竊私議，即使學術界上層人士也有兩種不同的意見。縱觀世界以科學考古為內容的發掘古墓或遺址，都是用鎬鍬、鍬等工具完成。從中國殷墟的發掘、山頂洞頭蓋骨、三角緣神獸鏡的出土，到著名的敘利亞巴爾米拉羅馬屬州遺址、蘇聯阿爾泰山北側的巴澤雷克墓群、巴比倫帝國遺址的偉大發掘，都是靠人力工具完成的。而定陵首次打破這一常規，會不會破壞墓道的遺跡？這是一種創造還是對文化的摧殘？經過一陣紛紛揚揚的議論，最後還是夏鼐拍板：使用機械，僅僅用於向外運土，毫不損傷遺跡遺物。工業文明已經崛起，我們當然不能墨守成規。既然人類的今天又創造了工業文明，我們就應大膽而科學地利用。

事實證明這個決定是正確的。第三道探溝❶的出土，在毫不損傷墓道遺跡的同時，為加速打開地宮贏得了時間。若干年後，人們才明白起用機械化發掘的一個潛藏在心底的祕密，如同作戰一樣，他們是想把打開地宮後清理文物這一最為重要環節，搶在一個不冷不熱又比較濕潤的季節完成，這對保存、保護文物最有利。但是有一點卻是他們沒有料到的，那就是政治形勢的急劇變化；如果地宮不能迅速打開，一年之後，就容不得他們這些人在此停留片刻了。無論是他們對此多麼留戀甚至痛心疾首，命運註定要將這座地下宮殿交到另一班人的手中。是福是禍，只有憑這後一班人定奪了。

石隧道中也很有收穫。在四十米長、二十米深的隧道裡，趙其昌、白萬玉仔細地察看著巨石的結構和一切可疑的跡象。在離溝底兩米多高的花斑石條上，發現了墨書字跡，擦去上面的塵土，字跡清晰可辨。其內容多是記載月、日、姓名、籍貫、官職以及石質的優劣等。他們詳細地記著上面的一切記載：

四月廿六日管隊金虎下口

廿六日劉精

山東胡西兒

中都司金離西四月廿五日

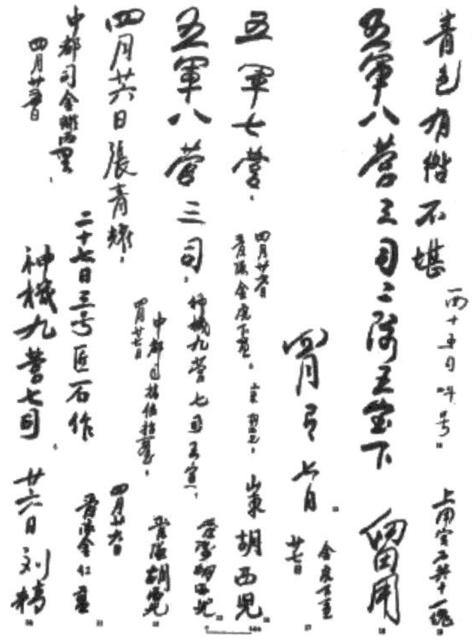
石隧道二側花斑石上墨 書摹本

第三道探溝掘土、出土情況。右側木架為出土之用；架上設滑輪，用鋼絲繩索由機械提土，當時定陵無電源，用柴油機帶動。繩下繫鐵斗（斗可翻動），鐵斗在木架中，人力推車裝入鐵斗，機械提土至橫架時，自動倒入礦車，礦車再由人力沿輕便鐵路倒入墳丘四周。用機械出土，在中國考古學史上是首次。

五軍八營三司二隊王寶下四月有七日……

墨書的位置和結構極不工整，頗似順手塗抹而成，有的地方還出現「畫押」字樣。經分析認為，這些墨蹟當是石料的驗收人員所書，從墨蹟所示官職看，大部分屬於軍職人員。文獻記載：「萬曆十八年正月癸丑，巡視京科道官洪有複等奏言，壽宮做工班軍，人多工少……」可見當時的陵工大都用班軍，隧道石上所留墨書字跡，證明了這一點，文獻與遺跡吻合。

發現圭字牆

作為一個考古工作者，其研究能力是一方面，最值得珍視的是在調查發掘上的豐富經驗與對工作的責任感。田野調查發掘有一套系統的、嚴密的方法論。只有嚴格地按照科學的方法調查發掘，才能算是真正的考古工作。「考古工作者的水準和成績如何，主要不是看他發掘出什麼東西，而是要看他用什麼方法發掘出這些東西而定。」這是夏鼐大師的名言，也是他從事考古學事業所遵循的一貫準則。

一九四四年他在甘肅寧定陽窪灣發掘「齊家文化」墓葬時，整天像土撥鼠一樣蹲在掘開的墓坑裡，用一把小鏟子輕輕地撥開墓坑裡的填土，細心尋找著陶器碎片，仔細觀察土層色澤的細微變化，終於發現和辨認出「仰韶文化」的彩陶片，從地層學上確認了仰韶文化的年代比「齊家文化」為早，從而糾正了瑞典考古學家安特生關於甘肅新石器時代文化分期的錯誤說法。同時打破了英國的東方學者拉克伯里關於中國文明來自美索布達米亞的迦勒底和西方的埃及、巴比倫的錯誤論斷。夏鼐的論文《齊家期墓葬的新發現及其年代的改訂》在英國皇家人類學會會誌上一發表，頓時轟動了英國和歐洲學術界。陽窪灣出現的第一縷曙光，不僅標誌著外國學者主宰中國考古學的時代從此結束，同樣也標誌著中國史前考古學新的起點。

一九五〇年冬，夏鼐在河南省輝縣琉璃閣主持戰國時代車馬坑的發掘，每天手執小鏟，在風雪中操作，終於成功地剔掘出十九輛大型木車的遺存。琉璃閣的發掘，第一次顯示了新中國田野考古工作的高超技術與水準。這種拼搏和求實精神，使夏鼐成就了與斯文・赫定、安特生、格林・丹尼爾、亨利・弗克福特、波提埃、李希霍芬等一代宗師齊名的輝煌偉業。正如日本著名考古學家通口隆康在他後來所著的《夏鼐先生與中國考古學》中所指出：

夏鼐氏擔任中國考古研究所所長歷二十年。其間，雖然也經歷了「文化大革命」的考驗，而他之所以保持了中國考古學界頂峰的地位，是由於他高尚的人品以及專心一致力求學問上的精進。他不僅對於國內考古學，而且對國際考古學方面的知識之淵博，涉獵範圍之廣泛，作為一個考古學者來講，也是無人可與之匹敵的。他研究的範圍，重點之一是西域考古學。考古工作者要研究西域，僅僅具備中國考古學的知識是不夠的，而必須是通曉西方的學問。例如對於新疆所產絲織品以及中國國內出土

一九五〇年十月，中科院考古研究所派遣首次發掘團一行十二人，在輝縣琉璃閣考古工地合影。立排左起：魏善臣、徐智銘、郭寶鈞（左四）、蘇秉琦、夏鼐、安志敏、馬得志（右三）、王伯洪、石興邦。坐排左起：王仲殊（右三）、趙銓（右一）、白萬玉（左三）

的東羅馬金幣和薩珊朝銀幣的研究。我想，大約除他之外沒有人可以勝任的吧。他不僅是中國考古學界中最有威望的人，在國際方面也是享有很高聲望的、少有的考古學家。

正是有了擁有如此淵博學識和成熟經驗的指導者，使這支年輕的考古隊在新中國首次主動發掘帝王陵墓的重大工程中幾乎沒走什麼彎路。不久，趙其昌就在石隧道西部的寶頂下，探到了金剛牆的上部。

金剛牆埋在距地面一．三米深處，高出石隧道有一．二米的距離。它們雖然還埋在地下，但從探鏟下土質不同的變化已經弄清了它的準確位置與石隧道的相互關係，並作出了圖示。這一段無法使用機械化出土，只有靠人工一鍬一鍬地向外拋運。通過近一年的發掘，民工們懂得了如何按照考古的要求進行發掘和分辨各種可疑跡象，而且發掘技術日益成熟。把金剛牆位置與石隧道的聯結關係告訴他們後，他們認為這是未卜先知，都想盡快一睹這道埋藏已久的大牆的風采。於是幹勁大增，加班加點，出土量成倍增加。經過一周的發掘，終於穿透土層，到達了金剛牆。

金剛牆通高八．八米，厚一．六米，確像是一個魁梧慓悍的金剛大力士把守著地下玄宮的大門。厚厚的牆基由四層石條鋪成，石基上方用五六層城磚和灰漿砌成。頂部由黃色琉璃瓦做成堅固的飛簷，像是一幅黃金鑄就的頭盔。斜陽西照，整座牆壁放射出燦爛的光輝，撲朔迷離，奪人二目。華美的工料和獨特的藝術造型，無疑是在向世人顯示一種威武和堅不可摧的力量。

經過仔細勘查，新的奇蹟出現了。金剛牆有一個隱約可見的開口，開口上窄下寬，呈「圭」字形，由牆的頂部延伸下來，原用二十三層城磚加灰漿砌封，封口不露任何痕跡。但是，由於隧道內填土的長期擠壓，致使封磚略向內傾，封口漸漸顯露出來。可以斷定，這封口裡面就是埋葬帝后的玄宮大門了。這一天是一九五七年五月十九日。

「找到了，終於找到了！」趙其昌激動地大聲叫喊起來。民工們也呼啦圍上來，觀看這神祕的封口，二十米深處，頓時迴響起嗡嗡的歡騰之音。劉精義望著封口，突然回轉身，「噌」地撲到白萬玉老人背上，大喊一聲：「我們——勝利了！」話音未落，白老「撲騰」一聲被壓倒在地。劉精義一見，撒腿便跑，白老爬起來坐在地上，哭笑不得：「看你這孩子，這孩子……」探溝裡又轟地爆發出一陣笑聲。

望著金剛牆的封口，趙其昌突然想起在第二道探溝中挖出的那塊小石碑所鐫刻的文字：「此石至金剛牆前皮十六丈深三丈五尺」。急忙找來繩尺從小石碑出土的地點進行測量，再換算成明朝的數量單位，果如石碑所指，正好是十六丈。趙其昌點點頭，望著堅固的大牆，輕輕說道：「天助我也！」

從一九五六年五月十九日，發掘隊在定陵挖下第一鍬土，到一九五七年五月十九日找到金剛牆的封口，正好一年。這是歷史的巧合，還是上帝的安排？定陵發掘三十年後，我們在一份簡報中查到了工作人員當年發掘的路線圖。

金剛牆的發現及簡報的介紹，立即在文化界引起轟動。大批的歷史學家、考古學家、學者及政界要人，紛紛趕到定陵一睹金剛牆的雄姿風采。敏感的新聞界立即做出反映，手持採訪本，照相機也隨之湧來。針對這種情況，長陵發掘委員會作出決定：「除中央新聞紀錄電影製片廠在定陵現場拍攝外，其他新聞單位的採訪一律謝絕。尤其禁止外國人入定陵現場……做好一切保密工作，防止階級敵人搞破壞活動。」由於這個決定和當時中國的政治狀況，定陵發掘的消息直到一九五八年九月六日，才由新華社首次向國內公布。

受到特別關照的中央新聞紀錄電影製片廠，不失時機地快速運來了三輛發電車、攝影機及兩大車拍攝設備，並抽調張慶鴻、沈傑、牟森等幾位導演、攝影師前來定陵拍攝。這個攝製組從此定居發掘工地，拍完了地下玄宮洞開前後的全部過程。三十年後的今天，人們在長陵大殿看到的影片《定陵地下宮殿發掘記》，就是這個攝製組拍攝的實況片段。

五月二十一日下午，在定陵明樓前的松柏樹下，召開了發掘工作一周年慶祝大會，長陵發掘委員會的郭沫若、沈雁冰、吳晗、鄧拓、范文瀾、張蘇、鄭振鐸、夏鼐、王昆侖等文化界名流出席了會議。會上，由吳晗給民工頒發了獎品：

頭獎十名，每人發一雙藍幫解放鞋。

中獎二十名，每人發一條白毛巾。

末獎三十六名，每人發一條北京牌肥皂。

民工們望著手中的獎品，每個人的臉上都泛起淡淡的紅暈。一年的艱苦，一年的辛勞，一年的風風雨雨、嚴寒酷暑、歡笑悲歌……都融進這獎品之中。對他們來說，這是一種榮譽，一種獎賞，更是一種承認。對於長年伏臥在土地上，背負著共和國一步步艱難前行的中國農民來說，只要祖國母親承認他為社會主義建設事業「參加工作」，那麼，他心裡也就滿足了。

然而，要想得到這個承認並非易事。且不說共和國正處在童年時期，即是在它已到不惑之年的九十年代的今天，作為一個農民，無論他在土地上勞作多少歲月，要想在履歷表上填寫為祖國建設「參加工作」四個字，也必須從他走出土地加入「非農業」這個無形而又無處不在的行列之後開始。

封口消失何處

就在金剛牆剛剛出現的同時，發掘隊便派出專人做搭棚的工作了。北京市東單區席棚科的技術人員來到定陵發掘現場，研究搭棚的設計方案。接著，十一輛滿載竹竿、竹席、木料、油氈、麻繩、鐵絲的汽車開赴定陵，二十名工匠開始了搭棚工程。大棚先用杉篙為架，再以麻繩配合鐵絲紮綁，頂部鋪一層葦箔，上面覆蓋兩層竹席，竹席中間夾一層油氈。工匠多是解放前私營棚鋪的老師傅，專以搭蓋紅白喜事用的棚帳為業，有著極為豐富的經驗和嫻熟的技能。很快，一座長六十米、跨度直徑二十六米的大型席棚得以完工，席棚的出現，為這古老的定陵陵園注進了強烈的現代氣息。遠遠望去，如同一座巨型橋樑橫跨江河深川，氣勢磅礴，巍峨壯觀。有這樣一座堅實的大棚作屏障，對保護石隧道和金剛牆，以及地下宮殿的大門，當是萬無一失。

事實並非如此，八月三日深夜，狂風刮過之後，大雨伴著隆隆的雷聲傾盆而下，密集的雨點敲打著木板房砰砰作響。發掘隊人員被雷聲驚醒，一個個趴在小窗上向外窺視。漆黑的夜幕裹住了一切，只有雷電閃過的剎那間，才見雨簾已把天地連為一體，形成一片混濁的世界。「怕是探溝要出事。」白萬玉老人望著夜空的雨柱輕聲說。「怕什麼，有那麼牢靠的席棚，再大的風雨也能抵擋。」劉精義伸出白嫩的手，調皮地拍拍白老肩膀滿不在乎地說。

「你這孩子，真混帳……」白萬玉剛要對劉精義耍威風，「轟隆」一聲巨響，眾人立即警覺起來。白老大叫一聲：「不好，工地出事了！」根據多年的田野考古經驗，他第一個分辨出響聲來自工地的土層塌方。幾乎每個人都是赤條條地衝向工地。幾道手電筒光在雨簾中閃耀，他們沿工棚兩側自東向西尋找塌方的位置。趙其昌在石隧道盡頭停住，他大喊一聲：「白老，在這裡！」眾人聞聲而來，只見金剛牆頂部的寶頂上大片土方已經塌陷。正在這時，席棚內傳出人的呼喊，由於風

考古隊員劉精義（前右一）陪同前往定陵參觀發掘的烏蘭夫（前右二）等人在發掘現場，身後 可見搭起的防雨棚。（劉精義提供）

雨阻隔，喊聲顯得細小無力。

「壞了，探溝內有人！」眼尖耳聰的劉精義第一個說道。沒有人再說話，大家不約而同地沿著探溝的台階下到隧道底部。這時大家聽清了，確實有人在金剛牆下呼喊：「塌方了，你們快來呀……」隊員們迅疾跑到金剛牆下，只見是兩名公安人員被埋在土中。為保證地下宮殿的安全和防止文物被盜，公安部隊十五名戰士已於五月三十日進駐定陵，日夜看守。非常幸運，塌下的土方只把兩名戰士的腿部埋住，沒有傷害其他部位。隊員們爬上塌下的土層頂部，將兩名戰士腿部的泥土扒開，攙扶著走了下來。

「傷著了沒有？」白萬玉老人問。兩戰士活動一下腿部，沒有發現大的傷痛。眾人的心才稍微放下來。

「你們是怎麼下來的？」趙其昌問。

「我們兩個怕雨天有事，就來這裡察看。想不到剛到這裡，土層就呼隆一聲塌下來，我們也就跟著下來了。」一個戰士摸著腿，驚魂未定地回答。

「看來你們命夠大的，差一點你們就完了。」白老說著，把手電筒射向塌下的土層。這時大家才發現，金剛牆已被土層掩沒，剛才兩個戰士差不多是站在金剛牆的上方。如果再向外延伸半米，那就不再是現在的情景了。幾隻手電筒光對準大棚察看，終於發現是大棚一角漏雨所致。趙其昌急忙帶人拖來油氈和竹席，把漏水的地方蓋好。當他們回到木板房時，身上都沾滿了泥水，大家相互對望著，不禁大笑起來。

第二天清晨，風雨停息，陵園格外清新。趙其昌帶人來到塌方的工棚前仔細檢查漏水原因，終於從油氈上找到答案。原來工棚所用油氈質地粗糙，有的已出現破裂痕跡，在暴雨的擊打和水流的壓力下，開始出現一塊塊裂痕，雨水順縫而下，終於釀成塌方事故。若干天後，趙其昌才知道是工作隊一個後勤人員，在昌平縣私下收買了一個廠家的處理品，油氈價格便宜，但品質低劣。正因為他圖了便宜，才差點害了兩條人命，並使民工又費了十二天時間，才把塌陷的土方清出探溝。

金字塔與中國皇陵

埃及人把古代皇帝稱為法老。金字塔是古代埃及的一種王陵建築。相傳古埃及人稱這種建築為「穆爾」（Mure）或「梅爾」，意即升起的地方。今天世界上金字塔的通稱「庇拉米得」（Pyramid）一詞似乎起源於希臘語「庇拉米斯」。這是古希臘一種三角形麵包，由於這種王陵建築同這種麵包形狀頗相類似，所以古希臘人就給它起了這樣一個名字。中國人稱它為「金字塔」，是由於它的外形很像漢字「金」字的緣故。

埃及已發現了八十三座金字塔，絕大多數已經倒塌。而位於開羅西南部的吉薩大金字塔，是埃及第四王朝的胡夫法老下令修建的陵墓群，距今已四千六百多年，被譽為世界奇蹟中的奇蹟。其中最大的一座高一四七米，周長近一公里，共用二三〇萬塊巨石，二〇萬奴隸苦役三十年建成。前面一座巨石雕鑿的獅身人面的斯芬克司巨像，陰沉、威嚴地直視東方。

法老為了自己的陵墓不被盜墓者進入，精心設計了一系列的陷阱和機關。著名的吉薩大金字塔，為使墓室通道的入口處不被人發現，把入口放在北面大約一三．五米高的地方，站在外面是很難發現和看到的。若把那裡的石頭一推，就能軲轆轆轉一圈。即使某個運氣好的盜墓者，找到這個入口，也難以進到法老墓室。從入口往地下走去，有一條長長的走廊，實則是條迷徑。走廊頂部的一塊石頭，也能軲轆轆轉一圈。如果盜墓者闖過了這條迷徑，那麼他將碰到更難的第三關，這就是墓石前面的一條落石大走廊。法老的葬禮一完，就把四塊巨石扔進去，把整個走廊堵得嚴嚴實實，連一絲縫兒都不露。而最後的一道關卡，就是用傳統的咒語，來恐嚇盜墓者。咒語，在古代埃及是神顯靈的一種方式。傳說其方法是把被咒者的名字刻在一個土罐上，然後把罐打碎，表示被咒者將遭到滅頂之災。

在米丹金字塔附近發現的一座陵墓，墓室前廳有一塊匾額，上面刻著這樣的咒語：「死者之靈將會把盜墓者的頸部像一隻鵝似地扭斷。」陵墓打開後，發現墓中躺著兩具屍體。一具是法老木乃伊，另一具是盜墓者。據考古學家分析，這是盜墓者伸出手去拿木乃伊身上的珠寶時，頂上的一塊石頭突然掉了下來，把他砸死在墓室中。

一九二二年秋天，英國著名考古學家哈瓦德・卡塔（Howard Carter）抵達埃及羅克索，在許多民工幫助下，開始發掘埋在地下的圖坦卡芒陵墓。十一月四日，卡塔騎著一隻小毛驢，來到發掘現場後，只見工地上一片靜謐。他感到很驚訝。這時工頭匆匆跑來報告：「先生，我們挖到了一個階梯。」卡塔大喜，開始鼓勵民工加緊幹下去，如發現寶藏，定有重賞。

第二天傍晚，民工們就挖出十二級階梯。這時，一扇密封著的石門出現了。石門上刻有封印，封印上是一隻孤狼和鑲嵌九名囚犯的圖案。這是帝王谷死者之城的封印，它同時表明這座地下陵墓未被盜過。卡塔意識到這可能成為一次世界上最偉大的考古發現。不久，卡塔的好友英國爵士卡那封（Carnarvon）從英國趕來了。紐約大都會博物館最佳攝影師波頓（Porton）、圖畫師赫爾（Hore）和哈賽（Hasse）、象形文字學家威葛第納（Wagdine）、美國考古學家梅西（Mace,A.C.）等，都集中到了發掘工地。

十一月二十六日，打開了第一扇門，清除了堆在走廊裡二米厚的石塊和砂礫，再向裡挖進七米左右，又發現了一道石門。

若干年後，卡塔回憶當時的情景時說：「以顫抖的雙手，我在左上首的角落，挖了一條裂縫。鐵杆所及之處，都是一片黑暗和空洞。我們用蠟燭探測一番，看看是否有惡氣，然後把洞挖大一點。我把蠟燭插進去，把頭探進去看，裡面散發著熱氣，使得燭光搖曳不定。但未過多久，當我們的眼睛對光線適應之後，裡面的東西在朦朧中出現了，這是奇怪的動物雕像、還有黃金——每一處都金光閃閃，在這一時刻，我驚訝得啞口無言。」卡塔組織民工，用錘子和撬棍把門打開，裡面湧出一股憋了幾千年的熱氣。兩個黑色的和真人一樣高的塑像，束著一條黃金的腰帶，穿著黃色涼鞋，前額上裝飾著一條金蛇，面對面地站著。還有金椅子，白石做的透明臉盆，閃光的金床，和許多飾著金銀珠寶的衣服……此時，只聽見響起一陣劈劈啪啪的聲音，原來是許多木頭做的器具，幾千年來放在這個密不透氣的墓室裡，突然遇到新鮮空氣，就迅速膨脹開裂，發出這種古怪嚇人的聲音。許多珍珠散落在地，用手輕輕一捏，就立刻化成粉末。這是因為時間太長，珍珠早已變質了。

他們又在四周牆壁仔細搜索，東摸摸，西敲敲，發現北面的牆壁聲音不同，仔細檢查，又發現了一個大洞。往裡一看，只見裡邊有一間屋子，好像發生過一場大地震，椅子、箱子、小壺、人像等許多東西，雜亂無章地堆放著。大家進入後，只見到處是珍貴的隨葬品。有一一六個籮筐，都是用金和銀鑲嵌細工裝飾著，中間放滿了果子、肉類和各種糧食，這些都是給死後的法老用的。四十一個水瓶，過去曾裝滿葡萄酒，這也是為法老準備的。還有一條用雪花膏做的小船，長高各約七釐米，精緻無比，據說這是法老死後遊尼羅河的工具。除此之外，還有法老喜歡的武器、鎧甲傢俱等，都是金光閃閃，珍貴無比。

後來，又在站著的兩個黑人之間找到了一扇門。這是一九二三年二月十七日。卡塔選了二十名身強力壯的青年開啟了這扇門。門打開後，用手電筒往裡一照，就有一股刺目的光射了出來。大家走向前去，才弄明白這是用黃金做的箱子，箱面上鑲嵌著世界最大的黃金板，高二．七五米，長五．二米，寬三米。箱側面滿鑲上等深藍色的陶器和金子裝飾品，輝煌燦爛，光彩奪目。

「這是棺龕！」卡塔高興地喊了起來。大家小心翼翼地打開棺龕，裡面又出現一個大箱子。這是第二層棺龕，上面也罩著黃金板，比第一層更鮮豔奪目。這樣的套箱直到第四層才變成石頭棺槨。這些黃金鑄成的巨箱，雖然一個比一個小，但卻一個比一個精細，上面都有各種精緻的花紋圖案。這四個黃金巨箱可稱得上世界上最古老、最珍貴的藝術品。

第五層顯露的石頭棺槨，長二．七五米，寬和高各一．五米，用黃色石英岩做成，光滑如鏡，閃耀著美麗的光澤。四個邊角鑲有美麗的女神浮雕，周圍雕滿各種雞、鳥、蟲、花、月、日的象形文字。這堪稱是世界上最令人炫目奪魂的棺材。

在這狹窄的墓室裡，要打開這座僅蓋板就重達一二五〇公斤的巨石棺材談何容易？卡塔組織人力，費了好大的勁，才把棺蓋挪開了五十釐米。大家往裡面一看，只見一個黑乎乎的東西躺在裡面，他們認為這可能是法老的木乃伊。但經過清理才知道，原來是白色的亞麻布，經過幾千年的歲月才變成黑色。卡塔把六層裹布慢慢揭開，裡邊出現了一具金棺材，棺材蓋上雕塑著一個輝煌燦爛的黃金人像，這就是圖坦卡芒法老的黃金人。

黃金人額頭上刻有禿鷲和蛇的符號，象徵著不可侵犯的主人的尊嚴。交叉在胸前的雙手，拿著皇家標誌的神鞭和笏。眼珠由黑石做成，巧妙地鑲進黃金雕刻的洞內，深藍色玻璃製成的眼眉，和眼珠融為一體，炯炯有神。額頭上端端正正地擺著一束花。經過幾千年漫長的歲月，花雖早已乾枯，但顏色鮮豔依舊，這實在是一大奇蹟。

而真正的奇蹟還在這黃金人被拿走之後。一層畫滿荷花的布料，包著一個厚三釐米的純金製成的棺材，上面刻著奧西里斯神像，鑲嵌著寶石和有色玻璃。打開這個棺材，裡面是一具黑色的木乃伊，這就是圖坦卡芒法老。他安詳地睡著。在整個發掘過程中，卡塔等人在現場成立了一個實驗研究所，利用現代科技，對每件物品進行照相，並繪製成圖，以便作長期研究。正當發掘者興奮地在第二個大廳工作時，卡塔在前廳中發現了一個用粘土做成的匾額。幾天之後，象形文字學家威葛第納就把這個匾額上的文字翻譯了出來：

誰觸犯法老
災難就降臨

處於某種心理上的考慮，卡塔、卡那封等學者把這塊匾額偷偷地處理了，後來在陵墓的收藏物中，再也見不到它的蹤影。但是，它的陰影卻永遠銘刻在讀過這則咒語的人們心中，而且由此引起了一系列難以令人置信的災難。

一位婦女參觀完墓室，從金字塔中間的一條斜道上一步步退出時，忽然大叫起來：「我要出去，快救命！」說完就倒在斜道上，當場死去。不久，一位西班牙婦女也在斜道頂端墓室入口處尖聲大叫起來，倒在地上，全身痙攣。眾人把她抬出斜道，才漸漸恢復知覺。事後她說：「好像有什麼東西突然打了我一樣，以後就什麼也不知道了。」

第二天，開羅報紙登載了這個消息，於是世人紛紛傳說：「這是法老顯靈了！」

隨著後來參加陵墓考察、發掘的歷史學家、考古學家以及醫學家的相繼死去，「法老顯靈」的傳說又蒙上了一層更為恐怖和神祕的色彩。有科學家認為，圖坦卡芒法老墓中放入了一種難以測知的毒菌和一種帶有輻射線的稀有元素，這種毒菌和元素侵入人的身體後，重者可當場昏迷死亡，輕者半年之後根據自身的抗菌能力而逐漸出現各種病症，直至最後死亡。

古埃及法老的陵墓金字塔，以其難解之謎困惑著人類，並讓後人作出了無限的遐想、推測和追尋。有關定陵地下玄宮的傳聞，也像西方對金字塔一樣，籠罩在極為恐怖和神祕的氣氛之中。早在到達金剛牆之前，各種傳言就在當地百姓和發掘民工中洪水般氾濫開來。有人預言在金剛牆後面，就有暗道機關，只要挪動一塊磚石，就會有毒箭射出，無論身體哪個部位中箭，必死無疑。金剛牆出現後，有人對著封口仔細觀察一番之後，見無可疑跡象，便又開始推測，金剛牆後面沒有暗道機關，但地宮中可能布下了暗箭和飛刀。只要一打開地宮大門，就會萬箭齊發，飛刀同落，休想逃命……各種傳說神乎其神，令人不寒而慄。僅憑傳說似乎不足為信，在金剛牆發現的十天之後，一個身穿破衣、頭戴葦笠的老頭，悄悄地出現在工地一角，見有民工過來就打招呼，極為神祕地說道：「我家藏有祖傳陵譜，上面清楚地寫著這定陵地宮裡有一條小河，上面飄著一隻小船，要想見到萬曆皇帝的棺槨，必須踏舟而過。過河後，有一萬丈深溝，溝底鋪滿鐵刺，上面鋪一道翻板，要想渡船過河，踏板越溝，必須是生辰八字相符者才能成功，不然必得喪命……」

民工見這老頭頗有點兒仙風道骨的氣派，便一個個讓他掐算生辰八字。老頭也不客氣，有求必應，看完之後每人收錢兩角。一圈下來，便撈了幾塊錢。當趙其昌、白萬玉等人聞訊而來時，老頭早已溜之。

民間的傳聞、神祕的老者，構成了一個個謎團，在人們心中滾動，蔓延，升騰，恐怖神祕的傳聞終於傳進文化上層人物耳中，並由此引起了極大的震動。長陵發掘委員會的郭沫若、吳晗、鄧拓、鄭振鐸，先後來到發掘現場並作指示：「寧可信其有，不可信其無，要做好妥善準備，以保證人身與文物的絕對安全。」學醫出身的郭老，還有具體說法：「古墓有屍毒，你們必須注意。」

原本對傳聞只當作笑料的發掘人員，面對文化大師們的指示，心中再也不能保持平靜了。既然傳聞已在人們心中引起如此大的波瀾，就不能不認真地分析對待。

金字塔內的咒語，與古埃及人對神的崇拜與信仰有關。但在墓室中所發生的種種奇聞，也不全是假的，只是科學未對此作出滿意的解釋。據日本考察隊對埃及胡夫金字塔的電磁探測，證實金字塔至少有一條未打開的祕密通道，通道外側還埋著一條完整的船。這條通道是為誰設計的？船幹什麼用？會不會就是人們傳說的暗道機關？這一切仍為千古之謎而沒有解開。

趙其昌曾帶著這些疑問同夏鼐仔細商量，並取得一致認識：從西方的金字塔以及其他的大墓來看，有的確實埋有盜墓者的屍體。但這些盜墓者的死因是由於墓中內在的力量衝擊，還是外力所加害，尚沒有弄清。這種現象，在中國的一些墓葬群中也不少見，有的墓葬一打開，裡邊有三、四具盜墓者的屍體。但從多數屍體的形狀、神態和墓葬的環境可斷定，大都是外來力量的侵襲所致。盜墓者摸到棺槨後，從一頭爬到屍體之上，然後把早已準備好的繩子分別套在自己和死屍的脖子上，挺一挺身子，被套住脖子的屍體也就翹起身子，這樣，盜墓者就可隨意地搜索棺槨中的寶物甚至脫掉死屍的衣服。寶物從開啟的洞中遞出後，不等下邊的人爬出來，外邊的盜墓者就用石頭或土塊把洞口堵死，以便將寶物獨占，而裡邊的盜墓者只有活活地憋死。所以無論是西方或是中國，盜墓者大多是父子或兄弟組成幫夥，而很少由朋友組成。中國的皇帝陵是首次科學發掘，到底裡邊是什麼形狀，有沒有暗器機關，需要慎重對待，尤其應該注意的是裡邊的氣體。為了防止屍體腐爛變質，可能要放些保護性的藥劑，這些藥劑和地宮的腐爛氣體相混合，很可能變成傷害人類的毒氣，為防止發生意外，應再研究些史料，做好開宮前的一切準備工作，不打無把握之仗……

於是，趙其昌一邊緊張地作打開地宮準備工作，一邊和劉精義研究史料，以便取得絕對的把握。

西漢史學家司馬遷在他所著的《史記．五帝本紀》說：「黃帝崩，葬橋山。」《史記．封禪書》中又引述了軒轅黃帝的死因和入葬情況：「黃帝采首山銅，鑄鼎於荊山下。鼎既成，有龍垂胡髯下迎黃帝。黃帝上騎，群臣後宮從上者七十餘人，龍乃上去。」後來，漢武帝「北巡朔方，勒兵十餘萬，還，祭黃帝塚橋山」後曾說：「吾聞黃帝不死，今有塚何也？」或對曰：「黃帝已仙上天，群臣葬其衣冠。」在當時，司馬遷對黃帝的離世或說是乘龍上天，或說崩葬橋山，或說是衣冠紀念塚未有定論。

黃帝是否真有陵墓存之於世，歷史上眾說紛紜，史學界一直爭論不休。如《路史》對黃帝升仙之說提出不同意見，認為這是秦漢時期方士之言，不足為訓。《劍經》上說的則是黃帝鑄鼎以疾崩葬橋山，意指為鑄鼎時生病而死。但後面又說，五百年以後，山崩，墓內空室無屍，只存有黃帝的寶劍和赤靴。其實，這些記載並未能說出黃帝陵的真實情況。根據中國墓葬發展過程推測，那時還不會有現在這樣的高墳大塚，更不會有陵園祭殿的建築物。那麼，現在陝西、河南、河北、甘肅甚至北京附傳秦始陵地宮設置的伏箭近，現存的軒轅黃帝陵或紀念性標誌，都是後人為紀念這位祖先和心目中的英雄而修建的，裡邊根本不會有他的屍骨。但司馬遷所記，漢武帝北巡朔方回長安時，曾在黃陵縣城北面的橋山祭祀過黃帝陵，這一點應是事實。由此也可以斷定，橋山黃帝陵至今已有兩千多年的傳說歷史。在中國歷史上，關於帝王陵墓最早的可靠的記載，當是陝西省驪山的秦始皇陵。據《史記》載：「始皇即位，穿治驪山，及並天下，天下徒送詣七十萬人，穿三泉……」秦始皇十三歲即秦王位，不久就在驪山開始營建陵墓。統一天下後，又從全國徵發來七十多萬人參加修築，直至他五十歲死時還未竣工，秦二世又修二年，前後共費時近四十年方完成這一浩大工程。

《史記》中，對陵的地下宮殿及陳設也有記述：地宮極其深邃而堅固，它不但砌築「紋石」，堵絕了地下泉流，而且還塗有「丹漆」，起了防潮作用。墓中建有宮殿及百官位次，放滿珠玉珍寶，燃燒著用人魚膏（一種四腳魚，似人形，生活在東海中）熬的蠟燭，永久不滅。地宮中設有防備盜墓而自動發射的弩機暗箭，並在棺槨四周灌注水銀，如同江河湖海圍繞，機械轉動，川流不息。上面象形日月天體，下面象形山川地理……作者還告訴後人：「二世葬始皇，令宮內宮女，凡無子女者，具殉葬；凡參修墓室之工匠，具另坑活埋之。」秦始皇入葬兩千多年後，發掘人員在陵西南約一千四百米的姚池頭和趙背後村發現有刑徒墓葬。這個占地一〇二〇平方米的「衣葬墳場」裡，雜亂的骨殖竟然鋪了一米多厚。這或許正是司馬遷在《史記》中所記載的那些修陵工匠的歸宿。

秦末戰火中，秦始皇陵遭到了極大的浩劫。項羽入關以三十萬人發掘陵墓，寶器一月未能運完，最後付之一炬，大火一連三個月而不滅。後來，一個牧羊人因羊群跑進項羽部下所挖的始皇陵洞穴，便手執火把進洞搜尋，從而又引起洞內一場大火，地宮內的建築全被燒毀。五代時軍閥溫韜以籌餉為名，複又進行大規模盜掘，陵中珠玉寶物被洗劫一空。

據《漢書》載，建元二年，也就是漢武帝即位第二年，也開始為自己營建「壽宮」，一直修了五十三年才竣工，等到武帝死後，陵上栽的樹木已長得可以合抱了。陵墓高十二丈，深十三丈，墓室高一丈七尺，四門埋設暗劍、伏弩等機關，以防被盜，在開始營建的同時，遷各地富豪二十七萬人到陵區居住。著名的歷史學家司馬遷，就是這時由夏陽搬到這裡的。西漢末年，赤眉軍佔領長安時，曾「破茂陵取物猶不盡」，其實在這之前，陵墓早已被當地匪兵盜掘過了。

為省人力物力，同時也防被盜，唐代帝王陵一開始就採用了以山為陵的形式，利用山的丘峰作為陵墓的墳頭。安葬李世民的昭陵，就選擇了長安西北海拔一一八八米的九嵕山為墳，鑿山建造而成。史料記載，這一葬法是由李世民的結髮之妻長孫皇后提出的。她先李世民而死，臨終前對李世民說，為了節儉，尚需薄葬，「請因山而葬，勿需起墳」。實際上這是李世民自己的主張，不過借皇后之口提出而已。在他為長孫皇后所撰碑文上就曾說：「王者以天下為家，何必物在陵中，乃為己有。今因九嵕山為陵，不藏金玉，人馬、器皿，皆用土木形具而已。庶幾奸盜息心，存沒無累。」

我們今天看唐太宗李世民的昭陵，和高宗武后合葬的乾陵，這兩處以山為墳的陵寢，其氣勢之雄偉，連秦始皇陵的碩大封土也難以與之匹敵。至於防止盜掘，昭陵卻未能逃脫，唐亡時軍閥溫韜率兵挖掘，曾運出金珠寶器無以數計。看來李世民並非真的「薄葬」。唯獨高宗和武則天的乾陵至今沒被盜掘，大概與山石堅固、巨石鉛水封門有很大關係。

唐以後的諸家皇陵，大都有暗箭、弓弩、毒氣之說，但多數還是遭到了後人的洗劫。至於盜掘中這些暗箭、弓弩、毒氣到底是否發揮作用，發揮了多大作用，官方史料並無記載。只有一些野史敘說了盜墓者的詳細盜掘經過和暗器的厲害，但這些實不足為憑。即使近代軍閥孫殿英盜掘清東陵的乾隆、慈禧陵墓的詳細經過，也是眾說不一。何況假設陵墓地宮中果有暗器，也早被孫殿英的炸藥包轟毀，起不到任何作用了。

但有一點不容忽視，當初萬曆皇帝修建定陵時，不會不知道歷代帝王陵墓大多數被盜的事實，陵墓的具體負責者也一定讀過《史記》和《漢書》之類的文獻史料，對諸陵中所設暗道機關，自然明白無誤。既如此，他們就不可能不在地宮中作些防盜的器械設備。而中國歷史走到明代，資本主義工業文明已經升起曙光，這一點，從明朝初期的鄭和下西洋所率的龐大船隊可以得到證實。這時要在地宮中設置防盜器具，秦漢的弓弩利箭被更加科學的先進武器所替代，大概已是理所當然的了。那麼，定陵的地下宮殿到底有什麼樣的先進暗器？這個謎團久久地困擾著每一個發掘隊員的心。

注釋

❶三道探溝：用機械出土，在中國考古學史上是首次。探溝中時常出現用磚疊成的方垛，這是當時造陵時用夯夯平填土的水平標誌，發掘時部分被保存著。磚垛用城磚兩橫兩豎，上下排列不用灰漿、磚垛有至三、四層不等。第三探溝展寬時兩側顯露出石砌大牆，即石隧道，石隧道的兩端接近磚隧道的盡頭（兩隧道不緊密相接），東端斜坡走向深處，到盡頭便是橫向的金鋼牆。

第九章

風流皇帝苦命妃

少年皇帝偶遇翩翩少女，猶如烈火投入乾柴；一段風流韻事，使萬曆抱憾終生。而另一個女人的出現，竟釀成了長達幾十年的「國本之爭」，危機四伏的大明帝國再次受到重創——

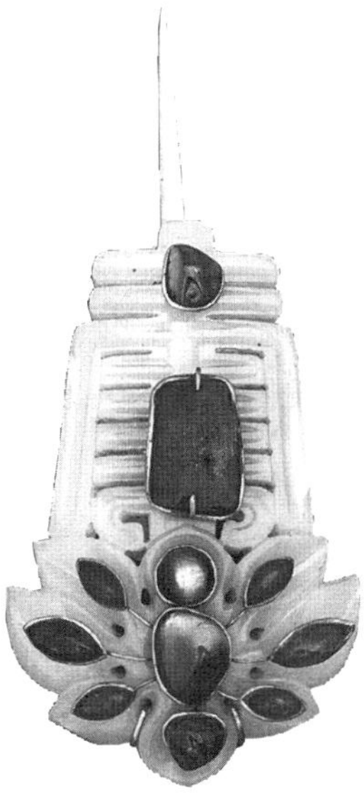

兩個女人

一五七八年，禮部奉慈聖皇太后旨意，選得錦衣衛指揮使王偉的長女王氏為萬曆皇后，並擇得黃道吉日，由張居正等人主持，於二月十九日完成了皇帝的大婚典禮。對於十六歲的萬曆皇帝來說，這次大婚並不是一件撼動人心的大事。他和這位十三歲少女結婚，完全是依從母后慈聖的願望。太后年高，望孫心切，在她心中對孫子的企盼是越早越好，越多越好。按照祖制，皇后一經冊立，皇帝再冊立其他妃嬪即為合理合法，她們都可以為皇帝生兒育女。

萬曆九年（一五八一年）八月，萬曆派文書官傳達太后意見：「命專選淑女，以備侍御。」太后的用意是很明顯的，即為了增加皇室的後代。因為大婚後，王皇后一直沒有生育，到萬曆九年十二月才生下了皇長女。當時任首輔的張居正心領神會，啟奏說：今皇上仰承宗廟社稷之重，遠為身世長久之圖，而內職未備，儲嗣未蕃，這也是臣等日夜懸切之事。但選用宮女事體太輕，恐怕名門淑女不樂意應選，不如參照嘉靖九年（一五三〇年）選九嬪事例，上請太后恩准。

幾天後，萬曆在得到太后同意後，命禮部查照嘉靖九年世宗皇帝選冊九嬪事例，先於京城內外出榜曉諭，然後會同巡城御史，專訪民間女子，凡年在十四歲以上、十六歲以下，容儀端淑，禮教素嫻，及父母身家無過者，慎加選擇，陸續送諸王館。其北直隸、河南、山東等處，另差司官前去選取。此事終於在萬曆十年（一五八二年）三月辦成。萬曆在皇極殿宣佈冊選以下九嬪：李氏為端嬪，鄭氏為淑嬪，王氏為安嬪，邵氏為敬嬪，李氏為德嬪，梁氏為和嬪，素氏為榮嬪，張氏為順嬪，魏氏為慎嬪。

王皇后性情端謹，頗有孝心，但卻是一位不幸的女性。她享有宮內的一切至高無上的尊榮，但卻缺乏一個普通女人可以得到的歡樂。按照傳統習慣，她必須侍候皇帝的嫡母仁聖太后，譬如扶持太后穿衣打扮、下轎上床；皇帝另娶妃嬪，她必須率領這些女人拜告祖廟。這種種禮節，她都能按部就班地照辦不誤，很得仁聖太后的歡心和群臣的稱讚，以至死後被諡為「孝端」。萬曆十年以後，鄭貴妃雖然倍受寵幸，但王氏能夠忍耐不加計較，所以才保持了她在中宮四十二年之久的最高榮耀地位。

明代的宮女大都來自北京和周圍省份的平民家庭，像選後妃一樣，容貌的美麗與否並不是唯一標準。凡年在十三、四歲或者再小一點的都可列在被選之內，但是他們的父母必須是素有家教、善良有德的人。應選後妃的條件包括：相貌端正，眉目清秀，耳鼻周正，牙齒整齊，鬢髮明潤，身無疤痕，性資絕美，言動中禮。宮女的標準有別於後妃，各方面標準比後妃略低。她們在經過多次的挑選之後，入選者便被女轎夫抬進宮中，從此再難跨出宮中一步。這些可憐的宮女，唯有在騷人墨客筆下，其容貌、生活才顯得美麗而極富浪漫色彩。實際上，皇宮裡的宮女幾千名都歸皇帝私有，她們中的絕大多數只能在奴婢生活中度過一生，個別「幸運者」也只在無限期待中消磨時光。明末陳忱在《天啟宮詞》中對宮女曾有過這樣的描述：

六宮深鎖萬嬌嬈，多半韶華怨裡消；燈影獅龍娛永夜，君王何暇伴纖腰。

宮女們的最後結局也不盡相同。有的可能到中年時被皇帝恩賜給某個宦官，與之結為「夫妻」，即所謂「答應」或「對食」；有的則被送到罪臣之婦幹活的浣衣局去洗衣打雜；倘皇帝一時興致所至，也會把一些人放出宮去，這些大多是皇帝不能「臨幸」的前朝老年宮女。留在宮中的，倘若在繁重的勞動、森嚴的禮節、不時的凌辱中支持不住而得病，也不能得到醫治。「宮嬪以下有疾，醫者不得入，以症取藥」。宮嬪尚且如此，宮女自不待言。宮女死後的待遇更是悲慘至極。她們要和內監的死葬一樣，送到北京西直門外進行火葬，骨灰則被放在枯井中，即所謂「宮人斜」，連一塊平民入葬的棺材板都得不到，更無需說家人在靈前憑棺一慟了。

既然現實制度無法改變，被投入宮內的女人就要竭盡全力得到皇帝的青睞和親近。惟此，才有可能使悲慘的命運有所改變，並可能帶來一生的榮耀。這一點，在萬曆的母親慈聖太后身上就曾得到鮮活的體現。慈聖太

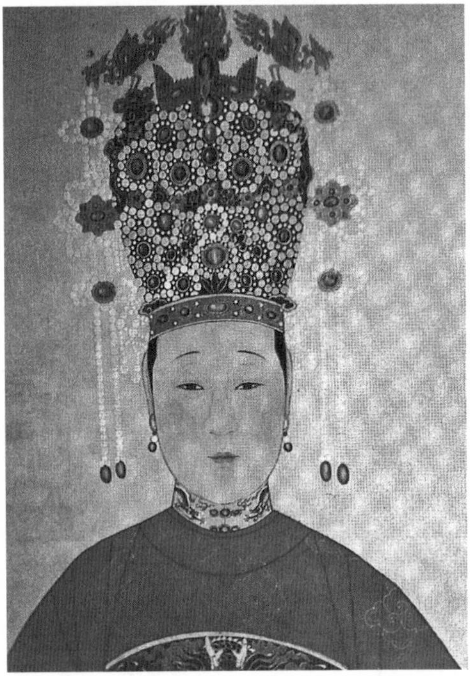

王恭妃像

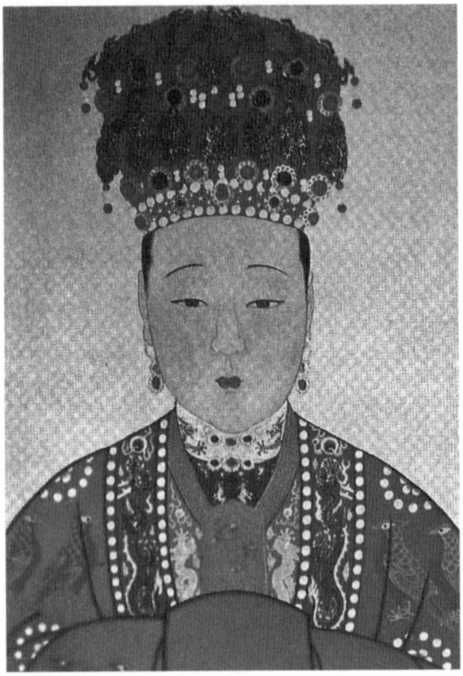

孝端皇后像

后原為一個普通宮女，只是在一個偶然的機會被父皇穆宗看中，私幸後生下幼子朱翊鈞，才逐漸得寵，而終於登上了皇后的寶座。

就在朝廷內外大張旗鼓地冊選九嬪之時，一個極為罕見的契機竟悄然來到。這天，年已十九歲的萬曆皇帝，本想到慈寧宮拜見母親，卻不想遇到一個婷婷裊裊走來向他請安獻茶的宮女王氏。王氏年方十七，端莊秀美，頗有姿色。事情如此簡單，慈聖太后恰巧不在宮中，一個體態豐腴、情竇初開的妙齡女子，和一個擁有至高無上權力的青年皇帝在一起，其結果是不難猜想的。萬曆慾火頓熾，拉住王氏便私而幸之。此時的萬曆萬萬沒有料到，這一時的衝動竟影響了他的一生，並匯出一場愛情悲劇。

按規矩，萬曆在私幸之後就該賜一物件予王氏，作為臨幸的憑證，何況這一舉動被文書房的內宦記入《內起居注》。因為皇帝的子孫是不許有贗品的，但由於王氏是母親宮中的宮女，雖然沒有人會因為這件事去指責他的不軌，但年輕皇帝卻感到此事不大光彩。他不顧王氏那哀怨的眼神，穿衣束帶後竟自走出慈寧宮。萬曆覺得一切會隨著那片刻歡樂的過去而永遠消失，孰想春風一度，王氏卻暗結珠胎了。

王氏身懷有孕，幾個月後就因體型的變化被慈聖太后猜破並盤問出來。這位老太后面對此情此景，想起自己作為宮女時的苦難與辛酸，對王氏的狀況深表理解，同時也為自己有了抱孫子的機會而大為高興。她幾年前為兒子立了皇后，又為萬曆一日而娶九嬪，但有心栽花花不開，這些女人絲毫沒有生育的徵兆。王氏的懷孕，恰似久旱逢春雨，老太后不能不為之慶幸。一日，萬曆侍慈聖皇太后酒宴。席間，太后向萬曆問及此事，他卻矢口否認。對萬曆一向管束嚴厲的慈聖太后，立即命左右太監取來《內起居注》，叫萬曆自己看。事實面前，萬曆窘迫無計，只得如實承認。慈聖太后望著兒子失魂落魄的樣子，好言相勸：「吾老矣，猶未有孫。果男者宗社福也。母以子為貴，寧分差等耶?!」

在慈聖太后力主之下，王氏於一五八二年六月被冊封為恭妃。同年八月，不負眾望，果然生了一個男孩。這個男孩就是一生遭萬曆冷遇和歧視的短命皇帝——光宗朱常洛。皇帝首次有子，在這個封建思想極為濃厚的國度裡，自然是一件喜事。由此，皇帝下詔全國減稅免刑，派使節通知和本朝關係友好的域外邦國——表面上看這是一場喜劇，而實際上卻是一場悲劇，而導致這場以喜劇開始卻以悲劇結束的根源，是萬曆遇到了另一個女人，即在一五八二年三月剛被冊封為淑嬪的鄭氏。這位長得乖巧玲瓏的小家碧玉，儘管十四歲進宮，兩年之後才受到皇帝的殊寵，但她一經介入萬曆的生活，就使這位青年皇帝把恭妃王氏置於腦後。更不尋常的是，他和這位少女的熱戀竟終生不渝，而且還由此埋下了本朝一個極為慘重的政治危機，其結果是導致大明帝國身受重創而最終沉淪。

閉月羞花鄭貴妃

鄭貴妃確有傾城傾國、羞花閉月之貌。這一點在她由淑嬪晉升為德妃的冊文中可以看到：「柔嘉玉質、婉嫕蘭儀。九御昇華，恪守衾裯之度；雙環授寵，彌遵圖史之規。宜陟崇班，用漳異渥。」

多少年後，有研究者認為：鄭氏一生，她之所以能贏得萬歲的歡心，並不只是因為她的美貌，更多的是由於她的聰明機警、通曉詩文等他人少有的才華。如果專恃色相，則寵愛決不可能如此地歷久不衰。

自張居正去世以後，萬曆脫出了翰林學士的羈絆，尤其在他晉封了王氏為恭妃並成為父親之後，慈聖太后不再干預他的生活。經過了養兒育女的人生之關，同大多數青年男子一樣，萬曆皇帝這時確實已經成年了。他已經沒有時間和興趣再跟小宦們胡鬧，嚴酷的政治現實迫使他勵精圖治，挽帝國於危難，扶大廈之將傾。他命令大學士把本朝祖宗的寶訓抄出副本供自己參考，又命令宦官在北京城內收買新出版的各種書籍，包括詩歌、論議、醫學、雜劇、話本等供自己閱讀，以加深對中國文化的進一步了解。而當他讀罷極富傳奇色彩的小說和富有悲劇意味的雜劇之後，又不免在心中湧起淡淡的哀愁，自己因貴為天子，有時卻不比一個黎民百姓更為幸福和自由。他在崇拜那些英雄豪傑的同時更渴望張生與崔鶯鶯那樣的愛情，希祈得到一個自由的樂園。

一天夜裡，萬曆住在鄭妃宮中，無意間哼了一段《西廂記》的唱詞：「青山隔送行，疏林不做美，淡煙暮靄相遮蔽。夕陽古道無人語，禾黍秋風聽馬嘶。我為甚麼懶上車兒內，來時甚急，去後何遲？」萬曆剛一唱完，身邊的鄭妃立即唱出了下段：「四周山色中，一鞭殘照裡。遍人間煩惱填胸臆，量這些大小車兒如何載得起？」這裡要首先提及的一點是，許多史料曾流傳鄭妃生於京郊大興縣一個貧寒之家，當宮庭選妃的消息傳來時，全縣一片譁然，許多少女們為躲避冊選竟連夜出嫁。她父親鄭承憲也匆匆把她許給某孝廉為妾，並火速舉行成婚之禮。但在迎娶之時，父女相對，悲慟不已，誰知哭聲被過路的太監聽到，太監們見鄭氏生得十分俊俏，立即稟報主事官，鄭氏終於被帶進宮牆入選，並以如花似玉之身侍奉萬曆。但從她的聰明才智和對《西廂記》的瞭若指掌來看，大概鄭氏並非出自一個貧寒之家。作為一個貧寒之家的女兒，要準確無誤地背誦出《西廂記》的唱詞，幾乎不太可能。鄭妃唱完，臉頰緋紅，兩眼含滿淚水，果有崔鶯鶯和張生十里長亭訣別之態。萬曆皇帝大為震驚，想不到在自己身邊竟有這樣通達詩文、多情善感的女才子。他激動得上前抓住鄭妃的玉手：「愛妃怎曉得這唱詞？」

「這崔鶯鶯和張生的故事誰不曉得？我在家時就讀過這些情愛之詞。」年輕的萬曆由驚轉喜。多少個歲月的求索掙扎，今日終於找到了一個知音。自此以後，他經常來鄭妃宮中，向這位女人傾訴自己的惆悵和政治抱負。鄭妃憑著機智和聰敏，很快就理解了命運為她所作的安排。可以說，她是在最適當的時機走進了萬曆的生活中的。既然機會已經到來，就應緊緊抓住，發揮最大的能動性，達到自己預期的目的。她看透了萬曆皇帝雖然貴為天子，權傾四海，但實質上既柔且弱，精神空虛孤獨，沒有人給予同情和理解。即使他的親生母親，也常常把他看成一具執行任務的機械，而忽視了他畢竟是一個有血有肉、既能衝動又會傷感思懷的「人」。

基於這種了解，此時的鄭妃已透澈地看清了作為一個異性伴侶所能起到的作用，應該怎樣以自己的青春熱情去填補皇帝精神上的寂寞。別的妃嬪對皇帝百依百順，心靈深處卻保持著距離和警惕，惟獨鄭妃是那樣的天真爛熳、無所顧忌。她敢於挑逗和諷刺皇帝，同時又能聆聽皇帝的傾訴，替他排憂解愁。在名分上，她屬於姬妾，但在精神上，她已經不把自己看成姬妾，而萬曆也真正感到了這種精神交流的力量。她不但不像別的妃嬪一樣跟皇帝說話時低首彎腰，一副奴才相，反而公然抱住皇帝，摸他的腦袋……這種「大不敬」的行為，除她之外，是無人敢做的。也正是她表現的不同，萬曆才把她引為知己而加倍寵愛。不到三年就把她由淑嬪升為德妃，再升為貴妃。

有的《明史》研究者曾認為：多少年後，首輔申時行辭職家居，回憶起在他擔任首輔的八年中，曾經看到萬曆皇帝有過精神煥發、勵精圖治的雄心壯志與行為。尤其是在一五八五年張居正一案落實後，鄭貴妃生下兒子朱常洵之前的幾個月，皇帝對首輔申時行提出的治國要求，總是全力以赴地大加支持，並熱心參與各種典禮。在形式化的帝國制度中，表面的支持即是實質的參與，它足以策勵群臣百姓勤儉篤實，挽帝國於危難。皇帝的這番作為與他和鄭貴妃邂逅相愛有無關聯，申時行沒有提及，但有一點可清楚地看出，在鄭貴妃的兒子常洵出生後，隨著「國本之爭」的開始，就再也見不到皇帝的這種作為了。

無論是從申時行的回憶還是明代資料中，都可以見到這樣一個特殊的事例。

一五八四年入冬以後，京都出現乾旱，尤其是到了春夏之交的季節，乾旱越發嚴重，以致河流乾涸、麥禾枯焦。在各個地方官員向天求雨而無結果之後，皇帝決定親自到天壇向「天父」求援，以向普天天壇圜丘壇之下表示他關心民眾苦難的誠意。按照先朝的規定，萬曆三天前便開始齋戒，並在宮中奉先殿默告祖宗，給上天寫一封十分虔誠的求援信，署上「臣朱翊鈞」，先一日送到南郊壇廟。

五月十六日，旭日東升，光華萬里。萬曆皇帝穿戴整齊，由皇極門開始步行，百官則在大明門列隊以待。京城百姓多年來還是第一次看到這樣莊嚴而樸素的儀式。皇帝一個人健步走在前邊，後邊跟隨的是首輔申時行和六部大臣等，而文武官員各兩千人則列成單行兩兩相對，浩浩蕩蕩，和皇帝一起向天壇進發。包括皇帝、文武百官和宦官，一律身著藍色布裝，只是領部和下緣以黑布鑲邊，平日的金銀玉帶此時全被牛角帶所代替。

以前「肅靜」、「迴避」的嚴規由於皇帝的聖諭而被取消，人們聚集到街旁，為一睹天顏而感到幸運。相貌端正、臉圓鬚短、身材略胖的年輕天子，以如此虔誠的姿態邁著穩健的步伐向前走著，使目睹者無不為之動容。

而此時，最激動的恐怕要數皇帝本人。張居正不讓他練書法他感到不快，母親不讓他出遊嬉玩他感到委屈，而宦官馮保的監督與挾持令他憤怒。今天，他才真正從張居正死後的悵惘和茫然中解脫出來，愛他所愛，恨他所恨，去做一個皇帝應該做的事業了……他感到愜意、驕傲與自豪，同時發出一種「臨泰山而小天下」的博大之情。從前的胡鬧與衝動，和如此偉大的壯舉比起來顯得多麼可笑和幼稚，昔日的惆悵與悲涼又是多麼微不足道。天地如此廣闊，世界如此博大，面對這廣天闊地，作為一個帝國的最高統治者，應該幹一番輝煌而壯烈的事業！可惜這念頭只在這十里之遙的路上產生過，以後他再也不願創造這種機會去鼓舞自己、激勵臣民了。

天壇的圜丘是萬曆的祖父世宗皇帝一五三〇年修建的。萬曆在這座與天地溝通的建築物的同心圓最下二層石階上跪下來，點燃香火，朝天叩頭四次。文武百官則列隊站在西牆之外，隨著贊禮官在昭亨門的傳贊，百官也依然跪拜如儀。這一天，萬曆皇帝的情緒異常高漲。當儀式結束，宦官們把御轎抬到他面前時，他卻堅持同百官步行回宮。而這時恰好烈日當空，光焰似火，致使那些第一次受此勞苦的大臣們感到困苦不堪。到大明門後，隊伍剛解散，就有一位兵部主事迫不及待地從袖子裡抽出摺扇，使勁揮動。雖然此時禮儀已經終止，但如此的不能忍耐仍屬失儀，值班御史報告上去，其結果是這位倒楣的主事被罰俸半年。申時行侍奉皇帝到皇極門，然後叩頭退下。臨行時他向萬曆致以慰問，萬曆答稱：「先生勞苦。」這時候首輔固然既飢且渴，極度疲憊，但相形之下皇爺則更為勞累，他還要到奉先殿去向列祖列宗祭拜，爾後還要參見慈聖太后。

萬曆步行祈雨，是迷信的驅使，還是出於維繫人心？恐怕連皇帝本人也難以解釋清楚。但有一點不能忽視，當一個人處於困境之時，他就不願放棄任何足以取得成功的可能性，哪怕它極為渺茫，他也要把它當作精神上的支柱與寄託。皇帝躬親求雨，不論是出於何種動機，這種虔誠的態度和奮進精神，最低限度地表示了他對一切尚未絕望。希望源於失望之中。他的掙扎、他的自責，以及他對臣僚所作的愛民訓示，都可以安慰人心。既然封建王朝一向認為精神力量超過客觀實際，那麼，這次求雨即是作為皇帝克盡厥職的最高表現。

在萬曆祈雨不到一個月的六月二十五日，一場甘霖突降人間。最初是雨中帶雹，旋即轉為驟雨，雨勢一直延續到第二天方才停歇。萬曆當仁不讓地接受了百官朝賀。他由衷地感到驕傲與自豪。在以後的若干年內，即使他再想做出這樣激動人心的事，也身不由己了。

國本之爭

在中華帝國，一個註定要當皇帝的小孩子生下來後，便不是被作為一個人而是作為一個神奉養起來。他一旦登上寶座，便成為權力的象徵，神的化身。他擁有一切，主宰一切，而恰恰也是出於同一原因，他又成為整個帝國最不自由和最不幸的人。他的一切行動都要受到嚴格的限制，以便成為人們心目中的行為準則和榜樣。為此，朱翊鈞的母親常常在他睡眼朦朧時催他去舉行早朝，張居正要他讀那些枯燥無味的書，群臣也不止一次地用祖宗的規範去勸諫他。麻煩的是他也是一個「劣根」未除的「凡夫俗子」，和常人一樣有七情六欲。因此，當他臨朝重複地看著臣下做著早已爛熟的動作，朝他日復一日地跪拜行禮時，當他退朝以後只能冷冰冰地廝混於六宮佳麗之中，看著他早已習慣而且千人一律的期待神情時，他生活上的不自由、精神上的空虛便可以想見了。尤其是，像他這樣一個面對邊疆危機四伏、朝政日益腐敗而又無能為力的王朝後代，有什麼辦法能夠寄託他的感情呢？

無論當朝和後人對鄭貴妃作何評價，但她的聰明機靈、善解人意卻是個無可否認的事實。這樣一位才貌雙全的女人，既然已被推上這個淒壯的祭壇，那麼這個祭壇上的一草一木、一磚一瓦都會教她必須傾盡生命的本能與才華，去作殊死一搏，以便盡可能地獲取上蒼的恩寵，除此別無選擇。但是，這個帝國制度卻容不得她對命運的把握和抗爭。一五八六年，鄭貴妃生下兒子常洵。由於萬曆對王恭妃和鄭貴妃的待遇不同，長達幾十年的「國本之爭」由此揭開了帷幕。

鄭貴妃對於生下常洵後被萬曆冊封為「皇貴妃」感到毫不意外，她認為以她和皇上的親密關係，獲得這一榮譽並不過分。冊封之前，萬曆要預先公布禮儀以便有關衙門作必要準備。消息傳來，就有一位老臣提出異議：按照倫理和習慣，這種尊榮應該首先授予皇長子的母親恭妃王氏；鄭貴妃僅為皇三子（另一位皇子不知為誰所生，史書並無記載）的母親，後來居上，實在是本末顛倒。這一異議雖然引起萬曆的一時不快，但冊封典禮仍按原計畫進行。然而誰也沒有想到，這個冊封典禮竟成為一場影響深遠的政治鬥爭的導火線，導致了此後數十年皇帝與臣僚的互相對立，而且涉及到整個帝國的安危。

冊封鄭貴妃為皇貴妃的儀式是極其隆重的。首輔申時行和定國公徐文璧，在身穿龍袍正襟危坐的萬曆面前，接受了象徵權力的「節」，然後在禮官樂師的簇擁下，來到左順門，兩人以莊嚴鄭重的態度把「節」和「冊」交給早就恭候在門口的太監，最後再由太監送到鄭貴妃手中。在這隆重的冊封儀式上，當鄭貴妃從太監手中接過上書「朕孜孜圖治，每未明而求衣，輒宣勞於視夜，厥有雞鳴之功」的「冊」和金印時，她似乎再也無法抑制自己的感情，玉手微微顫抖著。在人數眾多的宮女和妃嬪中，是她以自己的努力和心計爭得了皇帝的寵愛，這種愛使她在回想自己的辛勞時也得到了極大的滿足。如果這種情愛得以繼續保持，兒子當太子以致當皇帝，而她自己成為皇后和皇太后，並不是十分遙遠的夢想。

作為此時的萬曆皇帝，對這次冊封不免有些心虛，他料定事後必定有人要跳出來加以反對。事實證明了他的預見，就在冊封鄭貴妃的當天，戶科給事中姜應麟即上疏，給他正在熱血沸騰的心中潑了一瓢冷水。

還在常洵出生以前，首輔申時行就曾建議萬曆早立太子。但萬曆皇帝不願把自己不喜歡的女人生的兒子立為帝位的合法繼承人，便以皇長子年齡尚小為藉口推託過去。常洛五歲時，王恭妃還未受封，而常洵剛剛出生，鄭貴妃即獲殊寵，這不能不令那些早就疑心重重的大臣們懷疑萬曆要廢長立幼。他們不願因這事讓步而被記入史冊，讓後世覺得朝中無忠君愛國之人。

姜應麟在疏中用的言辭極為尖銳而沉重：「禮貴別嫌，事當慎始，貴妃所生陛下第三子猶亞位。中宮恭妃誕育元嗣，翻令居下，揆之倫理則不順，質之人心則不安，傳之天下萬世則不正。請收回成命，先封王恭妃為『皇貴妃』，而後及於鄭妃。則理即不違，情即不廢。」

姜應麟無非是希望萬曆能收回成命，名義上說先封王恭妃，而實際則是要萬曆封皇長子為太子。萬曆在處理此事時，再次體現了他的性格：懦弱使得他既想保住既得成果，又想叫群臣承認他所作所為是公平合理的。所以他在接到姜應麟的上疏之後，煞有介事地勃然大怒，氣衝衝地召集身邊的宦官，似發火又似解釋般地恨恨說道：「冊封貴妃，初非為東宮起見，科臣奈何訕朕？」邊說邊用手不斷地敲擊書案。宦官們出於對皇上身體的考慮，不斷地叩頭求他息怒。萬曆覺得他的苦心得到了宦官的理解，但還是降下旨意說：鄭貴妃之所以特加殊封，只是由於她敬奉勤勞，此事與立皇儲毫無關系。立儲自有長幼之分，姜應麟疑朕有私心，應降處極邊。

臣僚在幕後勾心鬥角，但唯其在這件事情上卻顯得齊心協力。這不只是由於「明臣好諍」的緣故，按照他們的思維方式認為，太子的設立關係到國家的根本利益。姜應麟為立皇儲一事受到貶謫，居然無人出來替他鳴冤叫屈，這對於食國家俸祿的大臣們來說是極不光彩的。他們飽讀史書，深知禮教，自然知道這件事應當如何來做。吏部員外郎沈璟、刑部主事孫如法繼姜應麟之後再次上疏指責此事，其結果是一併獲罪。接著又有南北兩京數十人上疏申救。萬曆對此雖置之不理、我行我素，但心中卻極其惱火。

四百年後，明史研究學者黃仁宇先生在論述萬曆這一時期的生活和政見時，曾有過獨特的見地；他指出，作為皇帝，萬曆對於自己的「私生活」被人干預感到難以忍受，覺得這如同把金銀首飾、玉器古玩賞賜給一個自己喜歡的人，別人無權干涉。而此時的臣僚對萬曆皇帝的作為越來越「出格」，感到同樣困惑：貴為天子，怎好如常人那樣感情用事，為所欲為呢？像歷朝大臣一樣，他們總是把希望寄託在一個好皇帝身上，而最要緊的就是那個「好皇帝」是他們輔佐之人。這樣，他們獲得賞賜時，不管是官階或者財物，都會隨著皇帝的聲望而提高欣賞之物的價值。張居正改革社會的試驗和培養皇帝的努力，雖然以身敗名裂而告終，但大臣中仍不乏繼續奮鬥者，他們尤其不願看到萬曆被一個女人「勾引」而誤國誤民。

自從冊封鄭貴妃為皇貴妃引起群臣幾乎一致的反對以來，萬曆對臨朝聽政十分厭惡。這時候，慈聖太后已經在慈寧宮中安度晚年，五更時分不再到萬曆住所呼喊「帝起」並攙之登輦上朝了。張居正已死，馮保被貶，那位被稱為「和事佬」的當權者首輔申時行，抱著萬曆有朝一日自會覺悟的幻想，對皇帝一再遷就。這樣，萬曆皇帝在那些國色天香、銷魂蕩魄的六宮佳麗與板著面孔吹毛求疵的大臣之間，選擇了前者。只有置身其中，他才能感到片刻寧靜與歡樂。尤其是在那位體態嬌柔、情投意合的鄭貴妃面前，他才感到作為一個人的真實存在。

既然大臣敢放膽抨擊萬曆隱私，那麼皇帝身邊的宦官也就不再為向外廷傳遞一些祕聞而感到忐忑不安。隨著萬曆皇帝日常生活放縱的消息不斷傳出，加上皇帝不時以「頭眩」為由不舉行早朝，那些虎視眈眈糾偏的大臣又發起了新的一輪「攻擊」。

禮部尚書洪乃春首先上疏道：前些時候就聽到傳言，說陛下由於騎馬被摔下來傷了額頭而託辭「頭眩」不舉行早期。如果真是如此，以一時的快樂，而忽視了對安全的考慮，為患尚淺。但如果是陛下所說的「頭暈目眩」危險可就大了。「以目前衽席之娛而忘保身之術，其為患更深。」洪乃春這些話語，已經不像是一個大臣在勸諫皇上，倒像是一個長輩在訓斥一個不肖子孫。更令萬曆怒髮衝冠的是，洪乃春居然敢把自己不舉行早朝一事的原因，歸結到貪戀女色上，如此張揚，讓他如何為人君父？如不採取斷然措施，誰能保證不會有第二個「馬嵬坡之變」呢？誰又能禁止人們明目張膽地罵他是貪色誤國的李隆基呢？

於是，不管閣臣還是御史們如何勸說呼救，都無濟於事，洪乃春最終還是被拖到午門外廷杖六十，然後削職為民，以致最後憤鬱而死。他是萬曆皇帝真正獨立執政後，第一個因為干涉皇帝「私生活」而遭到廷杖的大臣。如果說以前廷杖大臣是由於張居正、馮保的緣故，那麼這以後廷杖幾乎成了萬曆對付那些對他和鄭貴妃之間的關係敢於置喙的大臣們最主要的手段了。

黃仁宇先生也指出，大臣們被杖之後，立即以敢於廷爭面折而聲名天下，並且名垂「竹帛」。死是人人都懼怕的，但只是屁股上挨幾板子就可以名垂千古，為此而冒險的也就大有人在。萬曆皇帝在這些前仆後繼的勸諫者面前，到底還是精疲力盡了。他頭腦中自當皇帝始就存在著的那點兒幻想也隨之破滅。母親和張居正賦予了他滿腹經綸、道德倫理、為君準則、三綱五常……似乎一切都已具備，但就是沒有賦予他堅強的意志和自信，而這一點恰是一個人最應該具備的精神財富。正因為如此，他才失去了祖宗們那樣的真正至高無上的權力和權威。表面看來，他是為了鄭妃的緣故，走上了一條在萬念俱灰的心理支配下自我毀滅之路，而實際上他的灰心是因為他無力駕馭這個龐大的帝國機器造成的。貪財好色並把希望寄託在虛無縹渺的來世，只是他消極對抗的手段，既然這個帝國機制造就了這樣一個皇帝，那麼，歷史也只能讓他沿著這個軌道走下去了。

正如黃仁宇先生所作出的結論，鄭貴妃想讓自己的兒子當太子這是肯定的。處於這樣一種倍受皇上寵愛的地位，產生這樣的想法不足為奇。既然有希望，聰明過人的鄭貴妃就不會放棄任何努力，她所做的一切也就無可指責。但是對於那些意志堅定、不屈不撓的大臣們來說，挫敗鄭貴妃的「陰謀」，如同阻止一個敗壞朝綱、危害千秋帝業的「魔鬼」。在他們看來，鄭貴妃要立自己的兒子為太子對本朝的危害，要比八旗大軍的鐵蹄更為嚴重。

事實上，就在一五八七年，即鄭貴妃生下兒子常洵一年之後，遼東巡撫注意到北方一個年輕酋長正在逐步開拓疆土，吞併附近的原始部落。他覺察到此人必成明朝的心腹大患，就派兵攻打，但出師不利，幾乎全軍覆沒。他認為失敗的主要原因，在其部下一個開原道參政（朝廷派來監視巡撫的命臣），不照命令列事，而堅持改劃為撫的主張造成的。遼東巡撫參劾這位參政的奏摺一到北京，被參者反而取得朝廷監察官的同情，他們又出來參劾這位遼東巡撫。當時的首輔申時行認為這完全是一件小事，不值得大驚小怪，引起內外文官的不睦。這位首輔再次運用了他的機智，以「和事佬」的身份出面調停，建議萬曆對雙方參劾彼此對銷，不必再論誰是誰非。然而這種處理的後果，卻給了北方那位酋長一個難得的機會，使他繼續大膽放肆地吞併其他部落，繼續利用明朝內外官員的不和來發展自己的千秋大業，他開始創立文字、完善軍隊制度、研究攻防戰略……這位酋長就是努爾哈赤。若干年後，他將成為八旗子弟的首領，死後謚號清太祖。

圍繞著「國本之爭」這件大事，朝廷的臣僚漸漸地形成了兩大對立的派別：以首輔申時行、大學士王錫爵、沈一貫、方從哲等人為首的一派態度暖昧且「依違其間」；而以顧憲成、高攀龍、錢一本等為首的一派以「東林書院」為據點，主張堅決按照「有嫡立嫡、無嫡立長」的成規，擁立常洛為太子，從而形成明末名震一時的「東林黨」。因沈一貫是浙江寧波人，他在繼申時行之後出任首輔期間，糾集浙江籍京官與東林黨作對，因而被稱為「浙黨」。此外還有「齊黨」、「楚黨」等多種派別，他們共同聯合起來反對東林黨。而各黨、在相互爭鬥中，又都利用京察的機會排除異己。京察是明政府考察京官（南、北二京）的制度，六年一次，每逢巳、亥年進行。在京察中，根據官員的政績、品行，分別予以升、降、調或罷官的獎懲。凡在京察中被罷官的，永不起用。所以，各黨都想利用這個機會置對方於死地。但是，無論哪方獲勝，都對解決明末社會腐敗的積弊無絲毫益處。而這些勢同水火的黨派之爭，只能使帝國大廈傾倒得更加迅速。

她在淒苦中死去

如果萬曆像他的祖父嘉靖一樣，為「大禮儀」之爭廷杖反對他的一百多人，或者像他的伯祖父正德，把一百多名諫阻他南巡的官員都以棍論處。那麼，事情也許會省去許多麻煩。然而，萬曆既無先輩之權威，更無祖宗之氣魄，即使偶爾發怨對臣僚予以制裁，也無濟於事。在這進退兩難的情況下，萬曆再次顯示出性格上的弱點，從而採取「拖」的辦法，既然雙方意見不一，那就把冊立太子的事推遲。其理由是皇后還年輕，說不定她會生個男孩，那時再立太子也不為晚。但事實上萬曆自從和鄭貴妃相愛，就與皇后不再有男女之歡，這個兒子從何而來？顯然皇帝在用這並不高明的辦法搪塞群臣。

萬曆一方面絞盡腦汁應付群臣的不斷反駁和追詢，一方面對王恭妃母子進行殘酷的虐待。萬曆自己五歲開始讀書練字，但皇長子朱常洛長到十四歲，還沒有給他指派老師，幾乎讓這位未來的皇帝成了文盲。而王恭妃本人也被打入冷宮，無人問津。

即便常洛已到十九歲，萬曆既不為之成婚，又不立為太子。大臣們終於發現了一個祕密，原來那位王皇后常常生病，顯然萬曆打算一旦王皇后病逝，則由鄭貴妃繼之；常洵也就順理成章地成為太子了。講官黃輝猜到了這一祕密後，立即秉報給事中王德完，並說：這是國家大事，不測的事情隨時都會發生。若萬曆和鄭貴妃遂願，寫在史冊上，後人就會笑朝中無忠臣。王德完聽完後，遂叫黃輝寫了奏章草稿，再由自己修改謄寫後送給皇帝。結果是王德完被廷杖一百後除名。尚書李戴等連疏力救，忤旨被責。

萬曆在打了王德完後對群臣憤然說：「諸臣為皇長子耶？為德完耶？如為皇長子，慎無續擾；必欲為德完，則再遲冊一歲。」這些自相矛盾又令人哭笑不得的話，使群臣大為驚訝。他們覺得萬曆似乎真的在期待什麼。

就在萬曆和大臣們在立皇儲問題上爭吵不休、僵持不下之際，一個已經在人們心目中消失了的「幽靈」，在這關鍵時刻突然出現了——就是萬曆的生母慈聖太后。

處於風燭殘年的慈聖，雖在深宮中頤養天年，不問朝政，但對立儲一事，她卻時時關注著情勢的發展變化。在這個問題上，她再度站到王恭妃和群臣一邊，覺得已經到了她應親自出面干涉的時候了。當萬曆來到她的深宮請安時，這位老太后面色嚴肅地問道：「為何遲遲不立常洛為太子？」

可能是慈聖太后威風猶在的緣故，也可能是萬曆事先沒有準備而過於慌張，竟脫口說了一句關鍵性的錯話：「彼都人子也。」

明時宮內稱宮女為「都人」，萬曆居然忘記了母親也是「都人」出身。當慈聖太后怒氣衝衝地指著他說：「爾亦都人子」時，萬曆才幡然醒悟，驚恐得「伏地不敢起」了。

萬曆的失誤，加劇了慈聖太后的決心。無奈之下，萬曆皇帝只得在一六〇一年十月立常洛為「皇太子」。

鄭貴妃聽到萬曆要立常洛為太子的消息，雖然感到大勢已去，但她還是要作最後一搏。早在幾年前，萬曆皇帝為討鄭貴妃的歡心，曾許願將來封朱常洵為太子。鄭貴妃施展聰明，讓皇帝寫下手諭，珍重地裝在錦匣裡，放在自己宮中的樑上，以為日後憑據。既然現在時機已到，她就不能不出示這張王牌以制其敵了。可是，當鄭貴妃滿懷希望地打開錦匣時，不禁大吃一驚：一紙手諭讓衣魚（蠹蟲）咬得殘破不堪，「常洵」二字也進了衣魚腹中！迷信的皇帝長嘆一聲：「此乃天意也。」終於不顧鄭貴妃的淚眼，而把朱常洛封為「太子」，常洵封為「福王」，封地洛陽。

明福王府遺址。王府已毀，僅存石獅一對，位於今青年宮廣場南。石獅一雄、一雌。原為明福王府門前左右之石獅，由漢白玉雕刻而成。整體由蹲坐獅和獅座兩部組成。

至此，前後爭吵達十五年，無數大臣被斥被貶被杖打，而且使得萬曆皇帝身心憔悴、鄭貴妃悒鬱不樂，整個帝國不得安寧的

「國本之爭」，才算告一段落。但事情遠遠未有結束。

朱常洵沒有成為太子，不僅使鄭貴妃大為氣惱，也使萬曆皇帝感到內疚與不安。無奈之下，只得以傾國之富加重賞進行補償。而此時的王恭妃正盼望能像慈聖太后一樣，過上花團錦簇般的好日子。遺憾的是死神已向她悄悄逼近。這位可憐的女人，替朱家生了兒子，沒得到恩典，反而被打入冷宮，即便是常洛被封為太子，她淒慘的處境也絲毫沒有改變。她慨嘆命運的不公，皇帝的薄情寡恩，又思念兒子。她在愁苦中消磨，在淚水中度日。花開花落，秋去冬來，總盼不到出頭之日。正所謂：「淚濕羅中夢不成，夜深前殿按歌聲，紅顏未老恩先斷，斜依薰籠坐到明。」

王恭妃先是雙目失明，漸漸臥床不起以致無翻身之力了。等到朱常洛在萬曆的允許下去探望母親時，王恭妃所住的宮門竟深鎖不開。砸開鐵鎖破門而入後，常洛看到母親慘臥榻上，面色憔悴，只剩一口氣，不禁悲從中來，跪抱母親放聲大哭，隨行太監宮女無不潸然淚下。儘管兒子身為太子，母親卻要在淒苦悲憤中死去。尤其令朱常洛痛心的是，母親再也無法睜開眼睛看一下兒子了。王恭妃在昏迷中聽到兒子的哭聲，將枯瘦如柴的胳膊伸出，顫顫巍巍地摸著兒子的頭，泣不成聲地說道：「我兒長大如此，我死也無恨了。」說完氣絕身亡。死時年僅四十七歲。

王恭妃在不堪虐待的淒苦生活中不幸死去，舉朝為之震驚。此時沈一貫已繼任首輔，他和大學士葉向高上言萬曆皇帝：「太子之母病逝，禮應厚葬。」萬曆對此十分淡然，未予答應；後來在群臣的要求下，才給王恭妃諡號為「溫肅端靖純懿皇貴妃」，並准許埋葬天壽山「東井」左側平崗地上。直到王恭妃死後十年，即一六二〇年十月，在萬曆皇帝和其子常洛都已逝去之後，繼承皇位的朱由校（天啟皇帝）才把她和萬曆皇帝撮合在一起，遷葬定陵壽宮。儘管如此，王恭妃仍然不過是點綴這個淒壯祭壇的貢品而已。

不得已的訣別

萬曆四十二年（一六一四年）二月，慈聖皇太后終於走到了生命盡頭，告別她牽腸掛肚的朱家江山，溘然長逝。就在臨死之前，她又做了一件足以令群臣熱血沸騰、讓萬曆十分尷尬、而叫鄭貴妃恨之入骨的大事。

按照明朝祖制，所有被封的藩王必須住在自己的封國裡，非奉旨不得入京。但鄭貴妃的兒子朱常洵卻恃父母之寵，在皇宮中十多年不赴封國洛陽。大臣們為了保住已經取得的成果，也為向國家示忠，多次勸諫萬曆讓福王常洵往赴封國。在這件事上，萬曆再次顯示了他並不高明的狡辯才能。

他先是以福王府第尚未建成來要脅群臣，致使工部加緊給予修建；待王府建成後，萬曆又稱寒冬臘月，行動多有不便，等來年春天再赴封國；可是到第二年春天，萬曆卻說若要去封國，「福王非四萬畝田莊而不應」。早已等得不耐煩的臣僚，見皇上如此出爾反爾，言而無信，立即群起而攻之。內閣大學士葉向高首先抗疏說，《大明會典》規定親王祿米為一萬石，不能隨意增加。帝國田地之數有限，而聖子神孫不斷，如此以往，不只百姓無田，連朝廷都會無田。景王、潞王要田四萬頃，已被大家認為是敗壞了祖制。前車之覆、後車之鑑，希望皇上不可效尤。正當皇帝和群臣爭得難解難分，行將就木的「幽靈」出現了，她先是召問鄭貴妃：「福王何未赴封國？」

極端聰明伶俐的鄭貴妃，不像上次萬曆皇帝在母親跟前那樣慌亂和愚笨，她沉著地回答：「太后明年七十壽誕，福王留下為您祝壽。」

慈聖太后畢竟深懷城府，她冷冷地反問：「我二兒子潞王就藩衛輝，試問他可以回來祝壽否？」鄭貴妃無言以對，只得答應督促福王速去封國就藩。

萬曆皇帝敵不住太后和大臣們的輪番攻擊，在慈聖太后去世一個月後，終於讓福王赴洛陽就藩去了。臨行那天早晨，天空陰沉，時有零星雪粒落下，北國的冷風從塞外吹來，使人瑟瑟發抖。宮門前，鄭貴妃和兒子面面相對，淚如泉湧。萬曆皇帝在午門前和兒子話別，反復叮嚀：「路途遙遠，兒當珍重……」當福王進轎起程的剎那間，已是兩鬢斑白、長鬚飄胸的萬曆皇帝再也控制不住自己的感情。他抬起龍袖，想遮掩自己發燙的眼睛，但渾濁的淚水還是嘩嘩地流了下來。

回到宮中，萬曆皇帝即臥龍榻，悲痛欲絕。他感到深深的內疚，因為自己到底還是辜負了鄭貴妃的一片癡情，沒能把常洵立為太子。自己雖貴為天子，而終被群臣所制，讓愛子離京而去。一切都在失去，權威、父子深情、榮耀……，備受創傷的心中只剩一個鄭貴妃了。他讀過有關叔祖正德皇帝的《實錄》，儘管這位生性剛毅不馴的皇帝一生都在想擺脫群臣對自己生活的干擾，但還是以失敗而告終。萬曆深知文臣集團只要意志一致，就是一種堅不可摧的強大力量。幾十年來的恩恩怨怨、是是非非，終於使他明白了做一個「皇帝」的含義。

事實上，萬曆缺乏他叔祖的勇氣和主動性。他從小就沒有嘗到過自由的滋味，也不是憑藉自己的能力獲得臣下的尊重，既如此，他就只能顧影自憐並一再向臣下屈服。

然而，萬曆又不是一個胸襟開闊、坦蕩豁達、寬厚待人的皇帝，他的自尊心一旦受到損傷，便設法報復；報復不是在於恢復皇帝的權威而制裁敢於冒犯他的人，而是整個帝國大業。積多年之經驗，他發現了一個最有效的武器乃是消極對抗，即老子說過的「無為」。這一點，大臣們只是按照自己的思維邏輯，看到了事情表面從而抱怨皇帝的昏庸，卻不能洞察其根本，唯獨申時行對此有深切的瞭解。多少年後，這位在家閒居的首輔，追思大明帝國的路程，他既不埋怨皇上，也不指責自己。他在著作中只是提到了年輕人不知世務和興衰之道，輕舉妄動，以致弄得事情不可收拾，造成了大明帝國這艘飄搖不定的古船再次受到重創，從而徹底走向沉淪。不過，申時行開始思考這個問題時，萬曆皇帝已經朝著這條軌道滑去，帝國的傾覆是最終無可挽回了。

第十章

玄宮轟然洞開

門前，兩隻活雞頭落血噴，祭灑定陵；玄宮甬道，突然傳來磚木斷裂的響動和微弱的呼喊。在幽深漆黑的墓道裡，隨著隆隆的金石之聲，地下玄宮轟然洞開——

大牆之下話傳聞

八月的夏夜，悶熱難熬。沉寂的定陵園內，由於各種傳說和金剛牆券門的出現，而蒙上了一層恐怖、神祕的色彩。晚風掠過，夜幕中的松柏發出嗡嗡的聲響，聽來那麼遙遠和古老，似從地宮深處傳出的鼓樂，陰森恐怖，神祕莫測。

燈下，發掘人員仍在分析地宮的情況。隨著討論和研究的進一步深入，那一層層神祕的面紗漸漸揭開——

明朝的建立，結束了元朝蒙古貴族的統治，帝王的葬制也由元代「其墓無塚，以馬踐蹂，使之如平地。以千騎守之，來歲草既生，則移帳散去，彌望平衍，人莫知也」，重新恢復為山陵墓葬形式。明朝的開國皇帝朱元璋畢竟是農民的兒子，他和他的子孫都希望後代永遠成為帝國之主，從遠古流傳的「風水」之說，再次在本朝興盛起來。明十三陵的修建，其「風水」依據主要來自東晉文人郭璞的《葬書》：「所謂風者，取其山勢之藏納，土色之堅厚；所謂水者，取其地勢之高燥，流水之遠離。」該書雖然充滿了迷信附會之說，但它的整個理論都建立在自然景觀基礎之上。其中許多專門術語如「四勢」、「來山」、「蟬翼」等，雖為自然景觀但也被蒙上了一層神祕色彩，實質上只是地形、地貌的代名詞。定陵卜選過程中，御史柯挺曾疏稱：「夫大峪之山萬馬奔騰、四勢完美，殆天祕真龍以待陛下。」可見定陵以高山為屏障，建於群山之麓，是根據《葬書》四勢關係處理的。明儒宋濂在為該書作序注釋時曾道：「郭氏《葬書》，真確簡嚴，意非景純（郭璞字）不能於此，實宜為相地之宗也。世不信地理則已，若信之，舍此將何求之歟！」

既然十三陵符合《葬書》中「取其山勢之藏納，土色之堅厚」的條件，那麼它的地下玄宮也應地勢「高燥」、流水「遠離」了。因此，玄宮內儲滿積水，使棺槨有浸泡之危，這絕非皇帝及群臣的本意。相反，從秦始皇直到清末的入葬習慣，都竭力避免有水浸入墓室。從已發掘的千百座古代墓葬來看，幾乎所有的墓室都設置宮床。即用石頭做一高臺，把棺槨平放臺上，以免被水浸泡。如果墓室內真有積水，那也是因為設計或施工不周，日久天長四周土層裂變，水源滲透所致。明孝宗的泰陵就曾發生過類似情況。史料記載，泰陵修完以後，突然發現地宮的「金井」內向外滲水。督工太監和工部群臣都驚慌失措，只好瞞著皇帝不報，並想蒙混過關。不料這事卻被人密報皇帝，皇帝驚恐中急命禮部和內閣派人前往查看。這些大臣趕到地宮，卻見宮內並無積水滲出。原來一個工匠獻計，用小木塞偷偷堵住裂縫，再用三灰土夯實，使水源在短期內無法再滲入宮內……

由此可見，傳說地宮內有河並有小船遊動，只能是無稽之談。

從秦漢至清末，歷代帝王莫不把保護和看守祖宗山陵，作為皇家特別重大的事情來辦。這是由於中國的巫文化使他們相信祖宗靈魂永不滅絕的緣故，而墓葬的起源，正是靈魂觀念產生之後。約在一萬八千年前，北京房山周口店母系氏族公社早期的山頂洞人埋葬情況，就已反映了原始宗教和巫文化意識的靈魂觀念。死者身上撒布赤鐵礦粉粒，隨葬燧石、石器、石珠和穿孔的獸牙等物，還有簡單的生產工具、生活用具和粗糙的裝飾品。這一切，恰是活人日常生活的寫照。在陝西寶雞首嶺、西安半坡村、華縣元君廟、洛陽王灣等五千年前的母系氏族公社後期仰韶文化時期的遺址中，公共墓地櫛次鱗比，與原始人的村落布局極為相似。死者的頭顱大都朝一個方向，充分反映出氏族制度血緣關係的牢固性，其中，有許多是二次遷葬的公共墓地。在半坡墓地的發掘中，曾發現四個男子合葬、兩個女子合葬和母子合葬的墓室。這說明母系氏族公社中，子女「知其母，不知其父」的情狀，同時也證明埋葬制度又有了進一步的發展，預示著一直延續至今的夫妻合葬的新時代的到來。

帝王陵墓由於規模宏大，殉葬物品繁多珍貴，必須設置護陵機構，才能防止盜掘和破壞，確保陵墓安全。秦始皇陵已有護陵機構。西漢初年，惠帝把功臣貴戚和各地富豪人家，遷到漢高祖劉邦的長陵，並在陵北設置長陵縣。後來幾代相傳，都依次按陵設置縣邑，因而在長安附近形成了一個個繁華的新興城市。當時以高祖的長陵縣、惠帝的安陵縣、景帝的陽陵縣、昭帝的平陵縣和武帝的茂陵縣最為著名。因而又把這五個陵墓所在的咸陽稱為「五陵原」。這些陵邑中的豪富人家和他們的子弟，鬥雞走馬，為非作歹，「富人則商賈為利，豪傑則遊俠通姦」。唐代詩人杜甫曾以「同學少年多不賤，五陵裘馬自輕肥」的詩句，形容五陵特區的景象。河北遵化的清東陵，除分設陵監以外，還專門修了一座「新城」，作為護陵之用。

而明十三陵在成祖朱棣選陵之初，除具有《葬書》所指「四勢」，即「左為青龍，右為白虎，前有朱雀，後有玄武」、「秀麗朝揖而有情，勢如萬馬自天而下」外，同時還具有軍事上的重要意義。事實上，十三陵不僅設有大量護陵人員，還駐有大批軍隊，和居庸關成犄角之勢，以對付北方異族的侵襲。這一點從陵園寶城及外羅城堅固高大的城牆和牆上的垛口可以得到證實。鑒於眾多的護陵人員和龐大的軍隊駐守陵園，明代的帝王將相、群臣謀僚，是斷然不會想到還會有人能掘開陵墓，盜寶取屍的。既然如此，就無需在地下玄宮中設置毒箭、飛刀之類的暗器。即使真有暗器，歷經三百餘年，它的機關也早該變質失靈了。何況能找到引路的小石碑，這些暗道機關也就同樣不難發現。迷信一旦遇到科學的挑戰，勢必為科學所破而束手投誠。

種種傳聞逐漸得到排除，倒是有一點不容忽視。由於帝后的特殊地位和身份，死後為防止屍體腐爛，可能要在棺內灑些防腐劑之類的化學藥品，這些藥品也許有劇毒成分，而屍骨的腐爛也會產生有毒氣體，如果發掘人員一經接觸或吸入肺部，將對生命造成危害。因此，發掘前必須做好防毒準備。

事情已經明瞭，發掘人員不再顧忌種種傳聞和恐怖故事，他們竭盡全力要做的是開宮前的一切準備。三十年後，我們在發掘工作隊隊長趙其昌所存的資料中，找到一張泛黃的白紙，上面詳細記載了在打開地宮大門之前所購買的各種物品。從這張「清單」上，不難看出中國第一座皇陵的發掘，是在什麼樣的物質和技術條件下進行的：

物品	數量	物品	數量	物品	數量	物品	數量	物品	數量
蠟燭	10箱	防毒面具	10副	衛生酒精	10斤	白絲線	2軸	牛皮紙	20張
馬燈	10只	膠皮手套	5副	脫脂棉	5斤	雙股麻繩	2斤	粉連紙	2刀
木箱	50個	工作服	5套	紗布	20尺	鐵絲	4斤	大繪圖板	1個
鐵勺子	10個	照相暗室	1間	樟腦丸	5斤	二寸木螺絲釘	2盒	厚玻璃板	3塊
木絲	100斤	放大機	1台	滑石粉	2袋	油布	10尺	玻璃膠帶	15根
礦井安全帽	60個	福馬林	2磅	水玻璃	1磅	棉紙	5刀	油黏土	5斤

玄宮初露

發掘工地的出土任務已經結束，大部分民工已回原村，只有王啟發、孫獻寶、郝喜聞等幾位骨幹繼續留下，協助發掘隊員工作。

晚上，大家圍坐在木板房的馬燈旁，商量第二天的拆牆計畫和具體步驟，還對地宮內部的結構和情況也做了科學地推理和分析。可是幾位民工仍有些坐立不安，他們仍被神祕的傳聞所困擾。白萬玉看出了他們的心態，提了一瓶老白乾，來到民工房裡，請大家喝酒。今晚他格外興奮，飽經滄桑的臉上泛著紅光。他坐在人群中間，舉杯一飲而盡。王啟發沉不住氣道：「這地下宮殿的大門怎麼個開法？」

「你們幾個人登梯子到金剛牆門的頂部，我叫動哪塊磚，你們就動哪塊磚，取下來按位置順序編號。」白萬玉儼然一副指揮千軍萬馬的大將氣度。幾個民工咂咂嘴唇，沒有言語，面孔卻露出為難之色。

白萬玉老人看著他們那緊張的神態不由得哈哈大笑：「你們是怕牆後邊有暗器吧？」他把每個人的臉都望了一遍，調侃地說：「那誰先拿第一塊磚呢？」

白萬玉的話一出口，大家的心更緊張不安。如果金剛牆背後真有暗道機關，倒楣的自然是最先取磚的人。他們誰也沒有敢冒此險的膽量，只好面面相覷，沉默著。

白萬玉微微笑道：「這樣吧，我寫幾個鬮，誰抓到有字的紙條，誰就第一個上去。」

別無選擇，既然無人主動地提出冒此風險，只有靠碰運氣了。每個人心裡都不相信這有字的紙條偏偏落到自己手中。同時，每個人又都擔心正好落到自己手中。

白萬玉做好鬮，兩手合攏，搖晃幾下，撒在桌上。幾個民工瞪大眼睛望著桌上的紙團，如同面對將要爆響的定時炸彈。四周一片寂靜，彷彿聽得見血液的奔流和心臟急跳的聲響。

王啟發望望白萬玉，老人正手拈短鬚，眯著雙眼，微微含笑地盯著自己。他的頭猛地一震，一咬牙，大步向前，抓起了第一個紙團。於是，眾人紛紛上前，將紙團一搶而空。

紙條一個個展開，有人開始高喊：「我的沒字！」

「我的沒字！」

「我的也沒字！」

沒有人再叫喊，大家把目光一齊集中到王啟發身上。劉精義跑過來看看王啟發展開的紙條，大聲念道：「小心暗箭！」

別的民工如釋重負，哄堂大笑。王啟發卻臉色通紅，一聲不吭。

白萬玉老人起身走過來，拍拍王啟發的肩膀，半玩笑地說道：「你小子明天就準備怎樣破暗器吧。」

這一夜，王啟發幾乎沒有睡著覺，嚴峻的形勢迫使他必須採取相應的措施。他在反覆地思索著明天的行動方案。

為了躲過探溝內極不均勻的陽光，他們接受了電影製片廠攝影師的意見，把打開金剛牆的時間，選在晚間。九月十九日薄暮，民工們伴著剛剛落下的太陽，來到發掘工地。工作隊成員早已披掛整齊，下到探溝，將梯子搭上金剛牆，等待這考古歷史上偉大時刻的到來。

十來盞汽燈吊在上面，照得人眼花繚亂。

「一切都準備好了嗎？」趙其昌爬上梯子，轉身看看身後的人群。攝影、拍照、繪圖、記錄、測量、編號等各項工作的負責同志，都手執工具，精神抖擻地整齊待命，現場一片將士出征前夕的興奮與肅靜。

「等一等！」後邊溝裡突然傳來喊聲。大家循聲望去，只見王啟發挎著一個長方形的籃子，滿頭大汗地向這邊跑來。他撥開眾人，將籃子放在金剛牆下，掀起蒙在上面的一塊紅布，提出兩隻雞來。不等大家明白，他便從籃子裡摸出一把菜刀，將吱吱亂叫的兩隻公雞的脖子按在梯子一側，舉起菜刀。一道寒光閃過，兩隻雞頭滾落梯下。王啟發一揮手，兩隻無頭雞在探溝裡撲楞楞地亂竄，一股鮮紅的熱血順著脖梗噴吐而出。大家紛紛躲避，以防雞血濺到身上。一陣騷亂之後，兩隻雞倒在溝底，氣絕而亡……這一切如此突然、迅速，整個過程不足一分鐘便告結束。

「王啟發，你這是耍的啥把戲?!」一陣慌亂之後，白萬玉老人第一個想起要問這個憨直的農民。

王啟發把刀在梯子上蹭蹭，笑嘻嘻地說：「白老，你不是讓我小心暗器嗎？我回家問了幾個老人，他們都說雞血避邪，只要殺上兩隻雞，什麼暗器都能躲過去。我是想避避邪。」

「原來是為這個！」眾人如夢方醒。白萬玉對他嚷道：「昨晚上只不過是開個玩笑，你卻把它當真，你小子真是……」

此時此刻：天上地下、生命與死亡、肉體與靈魂、科學與迷信、文明與愚昧，在發掘人員心中並存，各人有各人的心思，他們都在想些什麼……新中國第一座皇陵的發掘，就是在這樣的現狀中開始的。

白萬玉見騷動已經平息，面朝趙其昌問：「開始嗎？」趙其昌示意再稍等等。

終於，夏鼐從城裡趕來了，他剛到現場就問趙其昌：「圖測好了麼？」冼自強、曹國鑒把圖遞給他，他連連點頭：「很好，大比例圖，可以。修復工具怎麼樣？」白萬玉指著一旁的大箱子說：「全搬來了，一切齊備。」夏鼐想了想，問：「要不要試試燈光？」趙其昌馬上示意電影攝影師沈傑開燈。攝影助理立刻搖通電話，寶城外面三輛發電車轟隆隆轉動起來，照得金剛牆如同白晝一樣。光線、角度正合適。夏鼐這才示意說：「好吧，開始。」

誰也沒有注意，趙其昌已蹲在梯子頂端。見夏鼐點頭發話，便揮起特製鐵鏟，對準「圭」字形頂部的第一塊城磚磚縫，輕輕地撬起來。王啟發噔噔地爬上梯子，一把攥著趙其昌的鐵鏟：「來，咱倆一起撬。」考古人員從金剛牆中取磚趙其昌半開玩笑地說：「裡頭有暗箭，你就在下面給我接磚吧。我光棍一個，『了無牽掛』。」王啟發臉上一紅，蹲在趙其昌一側等待。往下遞磚。

一切都按計畫進行，攝影機唰唰地不停轉動，影片開始記錄下這令人難忘的時刻。

因為磚縫之間沒有灰漿粘合，趙其昌毫不費力地將四十八斤重的城磚撬開了一角。他把鐵鏟掛在梯子側，兩手抓住磚邊向外慢慢抽動，王啟發和探溝中的人群屏住呼吸靜靜地等著。趙其昌憋足氣力，猛地向外一拉，寬厚的城磚終於全部從牆中抽出。夏鼐在溝底大喊一聲：「當心毒氣！」

話音剛落，只聽「撲」地一聲悶響，如同匕首刺進皮球，一股黑色的濃霧從洞中噴射而出。緊接著又發出「哧哧」的怪叫，就像夜色中野獸的嘶叫，令人不寒而慄。

「快趴下！」白萬玉老人喊道。

趙其昌抱住城磚，就勢趴在梯子上，低下頭一動不動。

黑色的霧氣伴著怪叫聲仍噴射不息，一股黴爛潮濕的氣味在金剛牆前瀰漫開來。霧氣由黑變白，漸成縷縷輕煙，由溝底向上飄浮。人群被這股刺人的氣味嗆得陣陣咳嗽，大家趕緊捂住嘴。

趙其昌把磚遞給王啟發，咳嗽著跳下木梯，眼裡流出淚水。夏鼐指著飄渺的霧氣說：「這是地宮三百多年積聚的腐爛發黴物質的氣體，只要放出來，就可進入地宮了。」霧氣漸漸稀少，王啟發和劉精義爬上木梯，繼續抽動城磚，下面的人一塊一塊地接過排列在一邊。夏鼐在溝底為抽下的城磚編號，同時繪圖、拍照、記錄都緊張地進行著。中央新聞電影製片廠的攝影師也在選擇最佳角度，不停地拍攝實況。

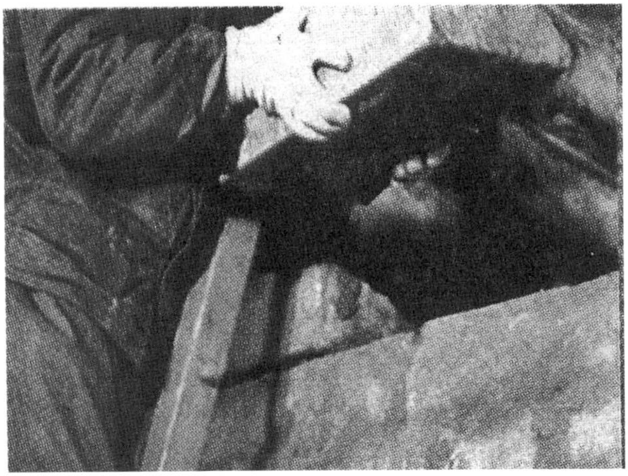
金剛牆上的第一塊大磚被取下

磚一層層抽掉，洞越來越大。當抽到十五層時，洞口已經兩米多高。夏鼐宣佈停拆，他爬上木梯，打開手電筒向洞內照去，裡面漆黑一團，手電筒的光芒如同螢火蟲在暗夜裡流動，僅僅一個小光點，什麼景物也照不分明。他把身子探進洞內，側耳細聽，烏黑的墓道一片沉寂，靜得令人發緊。他讓人遞過一塊小石頭，輕輕扔下去，洞內立即傳出清晰的落地聲。趙其昌急切地說道：「夏老師，我下去看看吧。」

夏鼐走下木梯，抬起手臂，測了下未拆除的磚牆，沉思片刻，點點頭叮囑：「千萬要小心。」白萬玉拿根繩子跑過來：「為了保險，還是在你腰裡拴條繩子吧。」

趙其昌戴好防毒面具，衣服袖口全部紮緊，腰繫繩索，手拿電筒，登上木梯，來到洞口上。

「要是洞中無事，你就打一道直立的手電筒光上來，如果發生意外，你就拉動繩子，我們想辦法救你。」白老再次叮囑。

趙其昌點點頭，表示記住了，然後轉過身，兩手扒住洞口的磚沿，跳了下去。

洞外的人只聽「嘩啦——」一聲，懸著的心咚地跳到嗓子眼兒。白萬玉大聲問：「有什麼情況？」

洞內沒有回音，只有唰啦啦的響動傳出來。「完了。」白萬玉心中想著，轉身問夏鼐：「怎麼辦？」

夏鼐皺了皺眉頭，沉著地說：「再等等看。」發掘人員紛紛登上木梯，趴在洞口上觀看動靜。王啟發找來幾根繩子，急切地對夏鼐說道：「快進去救人吧，再晚趙其昌就沒命了。」夏鼐正要發話，只見洞內刷地射出一道電光，橙紅色光柱照在洞口上方，不再動彈。「沒事了。」洞口處的人們都鬆了口氣歡呼起來，跳到嗓子眼兒的心又落了下來。

「繼續下。」夏鼐話剛一落地，劉精義、冼自強、曹國鑒、王傑等紛紛把繩子綁在腰部，一個個地跳了下去。

「放梯子、放梯子。」白萬玉吆喝著，讓外邊的發掘人員把梯子放進洞內。夏鼐、白萬玉也戴好防毒面具，沿梯子下到洞內。

「剛才是怎麼回事？」白萬玉掀開防毒面具問趙其昌。趙其昌用手電筒向身旁照照，只見洞內靠北牆的地方，散亂地放著幾根腐朽的木柱。後經分析，這是玄宮建成後用於甬道券門的臨時木欄，入葬後廢棄。地宮打開後，這兩道木柵欄根據殘跡得以復原，每扇高二．一米，寬一．一米，中間有五根木柱，柵欄一端上下有門軸。趙其昌跳下後，恰被柵欄絆倒，所以才發出令洞外人心驚肉跳的響動。

幾個人打著手電筒在漆黑死寂的洞穴內摸索著前行，不時踩著木板、繩索之類，發出響聲。每個人的心臟都加快了跳動，每個人都百倍地警覺和小心，每個人都在盤算可能遇到的意外情況。裡面的空間很大，摸不到邊緣，看不到盡頭，充斥整個空間的只有黑暗和腐爛黴臭的氣味。一道道紅黃燈光在黑暗中晃動，光柱裡漂浮著塵埃和濛濛霧氣。不知道過去了多長時間。時間在他們的心中已變得毫無意義。他們在極度緊張和亢奮中向前走去。三十多年後，我們發現趙其昌曾在當時的一篇日記中這樣描述自己的心境：

地宮裡面靜悄悄、黑糊糊、霧茫茫。太寂靜了，靜得讓人心裡發慌、發毛、發憷、發怵，一股難以名狀的恐怖與淒涼之感滲入骨髓。

黑夜，對於人類來說，就是另一個世界。一白一黑，一個代表白晝、代表陽，一個代表黑夜、代表陰，這是《周易》太極圖中那旋轉的陰陽魚所賦予人類的啟示。這個陰陽魚周而復始地旋轉著、迴圈著，陰陽盛衰交替著，無窮無盡。黑，還代表死亡，代表陰間的另一個世界；而白，則代表塵世中的生命，代表人類生活的陽間世界。

我顯然是置身於這陰間世界中了。彷彿覺得前方就有陰間的人影，他們的腳步在走動，他們的鼻息在輕輕的呼吸。他們靜靜地著望著外邊，望著我們的一舉一動。此時，我感到這是一個沒有星星也沒有月亮的夜晚，天空正飄落著毛毛細雨，我獨自走到一塊荒無人煙的墓地，野草叢生、碑石林立，貓頭鷹依石而臥，黑暗裡瞪著圓圓的、綠綠的眼睛衝我發著燦燦光芒，刺進我的心臟、我的肺管、我的血液，使我越發慌亂和沉悶，四顧茫然而不知所措。我想快速離開這陰森可怕的墓地，想盡量不發出一絲響動，免得引起死神的注意和追趕，但腿卻在荒草泥濘中不能自拔，陰風淒淒、霧雨迷濛，似有亡魂用手輕輕擋住我的眼睛，又好像死神在背後用力拽扯我破碎的褲管，我感到死屍的魂靈就在眼前，他那粗獷的鼻息熱烘烘地在我臉上噴射，既像人，又像是渾身長毛的怪物，輕輕地、無聲無息地引我前行。

我知道這是幻覺，盡量保持頭腦清醒。我在心中默念著這雖是在幽黑的暗夜裡穿行，但我仍置身於風塵飄搖的陰間世界。我是生活在陽間的人類來到陰間探索死神的祕密。但這種默念效果，似乎起不了多少作用。因為塵世間的煩惱憂愁、悲歡離合、恩恩怨怨、情情愛愛，統統都在心中消失。我記不起我來自哪裡，要向哪裡去。沒有太陽也沒有月亮，路也沒有盡頭，前方一片蒼茫，似是秋後的茅草地，又似一片乾裂的沙灘。我甚至都忘記了自己父母的容顏，並連自己的生存也不再記起，整個身心進入一個虛幻縹緲的世界。似入仙境，又似魔窟，天地一片混沌，陰陽融為一體，萬事萬物都成為似有似無，似明似暗神祕莫測、變幻無窮的東西。這種東西組成了一個誘人的世界，讓人去尋覓，又讓人望而卻步……

突然，劉精義和冼自強幾乎同時喊道：「地宮大門！」

石破天驚，死寂中響起一聲炸雷，幽深的墓道裡頃刻響起嗡嗡的回聲。眾人打個寒顫，順著電光的方向望去，只見兩扇潔白如玉的巨大石門突兀而現，高高地矗立在面前。霧氣繚繞，光亮如豆，看不清巨門的真實面目，大家只好按捺住要跳出胸膛的心，一步步向前移動、移動。

「有暗箭，快趴下！」冼自強大喊一聲，撲到趙其昌身上，眾人聞聲也紛紛撲倒在地。

嗡嗡的回音漸漸消失，仍無暗箭射來。大家慢慢起身，眼前一片漆黑寂靜，連每個人的呼吸都能聽到。誰也沒有說話。他們拿著電筒四處搜尋，幾束光柱晃動著，漸漸集中到中央。只見門上鑲有兩頭怪獸的頭顱，頭顱下懸吊一個圓環。怪獸二目圓睜，正視前方。兩頭怪獸身旁，佈滿了圓形暗器，顯然只要怪獸發出信號，這圓形的暗器必然紛紛射出，置人於死地……

在六道手電筒光線照射下，大家來到門前，終於看清了它的本來面目。原來這是用整塊漢白玉做成的兩扇石門，歷經三百多年仍晶瑩如玉，潔白如雪。每扇大門雕刻著縱橫九九八〇一枚乳狀門釘，兩門相對處的門面上，雕有口銜著圓環的獸頭，稱為「鋪首」，使石門顯得格外莊嚴和威武。冼自強看到的「暗器」，正是這鋪首和乳狀門釘。小夥趙其昌向前輕輕推了下石門，不見任何響動。夏鼐將手電筒光沿二釐米寬的門縫照過去，只見有一塊石條把大門死死頂住，無論使出多大力氣，都無法將門推開。大家佇立門前，心中都在發著同一感慨：「好一座神祕的巨門啊！」

石門鑰匙與「自來石」

由二十三層城磚疊壘的「圭」字形封磚，一天之內全被拆除，金剛牆後面的祕密全部暴露出來。這是一間六十多平方米的長方形隧道，前面連接著金剛牆，兩壁用九層石條疊砌，頂部用灰磚起券❶，地面同兩券一樣，也由光滑的石條鋪成。由地面至券頂通高七．三米，隧道後部與地宮大門相連。這位於金剛牆內的地宮隧道，實際上是石隧道的最後部分，也是地宮的引導建築。考古工作者把這部分建築稱為「隧道券」❷。

隧道券的石壁，便是地宮大門的外部；這是一座起券的門洞，全部用平整的石條構成。券門門樓的簷瓦、脊獸、椽頭全部用漢白玉雕刻而成。券門下是用大青石雕成的須彌座❸，上面極其細膩地雕刻著俯仰蓮花的紋飾，具有濃厚的宗教意味和神祕色彩。整個券門除擁有東方建築的造型藝術之外，還融進了古希臘建築的藝術風格和神韻，顯得古樸典雅、華麗秀美、祕不可測。券門之下，就是兩扇輝煌威武的石門。

發掘人員聚集在木板房，極度興奮地探討著地下玄宮內兩扇石門的奧祕。門內有石條把兩扇大門死死頂住，使外來的衝擊力無法破門而入，這是肯定的。那麼，這塊石條是誰放進去的？放好後人又怎樣出來的呢？難道是殉葬的妃嬪宮女，在入葬人員撤出玄宮後，她們在裡面搬動石塊把門頂住？顯然，這是不可能的。根據史料記載，殉葬的妃嬪宮女都是先被殺死之後，才和帝后的棺槨一起入葬。這一點，除奴隸社會外都被發掘所證實。況且，按照明代的葬制，只有皇帝皇后才有資格入陵，即使是名位尊貴的皇貴妃，也必須嚴格遵守這種制度，而絕對不允許入陵。明代雖有妃嬪宮女殉葬的記載，但也只是把這些女人吊死後，另葬別處。是否地下

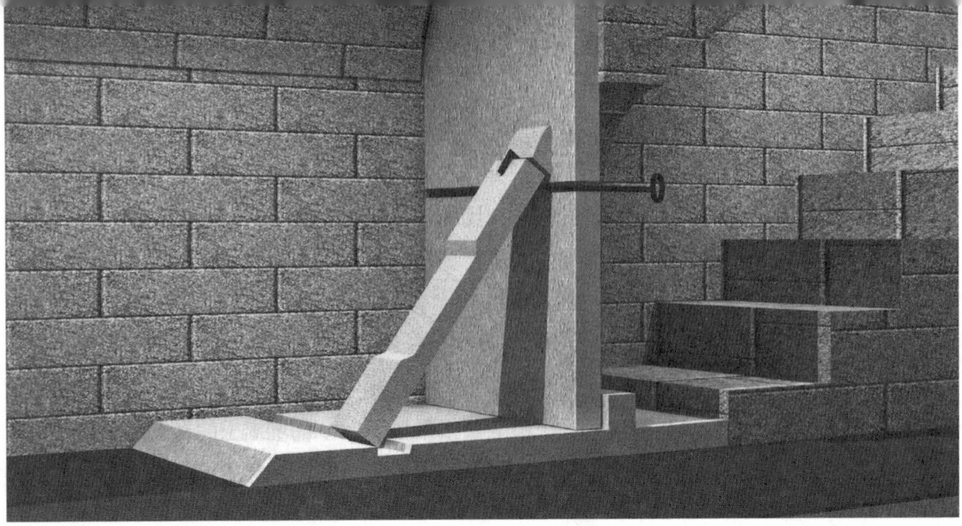

地下玄宮自來石圖示（蔡博製圖）

宮殿還有別的祕密通道，在帝后入葬完畢，讓工匠用石頭把門堵死，然後再從祕密通道出來？儘管在後來的發掘中，又發現兩條通往地宮的甬道，但用工匠堵門的假設，還是被排除了。既然要防止後人開門入宮，那麼這條通道被堵死，工匠出來的祕道之門又由何人在裡面封牆？假如這條祕道先被後人發現，工匠所做的一切不就是前功盡棄嗎？

妃嬪宮女和工匠在宮內封門的假設不能成立，就只有一種可能存在，這就是在帝后安葬完畢後，活人全部撤出，把門關閉，裡面的石頭自動將門堵住封嚴。那麼又是一種什麼力量使石頭自動把門頂住呢？

木板房內煙霧彌漫，議論紛紛。大家提出一個假設，又一個個在科學的分析中予以否定。謎團連著謎團，在大家的心裡滾動翻騰，使發掘者心力交瘁。遠處傳來一聲雞啼，天就要亮了。

第二天下午，趙其昌帶人再次來到玄宮的石門前，研究開門的方法。夏鼐回京前叮囑：「時間緊迫，容不得我們稍作拖延，要盡快研究開門的辦法。」當時人們不可能完全理解大師話中的真正含義，長年的發掘工作使他們幾乎與世隔絕，很少知曉外面發生的一切。直到地宮發掘完成後，他們才如夢方醒。

趙其昌試圖在石門四周找到像「指路石」一樣的密碼，再度落空。大門的八十一枚乳狀門釘，有的雖是後來嵌入雕好的鑿槽之內，四周的石牆也嚴實合縫，但仍找不出任何蛛絲馬跡。研究工作不得不回到查訪文獻史料上來。

早在地宮未打開前，趙其昌就在北京西郊、東郊發掘過幾座明清時代貴族墓。當時有些墓道的石門，是採用石球滾動的方法將門頂住的。即先在石門內側做成一個斜坡石面，門檻處鑿出溝槽，槽的頂部放好石球，用敞開的門擋住。入葬完畢，人走出門外，兩門逐漸關閉，石球便沿著地面斜坡滾動，直到石門完全關閉，石球在兩門交合處的一個更深的石槽內停住，門也就被堵死了。

石球頂門為打開定陵地下玄宮之門提供了啟示。從門縫看進去，石門之後可能是用一根石條頂住的。石球雖不同於石條，原理應是大同小異：在兩扇門關閉時，將石條倚於門後槽內；人走出後，石條隨著石門的關閉慢慢傾斜；待石門完全關閉，石條隨著石門的關閉慢慢傾斜；待石門完全關閉，石條也隨之滑向兩扇門的中央，於是石門得以完全頂死。這個設想極有可能，而且也必須如此，才能頂住石門。

原理已經弄清，就要設法挪開石條，開啟大門。工作隊在浩如煙海的史料中，終於從有關明末崇禎帝入葬的記載中，找到了大門洞開的「鑰匙」。

一六四四年三月十七日，李自成率領大順軍隊拿下居庸關，直抵北京城下。

當天晚上，明朝最後一個皇帝崇禎朱由檢，遙望城外到處都是燭天的火光，沉悶的炮聲不斷衝入耳鼓，知道大勢已去，仰天長嘆一聲：「只是苦我全城百姓！」急惶惶回到乾清宮，端起酒杯一飲而盡。周皇后見崇禎已喪失鬥志，明亡在即，垂淚說道：「妾事皇上十八年，你一句話也聽不進，致有今日。」說完拔刀刎頸而死。

十六歲的長平公主牽著父親的衣襟，淚如雨下。崇禎咬咬牙，嘆口氣說：「你為何偏生於我家！」然後拔出寶劍，左手以袍掩面，右手舉劍砍下。隨著一聲撕心裂腑的慘叫，公主的左臂落到地下。崇禎還想再砍，但手軟無力了，只好作罷。崇禎手執三眼火銃，率領幾十名太監衝出乾清宮，騎馬直奔安定門，想奪城而走。但此時安定門已經封閉，無法開啟。外城也被攻破，大順軍隊衝殺而來。崇禎皇帝只得下馬，看看身邊的太監已經跑掉，只有王承恩一人立於馬前。君臣二人只好棄馬登上煤山（今景山）。

崇禎脫下外服，要過王承恩隨身攜帶的筆來，借著火光月色，在白緞衣裡上寫下了他的最後一份詔書：

朕自登基以來，十有七年，東人三侵內地，逆賊直通京師。雖朕涼德藐躬，上干天咎，然皆諸臣誤朕，朕死無面目見祖宗，自去冠冕，以髮覆面，任賊分裂，勿傷百姓一人。

崇禎皇帝把衣服掛在樹上，將冠摘下，散開頭髮，披在臉上，在老槐樹上自縊而亡。

四月三十日，李自成與清兵交鋒兵敗，落荒而走。北京為清軍所占。昌平縣的幾個鄉紳出於對舊時君主的效忠，主動組織起來拿出錢財發喪。崇禎生前未來得及為自己建陵，只是給他的寵妃田貴妃在陵區的錦屏山下，建造了一座豪華陵墓。鄉紳們便將崇禎和周皇后的棺木，運往田貴妃的墓中安葬。史料載：工匠用了四個晝夜，挖開了田貴妃墓，見到了地宮大門。用拐釘鑰匙將石門打開後，把田貴妃棺移於石床之右，周皇后棺安放石床之左，崇禎棺木放在正中。田貴妃死於無事之時，棺槨俱備，崇禎皇帝有棺無槨。於是工匠們把田貴妃之槨讓給了崇禎。安葬完畢，關閉石門，填上了封土……

發掘人員從這段記載中得知當年工匠打開地宮之門，使用的是「拐釘鑰匙」。要打開石門，必須先推開頂門石條，但又不能讓它完全傾倒摔壞，這就必須使用一種特製的工具。「拐釘」，顧名思義，一定是個帶彎的東西……事情進展到這裡，趙其昌一拍大腿，大聲嚷道：「我明白了！」

他找來一根小手指粗的鋼筋，把頂端彎成半個口字形，像一個缺了半邊的無底勺子。他拿到大家面前：「你們看，這是不是『拐釘鑰匙』？」眾人恍然大悟。聽來極為神祕的東西，其實並不神祕，一經出現在現實中，卻是那麼平淡無奇。

十月五日上午，發掘隊人員進入地宮，準備用自製「鑰匙」開啟石門。夏鼐因事未來現場，由趙其昌和白萬玉指揮行動。地宮的石門雖深埋地下，但它氣勢之磅礴、形態之巍峨、藝術之精湛，絲毫不比紫禁城的巨大城門遜色。隧道券內依然黑暗潮濕，氣味熏人。儘管發掘人員已有一些了解，但面對這幽深的地宮和巨大的石門，心還是撲撲直跳。

幾支手電筒的光亮穿過濃霧與黑暗，照在兩扇石門的開縫處。趙其昌手拿「拐釘鑰匙」，將長柄的半個「口」字形鋼筋豎起來，慢慢插進門縫。待接觸到石條上部後，又將「口」字橫過來套住石條的脖頸。一切準備就緒，他屏住呼吸輕輕推動，「鑰匙」漸漸向裡延伸，石條一點點移動起來，直到完全直立方才停止用力。

「石條我拿穩，你們開門吧。」趙其昌兩手攥緊「鑰匙」一端，對白萬玉說。

原以為這碩大的石門非有千斤之力不能開啟，所以白萬玉把人分成兩組，列隊兩扇門前，喊一聲：「開！」隊員們一齊用力，石門轟然而開。粗大的門軸帶動著萬斤石門發出「嗡嗡」的轟鳴，金石之聲清脆悅耳、動人心魄，伴隨著門內騰起的霧氣，在深邃幽暗的墓道裡隆隆炸響。牆壁的回音穿透迷霧塵埃，在黑暗中迴盪繚繞，如狂風摧斷枯木、似萬馬馳過草原，整座地下宮殿彷彿都在顫抖晃動。

白萬玉命人將石條搬到門外一側放好，這才跨進門內察看。這時劉精義正晃動著手電筒在四周觀望。當一線電光對準門框上方時，只見無數條亮晶晶的錐形物體懸掛頭頂，如同出鞘的寶劍，直衝地面。劉精義見狀，大聲喊道：「門上有飛刀！」

白萬玉慌忙問：「在哪兒？」

劉精義推開眾人，拉著白萬玉來到門框一側，把手電光對準上方，驚恐地說：「你看。」

「啊！」白萬玉也大吃一驚。門框上端，確有一排形同寶劍的東西懸掛著。霧氣繚繞，燈光暗淡，看不清真實面目。為了做到萬無一失，白萬玉和趙其昌商定，先撤出墓道，待點燃汽燈後再行察看。

一盞汽燈照亮了地宮墓道。這是一間長方形大廳，全部用石條砌成，沒有橫樑和立柱，完全採用中國建築

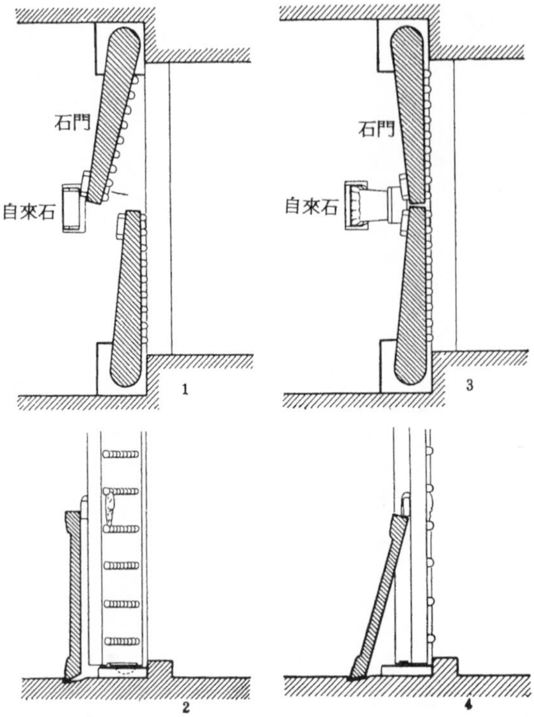

玄宮石門關閉示意圖

1.關閉前(平面)
2.關閉前(側面)
3.關閉後(平面)
4.關閉後(側面)

拐釘鑰匙打開地宮石門示意圖

石門中有縫隙，將拐釘鑰匙從縫中伸入卡住自來石，稍用力即可推動自來石,自來石直後，石門即可推開

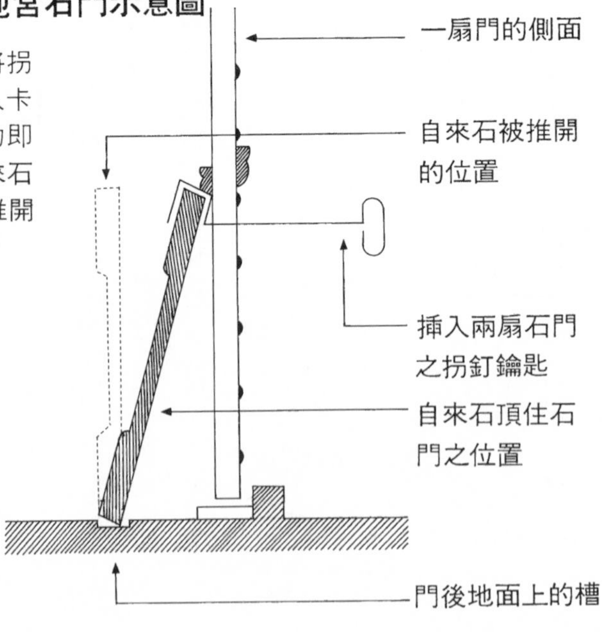

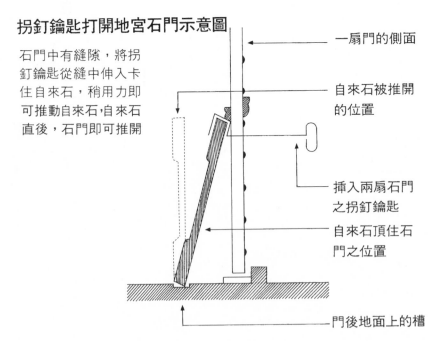

所特有的起券形式，整座大殿顯得格外寬大輝煌。考古者把這段建築稱為「前殿」。
發掘人員站在門框一側，抬頭仰望，只見十幾道形同寶劍的物體，原來是一種獨特的石頭。由於地宮封閉日久，宮中充滿水氣，門上的青石在水氣的浸蝕中碳酸鈣逐漸溶解，隨著水滴一點點流淌下來，日積月累，終於形成寶劍狀的「鐘乳石」，漆黑的幽暗之夜裡，的確像一排倒懸的飛刀，令人產生種種遐想。
又是一場虛驚。
門上方，橫擔著一塊長方形青銅，兩頭鑿有圓筒，使粗重的門軸上部巧妙地穿進筒中。經測量，青銅長三．六米，寬〇．八四米，厚〇．三米。早在一年前，趙其昌就在查閱文獻時，發現過這樣一段史實：慶陵修建時，工部郎中萬爆在宮廷內外搜集碎銅，利用廢銅煉製銅管扇，節省工料。萬爆為人正直，由於他平時不滿太監們胡作非為，太監便告發他借機發青銅財。皇帝得知後，立即召入問罪。一陣痛打之後，萬爆感到十分委屈，抹淚苦辯，才免於治罪。後來銅管扇製成用於陵中，皇帝和群臣才明白他當初的苦衷。
一年多來，趙其昌常常對這個典故所說的銅管扇進行琢磨，總未得到解答。今天看到這券門上部的青銅，才茅塞頓開。如果券門上部沒有這種青銅煉製的「銅管扇」，其他東西很難承受這萬斤石門的摩擦力。可見那位工部大臣是頗費了一番心思的。
石門的製作，不僅工整細緻，而且十分精巧。門軸一側厚達〇．四米，鋪首一側僅為〇．二米，只相當於門軸一半的厚度。門軸一側粗厚，是因為能承受更多的重量，開門時不易損壞，鋪首一面較薄，無形中減輕了石門的重量，也減輕了門軸的負荷，使高三．三米、寬一．七米的巨大石門開關極為容易。
石門內側，及門外鋪首對稱的地方，有凸起部分，用以承托石條，石門關閉後，石條上端頂住門內凸起部分，下端嵌入券門地面上一個凹槽內，以使門外無法推開石門。面對這座精緻輝煌的巨門，無論是發掘者還是來此參觀的遊客，無不驚嘆古代先民非凡的創造力和出色的藝術才能。

這道石門從發掘開始到向遊人開放，共打開過兩次。這是因為拍攝紀錄影片《地下宮殿》，再度把石門關閉的。在進入地宮之初，為避免發生不測，電影拍攝者未隨發掘人員一起進入。地宮大門全部打開後，才補拍這開門的壯麗場景。此時由於神祕、緊張、恐慌與激動之感已全然消失，加之缺乏煙火、道具之類的輔助效果，三十年後人們在長陵大殿的銀幕上，再也看不到發掘者在打開石門一剎那間的神態和音容，也無法領略他們當時的複雜心情和聽到「飛刀」之後的可笑動作了。對於若干年後的觀眾來說，這不能不說是一個遺憾。

測量、畫圖、照相……一切都在有條不紊地進行。大家來到石條前，詳細勘察，只見上面有模模糊糊的墨筆楷書十一個小字：「玄宮七座門自來石俱未驗。」字跡的出現，不僅使發掘者知道了頂門石條原名「自來石」——聰明的工匠創造了一個多麼形象而韻味無窮的名字！同時也得知這幽深的玄宮內，還有六道石門等待他們去打開。

注釋

❶ 起券：建築屋頂、殿頂或墓室頂的一種方式。券是半圓之意。用磚石等疊砌成半圓形以承受重壓。

❷ 隧道券：隧道之後、地宮之前的券室。

❸ 須彌座：須彌，佛教傳說山名。須彌座，又稱須彌壇，傳為須彌燈王的佛座。後來門樓牌坊下用以支撐並雕飾有各種神物、花樣之大型基座，亦稱須彌座。

第十一章

風雨下定陵

衝突既開，恢復元氣已無可能；帝國古船千瘡百孔，飄搖不定。努爾哈赤走出白山黑水，對明發難；風雨瀟瀟，萬曆的屍骨連同古老的帝國一起走進陵墓——

瘋狂的報復

「立儲之爭」使萬曆皇帝與群臣的鬥爭長達十餘年之久。萬曆決心以頑強的意志和臣僚們作持久的對抗。群臣不讓他立鄭貴妃的兒子常洵為太子，他同樣以各種理由為藉口，也不立王恭妃的兒子常洛為太子，甚至不讓常洛舉行成人典禮，阻止隨翰林院的官員就讀。但是迫於宮廷內外強大的壓力，萬曆最終還是向群臣屈服了。他答應讓常洛出閣就讀。萬曆既然親口答應皇長子常洛出閣就學，便再無口實可以推託。但是負責此事的太監，深知皇上並不樂意為皇長子辦出閣禮，於是開出一張令人瞠目結舌的帳單，總計不下十萬兩銀子。萬曆抓住這一把柄，傳諭內閣，藉口皇長子出閣禮所需費用浩大，「出講少俟二、三年，冊立一併舉行，庶可省費」。顯然又是在刁難和要脅。事情又拖了一年，萬曆在群臣再度施展的壓力下，不得不宣布：二十二年（一五九四年）二月初四日，皇長子出閣講學，但以尚未冊立為皇太子，侍衛、儀仗一切儀注，從簡從略。儘管如此，皇長子朱常洛總算是向太子的目標又邁出了艱難的一步。此時他已十三歲了。

當然，萬曆對群臣的屈服，帶著萬分的不情願和異常的憤怒，在他的心靈上從此留下了永久的傷痕，並隨著歲月的流逝而越發痛楚。而「國本之爭」所帶來的惡果，也越來越明顯地展現出來了。

萬曆二十九年（一六〇一年）朱常洛被勉強立為太子，儲位始定，其間竟經歷了十五年之久的磨難。後人評論說：「自古父子之間未有受命若斯之難也！」

常洛立為太子，常洵已去洛陽封地。愛子遠離膝下，寵妃淚灑衣襟，萬曆懷著難言的悲慟和無比的仇恨，面對他的群臣，也面對他的帝國，他要進行報復。這個報復的方式是獨特的。早在萬曆二十二年（一五九四年），他三十二歲時，就開始了一種前所未有的對付臣僚、開脫自己過錯甚至罪責的辦法。自從萬曆十四年（一五八六年）二月掀起「國本之爭」以來，萬曆先是以「皇子嬰弱」為由，後來又以「群臣聒激」為藉口，兼施高壓和敷衍之計，久拖不立。後來，當萬曆知道再沒有藉口做為理由來拖延時，便絞盡腦汁，終於在萬曆二十一年（一五九三年）一月，捏出一個「三王並封」的「待嫡」之計。

所謂「三王並封」，就是將皇長子常洛、皇三子常洵、皇五子常浩同時封王，將太子之位暫時空缺下來。所謂「待嫡」，就是待正宮皇后（孝端王皇后）生育嫡嗣之後，再冊封為皇太子。如果數年之後皇后還沒有生育，再「無嫡立長」。顯然，這是萬曆一番苦心孤詣之後想出的對策，藉口「立嫡不立庶」。皇長子常洛是庶出，不宜冊立為太子，只好虛位以待。

萬曆自以為聰明的「三王並封」之策，卻引起了一場軒然大波。外廷大臣原本在等候冊封之旨，不料等來了「三王並封」，不但大失所望，而且感到遭受戲弄之辱。在他們看來，這是攸關國本的大事，怎能如此對待？於是，廷臣們又掀起了較前更為激烈的反對聲浪。

群臣反對「三王並封」和「待嫡」之說的奏章接二連三，總數不下百本。歸納起來，都是圍繞以下三點：其一是所謂「待嫡」之說，自祖宗以來，從無此例。其二是「三王並封」缺空太子位，是「有板無本」。其三是責怪萬曆言而無信。如王如堅等人抓住萬曆在十四年（一五八六年）一月，十八年（一五九〇年）一月和十九年（一五九一年）八月，三次所下的冊立諭旨都沒有兌現的事實，大肆攻擊說：「陛下尚不能自堅，今日猶豫之旨，群臣將何取信耶?!」朱維京也上疏說：「悖前旨而更新令，人主大信之何謂？天下後世以皇上為何主耶?!」萬曆覽奏之後大怒，王如堅、朱維京皆被謫戍邊。上疏的其餘人革職為民。

萬曆想出了這個「三王並封」的主意，原是要頗孚眾望的王錫爵代他受過的。萬曆二十一年（一五九三年）一月，大學士王錫爵省親歸朝，繼任內閣首輔。當他得知申時行、許國和王家屏等人，為了國本之爭都已先後離職的時候，思想沉重，感慨萬分。他曾密疏萬曆皇帝，想以赤誠之心勸說皇帝早下決心，儘快舉行冊立典禮。一則是國本社稷的需要，二則也是想從此平息天下輿論。他的用心是毋庸置疑的，但是他對萬曆的「三王並封」的「待嫡」之旨，卻大有牴觸。當王錫爵看了皇上的手諭後，大出意料，頓時惶恐不安了。一方面，他感到嫡子尚未出生而要「待嫡」，庶子已經二十歲卻又不冊立，實在難以奉命；另一方面，申時行、王家屏都在這件事上栽了跟頭，為了不失去皇上信任，只有附和帝意方為上策。一向剛直敢言的王錫爵，這時顯得畏首畏尾，做出了一個錯誤的抉擇，捲入了難以自拔的是非漩渦。

萬曆把責任推給了王錫爵，群臣不明就裡，認為「三王並封」的「待嫡」之說，是出自王錫爵之謀，因此王錫爵立即遭到了群臣的圍攻。在眾門生的再三規勸下，王錫爵幡然悔悟，毅然決定破釜沉舟，迫使皇帝收回「三王並封」的決定。萬曆經過兩天的思索，又在群臣冒死苦諍下，終於宣佈收回「三王並封」的成命。「三王並封」之議出籠不過十天，即告壽終正寢。

放棄並封王旨以後，王錫爵在九個月中就先後十一次上疏爭請冊立和預教。其中在萬曆二十一年（一五九三年）十一月十九日的章奏中，特別尖銳地指出了鄭貴妃阻撓冊立的罪行。這一奏章，把萬曆搞得既被動又氣惱。萬曆親筆寫了一道手諭，明顯為鄭貴妃袒護，並替她開脫。由此引來的皇帝不快，各種複雜的人事紛爭，以及言官們的接連彈劾，終於導致王錫爵下臺。

經過群臣的長期苦諍，使鄭貴妃奪嫡的陰謀破敗，朱常洛既已冊立為皇太子，本來事情到此應該偃旗息鼓，轉入力鼎圖興的軌道，但事實並非如此。種種跡象表明，那位看上去顯然羞憤至極的鄭貴妃似乎不會善罷甘休，而且眼下仍然是萬曆所最寵幸的妃子。既然如此，後果也就難以預料。於是，群臣戚戚，力決再諫。

在文淵閣大學士鐘亦非的串通下，臣僚們幾經磋商，又擬出一篇註定要遭致萬曆唾罵的疏文，力諫皇上勤政戒色。疏文洋洋幾千言，歷數前朝女色誤國之例，且通篇充斥著摯愛君朝之心，由耄耋老臣郭文章早朝稟呈司禮太監。結果老臣郭文章慘遭廷杖，並從此臥床不起。

宮廷出現了短暫的沉默。

但是，喑啞畢竟不能持久。接下來，臣僚們的擔憂又以另一種病態的方式荒唐地流傳。

傳說有太監在鄭貴妃的屋子裡發現了一尊木刻，形像酷似太子，上面紮滿了鐵釘之類的東西，玄乎其玄，朝廷上下一片惶恐。因為誰都知道，這種盛行民間的巫術非常靈驗，唯恐太子朝不保夕。

如此擾攘月餘，終於沒能引起皇帝的注意，大臣們的驚慌和絕望可想而知。

謠言未止，又有太監稟報文淵閣大學士沈鯉施法唸咒意欲加害貴妃和皇帝，這一次，龍顏大怒。

萬曆當即令人將沈鯉宣到廷前究問，最後才弄清楚純屬誤傳。原來，沈鯉為了自律律人，在文淵閣大門旁書寫了一塊為官十戒的木牌，每日晨晚念誦，以示忠心效國。他沒有料到這一多少有些投機和做作的姿態，其效果適得其反，幾乎讓他掉了頭顱。

可能萬曆也難於明白臣僚們何以對皇儲問題興趣不減，以致餘波震盪，瀰漫民間。那會兒印刷術已經相當發達，一些有關皇儲的冊子四下流傳，其中一份名叫《續憂危竑議》的冊子，增加了北京城內的神祕氣氛。

這部署名為鄭福成的冊子，顯然一針見血地戳到了皇帝的痛處，冊子中稱：皇上立朱常洛為太子實在是萬不得已之舉，日後必將更立云云。而至於署名，一望而知是鄭貴妃的兒子福王必成皇帝的隱語，萬曆自然又怒，將《續憂危竑議》作為「妖書」，責成刑部即速查辦，不得輕饒。

刑部接到諭旨，未敢怠惰，立即著手稽查。但案情糾葛，非朝夕之事。在萬曆一連撤處了三名刑部大員依然沒能水落石出之後，轉而交付錦衣衛辦理。錦衣衛自然不辨究裡，胡亂抓了一個叫皦生光的人，屈打成招，爾後處以極刑，才算了事。

這一切事情都使得萬曆深感疲憊與愁煩，同時也使他意識到自己不可能逃避歷史的指責。他既無力回天又沒處可藏，唯一的選擇只能是消極無為。

於是，他開始無可奈何地坐在龍椅上以酣然入睡的架勢面對現實與臣民。既不強迫大臣們接受自己的主張，更不對臣僚的奏摺表示意見。這種消極無為的後果，不僅導致文官集團更加渙散無聊，更為嚴重的是直接為大明帝國的毀滅埋下了致命的禍根。從表面上看，朝廷中各種法定的禮儀仍是照常進行，但皇帝已經不再上朝理政了。

儘管臣僚們的奏章不斷向他送來，但他已懶得批閱，甚至連一些高級職位長期空缺，他也不派人替補，並決定以這種方式對付臣僚。

當時朝廷內閣有王錫爵、趙志皋和張位三名閣臣，由於各自的原因很難繼位。經過奏請又補進沈一貫、陳於陛二人。隨後王錫爵去職、趙志皋告病，張位因得罪皇帝而罷職閒居。再之後，陳於陛又因病歸天。這樣一來，堂堂內閣僅剩沈一貫一人了。偌大的帝國朝廷，每日軍政要務待處理的少說也有數百件之多，繁忙如此，沈一貫一人當然無法勝任。為此，沈一貫頻頻上疏懇請補進閣臣，卻始終不見下文，這一拖就是五年。最後，沈一貫因操勞過度而病倒在寓所，仍未見到補替人員。但緊急公務仍無法推脫，沈一貫只好強打精神在病榻上操辦。內閣府由此再無一人主持政務，只好關上大門，中國皇朝的內閣第一次也是最後一次掛上了大鎖。

沈一貫一共在閣十二年，而獨掌閣務竟達七年之久。令人不可思議的是，在這十二年當中，作為一個帝國首輔，只見過萬曆皇帝兩次面。萬曆三十年（一六〇二年）七月，經過沈一貫一再苦請，萬曆才點用朱賡和沈鯉入閣。閣臣總算有了三人。但好景不長，四年之後，沈一貫和沈鯉同時去職，閣臣又只剩下朱賡一人。朱賡所上有關軍民利病的諫言，卻「十不下一」，為此，常常遭到御史和科臣們的譏諷。朱賡上不能勸說皇帝，下不能取信於諸臣，萬般無奈，只得在家稱病不出，其結果是閣門再次關閉。至萬曆三十六年（一六〇八年）十一月，七十四歲的朱賡憂憤成疾，耗死任上。更令人不可思議的是，他作為帝國閣臣六年，首輔兩年，竟沒見過皇帝一面。萬曆三十五年（一六〇七年）五月，皇帝諭命于慎行、葉向高、李廷機三人入閣，另因王錫爵有聲望，於同年也被再度召回，並冠以首輔職銜。王錫爵雖名為首輔，但尚未赴任，就死在家中，時年七十七歲。于慎行雖然加太子少保兼東閣大學士參贊機務，但已身患重病，七個月後便死於家中。同時入閣的李廷機赴任不久，即遭到給事中、御史十數人的參劾。迫於形勢，只得明哲保身，躲在寓所裡堅臥不出，後來索性跑到郊外一座荒廟中居住，並上疏皇帝辭去閣臣職務，三上奏疏才恩准辭官。名義上選用了四名閣臣，實際赴任理事的，卻只有葉向高一人了。

葉向高為了選用閣臣，先後上疏一百餘本，均不被理睬。此時的中樞機構長期缺員，黨勢漸豐，國力大減。葉向高身為閣臣，卻大事不敢做主，小事不能措處，欲進不能，欲退不允，孤苦伶仃，只好徒充其位，但是一切罪名，卻全得由他承擔。「大抵格而不用，惟有不行者，盡罪於臣。」又說：「臣孤身暮年，東撐西持，力竭心枯，淚盡而致以血」。即使這樣哀情，也仍然打不動萬曆皇帝的鐵石心腸。為了盡早擺脫困境，以免不測，他連連上疏：「臣自受事以來，未能薦一賢、行一事、挽回一弊政、消弭一釁端。碌碌浮沉貽憂宗社已六年矣！」這樣延耗七年之久，直到他稱病不出，內閣閉門，才令其致仕。

在葉向高去任之前，經過他的苦請，終於在萬曆四十一年（一六一三年）九月令方從哲、吳道南二人入閣。但四年之後吳道南去職，內閣又只剩下方從哲一人獨掌，直至萬曆四十八年（一六二〇年）七月萬曆皇帝駕崩為止。

這種形同虛設的內閣，使首輔和閣臣均無實權。又因萬曆不放權與內閣，致使「百事皆奉聖斷，分毫不敢欺負」，由於部、府等衙門所上的對本部本府有利的題本屢上不下，上疏催請，又杳無音信，請內閣代催更無濟於事。在這種情況下，有些衙門便瞞著皇帝和內閣自作主張、擅自辦理，即使內閣有所察覺提出意見，甚至勸阻也起不到任何作用。因為內閣不能給部府作主，已經失去威信，只好任其肆意行動。這樣一來，萬曆皇帝雖然表面至高無上統攬帝國，但對於部府有利的實際大權，反被各取所需下移濫用。更不可思議的是，皇位繼承問題早已解決，而關於當年延擱立嗣的責任問題又沸騰起來，且較問題沒有解決的時候更加嚴重。許多臣僚都被捲入，而且舌戰之後繼之筆戰。這時朝廷中的文臣又產生了很多派別，各派之間無數的舊恨新仇需要清算，激烈的爭論則常常始於微不足道的釁隙，致使舉朝上下人人自危，人人出擊，「聞言而杜門，言已而視事。遞出遞入如登場之傀儡，憑人提算」。

而事實上，這種形同虛設的內閣，皇帝不盡職責，並沒有使政府陷於癱瘓；文官集團有它多年來形成的自動控制程式，每到牛、龍、狗、羊之年，北京的會試、殿試照常進行，地方官和京官的按期考核也沒有廢止。派遣和升遷中下級文官，只是由原來的以德才為標準改用抽籤的方法選用和決定，決定的因素不是德才，而是一根竹籤，這些例行公事，皇帝照例批准，而大多數情況下則由司禮監秉筆太監代作朱批，這時的帝國的航船已經全憑自身的慣性向前飄搖行進，它的沉沒已是或早或晚的事了。

走向沉淪

萬曆皇帝百年之後，人們用八個字為之蓋棺論定：「酒色財氣，四病俱全。」

萬曆的貪酒，大約起於十五歲時。為此，首輔張居正曾專門為他講過《酒誥篇》，誠懇地告誡他宴飲過多，會荒廢政務、損害身體，身為一國之君，應以宗禮為重，盡力戒酒。處於無聊苦悶之中的萬曆雖然當面稱是，但背後卻依然放縱不休。後來雖然發生了酗酒殺人事件，受到李太后的嚴厲斥責並令其寫出「罪己詔」向天下謝罪，但從後來的情況看，這惡習不僅沒有改掉，反而愈演愈烈。這一點，從御史馮從吾的奏章中可以找到佐證：「陛下每餐必飲，每飲必醉，每醉必怒。左右一言稍違，輒斃杖下，外庭無不知者。」後來內閣大學士趙志皋，也就此事多次諫止，但萬曆卻以太監、宮女對上不敬，違犯宮規為自己開脫。

萬曆廣選上千淑女，且整日周旋其間。鄭貴妃與他的恩愛如漆似膠，卻並未獨占他的枕席，萬曆的八子、十女為八個不同的女人所生便足以說明。在輔臣屢屢催請，他無計可施時，便發出這樣的諭旨：「朕自夏感受濕毒，足心疼痛。且不時眩暈，步履艱難。」到春冬季節再傳諭旨：「朕昨感風寒不時動火，頭目眩暈，腿足疲軟。」如果說他的「足心疼痛」確因「感受濕毒」而致，那麼「頭目眩暈」則正是酒色過度、精氣虧損的症狀。

萬曆十二年（一五八四年）一月，御史范儁上疏條陳時政十事。其中談到「人欲宜防」，以禹不喜酒、湯不近色為例，懇請明神宗力以美女、酗酒為戒。萬曆覽後大怒，諭令重杖。恰巧，是夜雷雨大作，朝陽門外水深三尺，他心裡驚懼，不得已免去重杖。但仍將范儁革職為民永遠不入場起用。萬曆十四年（一五八六年）十月，禮部祠祭司主事盧洪春，也上疏規諫萬曆酒色，其中談到，陛下自九月十五日以來，連日免朝，前日又下詔說頭暈體虛，暫罷朝講。盧洪春就此感嘆說：「夫！疾莫甚於虛。陛下春秋鼎盛，諸症皆非所宜有。但不宜有卻而有之，這樣做，必然要上傷聖母之心，下駭臣民之聽。而又因此惰朝廢典，不知陛下何以自安也？」又說：「陛下以衽席之娛，而忘保身之術，其為患更深！」萬曆覽後怒極，命重杖六十、革職為民永廢不用。不久，盧洪春便因憤鬱而死。

萬曆十年（一五八二年）馮保失敗以後，由太監張鯨掌握東廠，因為橫行無忌作惡多端，引起滿朝公憤。其中御史何出光，曾劾張鯨犯有八條死罪，並連及其黨錦衣衛都督劉守有、序班邢尚智。萬曆覽奏以後命將邢尚智論死、劉守有除名，而對張鯨卻不予究問。為什麼對首惡者不問？據說，一則因為當初張鯨奉皇帝密旨劾馮保有功；二則當群臣參劾張鯨以後，張鯨曾出重金賄賂萬曆。這樣，因張鯨「有功」，皇帝氣短，所以未加究問。此事洩露，被閣部大臣們獲知以後，極為氣憤，便密囑御史馬象乾再劾張鯨。因為言辭尖刻、切直，所以引起萬曆大怒，諭令將馬象乾下鎮撫司獄「打著問」。因為馬象乾參疏係申時行、許國、王錫爵三位閣臣密囑所致，所以三人便死命相救，「願與象乾同受刑拷」。這樣，才使馬象乾得免。但沒過幾天，又有給事中李沂再劾張鯨。他索性將張鯨用金寶重賄皇帝的醜聞，也全盤給揭了出來。這一下可觸犯了萬曆的疼處，使他十分難堪，因而異常狂怒地說：「李沂置貪吏不言，而獨謂朕貪，謗誣君父，罪不可宥！」命將李沂下鎮撫司獄，杖責六十，接著又將李沂革職為民永廢不用。

針對皇帝的「四病」（酒色財氣），萬曆十七年（一五八九年）十二月，大理寺評事雒于仁，連進了大膽、懇切、尖銳的諫言。大意是：「臣聞嗜酒則腐腸。陛下八珍在御，觴酌是耽，卜晝不足，繼以長夜。此其病在嗜酒也；變色則伐性。陛下溺愛鄭貴妃，靡言不聽，忠謀擯斥、儲位久虛，此其病在戀色也；貪財喪志。陛下傳索帑金，括取幣帛，甚且掠問宦官。有獻則已，無獻則譴怒。李沂之瘡痍未平，而張鯨之貲複入，此其病在貪財也；尚氣則戕性。陛下今日榜宮女，明日杖打中官，此其病在尚氣也。」最後又說：「四者之病，膠繞身心，豈藥石所可治？」既然藥石不能醫治，所以雒于仁特進「四箴」，陳請皇帝自行根治。萬曆覽奏以後，火冒三丈，怒不可遏，諭令重處。但是由於雒于仁所上的諫言既符合實情，又獲得文武百官的支持，經過申時行等閣部大臣的奮力論救才未受到重刑，但還是被罷官為民。雒于仁雖然為此而丟官，但他所講的「四病」，不僅緊緊地纏繞了萬曆的一生，且因此而加速了大明帝國的滅亡。

從萬曆二十年（一五九二年）開始，一直到四十八年（一六二〇年）七月萬曆駕崩為止，在這二十八年的時間內，萬曆不僅不視朝、不祭天、不拜祖，就連大臣們所上的奏章都懶得過目，更談不到親自批閱。

萬曆二十九年（一六〇一年），大雨成災，黃河暴漲改道，向南奪淮入海。所過之處，積水丈餘。漕河被毀，祖陵（泗州、鳳陽）被淹，千里之內盡成汪洋，數十萬災民無家可歸。又由於漕運不通糧船受阻，使京師、邊鎮嚴重缺糧，情況萬分火急。為了及時排除災害，大學士沈一貫詳細陳明利害，懇請皇帝先發內帑進行救濟，並盡快點用治河大臣，立即進行治理。情況雖然萬分緊急，但萬曆卻對所上奏章連看都沒看。因為沒有皇帝的諭旨，事情又十分重大，沒人敢於用「講旨」的辦法去冒險，只得擱而不辦。

萬曆三十二年（一六〇四年）五月，京郊地區連降大雨，經月不停。致使京師內外商民房屋倒塌數千間，壓死民眾數百人，長陵陵碑也被雷火擊碎。又因四月以來，天氣悶熱，連日陰霾，天壽山陵區的數萬株松樹枝葉全被害蟲吃光。這在當時，是上天「懲戒」的不祥之兆，本應引起萬曆皇帝的「惕然驚懼」。但是由於呈報的題本他依然未看，所以毫無反應。為此，部院大臣除繼續聯名上疏強烈陳請外，又到文華門外集體跪請，想以此引起皇帝的警覺與重視。但萬曆皇帝根本就沒有起床。臣僚們白白在門外跪請了一個上午，中午萬曆起床以後，服侍太監才將群臣在門外跪請一事稟告給他。由於事先未看奏章，不知道跪請的原由，萬曆以為是挾君犯上，立時大怒。派司禮監太監傳出口諭，斥責說：「各守心供職，勿要脅沽名。」臣僚們不但未受到褒揚，反而落了個「要脅沽名」的罪名，無不垂頭喪氣，憤然而去。

萬曆初年，張居正曾沿襲古代帝王的實例，多次教誨萬曆皇帝要崇尚節儉、戒奢侈。天子富於四海，家國一致，國家財富便是皇帝之財富。首輔的諄諄教誨，著實令這位少年天子感動了一番，並立下「以四海為家，貴五穀賤珠玉、布德修正，團結民心」的宏願。但自從張居正家中抄出二十萬兩金銀之後，他才頓悟到太倉庫的儲銀雖然堆積如山，但自己既看不到又摸不著，不如將金銀儲在內庫，看著親切，用著方便。因此便以種種理由，向光祿寺、太僕寺和太倉庫索銀儲入內庫私用。以後，又在奸人和太監的迎合誘惑下，以開採銀礦、濫事徵稅的方式，在全國範圍內進行了長達二十四年之久的斂財搜刮。其結果是財貨上流，萬民皆怨，使國家的經濟秩序完全陷入土崩瓦解之地，出現了國匱民窮、政紀廢弛、人心渙散，最腐朽、最危機的敗亡局面。正如刑部郎中賀中軾說：「惟民窮財盡之敗不可救」，只能「速其天下之亂耳」。

朝廷上下，貪汙中飽，腐敗糜爛，必然要嚴重地削弱軍備。邊鎮兵卒不僅糧餉不足，其冬衣棉布也屢欠不發，致使大批軍卒「衣不蓋體、菽不壓口、凍餒而戍」。萬曆二十九年（一六〇一年）六月，巡按御史馬永清奉命巡視邊關。當他到達紫荊關馬永堡時，突然感到惡臭撲鼻，令人作嘔。他迎著臭氣查找，原來是兩個老兵正在溝邊烤食死屍身上的爛肉，身邊的屍體已爬滿了蒼蠅。馬永清雖是久經沙場的邊關大員，但見如此淒慘之景，禁不住潸然淚下。

兵卒衣食無著，只得被迫「賣其弓箭、或質其妻子以救旦夕之命」。有的邊鎮，下級軍官和兵卒為求生存而不顧軍法偷賣火藥，「自遼陽至鎮江，其間許多鎮堡，官上火藥暗裡偷出，或五、六百斤或千餘斤……數年以來，遼陽一帶火藥，盡皆見失。鎮堡之官，亦不時點檢，徒閉虛庫」。萬曆四十七年（一六一九年）七月，墩軍宋滿倉夥同數人，趁夜間風雨大作之機，竟將空府炮臺上的大銅炮偷出賣給外夷。軍卒「衣不蓋體、菽不壓口」的結果，除了偷賣軍器外，還三五成群逃入敵營，「願奔外夷為樂土」。僅遼東義州所屬的幾個邊堡，一個月內就有二千三百人出逃。其邊備廢弛，軍心渙散、鬥志淪喪到了無法挽回的地步。就是戍守京師的三大營也名存實亡。三大營額軍為十餘萬人，工科給事中王元翰披露，這十餘萬人「其中能戰者，不過數百而已」，其他均是老弱病殘或市井無賴，根本沒有戰鬥力。

政治腐敗，邊備廢弛，軍心離散，必然招致外敵入侵。崛起於東北邊陲的努爾哈赤，抓住這個千古難逢的契機，乘虛而入。大明帝國如今已喪失了戚繼光、譚綸、俞大猷、劉顯等名將嘔心瀝血所訓練的嚴明軍紀和頑強鬥志的軍隊，到達如此地步，其結果只能是以清代明，重新開始歷史的新紀元。

最後的歸宿

萬曆十一年（一五八三年），就在萬曆皇帝清算張居正，並到天壽山尋找自己死後樂園的這一年，位於白山黑水之間的女真族人、二十五歲的努爾哈赤便顯示了他過人的軍事才華。由於明朝遼東總兵李成梁用計殺死了他的祖父和父親，他便憑藉祖上遺下的十三副鐵甲，和族人一起對明發難。當萬曆皇帝接到邊廷上傳來努爾哈赤要求歸還祖父、父親屍體的消息時，他絕沒有料到不久的將來，就是這位努爾哈赤會和大明分庭抗禮。他心平氣和地封努爾哈赤為建州衛都督，並加龍虎將軍銜。萬曆的冊封，使努爾哈赤如虎添翼，他不斷吞併周圍部落，在征戰中創立和改善自己的軍事組織；與此同時，他下令開採金銀銅礦，置辦冶煉，鼓勵民間養蠶，發展手工業生產。他已不滿足於做明朝的臣民，他覺得自己應該擁有更多的土地和人民，就像歷史上所有的君主那樣，憑著不斷的進取贏得天下。這樣的理想和由此而來的奮發精神，是在故紙堆和脂粉中長大的萬曆皇帝所不具有的。

努爾哈赤出身於建州左衛蘇克素滸河部、赫圖阿拉一個沒落的奴隸主家庭。他的祖先猛哥帖木耳曾被朝廷任命為建州左衛指揮使。由於家道中衰，努爾哈赤年輕時，為生活所迫曾採集松籽和人參到撫順出售，在與漢人接觸的過程中，學到了很多本族所未有的東西。出於好奇和崇尚武功的天性，努爾哈赤從小喜讀《三國演義》，但那時他從未想到這些正是漢人所創造的用兵之計，若干年後，率鐵騎征服了大漢子孫的帝國之邦。

從萬曆十一年（一五八三年）到萬曆四十六年（一六一八年），正當萬曆渾渾噩噩，沉溺於酒色之中，熱衷於搜刮珠寶時，努爾哈赤已經在東北的莽莽雪原上建立起了一支與明王朝爭奪天下的軍隊。同時，趁明軍抗倭援朝、遼東空虛之機，繼續擴張勢力，並針對帝國狂妄自尊和遼東總兵李成梁的驕橫，巧妙地實行對明朝表面恭順，而在暗中稱王稱汗、積極發展勢力的兩面政策。經過二十五年的積極準備，終於在萬曆四十六年（一六一八年）四月十三日，以發布「七大恨」告天為起點，把進攻的矛頭正式指向明朝，從此，揭開了中國歷史以清代明的序幕。其實，早在十年以前，努爾哈赤的雄心壯志就被明朝官員窺破。萬曆三十七年（一六〇九年），御史熊廷弼巡察遼東後，向萬曆皇帝和兵部發出警報：「遼左危急！」但那時的萬曆和朝中群臣正捲入「國本之爭」的漩渦，誰都沒有興趣和精力去管這些邊防之事，終於有了十年後的今天。

努爾哈赤親率二萬鐵騎，直入要地撫順，迫使守將李永芳投降，並將救援的張承蔭等將領一舉擊斃。然後，乘勝進兵撫順東南的鴉鶻關，再克清河，一路勢如破竹，銳不可擋，大軍橫掃北國朔漠平川，疾速向關內挺進。這時萬曆才和他的臣僚們感到事態發展的嚴重性。

邊防的軍事危機飛報皇帝，但是萬曆自己不能統率兵將，在平日又沒有整頓軍備，自然他更談不上離開京城巡視邊關了。既然他的權力產生於百官的俯伏跪拜之中，那麼在這邊關危難、大兵壓境之際，萬曆皇帝只能盲目聽從大學士方從哲的請命，慌忙之中任命那位在抗倭戰爭中諱敗為勝的楊鎬，終使明軍在關鍵的一仗中喪師失地。

萬曆見明軍已無力阻擋努爾哈赤的鐵騎，卻通過太監找來陰陽術士王老七，施展陰陽之術，以破敵軍。王老七一番占卜之後，跪請皇帝說道：「女真人之北關，與其祖墳風水有關。如將房山金人陵寢搗毀，泄其王氣，明軍可能轉為勝矣。」萬曆皇帝聞聽此言，大為驚喜（努爾哈赤自稱「後金」，意為金人之後），於是諭令兵部急速派人趕往房山，搗毀金人陵寢。

金朝原是居住在長白山和黑龍江流域的女真族，西元十二世紀初，其部落聯盟的首領阿骨打戰勝遼，奪得了東北和華北的統治權，當上了皇帝，是為太祖。他死後，原葬於東北海古勒城西的泰陵，其弟太宗之陵原來也在上京。一一五三年海陵王遷都燕京之後，又把他們二陵及其同葬十陵遷到中都（今北京）。兩年之後，房山壽宮建成，便把棺槨運往房山陵地安葬。由此，這裡便形成太祖、太宗、十帝和其他後妃王墓等數十處的金代皇家陵區禁地。

明軍趕往房山金人陵區之後，大肆焚燒盜掘，整個陵區烈焰升騰，煙塵四起。不到兩個月，建築規模和歷史藝術價值比明十三陵毫不遜色的房山金陵，毀壞殆盡。

事情到此並未結束，萬曆皇帝死後，他的孫子天啟皇帝朱由校見努爾哈赤不但沒能自滅，反而銳氣俱增，又聽陰陽術士之言，在房山金人陵區修建一座關公廟，以壓其勝……最後的結局是清軍入關，多爾袞下令搗毀十三陵，以報房山金陵被毀之仇。其中定陵遭其毀壞最為嚴重，寶城垛口，明樓地面的花斑石、外羅城等建築全被焚燒搗毀，輝煌的定陵園林只剩一座明樓。當然，這個報復性的毀滅要在萬曆死後二十四年才得以應驗，這是後話。

面對這艘帝國古船，萬曆已經準備好了一切，決心沿著他選擇的道路逕直走下去。病入骨髓的他自知必定先於古船沉沒，儘管船上救命的號子喊得翻江倒海，他卻再也無力顧及了。

萬曆四十八年（一六二〇年）四月六日，孝端皇后王氏氣絕身亡。按照她生前的地位要葬於定陵地宮。為擔心雨水進入玄宮，禮部左侍郎孫如游上疏說：皇后發葬，慣例要出百日，可玄宮隧道不可久泄，眼下正處大雨季節，臣等非常擔憂。既然萬曆皇帝連戰事都不再顧及，哪還有心思去理睬葬事，所以王皇后的棺槨一直沒有入葬。從此，群臣們不再過問，只管在沉淪中苟且偷生。

七月二十一日，萬曆皇帝終於一病不起。這位「難識君王真面目，二十餘載匿深宮」的帝國君主，在將要撒手歸天的彌留之際，竟然連太子常洛也不見，更不允許大臣們去問安，他只要既帶給他歡樂、又帶給他苦惱的鄭貴妃陪伴。二人相對，多少往事湧上心頭。他慶幸，在這鬱悶蒼涼的人生旅途中，能和這位美麗聰明的愛妃相遇。同時，他又感到無限的內疚和憂慮，他辜負了愛妃和愛子的期望，使她和她的兒子落到今日天各一方、煢煢孑立的可憐境地。他無法知道自己死後，太子常洛會對鄭貴妃施以何種殘酷的手段。他第一次感到了時間的珍貴與緊迫，在這陽氣尚存的最後一刻，他強打精神，諭令方從哲等幾位重臣前來受顧命。

當方從哲等幾位大臣趕到乾清宮時，見萬曆皇帝面如土灰，奄奄一息，急忙跪地痛哭流涕。萬曆輕微地抬了抬手，示意方從哲上前，兩滴濁淚奪眶而出。他顫微微地拉了拉方從哲的手，有氣無力地說道：「念鄭貴妃待我好，冊立為皇后，死後葬入定陵壽宮同朕作伴……」說完，撒手而去。萬曆死後，長子也即是皇太子朱常洛即位，年號泰昌。多災多難的朱常洛終於在同年八月初一日繼承了帝位，是為光宗。朱常洛的一生，大部分時間都是在逆境中度過的，由於長期憂鬱苦悶，清閒無聊，只得把全部精力寄託在酒色上。雖然年齡還不到四十歲，身體的健康狀況卻已到了崩潰的邊緣。

萬曆駕崩之後，鄭貴妃知道自己地位岌岌可危，為了保住自己的地位，一反過去之常態，千方百計地奉迎討好這位新皇帝，除了贈送大量珍珠異寶以外，又贈送數名絕色美女供他淫樂。結果，由於縱慾過度，這個一生絕經苦難的短命皇帝，一個月後就一命嗚呼了。

從萬曆四十八年（一六二〇年）四月六日，到九月一日，明帝國先後死去一后二帝，這在中國歷朝的宮廷史上是極為罕見的。朱常洛的兒子、十六歲的小皇帝朱由校（年號天啟）一登基，就要大辦喪事。可此時宮廷內部正爭權奪利，勾心鬥爭，吵鬧不休，邊關異族不斷入侵，內地農民起義風起雲湧。此種情形，萬曆皇帝的喪事舉辦得如何，是可想而知的。

明光宗朱常洛

按慣例，送葬前，槓夫要在北京德勝門外「演槓」十天，按正式送葬的要求，抬著一具木箱，木箱上方中心位置放著滿滿一碗水，演練到滴水不灑為止。但這一切都無人要求了。九月二十八日，萬曆皇帝、孝端皇后梓宮同時發引。護喪的是孫如游、黃克纘、李騰芬、王永先等二十四員大臣，並有軍夫八千人抬靈。走在最前面的是引幡隊，舉著花花綠綠的萬民旗萬民傘；後面緊跟上千人的法架、鹵薄儀仗隊，高舉數不清的金瓜鉞斧、朝天鐙，兵器刀槍如林，幡旗蔽日；跟在棺槨後面的是十路縱隊的武器兵弁；最後面是由數百輛車子組成的文武百官、皇親國戚的車隊。整個送葬隊伍蜿蜒十幾里，所到之處，凡有礙通行的建築物，無論大小，一律拆除……由於事前未演練抬棺技巧，又因棺槨太重，路上常有繩索損傷，行走極慢。早上從宮中走出，天黑才到德勝門，只好再增加六百名槓夫。三十一日傍晚，當棺槨運到沙河時遇到風雨，先是北風大作，黃塵升騰瀰漫，接著大雨飄落。風雨瀟瀟，天地蒼茫，送葬隊伍亂作一團。恰在這時，拖靈龍木（主槓）轟然斷裂，萬曆皇帝的棺槨一角墜地，跟隨的重臣聞此不測之事，急喊：「停下獻酒……」竟無人理睬，棺槨依然在泥水中拖曳而行。直到十月三日，棺槨才進入壽宮。

這位御駕大明帝國四十八年的萬曆皇帝朱翊鈞，確實是愧對祖先於地下。雖然他死後二十四年明朝才被農民軍和大清帝國滅亡，但後來的政治家和歷史學家都承認這樣的評判：明朝滅亡原因不在崇禎，而在萬曆。至少在萬曆年間，這種淪亡便開始了。正如清帝國在修繕房山金陵時，康熙皇帝在碑文中所作的結論：

朕維聖王制祀……所以訖揚曩烈，光表前王。金朝房山二陵，當我師克取遼陽，故明惑形象之說，謂我朝發祥渤海，氣脈相關。故罷金陵祭祀，二年拆毀山陵，欲斷地脈。三年又建關廟於其地，為壓勝之術。從來國運之興衰，關乎主德之善否。上天降鑒，惟德是與。有德者昌，無德者亡，與山陵風水原無關涉。有明末造，政亂國危，天命已去。其時之君臣，昏庸迷謬，罔知改圖，不思修德臣民，挽回天意，乃輕信虛誕之言，移咎於異代陵寢，肆行摧毀。迨其後……人心叛離，國祚以傾。既與風水無與，而前此之壓勝摧毀，又何救於亂之乎？古之帝王掩骼埋胔，澤及枯骨，而有明君乃毀及前代帝王山陵，其桀謬實足貽譏千古矣……

第十二章

棺床前的困惑

石門洞開，棺床金井之上卻不見棺槨的蹤影。是被人盜掘？還是故設疑塚？一個個謎團再次困惑了發掘人員的心。直到打開玄宮的最後一道大門，百年迷霧才倏然消散——

希望與絕望

按照自來石的提示，發掘人員穿過二十米長的前殿，又看到一座緊閉的石門。縱橫九排八十一枚乳狀門釘，在朦朧的光亮裡閃閃爍爍，如同暗夜裡無盡蒼穹中瀰布的群星，令人遐思，使人陶醉。九是自然數字中最高的一位，石門上縱橫九排乳狀門釘，意在象徵吉利與權威，這是帝國皇帝「九五之尊」的具體體現。發掘人員用手電筒向門縫內照去，又是一條自來石從裡面頂住了大門。在做好嚴密的保護措施之後，他們拿出「拐釘鑰匙」，用開第一道石門的方法，將第二道石門打開。由於有了第一次的經驗，開這道石門時只稍微一用力，石門嘎然洞開。由於巨石和青銅的摩擦，清脆悅耳的金石之音伴著沉重的嗡嗡聲……

大家簡直驚呆了，汽燈的光亮如同一豆油燈，微弱而細小。大殿似乎沒有盡頭，深邃幽暗，陰森恐怖。黴爛的氣味伴著刺鼻刺眼的迷濛霧氣擋住了視線，發掘人員只好手拉手小心翼翼地摸索前行。

奇蹟終於出現了。一盞汽燈照亮

開啟地下玄宮後，可見一道道的石門

了三個漢白玉寶座（供案）。寶座並排面東放置，中央一個較大，顯然是皇帝的靈座，兩邊較小，是為皇后之靈位準備的。中央寶座的靠背雕四個龍頭，伸向兩端。靠背後又雕一條紋龍，作戲珠狀，四周俱浮雕雲紋，大有騰雲駕霧之勢。

兩側的寶座踏板前放置「五供」❶，中央為黃色琉璃香爐。五供前有一口巨大的青花龍缸，缸內儲油質，油面有銅製圓瓢子一個，瓢子中有一根燈芯，芯端有燒過的痕跡，這便是史書上所說的「長明燈」——萬年燈。根據痕跡判斷，長明燈在安葬時是點燃的，當玄宮封閉後，因氧氣缺乏，才漸漸熄滅。油質表面一層已經凝固，後經鑒定，長明燈為芝麻香油製成。這口青花龍缸不但是定陵出土文物中的珍品，同時也是中國青花瓷器中的罕見之作。缸的高度和口徑均為〇．七米，外部刻有「大明嘉靖年製」的題款，頸和底部有蓮瓣紋飾，中部繪有雲龍紋，雲似飄移流動，龍如初入蒼穹，二龍一前一後，騰雲駕霧，直衝天宇，一種栩栩如生的動感，使整個器物充滿神韻。

明代瓷器在中國歷史長河中最負盛名，其中尤以白地藍花的瓷器為精，世稱「青花瓷」。景德鎮是明代燒製瓷器的中心，為供朝廷使用，專門設立了為皇室生產瓷器的「御窯廠」。由朝廷委派專職官員監工督造，並駐有軍隊看守，設有牢房和刑

第二道石門打開之後，地宮中殿的萬年燈和五供、供案等器物展現面前（劉精義提供）

具，對違反規制的工匠，予以懲治。

據文獻載，巨型龍缸的製作過程，技術複雜，燒製困難，每窯每年只能燒製三只以下，且成品率極低。為滿足宮廷的需要，在御窯廠內專設龍缸窯三十二座，專門掌握燒造龍缸技術的工匠叫「龍缸匠」，另外還有敲青匠、畫匠和各種夫役。倘火候不當就要裂口，青土缺乏同樣不成功。史籍中有這樣一段記載：「陸定新，因父母早喪，家境貧寒，只得到窯上學藝。他性情剛直勇猛，待人寬厚仁慈。嘉靖皇帝需要龍缸，派太監潘相到御窯廠督造。因龍缸不易燒製，工匠無人敢接掌管窯火的差事。陸定新毅然承擔其責。但經多次燒製，沒有一個成品。太監潘相大怒，下令重責窯民，然而龍缸依然燒製不出。潘相又下令對工匠窯民進行斷糧和毆打。幾天之內便有五人相繼死去，眼看同伴受此苦役之累，陸定新遂於夜間面對熊熊烈火，奮身跳入窯中。翌日開窯，龍缸竟成。眾人無不淚下，收其遺骸葬於鳳凰山下。窯民感其英烈，在窯廠旁建祠一座，以示緬懷和紀念。」

這段記載不免帶有傳奇色彩，但明代為燒製龍缸，確有用女子祭窯的事件。龍缸燒成後，工匠往往逃脫不掉被處死的下場。

嘉靖年間，對於青花瓷器的燒造，已達到登峰造極之境地。青花的釉料來自南洋的「蘇泥索青」。這是一種十分貴重的原料，用它燒瓷，顏色鮮美，獨具神韻，無可與之匹敵。嘉靖四十一年，一督工大臣令工匠燒出十二口青花瓷缸後，欲返京領賞。臨行前，擺下酒宴，請掌管燒製火候的工匠來飲。席間，這位督工大臣問工匠：「匠師燒製青花瓷器，藝高技絕，勞苦功高。我走後，若朝廷另派他人督工，是否還能燒出更好的瓷器？」工匠不解其意，回答道：「藝無止境。」督工大臣聽罷，暗派人在工匠杯中施放毒藥，將其毒死。自此，景德鎮再也燒不出精美的青花龍缸，萬曆隨葬的青花龍缸，也只好用他祖父嘉靖年間製造的了。這個記載同樣具有傳奇性質，史學家研究得出結論，自嘉靖以後，南洋的「蘇泥索青」漸已絕跡，因此，所燒製的瓷器當然無法與前相比了。

發掘人員在發現寶座和長明燈的同時，又在北壁和南壁上，分別發現兩道券門。券門不出簷，無任何裝飾，裡邊各有一座石門，青石做成，無鋪首和門釘。券門上橫以銅管扇，穿以門軸，形式雖同前殿、中殿之門，但尺寸卻小得多，僅高二．二米，寬〇．九米，門內側同樣用自來石頂住。發掘人員用「拐釘鑰匙」打開左邊石門，沿券道而進，迷茫的霧氣中出現了一座巨大的棺床。棺床除中間有一孔穴，裡邊填滿黃土外，四周空空蕩蕩，一無所有。白萬玉突然喊了聲：「完了！」

眾人大驚，忙湊上來望著老人灰暗的臉問道：「怎麼完了？」

「棺槨被盜了。」白老解釋道：「這裡邊一定有密道通向外面。」眾人更加緊張起來，挑著汽燈，打著手電筒，圍繞著左殿的四周尋找起來。

果然不出白老所料，在左殿的西部找到了一個小型石券洞和石門。石門呈向內開放型，被自來石頂住。如果真的被盜，盜墓者可能就是沿這條密道進入的。「快把自來石搬開。」白萬玉喊著，幾個小夥子把自來石取出，石門被嘎然拉開。

這次沒有霧氣撲來了，外面是一堵黑壓壓的大牆。汽燈光下，只見大牆為方磚壘成，中間用灰漿填縫，無半點盜掘的跡象。這時大家才猛然想起，盜掘絕不可能，因為通長近二十米的棺床上，沒有棺木放置和腐爛的痕跡。並且，從平鋪的金磚光亮無損這一點斷定，棺槨壓根就沒在此停放過。

汽燈放到棺床上，照亮了中間的「金井」❷。大家擦著臉上的汗水，默默地往裡望著，希圖揭開這有床無棺之謎。

金井位於方磚鋪砌成的棺床之內，是為風水之穴，一坯黃土，無底無蓋，藉以溝通陰陽之氣。棺槨入葬後，必須端端正正地壓在金井之上，以接地氣。人類來自自然，死後亦應回歸自然，皇天后土便是人類生死存亡的棲息之處。只有與自然融為一體，死者的靈魂才能久興不衰、永世長存……正是源於這種似是而非、似通非通的宗教思想，歷代皇陵在壽宮初建之時，開工的第一撮土要慎重地保存起來，待地宮建成後，把土鄭重地填入金井之中。此種做法，有的研究者認為來自佛教的啟示，有人則認為來自伊斯蘭教的影響，結論尚需進一步探討證實，但卻可以清楚地看出，人類對於土地的依賴和愛戀意識何等根深蒂固。無論是平民百姓還是帝王將相，都深信不疑——土地是人類永恆的母親。

正是對土地出於這樣一種膜拜心理，所以，中國幾千年歷史長河中，曾經不只一次地展示過這樣的畫面：蕭瑟秋風裡，荒野古道上，起義軍的馬蹄正揚起漫天的黃塵。可以看見，在沙風土霧中，每面大旗上都寫著「分田地，均貧富」！揭竿而起的義軍為了得到土地，縱橫沙場，逐鹿中原，多少將士在淒清冷寂的荒原上留下了血肉模糊的屍體。天低雲暗，似有無數的幽靈不肯離去。腥風血雨，低吟著熱戀土地的輓歌……

金井、土地、靈魂，三點一線，血肉相連，這融宗教與文化於一體的神祕風俗，格外引起帝王將相的關注。清代的慈禧太后到東陵菩陀峪巡視為她修建的地下玄宮時，曾把手上佩戴的一件極為珍貴的珠串投入金井之內。回宮後又派大臣前往陵地，在金井中放置了數量驚人的珠寶玉器。在清西陵的崇陵地宮中，光緒皇帝棺槨下的金井內，也發現了金質、銀質和其他珠寶，並有用黃緞包裹的半斤黃土和光緒帝生前脫落的一枚臼齒。由此可以看出，帝后對金井的迷信與崇拜，演進到清代，已達到了何種程度。他們自信接了地氣，即可王氣不衰，江山永固。

從定陵玄宮左配殿的棺床和布設的金井看，這裡應放皇后或妃子的棺槨。那麼為何沒有放置？是否都放在右配殿？發掘人員分析著，提起汽燈，走出小券門，順利地將右配殿的石門打開，滿懷希望地走進去。就在燈光照亮配殿的剎那間，大家的希望徹底變成失望以致絕望了。和左配殿同樣大小的棺床上，空空蕩蕩，只有一個孤伶伶的金井在棺床中央孑然獨處。發掘人員在殿中察看，沒有一絲被盜掘的痕跡。在西端，同樣發現座石門，將自來石移開，外面也是一堵方磚疊成的大牆，大牆依然如故。

「這玄宮會不會是假的，帝后葬在了別處？」劉精義的聲音雖是極小，卻在大家心中造成了不小的震撼。

是呵！這個玄宮會不會是假的？歷史上帝王的假墓偽塚並不少見。甘肅的伏羲陵、陝西黃陵縣的黃帝陵是真是假？曹操的七十二疑塚至今難辨真偽，還有朱元璋死後從都城十三個城門同時抬出棺材的民間傳說；同時，據十三陵區的百姓傳言，萬曆入葬時，有十八口棺材分別葬在陵區的山中……這一切又使大家想起在發掘中遇到的一塊「指路石」，難道天下真有這樣的好事，把偌大的一座皇帝陵埋下「指路石」，讓後人輕而易舉地挖掘？如果真是一座空宮，這近兩年的辛苦不就付之東流了嗎？此時，大家心中已不再恐懼玄宮的毒氣和暗箭，重要的是儘快找到帝后的棺槨。所幸的是，按照自來石書寫的「玄宮七座門」提示，還應該有一座門尚未打開，這是大家心中的最後一線希望。定陵發掘的成敗在此一舉。

發掘人員走出右配殿狹窄的券洞，沿寬敞的中殿繼續向裡探尋。顯然，大家的腳步比先前加快了，地面上散落的腐朽木板被踩得嘎嘎響動，微弱的汽燈光猶如暗夜的燈塔，導引著夜航者在迷濛遼闊的霧海中顛簸前行。

最後一道石門出現了。

發掘人員猶如發現新大陸一樣，在絕望中迎來燦燦曙光，一種生命的騷動和靈魂的激情噴湧開來，在這二十七米的玄宮

清理後的右配殿

深處升騰爆裂。三十年後，發掘隊長趙其昌回憶那個短暫的瞬間，曾作過這樣的描述：

我們幾乎是撲到門前的，可到了門前誰也不願意去打開它。這座石門和最先開啟的兩座相同，只要移開自來石就可以打開大門，看到裡面的景物。我的心怦怦地跳動著，格外緊張。以前的緊張是懼怕黑暗的氣氛和不良氣體之類的侵蝕，這次的緊張則是擔心，擔心這最後一線希望變成泡影。我拿起拐釘鑰匙向門縫插去，可因為手抖得厲害，試了三次都沒有成功，最後還是白老接過去將自來石移開。大門轟鳴著向兩邊移動，金石之聲在烏黑的地宮深處迴盪，像是在寂靜的夜晚，突然刮起颶風、掀起海浪，令人毛骨悚然。這時沒有人再去注意暗箭和有害氣體，一雙雙眼睛瞪得溜圓，摒住呼吸，注視著前方，事實上，這座門內湧出的霧氣最大最濃，像是有人在前方揚起一把黃塵，使我們無法睜開眼睛，淚水順腮流淌。燈光在茫茫霧氣裡越發暗淡昏黃，而且不住地跳動。強大的氣流和嗡嗡的回聲提示我們，裡面的空間一定很大。

希望產生於失望之中。當我們頂著煙霧黴氣進入大門之後，一個令我們目瞪口呆的奇蹟出現了。三個碩大無比的朱紅色棺槨靜靜地排列在棺床之上。我們激動地擁抱在一起，沒有人說話，幽深的地宮一片寂靜，迷濛昏暗的燈光裡，只有一行行淚水在各自的臉上流淌、流淌……那是一次世間罕見的輝煌而獨特的擁抱。

悽愴的愛情悲劇

萬曆費盡心血、大明帝國耗費鉅資的定陵地下玄宮，三百年後重見天日。它的發掘，無疑給後人提供了一個客觀的研究和評價歷史的機會。

在萬曆之前，只有太祖、成祖、世宗是生前預築陵寢的。萬曆在剛剛擺脫張居正的「桎梏」以後，感到自己已經不折不扣地取得了列祖列宗的地位，足以讓千秋萬世之後的人們崇敬。他不再聽信群臣的勸阻，一意孤行，傾盡國力，把自己的陵寢規模修建得超過列祖列宗。

作為壽宮的享有者，萬曆知道玄宮裡的「床」是為誰鋪設的：後殿是自己的，左殿是他並不喜歡卻又無可奈何的王皇后的。那麼右殿是誰的呢？如果常洵立為太子，毫無疑問，在他閉上眼睛之後，兒子是會為母親鄭貴妃成就這段「好事」的，但這已成為不可能實現的現實。自己的費盡心機與鄭貴妃情深意篤，又有誰會考慮得到呢？生不能遂願，死後埋在一起，連常人都能得到的滿足，他作為一個皇帝，也應該得到。一個人，支配和激勵他的動力有許多種：金錢、榮譽、權力、女人等等，這些因素有時也會盤根錯節，交替或交叉起作用。但對萬曆這樣一個富甲四海、位極人君，精神上卻孤苦伶仃的天子來說，只有鄭貴妃才是他唯一的支柱。

正是出於這種心理，萬曆才在生命最後一刻，遺命封鄭氏為皇后，死後葬於定陵玄宮。可三百年後，定陵玄宮洞開，人們發現所有的棺床上都沒有鄭貴妃的影子。後殿並列的三口朱紅色棺槨，中間是萬曆皇帝，左邊是孝端皇后王氏，右邊是孝靖皇后王氏，也就是太子朱常洛的母親。這一悲劇性的安排，確乎在他的意料之外。但是，既然生前就已對臣僚失去權威，那麼在他死後，這種威力就更不存在。他的遺詔沒能實現，因為大臣們認為大行皇帝——對剛死去皇帝的稱呼——的遺詔「有悖典禮」。既然皇帝已死，再來冊立皇后，誰來主持這個結婚儀式？這一悲劇性的結果，萬曆皇帝生前應該是料得到的。

這齣悲劇的創造者，不是孝靖皇后之子朱常洛所為，因為他只當了二十九天皇帝便命赴黃泉。倒是朱常洛的兒子、十六歲的朱由校當上皇帝後，將他的祖母王貴妃追封為孝靖太后，並從東井平岡地把棺槨遷來，和萬曆皇帝、孝端太后一起葬於定陵玄宮，成就了這段「好事」。

至於萬曆皇帝寵愛的鄭貴妃，比他多活了十年，由於她被認定是禍國殃民的妖孽，已得不到朝中群臣的同情。這十年，她住在紫禁城一座寂寞的冷宮裡，和她的愛子福王天各一方，飽嘗母子分離之苦和世態炎涼。一六三〇年五月，鄭貴妃在淒苦鬱悶中死去，帶著無比的絕望與怨恨走進了銀泉山下一座孤伶伶的墳墓。而她的兒子福王朱常洵，倒真是一個禍患，就藩洛陽後，昏庸無道，魚肉人民，在鄭貴妃死去十一年後，為李自成農民軍所殺，三百斤重的肉體跟鹿肉摻在一起，做成「福祿酒」，軍士一飲而盡。

走進陰冷的地下玄宮，面對三口朱漆脫落的巨大棺槨，留給人的印象仍是命運的殘酷。假如中間棺槨內的萬曆皇帝還有知覺，大概是不會瞑目的。因為他心愛的女人，這唯一一個把他當成一個「人」的女人，並沒有長眠在他身邊。他們的恩愛生前未得到認可，死後同樣無法如願，這不能不算作萬曆皇帝的一齣淒婉的愛情悲劇。同時，面對棺槨，也不能不為帝國唏噓嘆息。傳統觀念的不可超越，一個年輕聰穎的皇帝在政治生涯中無法充分利用自己的創造力，個性也無從發揮，反而被無形的鎖鏈牽引進陰森可怖的洞穴。一位富有詩意的哲學家說：「生命不過是一種想像，這種想像可以突破人世間的任何阻隔。」在這地宮深處，潮濕黴爛的棺木和膠結汙腐的油泥給人的感覺，卻是無法衝破的凝固和窒息。更為可悲和令人遺憾的是，那個曾經為萬曆皇帝付出過青春和愛情的鄭貴妃，一直為後人所唾罵。即使史學家也未必給予這個悲劇性女人公正的評價。「女人乃亡國之禍水」，同樣是為鄭貴妃所作的結論。在「國本之爭」這個主題上，尚有為數眾多的歷史研究者，其觀點依然站在四百年前萬曆一朝的臣僚一邊。似乎鄭貴妃天生就該安分守己地做任人宰割的妃嬪，而不應有做皇后的非分之想；萬曆皇帝天生就該和王恭妃恩恩愛愛，不應有真正的愛情……這些有悖常情的論斷，無疑有失公允，大多出於一種僵化、保守、人云亦云的思想驅使，讓是非漸明的歷史，再度蒙上了一層難以辨認的鏽跡。

——這是鄭貴妃的悲哀，也是後來者的不幸。

奇特的葬例

我國古代的皇家建築，講究雄偉高大、富麗堂皇，這一點，北京的故宮表現得最為明顯。一踏進這座宮院的大門，旅遊者就會感到冥冥中一股強大的震懾力迎面撲來，人類突然變得渺小了。隨著一步步登高，這種力量隨之加強，如同置身浩瀚無涯的蒼宇。面對這璀璨輝煌的藝術之海，彷彿人的精神和意志都會崩潰，不得不匍匐在地，頂禮膜拜，以示臣服。故宮的建築風格及藝術效果正在於此。而地下建築，除考慮堅固寬敞、抗擠耐壓外，同時具有一種令人超塵脫俗之感。定陵玄宮的南北兩壁，均用九層條石疊砌，是為九重法宮。這是一種吉利的象徵，一種至高無上占有一切的體現。整個看來，玄宮的宗教和迷信色彩極濃。石製座案綴飾帝后標誌的龍鳳，其下則裝飾仰俯蓮花瓣，乃是佛家傳統，其所隱含來世超生的觀念，實際上也是一種希望、一種幻想。有哲學家說：「死是人生所達到的最高峰，是短暫生命交響詩中的華彩樂段。」且不知玄宮的主人們是否有這種體驗。

定陵地下玄宮，在力學的應用上極為巧妙並具有非凡的創造性。從金剛牆到玄宮後殿，通長為七十米，最大寬度為九．一六米，最小的寬度也為六．〇三米，而且都是下挖土方、上蓋黃土的人工造型，不僅工程量大，且頂部負載十分沉重。為增加抗壓能力，匠師們憑著日常的經驗和非凡的創造力，巧妙地採用了雙交券結構❸的力學原理與美學觀念，融藝術與實用為一爐，完成了這部輝煌的傑作，使定陵玄宮曆四百年滄桑而巍然不動。

整座玄宮除後殿放置的三口朱漆棺槨和二十六只零亂的木箱外，最顯眼的當是中殿的漢白玉寶座和一口青花龍缸，其他均為零星的點綴，使碩大的宮殿不免有些空蕩和寂寥，由此也就越發讓人感到人生

玄宮後殿中三具棺槨發掘時原狀

的蒼涼與淒清，並對生命的本意到底為何物這個永恆主題，再做次全新的探索。

玄宮內很少見到文字的雕刻，只在中殿左側右門背後，曾發現有八處墨書字跡。經辨認為：

王忠下
陳洪
劉佐下
曾萬叛
良葉下
王堂
王斌下
正學

這些字跡是用竹籤蘸墨寫成的。用竹籤蘸墨在做好的石件或木件上做文字標記，這是我國石、木匠人的傳統習慣。因此，從墨跡分析，這些人名當是製作石門的匠師。再從人名的排列順序和隔一人便帶「下」字推斷，可能是兩人一組，上下分工，其目的在於責任分明以便查驗。

玄宮地面上鋪放的木板為其他陵墓所少有，從前殿、中殿，直到安放棺槨的後殿，整個地面鋪滿了橫向排列的木板條，雖經潮氣黴蝕，大部分已經腐爛變質，但仔細觀察，仍可看見木條上有車輪軋過的痕跡。毫無疑問，這是運載棺槨的車輛留下的印痕，鋪設木條當是為了保護地面的金磚免遭車輪碾壞。左右配殿沒有鋪設木條，是由於棺槨並未放置於此。

一切謎團似乎都已解開，但唯獨這帝后的奇特葬例，發掘六十多年後，一直令考古學家爭論不休。既然玄宮的左右配殿都有棺床和金井，為何空空蕩蕩，無人入葬？這棺床到底應該放置何人？是為皇后還是為妃嬪而設？這不僅成為考古學家和歷史學家研究的課題，也是許許多多旅遊者關注的焦點。

定陵地下玄宮，由前、中、後、左、右五座石結構的殿堂聯結而成。這種類型的建築，是宮殿的格局，漢唐以來的大型墳墓，考古發掘中也並不少見。可以認為明十三陵各陵的地下玄宮，除崇禎思陵外，其建築形式基本上與定陵地宮相同。按一般規律推斷，每座陵墓的地下，尤其是皇陵，其前、中、後三殿是必不可少的；而左右配殿則是根據傳統的建築形式——對稱結構設計而成，主要是出於傳統習慣和美學上的考慮。像這樣的地下建築形式，從文獻分析，在十三陵中最晚也應從明英宗的裕陵就已形成。

成化四年（一四六九年）六月，英宗皇后錢氏崩。為葬錢氏，宮廷內曾有過一場不小的論爭。從明朝開國皇帝朱元璋創立一帝一后的葬制後，其下的幾代帝后均按此制度執行。第五代皇帝英宗朱祁鎮，見皇后錢氏無子，為避免死後發生糾紛，臨死前留下遺詔：「皇后錢氏，名位素定。當盡孝養，以終天年」，並要錢氏死後同他合葬。其後憲宗皇帝即位，因他是皇貴妃周氏所生，故又封生母為皇太后。

在葬錢氏時，周皇后心想，從大明洪武至仁宗，陵內均是一帝一后，如果錢氏葬於英宗的裕陵，自己壽終後就不能與英宗合葬了，因此主張把錢氏另葬別處。

消息傳出，舉朝震驚。群臣以英宗遺詔為據進行抗爭，但周皇后仍不改初衷。群臣見上疏無效，就跪在文華殿前哭諍。憲宗朱見深見群臣伏地不起，便提出將玄宮分成三殿，這樣既能葬錢氏，也能照顧母親周皇后。事情既然發展到如此程度，周皇后只好答應。但又別出心裁，提出一個條件，要把錢氏入葬的左殿隧道口堵死，只讓將來安放自己的右配殿和中殿相通。埋葬錢氏時，朱見深按照母親的要求做了。所以裕陵地宮，左右配殿一通一塞。朱元璋之後的一帝一后的葬制，從此便被打破了。從這段史料分析，地宮的左右配殿是安放皇后的。

萬曆皇帝也曾想打破此制，一五九七年皇貴妃李氏崩，他傳下口諭：「我念皇貴妃李氏，侍候我好，又生

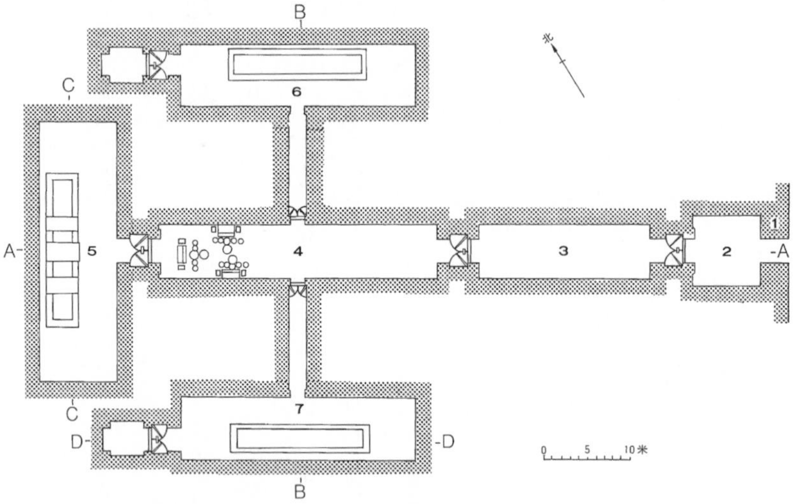

1.金剛牆　2.隧道券　3.前殿　4.中殿　5.後殿　6.左配殿　7.右配殿

定陵玄宮平面圖

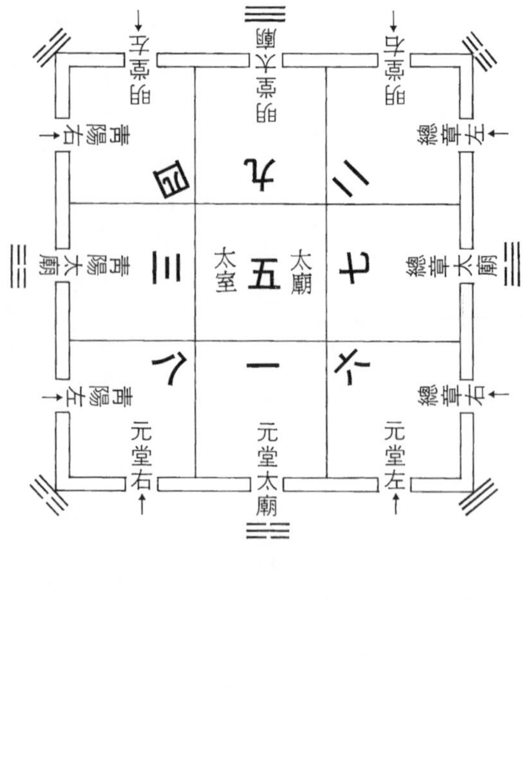

明堂九室圖

摹自《易圖明辨》卷二

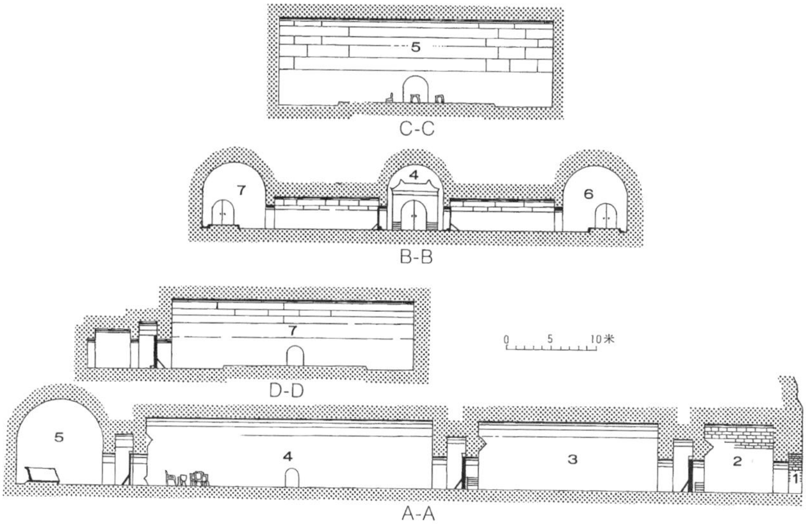

1.金剛牆 2.隧道券 3.前殿 4.中殿 5.後殿 6.左配殿 7.右配殿

定陵玄宮剖面圖

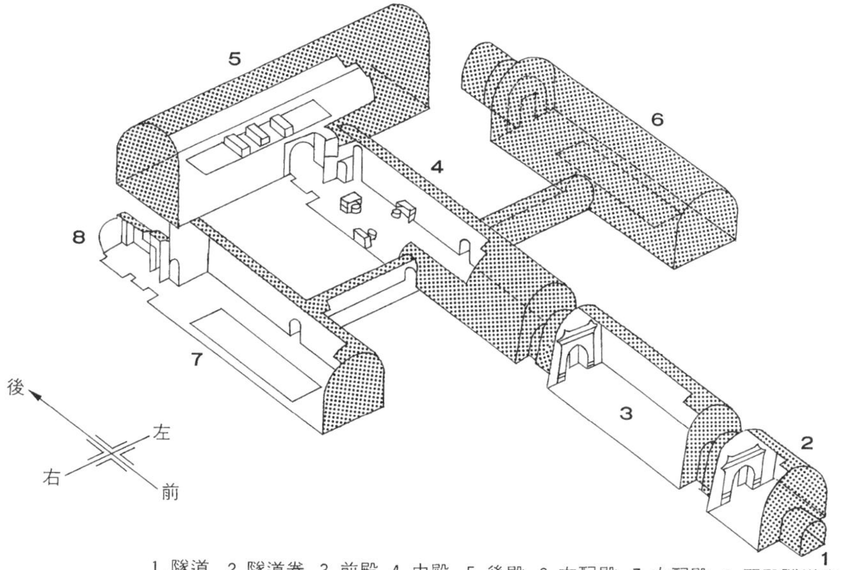

1.隧道 2.隧道券 3.前殿 4.中殿 5.後殿 6.左配殿 7.右配殿 8.配殿隧道券

定陵玄宮透視圖

有皇子，應安葬在壽宮右穴。」但被大臣以無妃嬪葬壽宮為例阻攔，沒有成功。當時萬曆皇帝何以置祖制於不顧，傳此口諭，其用心尚不清楚。最後結果是把李氏葬在定陵以南的銀錢山下，既然地宮左右配殿專為皇后設置，為何定陵玄宮的配殿空蕩無人，而兩個皇后的棺槨卻都放在了後殿？

定陵發掘時，考古人員在玄宮後面的寶城內側，發現了刻有「左道」、「右道」的字樣。從字跡的用意分析，應是通往左右配殿中，也就是這兩殿的隧道入口。因為沒有發掘，只在裡面看到石門和門外的金剛牆，其隧道的具體形狀尚不清楚。當時推斷，這兩條隧道應是皇后棺槨的入口。那麼，兩位皇后的棺槨進入陵園後，應先繞到玄宮之後，沿兩條隧道分別進入左右配殿。但帝后入葬時，正處大雨季節，「玄宮不可久泄」，整個地宮只挖開前方的一條隧道通往前、中、後三殿，配殿隧道沒有打開，這時的皇后棺槨，也只好跟隨萬曆皇帝一起從正門隧道運往玄宮。進到中殿後，由於通向配殿的甬道狹窄，巨大的棺槨無法進入，匆忙中只好將兩個皇后的棺槨都運往後殿，跟萬曆皇帝「同床共寢」了。

既然兩條甬道不能通行棺槨，那麼如此設計又有何益？

從皇帝生前築造豪華的壽宮來看，無非是相信靈魂不滅，人死後靈魂依然像人間一樣生活。配殿中設甬道和正殿相接，正是為了帝后的靈魂在宮內相通，彼此恩愛如故。這一點從裕陵地宮配殿的一通一塞，便可窺其一斑。謎團已經解開，但似乎又不盡人意。新的謎團仍纏繞著後來的研究者和挖根究底的觀光客，生出一個個疑問。

孝端皇后四月病故，其棺槨應已俱備。六月玄宮被打開，直到十月三日，她的棺槨才和萬曆皇帝一起運進玄宮。玄宮內甬道狹窄，皇后的巨大棺槨不能穿過它進入配殿，不可能在長達三個月的時間內居然無人想到這個問題。既然已經想到，為何不又開配殿的隧道，以至破壞帝后葬制呢？更奇怪的是，為埋葬孝端后打開玄宮隧道時，萬曆皇帝尚且健在，也就是說，這左右配殿隧道是專為埋葬皇后而設，為何不開左右配殿隧道而非開玄宮前殿？這就不能不提出一個新的問題：定陵玄宮內的配殿，是否專為妃嬪設計的？

十三陵區，除十三座帝后陵墓外，尚有七處陪葬墓。它們分別是東井、西井和五處妃嬪墓。史料載「蓋無隧道而直下，故謂之井爾」。我們不妨回過頭看一看這井與葬制的關係。殘酷野蠻的殉葬制度，始於原始社會末期，隨著階級的出現和奴隸制國家的確立，殉葬制度有所發展。殉葬人的身份由奴隸擴大到近臣近侍，人數也大為增加。這種制度春秋以後即不多見，漢唐以後已不存在。到了明朝，又死灰復燃。從太祖朱元璋始，到代宗朱祁鈺，五朝皇帝死後皆以妃嬪宮女殉葬，至英宗遺詔始罷。

考古發掘證明，殷商時代貴族奴隸主墓葬，殉葬人大多放墓室中，明代情況尚無發掘資料可證，依傳統習慣，亦當葬於陵內。《明會典》載：「孝陵四十妃嬪，惟二妃葬陵之東西，餘俱從葬。長陵十六妃俱從葬。獻陵七妃，三葬金山，餘俱從葬。景陵八妃，一葬金山，餘俱從葬。裕陵以後妃，無從葬者。」由引文可知，殉葬諸妃凡未葬在陵內者，均指出所葬地點，如孝陵「惟二妃葬陵之東西」，獻陵「三葬金山」，景陵「一葬金山」。這一推理如果不誤，那麼東西二井如果埋葬的是長陵殉葬的十六妃，似應作「長陵十六妃，葬東西二井」，或言「葬陵之東西」，不會說「十六妃俱從葬」。再者，長陵十六妃殉葬如不在陵內，獻景二陵從葬諸妃又當葬在何處？既不見於史籍，實地調查又無遺跡可尋。

葬於十三陵內的諸妃，多數為皇帝的寵妃，生前倍受恩遇，封以皇貴妃、貴妃；有的雖不受寵，但曾生育皇子，地位也非一般。殉葬諸妃中雖有貴妃，但多為一般嬪妃和宮女，喪葬禮儀亦當有別。東西二井規制與其他陪葬墓相同，甚至比萬曆四妃墓、世宗六妃二太子墓規格還高。宮人殉葬不在陵內，單獨建置陵園，視同貴妃，似乎不大可能。

按照我國古代「事死如事生」的禮制，皇帝生前深居九重，把皇宮比做天帝居住的紫微宮，其建築包括外朝和內廷兩大部分。外朝建築以奉天、華蓋、謹身三大殿為中心，象徵「前有太乙，後有鉤陳」的紫微帝座三辰，兩翼則分文華、武英二殿，內以乾清宮、交泰殿、坤寧宮為中心，東西宮分處兩翼。事實表明，定陵的陵寢建築確屬皇宮建築的格局。由此推斷，十三陵地宮的整體格局亦應與定陵大致相同。這就否定了憲宗朱見深首創左右配殿的說法，並可得出十三陵各陵均有左右配殿的結論。而按照一帝一后葬制，其左右配殿只能為殉葬妃嬪宮女所用。不如此，一個皇后面對兩座配殿，到底居左居右，無法解釋。

《明書》記載，明初葬制為一帝一后制，故帝陵皇堂只設金井兩位。至營造英宗裕陵時，由於其子朱見深不敢違背父皇遺詔，這就面臨要在後殿玄堂設置三位的可能。但祖宗制度不能輕易改變，加上臣下等人的堅決反對，所以後殿設雙穴。成化四年，錢后崩，憲宗朱見深在既不得罪母親周皇后，又不違背遺詔的情況下，將錢后葬於玄宮左配殿。有研究者認為，周皇后崩後仍和英宗一起葬於後殿玄堂，而錢后葬於側室。這本是特殊一例，後來又恢復祖制，帝后棺槨均葬於後殿玄堂之上。

為使這一推斷得到進一步證實，不妨再回到萬曆年間。大學士沈一貫在討論皇貴妃李氏能否安葬玄宮右側室時說：「臣等再三商量，玄堂之旁，制設左右側穴，推其初意，或者以待諸妃，但從未經祔葬❹，臣等不敢輕議。」從定陵的玄宮制度看，沈一貫等臣僚的推測不無道理。帝王生前有皇后、妃嬪，死後，使殉葬的諸妃之靈居於帝后寢居的左右側室，是符合「事死如事生」的觀念的。貴妃李氏死時，萬曆皇帝的元配孝端皇后王氏無嗣，皇長子朱常洛已十五歲，鄭貴妃的兒子朱常洵也已十二歲。從當時情形看，無論如何這三個女人的地位要比李氏高。如果按萬曆口諭，將李氏葬入玄宮右穴，這三個女人如何在玄宮內安置？大臣們的上疏沒有提到這個明顯的問題。如果左右配殿是安葬皇后的，萬曆也不可能提出這個惹事生非的問題；按當時臣僚們的狡詐聰明和多年上疏諫爭的經驗更不可能不以祖制作擋箭牌，而僅以「推其初意，以待諸妃，但從未經祔葬」作為並不充足的理由進行抗爭。

事實上，從定陵玄宮後殿棺床上的三位金井來看，似乎一切爭論都可迎刃而解。假若不是葬皇后，這三位金井，除中間是萬曆的以外，另二位為誰而設？除了皇后，誰又有資格和大行皇帝「同床共寢」？

至於玄宮左、右配殿空設的原因，是由於英宗已廢除殉葬制度，萬曆怎好違背祖制，重新拿妃嬪宮女殉葬？除了空設，別無選擇。定陵左右配殿葬妃而不是葬后，這便是筆者在研究了大量歷史資料後，作出的一種新的推論。

當然，定陵歷史已逾四百年，對種種謎團的破譯並非易事。到底孰是孰非，尚需進一步考證。但有一個事實卻不容忽視，既然帝后的棺槨已經安葬完畢，為什麼滿地的木板沒有撤走？甚至連抬木箱的繩子、木槓都沒有解開，零落地散落在玄堂之內？從種種跡象看來，當時的情形比較慌亂。那麼，其間究竟發生了什麼事？

定陵玄宮的歷史地位

就在玄宮打開的當天，長陵發掘委員會的吳晗、鄧拓、郭沫若、沈雁冰、鄭振鐸、夏鼐等先後來到定陵。面對這座幽暗、深邃、輝煌的地下宮殿，這些飽覽經書、學貫中西的一代文化巨匠，無不為之驚嘆不已。像這樣一座恢宏的大殿，通體沒有一根樑柱，歷三百餘年無絲毫損傷，不能不說是一個奇蹟。

定陵玄宮的這種五室布局形式，在我國尚屬首見，因此不易為人們所認識。有建築研究者認為，定陵地下玄宮是地面庭院式布局的反映，主室和配室就是正殿和配殿，三個前室代表三進院子。其實，在明代，一座正殿、一座配殿，前有二進或三進院落的格局，不過是大臣所用的建築規制。而定陵玄宮建築是按照外朝和內廷兩部分建築規畫設計的，以象徵人君之居的特點十分明顯。

在明代君臣看來，以奉天殿為主體的外朝建築群，相當於古代天子臨朝布政的明堂。以乾清宮為主體的內廷建築，則相當於天子的常居──路寢（正寢）。儒家認為：「天子廟及路寢皆明堂制。」所以，明代皇宮的外朝和內廷又帶有古代明堂、路寢建築縮影，亦即簡化了的明堂、路寢建築格局。

當然，定陵玄宮各室的長寬比例，根據陵墓的特點，都作了適當的調整。前、中兩室呈縱向長方形，後室則接近皇宮正殿的比例。這對表現大行皇帝在陰間的九重深宮無疑具有十分濃重的渲染作用。這種藝術處理的結果，除美學上更加考究外，前、中兩室給人以深遠之感，而後室則賦人以寬敞堂皇之整座大殿室，連結而成便具有一種神祕遼闊、撼人心魄的氣勢。

定陵發掘三十年後，一位來參觀的青年。看罷地下玄宮，站在出口處，依依不捨地回首這座足以令他熱血沸騰的大殿，長嘘一口氣：「大丈夫當如是也！」他的感慨或許是一種對權勢的崇拜，同時也含有對這部輝煌傑作的真誠嚮往。是定陵玄宮獨特的藝術風格和非凡的創造力，撼動了他的心靈。「覽長城催人建功立業，觀大海使人心胸開闊」。那麼，面對這座氣勢宏偉、幽深博大的地下殿宇，就不能不發出如此之感嘆。它的輝煌如此，氣度同樣如此。

漢天子陵墓實行「黃腸題湊制」❺。其中分位雖迄今不詳，但所設四羨門❻、容大車六馬，卻與六書「天子之宮相通」及歷代帝王宮廷建築四面闕門相合。

明定陵地下玄宮與漢代陵墓相比，雖無四通羨門，但五殿室猶具古代宮室特點。與南唐二陵比較，則形制更為相近。這不僅僅從一個側面反映了我國漢、唐以來，封建統治者在宮室制度方面力圖附會《禮》書中記載的周朝古制，而且進一步證明以定陵為代表的明代帝陵玄宮制度，在我國帝陵演變史中並非憑空產生，而是在繼承發展前代的基礎上，逐漸形成自己獨特的建築風格。

清代的帝陵玄宮除慕陵外，將明代五室玄宮簡化了兩側室，形成以明堂券、穿堂券、金券為主體的三室縱列規制。從南唐欽陵到清昌陵，我們不難看出，以明定陵為代表的明代帝陵玄宮制度，確實起著承先啟後的作用。它不僅在中國帝王陵寢中占有重要的歷史地位，也是中國古代人民留給人類的一份寶貴的文化遺產。

定陵發掘，從一九五六年五月十九日到一九五七年九月二十一日打開玄宮，宣告一段落。但整個發掘工程還沒有結束，三口脫漆的朱紅棺槨中的主人仍在酣睡，玄堂上二十六箱稀世之寶尚待清理。當天真的發掘者們正要以全部身心去解開死屍之謎的時候，卻驀然發現玄宮之外的政治風雲已經發生突變，由不得他們的良好心願和滿腔熱情了。新中國的第一座皇陵發掘以嚴肅的正劇開端，卻以淒壯的悲劇結束，已勢所難免。無論是定陵發掘的發起人，還是為此付出青春和汗水的具體發掘者，同三具屍體一道被推上悽愴的祭壇，也只是晨暮間的事情了。

由此，中國考古史揭開了悲愴而慘澹的一頁。

注釋

❶五供：陵墓前供奉之五件器具，中置一香爐，左右各置燭台一座、花瓶一只。

❷金井：棺床內的風水之穴。棺床作成平面鋪磚，放棺處留下一處黃土不鋪磚，稱為金井。傳說是為接地氣之用，實際應理解為它是全部建築之基點。

❸雙交券結構：作券時用雙圓心起券法。雙圓心起券兩弧相交比單圓心起券弧度要大些。

❹祔葬：合葬，後死者之棺附葬於祖墳內。

❺黃腸題湊制：黃腸，以柏木黃心製的外棺；題湊，古代貴族死後，槨室用厚木累積而成，木頭皆向內，故稱之。為漢代皇室特有之棺槨規制。

❻羨門：墓門通入墓室常有斜坡道路稱羨道。羨道的門稱羨門，有時也用稱墓門。

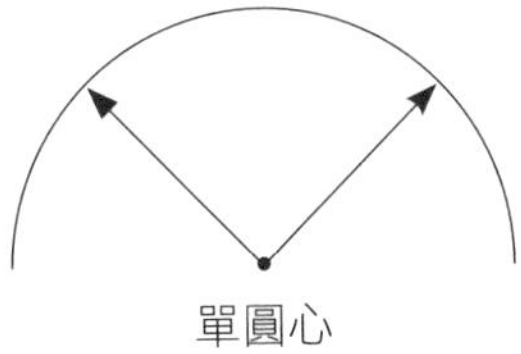

單圓心

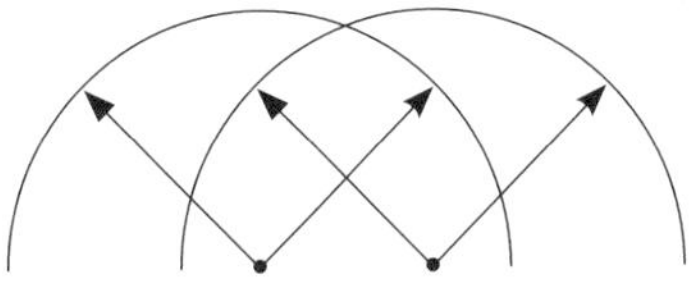

雙圓心

第十三章

地宮中兩個女人

打開兩位皇后的棺槨，歷史的迷霧倏然消散；華彩麗服，玉器珍寶，遮掩不住宮廷鬥爭的殘酷無情。木俑的出現，引出一段古代喪葬的悲劇。而那兩具腐屍朽骨及其生前的相同命運，則令人悲嘆不已——

卍字符下的孤魂

對於發掘人員來說，這是最輝煌最激動人心的日子。他們以考古的手段和科學的方法，打開了中國第一座皇陵。這是考古界的幸事，也是個人的幸運。作為一個考古工作者，一生能夠參與幾次像這樣具有歷史意義的偉大發掘？儘管他們尚不知這是第一次或許也是最後一次的皇陵發掘，卻分明體會出這次發掘的份量和地位。可以斷言，它在中國考古史上占有重要的一頁。

面對三口巨大的棺槨和二十六箱因木質腐朽而四散零亂的隨葬品，他們需要做的，就是迅速清理殉葬器物和解開三具屍體之謎。

由於我國幾千年來盛行的「厚葬」制度，歷代統治者都把大量的財富隨自己一同埋進墳墓之中。除金銀財寶之外，尚有大量的日用器物、工藝美術品、文房四寶、圖書繪畫以及生產工具、科技成果等等。這些殉葬物品除本身固有的價值外，還在於它們都是當時盛行的最值得珍惜和有代表性的傑作。許多衣冠服飾、絲麻織品、銅器、玉器、陶瓷、漆木器、金銀器等，都是當時特地製作的，較準確地反映出當時的生產力和科學技術水準，同時展現了當時的生活習俗和藝術風格與追求。

作為歷史的物證，出土文物比之世間流傳的古董文玩更為可靠。除它具有絕對的真實性外，埋葬在地下的文物，由於與外界空氣陽光隔絕，不受侵蝕，恆溫恆濕，雖數百年以至千年仍完好如初，光豔奪日，在質地和色彩上的研究價值又遠勝於在世間流傳。在諸多殉葬品中，尤以帝王陵墓中的最為豐富貴重，也最具研究價值。因為這些殉葬品都是集中一國一朝，甚至幾國幾朝的珍貴財富和能工巧匠的智慧才能融造而成的。

面對定陵玄宮這座地下文物寶庫，發掘人員作著各種猜測和準備。三具屍體保存完好還是早已腐爛？葬式如何？穿什麼服裝？現在京劇舞臺上的服飾是仿照明朝的式樣製成的，那麼，萬曆皇帝和兩位皇后的穿戴是否和京劇中的帝后相同？

帶著諸多疑問，發掘人員走向女屍。

在三口棺槨中，居右側的損壞最嚴重。外層的槨已腐爛、塌陷，棺也出現了諸多裂縫。這是孝靖皇后的梓宮。這位可憐的女人因比萬曆皇帝早死十年，埋在東井左側的平岡地，棺槨腐爛較快。加之後來她的孫子朱由校將其棺槨遷出，移放定陵，故損傷尤為嚴重。

最先清理這口棺槨，是夏鼐作出的決定。因為地宮一旦打開，裡面的恒溫將不存在，外來氣流與宮中的空氣融合，對屍體及文物有極大的損害。所以夏鼐斷然決定一部分人清理孝靖皇后的棺槨，其餘人員迅速搶救木箱中漸已腐爛變質的殉葬品。

為保證屍體及器物的順利清理，夏鼐索性搬到工地木板房，和發掘人員同吃同住，以便進行具體指導。萬曆皇帝生前曾經不惜一切代價，為自己修建壽宮，定也會千方百計地尋求保存遺體的靈丹妙藥，估計棺內屍體有可能尚未腐爛。夏鼐指示用木板釘一個能容納屍體的大木槽，並做好處理屍臟的準備。

陰冷、潮濕、漆黑的地宮大殿，只有一台小型發電機供電照明。發掘人員借著昏暗的燈光，圍在孝靖皇后的棺槨周圍，拍照、繪圖、測量、編號……一切工作俱已完備，接著拆除槨板。由於早已塌陷腐爛，不費多大力氣，香楠製成的槨板很快就被拆除，一口完好的棺木露了出來。

明代史書中，有許多不合歷史事實的記載。有的說孝靖皇后是一個年長的女人，在和萬曆相遇時就已經消失了青春；此後又一目失明，所以不能繼續得到皇帝的寵愛。另一個故事則說萬曆皇帝病重，自度即將不起，有一天一覺醒來，發現恭妃王氏的胳膊正枕在他的腦袋下，臉上淚痕未乾，而貴妃鄭氏卻已無影無蹤等。

這些捕風捉影的故事，在當時不僅口耳相傳，而且刊諸棗梨，印成書籍。關於王氏和萬曆相遇時的年齡問題，定陵發掘中得到了澄清。因為孝靖槨板的西面有一墓誌，用鐵箍箍住。她死後安葬時僅為皇貴妃，無謚冊❶謚寶❷，僅有墓誌；遷葬時已具冊寶，但原有的墓誌也一起隨棺槨遷來，上面清楚地記載著她的出生年月。據此推算，她和萬曆相遇那年剛剛十六歲，萬曆十八歲。誌文「以四十年七月十七日卜葬」句中，「四十」、「七」、「十七」五個數字字體與誌文並不相同，顯然是臣僚作好誌文後便刻石，空出日期，入葬時再補刻的。以《明史》和墓誌相對證，年月上亦有出入。如墓誌上冊封恭妃在萬曆十年六月，《明史》卻載四月；死在三十九年，《明史》載四十年。墓誌的出土，更正了《明史》的錯誤之處。

打開孝靖皇后的棺木，發掘人員首先看到的是一床平鋪的織錦經被，呈鵝黃色，織雜花，錦上有朱紅色經文。由於時代久遠，經文字跡辨認不清，僅中部殘存的「南無阿彌……」還可依稀認出。

掀開錦被，不見屍體，卻塞滿了織錦、金、銀、玉等殉葬品。似乎不是盛放屍體的棺木，倒是一個珍寶倉庫，各種美妙絕倫的藝術品和價值連城的寶器，構成了一個色彩紛呈的世界。

隨葬器物有銅壺與精美瓷瓶等

帝后陵墓的殉葬，同它的建造一樣，自有它的發展演變過程。從已有的發掘資料看，在原始社會早期階段，生產力較為低下，人們對死者的埋葬並不注意，更不可能有什麼珍貴物品為死者殉葬。考古發掘證明，殉葬應是產生於有意識的埋葬行為以後，人們在埋葬先人或同伴的遺體時，往往會想到他們生前所用過的和喜愛的東西，把它們和他（她）同時埋起來。其出發點大約有兩點：一是作為紀念性的，不一定受宗教迷信觀念的驅使；二是靈魂觀念引起的，認為人死後到另一個世界，仍像世間一樣生活，同樣需要生產工具和日用品，以及愛好的玩物，為了使他們在陰間生活得更好，就用殉葬的方式把這些東西送給他們。

中國的殉葬制度大約是從原始氏族制度形成的時候開始的。如距今一萬八千年前的山頂洞遺址的下洞裡，所埋葬的一個青年婦女、一個中年婦女和一個老年男子，已經有了生產工具和裝飾品等殉葬物。其中有取火用的燧石，有石器生產工具，和作為裝飾品的穿孔獸牙。

隨著氏族公社制度的發展，生產力有了一定的提高，殉葬物品也相對增多起來。在當時的墓葬中，殉葬品一般都有一套二十五件用於炊煮、儲盛、打水和飲食方面的陶器，少量的生產工具和骨簪、骨珠、玉墜、陶環之類的裝飾品，還有一些作為防身武器的工具。這時還沒有棺材之類的葬具。

從這時期殉葬物品所反映的情形來看，這些東西為數仍有限，都是他們個人日常用的物品，與各氏族成員之間所有的物品不相上下，數量與品質基本相同。由於一些生產工具製作不易，而且還需使用，如磨製的刀斧石器等，所以殉葬較少。我們從這個時期的殉葬中，可以看出原始氏族公社的社會情況。

隨著父系氏族公社的發展，生產有了剩餘，一些產品被少數人所占有，逐漸形成貧富之間的分化。從殉葬品中，也可以看出這一分化的過程和情況。生產工具的大量佔有和精美裝飾品之多，均顯示出死者生前占有財富的能力。如南京北陰陽營青蓮崗文化墓葬裡的殉葬品，百分之七十有生產工具和其他很多貴重物品。有一座墓殉葬石器十二件，實用陶器四件，玉器、瑪瑙等裝飾品十一件，個別石器工具達二十多件，其中有精美的石斧、石刀。山東泰安大汶口文化氏族墓葬中，一般富有的殉葬品有三、四十件，最多的達一百八十多件。其中有精美的彩陶、黑陶、白陶器，磨製精細的石製、骨製生產工具和精美的裝飾品，有的墓葬中還發現了透雕刻花的骨梳和象牙筒。與此同時，在另一些地區的墓葬中殉葬品卻極少，甚至全無。殉葬品的多少，反映了貧富的分化，同時說明奴隸社會制度已在萌芽之中。

這種殉葬制度自奴隸社會後，越演越烈，直到清朝之後才逐漸減少。

在孝靖皇后棺內的織錦經被下，有兩套精美鮮豔的服裝。上衣是黃緞夾襖，對開襟，織金線連成，袖既寬又長。下衣黃緞裙，所穿夾褲用黃緞做成，褲腰左側開口，頗具現代意識；腰用黃緞帶子裹緊，儼然今天的夾

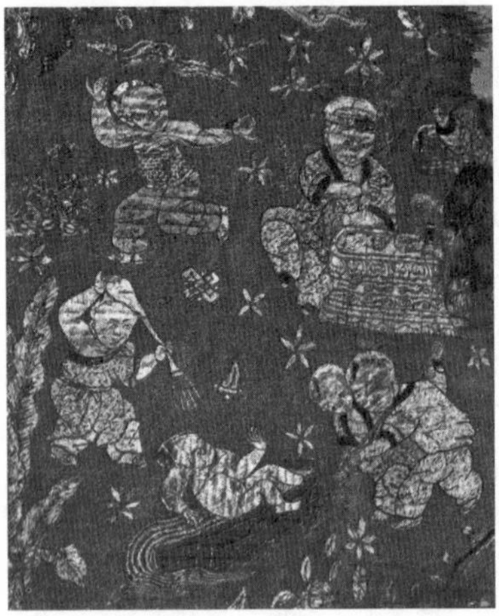

繡百子暗花羅方領女夾衣前身原件（局部．繡招蜻蜓、鬥蟋蟀、沐浴圖）

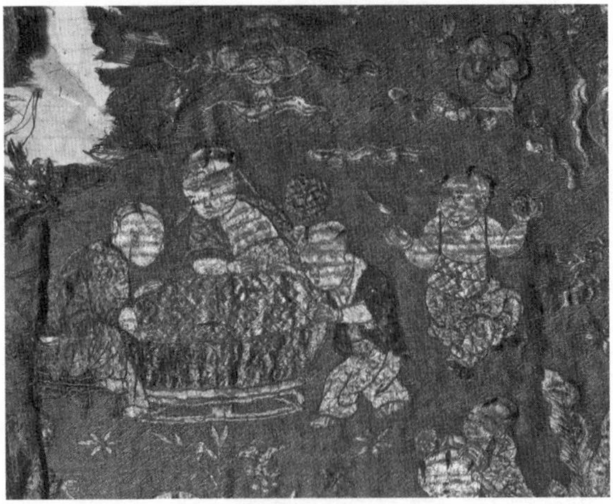

繡百子暗花羅方領女夾衣前身原件（局部．繡觀魚、玩鳥圖）

克服裝。這是定陵出土的近二百匹成料和服飾中最為輝煌珍貴也是保存最好的兩件瑰寶。

它的珍貴在於整體用刺繡的工藝製成。衣上精緻地繡有一百位童子，象徵多福多壽多子孫，取其「宜男百子」之意，以示皇室子孫萬代永世興旺。衣服前襟及兩袖之上用金線繡出九條姿態各異的蛟龍，並以八寶紋和山石、樹林、花卉紋樣為背景，巧妙地與百子的各種活動融為一體，形成一種人和動物及自然三種生命同呼吸共命運的風情畫。一百個童子神態各異，身著不同服飾，扮演著各種不同的遊戲，都栩栩如生，情趣盎然。一共四十組畫面構成了一個色彩斑斕的兒童樂園。如「打貓圖」，一隻小貓在花草中追趕蝴蝶，孩子們則追趕著小貓。整個畫面洋溢著春天的氣息，萬事萬物都在復甦、生長，按照自身的規律生長、發展、繁衍，一種生命的騷動和對本體之外的占有意識，在這幅圖畫中表現得活靈活現。這短短的一個畫面，幾乎囊括了自然界一切鬥爭史和生物的主體意識，它賦予人類一個深邃的內涵與哲理：生命的發展壯大，是在不斷競爭中形成的。植物如是、動物如是，人類如是。

在「考試圖」中，有的假扮教書先生，有的認真書寫，有的拿著書本，眼睛盯著外面的大千世界。這幅圖既顯示出了老師的嚴肅認真，又表現了考生的緊張心情，同時透視出學生們欲擺脫桎梏，回到大自然中去的美好願望。各種複雜的心態交相輝映，各種不同的嚮往、不同的追求、不同的形態，都展現得淋漓盡致。小小的畫圖，以現實主義的手法，將封建社會的「寒窗」生活，一覽無餘地呈托出來，具有強烈的震撼力和濃重的審美情趣。

而「沐浴圖」更生動活潑，美妙可愛。這是百子圖中極為重要的一幅，也最富有生活氣息。畫面上四個童子正出演一場鬧劇：一個裸體小男孩躺在木盆裡洗澡，小夥伴手提噴壺為他澆水。洗得正愜意，突然跑來兩個孩子，將一根木棍伸進盆下用力上撬，頓時盆水四溢，浴童坐立不穩，急忙招手求饒。

這一畫面精巧地攝取了生活中的細節，藝術地再現了孩子們頑皮可愛、天真爛漫的性格。在寫實的基礎上又稍作誇張，使藝術在表現上更有立體感，使觀望者情不自禁地置身於他們的嬉鬧之中，和他們一起享受童年的歡樂，進行一種生命再次的萌發與昇華。

考古人員正在清理孝靖皇后棺內文物。右起：趙其昌、冼自強、李樹興、劉精義（劉精義提供）

有的畫面為小兒身著大人服裝，扮演各種戲劇角色。在「官員出行圖」中，孩子們身穿長袍，頭戴烏紗，腰繫玉帶，騎著竹馬；前後臣僚成群，有的打旗，有的執傘，有的奏樂，有的鳴鑼開道。整個畫面熱鬧而滑稽，嚴肅而可笑，把朝廷臣僚的形象和心態含蓄委婉地勾勒出來，讓人開懷一樂的同時，也留下某種思考與回味的餘地。「跳繩圖」、「捕鳥圖」、「放爆竹圖」、「捉迷藏圖」、「摘鮮桃圖」等等，每一幅圖都捕捉故事中最富有表現力、最富情趣的情節，維妙維肖地表現出來，兒童的稚氣、活潑、純樸、天真無邪，躍然於錦緞之上。百子衣不僅構圖精巧優美，內容豐富多彩，而且刺繡技藝嫻熟，針法細密，配色得體，再加上金線的大量應用，使整個服裝蕩漾著藝術的靈光和天然的神韻，它是來源於自然又飄渺於自然之外的更高層次的藝術結晶。

刺繡在中國源遠流長。據《尚書》記載，四千多年前的章服制度，就有「衣繪而裳繡」的規定。周代亦有「繡繪共職」之說。兩漢時期，湖南長沙、河北懷安、新疆民豐、甘肅武威等地都有刺繡工藝品出現。其針法以辮繡❸為主，間有少量的平繡❹與接針繡❺，繡品圖案充滿新鮮、活潑、生動而莊重的感覺，表明中國的刺繡工藝進入了一個新的時期。

唐宋時，刺繡在原有的技藝水準上又有了長足的進步，特別是套針繡❻、纏針繡❼、搶針繡❽等平繡針法的運用，大大增強了刺繡的藝術表現力，圖案紋樣逐漸向清新、自由、寫實的方向過渡，逐漸形成完美的藝術風格。

明代刺繡繼承了唐、宋的優良傳統，並有新的創造與發展。百子衣是宮廷繡品，可能是皇后大婚或典禮時的禮服。據《明會典》載：洪武二十六年，定輪班匠，一年一班者，有繡匠一百五十名；三年一班者，有織匠一千零四十三名。由此可見，明代宮內有輪班與住坐❾的繡匠，他們可能是來自各地的刺繡能手，到北京後又吸收了京繡的風格特點，所以宮廷繡品從原料、針法、技巧等方面都有明顯的京繡特色。

百子衣中孩童們的嬉戲內容和所用道具的形式造型，具有濃重的北方民間風情，但圖案中的芭蕉以及童子洗澡等，又以南方景物與習俗為原型，進行藝術加工而成。在針法上，大面積地運用平針、盤繡以及金線、包梗線勾勒輪廓的技法，具有廣繡特點；而運用花線的搶針繡，又具有蘇繡特點。

由於宮廷繡匠來自全國各地，他們有可能在已有技藝的基礎上吸收各家之長，從而形成獨特的藝術風格。也正因為如此，他們能兼收並蓄，博覽群采，從而使百子衣幾乎達到了藝術的頂峰。

百子衣上除山川樹木、草原林海、蛟龍、禽獸等圖案外，還點綴著一個個神祕的「卍」字，使人在領略大自然詩情畫意的同時，感覺到一種強烈的宗教意味。「卍」的來源，大約從唐代開始由印度、波斯、西藏等引入內地。引進者是不是小說《西遊記》中的唐僧師徒，不得而知；但武則天長壽二年製出此字，並讀作「萬」，將「卍」稱為「萬字紋」，卻有明確記載。

「卍」字的含義，在《宗教詞典》上標著一個古怪的梵文讀音，意思是「胸部的吉祥標誌」，古時譯為「吉禪海雲相」，係釋迦牟尼三十二相之一。

「卍」原為古代的一種符咒、護符或宗教標誌，被認為是太陽或火的象徵。在古印度、波斯、希臘等國有婆羅門教、佛教、耆那教等使用，一般藏學家的著述裡都將「卍」作為由佛教傳入藏地的舶來品，時間在西元七世紀以後。

但有研究者卻在西藏那曲以西的毫無宗教色彩的日土岩畫中，發現了「卍」由太陽演變而來的過程：

由此可見，這個神祕的符號可能來源於西藏這塊佛教聖地。在世界文明的進程中，不約而同的現象很多，如太陽的象形文字「⊙」就為漢、藏、古埃及等地所共有。這一點，宗教專家常霞青也有相同的看法。他在《麝香之路上的西藏宗教文化》一書中，對「卍」符號是這樣解釋的：

「卍」這一符號在本教中稱為「雍仲」，其來歷同「歐摩隆仁」這一本教聖地有關。歐摩隆仁被描繪成占據天下三分之一的土地，具有八瓣蓮花狀的地形，上面籠罩著帶有八個輪柄的輪形太空，有九疊「卍」山俯臨著這塊土地。這似乎是人類在原始思維狀態下對宇宙、大地的認識。「卍」符號在本教中作為「永生」、「永恆」的標誌，顯然是人類充滿希望的表現……從西藏早期的歷史看，「卍」並不是佛教引進後的產物。因為「卍」這個符號在佛教進入西藏以前已在本教中作為神聖的標誌，為西藏廣大居民所崇拜。同「卍」這個符號相應，「九」這個數字在本教中也具有神祕色彩。在本教的經典和傳說中，「九」往往同宇宙天體、天界有關。地從裡到外有九層，而天也有九重，這便是日常說的九重天、九重地的本意……

從定陵玄宮的九重建制，以及雕刻的蓮花瓣等圖案來看，同「卍」一樣，顯然是受佛教的影響。而「卍」之所以引起發掘人員和後來觀光者的注意和重視，其原因是它同二次世界大戰中希特勒軍隊的標誌為同一物，這一巧合，不能不令人為之驚訝。希特勒為什麼選取這個符號作為法西斯的標誌？直到現在仍眾說紛紜。一個曾當過希特勒女僕的人回憶說：早年希特勒在某處發現了這個印度古老的吉祥符，他按照自己的意志理解了「卍」的形象與含義，並選擇了這個標誌。希圖靠上天保佑，稱雄世界。可惜他把方向記反了，標誌竟成了「卐」形狀，這或許就是他必然覆亡的隱喻吧。這個說法顯然並不科學。從定陵出土的大量織錦品來看，在使用「卍」符號時，既有正的，也有反的，可見當時人們並不怎麼看重這個符號的方向。萬曆沒有把「卍」符號方向記反，卻也使二百七十餘年的大明帝國走向覆亡。

前幾年，曾有家報紙刊載了希特勒親筆所畫的卐結構四只大皮靴，漫畫的標題是——鐵蹄踏遍世界。法西斯褻瀆了這個神聖的符號。同樣，萬曆皇帝也愧對「卍」於地下了。

發掘人員掀開百子衣和兩床錦被，那位一生歷盡苦難的女人的屍骨終於出現了。她安詳地躺著，頭上滿插金、玉、寶石、釵簪，面稍向南側臥；左臂下垂，手放腰部；右臂向上彎曲，手放頭部附近；脊椎骨上部稍彎，下肢伸直；肌肉已經腐爛，只有一個殘存的骨架。看來這位悲慘的女人，生前未得到幸福，死後同樣未能得到萬曆的照顧。從她那姿態中，仍讓人感到一種不甘於屈辱卻又無可奈何的悲愴命運。

發掘人員想把她的屍骨搬出來，放進木槽。但一經拿動，整個骨胳卻四散開來，只有下肢關節處還有韌帶相連。

大家只好一塊一塊向外拿。她的頭顱由於肌肉早已腐爛，只有一個扁圓的白中帶灰的骷髏尚枕在菱形錦織枕面上。眼眶中二目無珠，像一個無底黑洞，陰森可怖，鼻骨俱已爛掉，只有兩個呼吸的孔穴鑲嵌在骷髏中央。張開的嘴巴，牙齒外露。似在猙獰中露出一絲淡淡的苦笑，沉寂中發出呼喊像是在訴說自身的不幸與淒涼，又像在感嘆人生的苦難與滄桑、滑稽與可笑。她的身下鋪滿了紙錢與銅錢。這是供她在地下的靈魂生活之用。她生前的肉體沒能用金錢、沒能得到愛情和幸福，不知地下的亡魂，能否得到人世間不能得到的一切？面對這堆紙錢，越發讓人感到人生的淒苦與悲哀。但願這些紙錢銅幣能使她孤苦的亡靈有所慰藉。

蠟炸木俑與殉葬制度

在棺床南北兩端的八只木箱內，裝滿了木俑，其中七箱人俑，一箱馬俑。因木箱受潮氣侵蝕，俱已腐爛黴朽，箱中大部分木俑也已腐爛變質，一觸即散，不易拿取。從地面痕跡辨析，地宮內可能幾度積水。水的蒸發加速了木俑的壞爛，使之成為現在的狀況。為搶救木俑，工作隊決定，就在開棺的同時，由白萬玉老人對八箱木俑進行清理，並採取保護措施。

木俑的數量已無法鑒別，估計當在千件以上，比較完整的僅剩三百餘件。仔細辨認，還可看得出是用松木、楊木、柳木雕刻而成。人俑多數為男性，其中少數是留有長鬚的長者。少數女俑，身材都較矮小，呈宮女形象。但無論老少男女，都衣冠整齊，神采飛揚。馬俑則鞍蹬齊備，形態各異。各種木俑稍作藝術排列，便是一幅極為形象的宮廷內府生活畫卷。

據考古發現和證實，這種以俑殉代替人殉現象的最早出

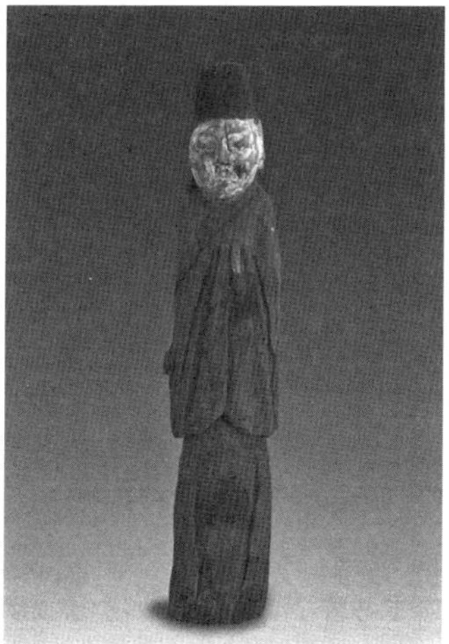

地下玄宮中發現的人俑

現，當在奴隸社會後期。一些奴隸主感到用大量的奴隸和牛馬殉葬未免耗費生產力，損失太大，於是便提出了這一替代的辦法。

在安陽殷墟的墓葬中，曾發現過用灰青泥質製做的帶著桎梏的男女俑，但數量不多，看來這種方法在當時尚未盛行。事實上，直到孔子的時代還用活人、活獸來殉葬。一生呼籲仁善的孔子對人殉固然痛心疾首，對以俑代人殉的方法也不贊成。他曾說過：「始作俑者，其無後乎！為其象人而用之也。」孔子怕這些之乎者也的語言仍不足以引起眾人的注意，乾脆直言不諱的說：「為俑者不仁。」

這位孔老夫子未免有些糊塗，真正創造和推行以俑代人制度者，在今天看來仍是一個十足的大仁大智之士，此舉不知使多少生命倖免於難。且不說遠古的奴隸社會，就是後期的明朝，其妃嬪宮女之慘死，也足以令人潸然淚下。

歷史進展到明代，已出現資本主義萌芽，思想及生活習俗亦有很大發展變化。在這樣一個社會急劇變革的時代施行人殉制度，帝王將相自感不甚光彩，為掩蓋事實，宮廷文獻極少記載，只是從零星的史料中透露出一點資訊，讓後人窺視其中慘象。

明朝用人殉葬和奴隸社會不同的是，不採用戰俘或奴隸，而是以妃嬪宮女殉葬。其方法也不再是活埋或砍頭再埋，而大多是先吊死，再埋入陵內或別處。明景泰帝時所載「唐氏等妃俱賜紅帛自盡」，便是一例。若殉葬的妃嬪人數多（如為朱元璋殉葬的四十六人），就讓她們集體上吊自殺。臨刑前還在宮內擺設宴席，請她們盛裝打扮之後赴宴。可想而知，再好的盛宴恐怕也難使這些行將結束青春和生命的女人下嚥，只聽得哭聲響徹大殿，哀泣之音瀰漫深宮。宴席結束後，她們便被帶到指定的殿堂內，分別站在木床之上，將頭伸進預先拴好的繩套中，隨後太監撤去木床，一個個年輕生命便告別塵世、芳魂遠去了。

明成祖時一個朝鮮妃子韓氏，在成祖死後被指定殉葬。她明知自己將死，但卻無法抗爭。當她站立木床，將要把頭伸進帛套的剎那間，卻猛地回首呼喚自己的乳母金黑：「娘，吾去！娘，吾去……」其淒慘之狀、悲慟之聲，連監刑的官史都潸然淚下。太監將其頭顱強按進帛套中，抽掉木床，韓氏掙扎了幾下，就魂歸地府了。金氏是韓氏從朝鮮帶來的乳母，後來被放回故國，才把這段詳情公之於世，並載入朝鮮文獻《李朝實錄》中。

為掩人耳目，帝王常採用加封和追謚的辦法安慰殉葬者的親人，顯示皇恩浩蕩。為宣宗皇帝朱瞻基殉葬的宮女何氏、趙氏等十人，就分別追封為妃嬪並加謚號；對死者的父兄，也施以優恤，授給官職，子孫可以世襲，稱為「朝天女戶」。

對未被封謚的宮女，朝廷實錄中大都不記載她們的名字和生前的隻言片語，致使後來研究者無法得知其本來面目。當然也有例外。《晚吸》中就曾有過這樣的記載：鳳陽有一少女名叫郭愛，出身書香門第，天真美麗、聰穎而有文才，十四歲時被選入宮為宣宗嬪人。當她懷著滿腹的希望和幸福的憧憬，離開鳳陽這塊大明帝國的崛起之地，歡笑著來到北京去找她的鳳陽同鄉時，卻沒有、也無法預料到，死神正向她走來。進宮剛二十天，對紫禁城的一切尚未熟悉，就傳來宣宗駕崩的消息，而且她已被指定為這位鳳陽老鄉的殉葬者。旨意傳來，這位荳蔻年華、活潑可愛的少女悲痛欲絕。在生命的最後時刻，她滿懷悲憤與哀怨，寫下了一首絕命詩，託一個要好的太監送出宮外，於是給世間留下了一曲深宮冤魂的千古絕唱：

修短有數兮，
不足較也；
生而如夢兮，
死則覺也；
失吾親而歸兮，

慚余之不孝也；
心淒淒而不能已兮，
是則可悼也。

詩中飽含血淚，哭訴了夢一般的短暫人生，未報父母養育之恩卻早歸黃泉的遺恨，以及對命運的哀嘆、對青春的痛惜，躍然紙上。其真摯哀婉的情感令人肝腸寸斷。

這首詩是真的出自宮女郭愛之手，還是後人所偽造，尚需考證。但卻真實地道出了明朝從殉女性那無聲的吶喊和對封建王朝殘酷野蠻制度的痛恨與詛咒。這無疑是封建帝國女性悲慘命運的一個縮影，而歷史就是這樣殘酷無情地重複著一幕幕人間悲劇。龍的傳人、炎黃子孫，自誕生那天起，就帶著嘆息、流著汗水、淌著血淚，在滾滾的歷史長河中，艱難地一步步離開蠻荒和愚昧，尋找著文明的曙光。這是一種多麼沉重痛苦的腳步？這是一條多麼漫長和遙遠的人間棧道？

歷史正是從這滴血的號子和沉重的腳步探尋中，泛起了文明的光芒。歷史創造了人類，人類改變了歷史。中國的歷史進入封建社會，以俑代人的殉葬制度與風俗開始興盛起來。近年在陝西臨潼發現的秦始皇陵兵馬俑，就是一個極其重要的實例。在已發掘的三個俑坑中，有人俑、馬俑和戰車俑等近萬件，有的還組成了龐大的作戰陣式，其數量之多，氣勢之雄偉，製作之精美，在中國帝王陵墓史上不僅是空前，而且可能也是絕後的了，所以被譽為世界第八奇蹟。

漢代俑的尺度雖不如秦始皇陵俑這樣雄偉龐大，但種類卻豐富得多。除人俑之外，尚有各種騎射俑、舞蹈俑、雜技俑和人類各種生產生活用的陶屋、陶樓、井、灶、倉圈，甚至還有豬、牛、羊、狗、雞、鴨等家禽俑。

從《漢書．百官表》中的「東園匠令丞，主作陵內器物」來看，說明當時製作殉葬俑和器物已成為專門行業。唐朝的三彩俑在造型藝術上又達到一個新的高峰。女俑多豐腴圓潤，形象地表現了國富民強的盛唐審美風尚。許多深目高鼻的「胡俑」，再現了中亞、歐洲等外國人的形象。而載運貨物的駱駝俑，則展示了唐代東西交通發達、文化交融的盛況。

俑的珍貴和重要，在於它真實地反映了時代的生活形態和文化風格以及社會風尚和習俗。白居易詩中「雙眉畫作八字低」的描寫，在唐代女俑中得到了證實。南北朝時期的藝術審美觀點和唐代的「豐腴圓潤」相反，出土的女俑大都清臞俊秀。俑的出土，對研究和證實歷史，具有重大的作用和意義。

自唐以後，又出現了以紙紮焚燒代替俑的方式。神道上則出現了由文武大臣和各種珍獸所組成的石刻儀仗隊，而不再入葬，陵內的木俑也只是象徵意義上的殉葬品。這一點從明十三陵中可以得到證實，而定陵玄宮出土的微型木俑、木馬即是這種制度下的表現形式。

木俑不同於金銀器物，極易變質腐爛，在處理和保存上就需格外費心。從國外對出土木俑的處理情況看，大多採取冷凍的方法，即把木俑放在攝氏零下二百度的氣溫中，將水氣脫去，然後放在玻璃箱中保存。

這樣的條件，在當時的中國並不具備。儘管到了「可上九天攬月，可下五洋捉鱉」的時代，但面對一堆腐朽黴爛的木俑，白萬玉老人卻失去了攬月捉鱉的氣概，只能老老實實地按二十年代跟斯文·赫定和安特生等西域探險時所學來的土辦法進行技術處理。

他在地宮內升起火爐，把白蠟放在平底銅鍋內熔化成液體，然後將木俑一個個放入銅鍋，進行「蠟炸」。小木人描著黑眉，染著朱唇，神姿活潑地在蠟鍋中跳動，如同宮廷中的舞蹈，令人心馳神往，拍案叫絕。但這種歡樂之情不久就被痛惜所代替。用蠟浸泡的木俑，拿出銅鍋之後，隨著水氣的蒸發，逐漸收縮變形，一個個活潑可愛的少男少女，瞬間變成了面目奇醜可憎的老翁老嫗。白老的一番熱忱張羅付之東流，不管他多麼痛心疾首也已無濟於事。這座皇陵發掘的悲劇，剛剛拉開帷幕。這些「少男少女」的瞬間變態衰老，只不過是這場大悲劇中的一個小小序曲罷了。在不久的歲月裡，將會有重場壓軸大戲開演。不過那時已容不得他在台下觀望和流淚，他將和他的夥伴一同登上舞台，和三具骷髏對話，將悲劇推上極致，讓歷史為之哭泣，讓人類為之震撼和銘記。

孝端王氏

萬曆皇帝梓宮的左側，放置著他的原配孝端皇后王氏的棺槨，其大小形狀和右側孝靖皇后的棺槨相同，保存較好。儘管槨的外側出現裂縫，但無塌陷。從已脫漆的木質看，亦為香楠製成。槨的蓋部放置著兩個形體不同的青花梅瓶，白地青花，周繪龍紋，色彩與質地尤如宮廷中擺置的梅瓶一樣光豔奪目。兩個梅瓶的底款分別是「大明萬曆年製」和「大明嘉靖年製」。由此推斷，這是孝端皇后生前宮中的陳列品。

這種形式的梅瓶，在一九五一年北京西郊董四墓村明代貴妃墓的發掘中也有出土。明朝的妃嬪，除極少數受皇帝的寵愛被埋在十三陵內，多數都埋在此處。梅瓶作為殉葬品，可能是當時宮廷喪葬的習俗。

發掘人員撬開木槨，一口木棺露了出來。棺外有槨，意在以槨護棺，從而更有效地保護屍體。從國內外出土的帝王陵墓來看，棺槨質料不同，層數也有較大差異。在埃及圖坦卡蒙法老陵墓的發掘中，就曾發現有石槨和兩層黃金製作的棺。而中國晚期朝代的帝王，則大多採用兩層木質棺槨的形式。這從定陵和清東陵帝后的墓葬中可得到證實。

玄宮中出土的青花梅瓶

在孝端棺木的兩側，放置著四塊玉料。這種玉料在帝后三人的棺槨外側已發現二十七塊，到清理結果發現，唯獨孝端的梓宮內又增放四塊。玉料大小形態不一，大部分都有文字。有的墨筆直接寫在玉料上，有的貼著有墨筆字的紙，也有的兩者兼備。寫在紙條上的文字大都工整清晰，寫在玉料上的筆鋒粗糙，字體粗大，且不清楚，少數還有編號，都是記錄玉料的名稱、重量：

玉料十三斤

菜玉一塊重十三斤

六十八玉料十五斤

六十八

菜玉料一塊重十五斤十二兩

七十二號

漿水玉料一塊重十

漿水玉料一塊重十一斤

二斤八兩

漿水玉料一塊重二斤八兩

……

根據文字紀錄，最小的一塊一斤十兩，最大的一塊四十八斤。有一塊寫明十三斤，發掘人員試稱則是十六斤半，不知是當初的失誤，還是明代度量衡與今天的差異，或者玉料本身發生了變化。其中一塊玉料似有一條

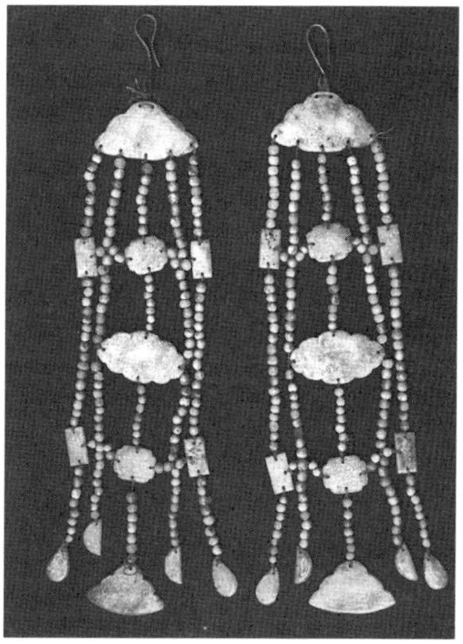

孝端皇后隨葬器物箱中出土的玉珮

鋸過的缺口，大概是當初用繩索之類的東西綑勒而成。在另一塊玉料上，還特別標明「驗收人」三字。

中國歷代帝王的殉葬品中，大多放有玉料，即所謂的「金井玉葬」、「金井」是為了接地氣，保證靈魂長生不滅。「玉葬」則是為了保證屍體不腐爛變質。據《漢書．楊王孫傳》稱「口含玉石，欲化不得，鬱為枯臘」。

玉料殉葬自戰國時期開始有了新的變化。在河南洛陽的考古發掘中，曾清理過一批戰國時期的墓葬，發現有些死者的面部有一組像人臉形的石片，身上也有石片，腳下還有兩件獸形石片。這些石片上都有穿孔，可能是為了編綴在一起以便覆蓋在死者的面部和身上，這就是後來出土的玉衣的雛形。

到西漢時期，帝王對玉料護體更深信不疑。他們不再滿足於用玉料殉葬，而是把玉片製成衣服，套在屍體之上，一同入葬，以期屍體永世長存。這種觀念在東漢時期達到了極致。河北滿城漢墓出土的劉勝、竇綰夫婦的金縷玉衣，為此提供了證據，同時也打破了《漢書》記載的：「口含玉石，欲化不得，鬱為枯臘」的神話。儘管劉勝和竇綰除身穿金縷玉衣外，還在胸部和背部放置了許多玉璧，且口有玉含，鼻有玉塞、兩眼有玉石掩蓋、兩耳有玉瑱，結果，一九六八年發掘人員清理他們的墓葬時，卻見玉衣尚存，而其中的屍骨朽爛得僅剩幾枚殘齒和一些骨渣。

以玉衣作為葬服，從西漢一直延續到東漢末年，到三國後期，魏文帝曹丕認為，此乃「愚俗作為」而下令禁止使用。從考古發掘的情況看，也確未發現魏晉以後的玉衣，由此推斷，這種習俗可能從魏以後真的被廢除了。

魏晉以後的帝王陵寢中，雖然也有玉料、玉器出土，但從規模和品質來看，不再考究，只是一種象徵而已。定陵玄宮出土的三十一塊玉料中，只有漿水玉、菜玉兩種。漿水玉略帶淺青色，表面稍有些潤澤，菜玉像枯萎的白菜葉，淺黃中伴有淺綠。據《格古要論》的評述，兩種均為玉中下品，很可能來自新疆、甘肅等地。

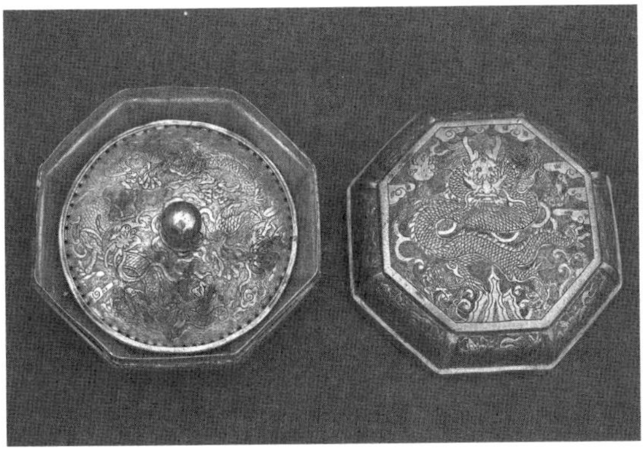

孝端棺內出土的金八棱形盒（開啟）

孝端皇后棺內出土的黃琉璃香瓶

但從隨葬木箱中清理出的玉製容器來看，卻是別具一番風采。這些碗、盆、壺、耳杯、爵等器物，質料細膩潤澤，琢工精緻，不少器物上都配有金製附件，鑲有寶石、珠玉，顯得光彩照人。細心的觀光者如果注意一下擺在定陵博物館櫥窗裡的那只玉碗，就不難窺見這批玉器純美的質地和精湛的藝術造型，即使站在鑲有玻璃的櫥窗外，也能在碗的一面透視到另一面。其通體之細薄、造型之優美，光彩之奪目，如果不具備先進的技藝、奇特的構思和熟練的操作能力，是斷然達不到如此輝煌燦爛的程度的。

把殉葬的玉料和容器進行比較和研究，不難看出明代對玉葬的觀念，已不在保護屍體，而僅僅是一種形式了。孝端皇后的棺木很快被撬開，裡面露出一床繡有蓮花和九龍紋的織錦被及殉葬的衣服、金器、漆盒等物。發掘人員小心翼翼地一件件取出，皇后的屍體出現了。

只見她上身穿一件繡龍襖，下著繡龍裙和黃緞褲，靜靜地躺著。繡龍襖袖筒肥大，通體用黃線緙絲製成，繡有蝙蝠、壽字和令人恐怖的「卐」符號。兩袖之上，由於織品的寬幅不夠，出現了接頭的痕跡，但接上的用料壽字倒寫，蝙蝠也是頭向下，別的衣服也常有字跡倒過來的現象。這顯然不是一種失誤，而隱含有一種「福倒來」和「壽倒來」的寓意。這是一種建立在方塊字加豐富想像力基礎上的一種獨特文化，大概只有中國人才可能有這種文字遊戲和思維方式。四個世紀後，在中國城鄉到處出現了姓名倒寫的「打倒ＸＸＸ」的木牌，大概就是這種文化傳統的延續。

孝端皇后的肌肉已經腐爛，但骨架完好。她頭西足東，左臂下垂，手放腰部，右臂直伸；下肢交疊，左腳在上，右腳在下。褲管紮在襪子內，腳腕外用細帶勒住，下穿一雙軟底黃緞鞋；依然像在皇宮一樣，端莊文雅，向南側臥。

萬曆一朝，繼張居正死後三十餘年的漫長歲月中，朝廷逐步走向混亂和衰亡，皇帝昏庸，廷臣無道，相互勾心鬥角，廝殺得不可開交。這時只有兩個人清醒著，一個是首輔申時行，另一個就是孝端皇后王氏。

中國歷朝的制度，按理應當說是不能聽任黨爭發展的。尤其在萬曆一朝這種混亂的局勢下，只有使全部文官按照「經書」的教導，以忠厚之道待人接物，約束自己的私心，尊重別人的利益，大事化小，小事化無，朝廷才能上下一心，同舟共濟。要是官員們口頌經典中的詞句，稱自己為君子，別人為小人，在道德的掩蓋下奪利爭權，這就是把原則整個顛倒了。這種做法無疑會導致文官集團的渙散，進而導致帝國無法治理。這不必等到一六二〇年，早在一五八七年，萬曆的棺槨抬到大峪山下葬的時候才明白，申時行就曾鶴立雞群地站在帝國的最高處，作出「自古國家未有如此而能長治久安者」的結論。在大明帝國江河日下的危急時刻，申時行竭盡全力，以種種方法縫補皇帝與臣僚、臣僚與臣僚之間的裂痕。可惜，這種調和折衷的苦心，在帝國制度強大的慣性面前顯得捉襟見肘，最後以失敗告終。

儘管孝端王氏從來沒有真正得到過萬曆皇帝的愛，但她能夠清醒地認識到自己的地位和處境，以一個中國女性特有的馴服與忍耐力，做著自己應該做的一切。她在道德與人性二者的夾縫中，找到了一條適合於自己生存的形式，並以她的殷勤、守制，給萬曆的母親和臣僚留下了良好的印象。足以體現她清醒的事例，是對「國本之爭」的處理上。在長達數十年道德與政治的漩渦中，她既不傾向臣僚，也不指責萬曆，只是以她的聰明與機智，站在二者之外，洞若觀火，使爭鬥雙方都對她無可奈何。即使後來萬曆皇帝在爭鬥失利之後，想對她施以打擊，廢掉她的皇后地位，但也由於她在處理諸多問題上完美無瑕，而不得不打消這個念頭。

她一生無子，而又得不到皇帝的愛，作為最有權力享受一切的皇后來說，這無疑是個悲劇。但她面對現實把痛苦埋在心裡，清醒地認識到這場悲劇中自己要扮演的角色，並義無反顧地演下去，才沒有像王恭妃、鄭貴妃以及其他宮女妃嬪那樣更加悲慘。或許這也算是一種不幸之中的大幸吧。

她安詳地躺在萬曆皇帝身邊，頭枕一個長方形錦織枕頭，殘存的髮絡上插滿了鑲有寶石的金簪，冷眼觀望著世間的一切。她那交疊的雙腿，給人的印象依然是超塵脫俗、看破陰陽兩個世界的非凡女性。

孝端棺內出土的鑲寶金簪

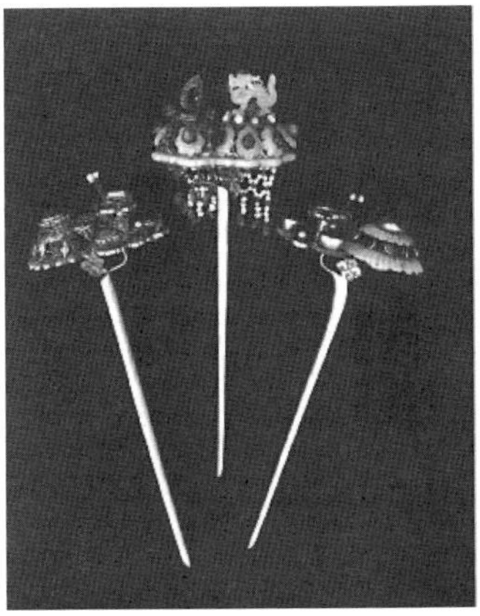

孝端皇后棺內出土的鑲寶鎏金銀簪、玉龍戲珠金簪、鑲寶鎏金銀簪

她頭上的裝飾顯然比孝靖皇后的昂貴與華麗，幾乎每一根金釵玉簪上，都鑲有祖母綠和貓睛石。貓睛石在萬曆一朝曾是寶石中最珍貴的品種，據說它產於南洋一帶，物以稀為貴，堪稱無價之寶。史書中曾有這樣一段記載：「江南一位少婦，頭帶一支鑲有貓睛石的簪子，雖然貓睛石並不太大，但被一位商人發現後，用極為昂貴的代價仍未到手。於是，狡猾的商人設法結識了她的丈夫，且終日以酒席相待。如此兩年，最後商人才透露了他的心願，貓睛石方到手中。」這個故事不免具有野史性質，但由此可見貓睛石的價值之昂貴。

在孝端皇后屍骨的下面，鋪有一床綴著整整一百枚金錢的褥子，金錢上鑄有「消災延壽」的字樣。褥子兩側，放置了大量的金錢元寶。元寶兩面都刻有文字，刻文內填朱。其文字為：

上：九成色金十兩

底：萬曆四十六年戶部進到宛平縣鋪戶徐光祿等買完

上：九成色金十兩

底：萬曆四十六年戶部進到大興縣鋪戶嚴洪等買完

從元寶的刻字看，都是九成色金十兩錠，且均為萬曆四十六年大興與宛平二縣所進，鋪戶也只有徐光祿和嚴洪兩家。這就更加證實了史料中關於除「金取於滇」之外，京師的專設鋪戶也必須為宮廷重價購買的記載。

孝端棺中的金銀元寶為孝靖所沒有，有些史學家認為是萬曆對孝靖的薄葬造成二者的差異。這個說法難免有些偏頗。因為孝靖葬時僅為皇貴妃，而孝端葬時則為皇后，按照當時的等級制度，自然不會等同。

金錢拓本及摹本

注釋

❶謚冊：又稱「哀冊」。古代帝后死後，將後世祭祀與加封文字刻於冊上，埋入陵中，稱謚冊。

❷謚寶：古代帝后陵墓中，刻有其謚號的璽印。用石、玉、木等。

❸辮繡：古代刺繡針法的一種，因針法形如辮子股，故名。

❹平繡：刺繡針法之一種，根據設計圖案繡平。

❺接針繡：圖案紋飾略大，則針法出入相接繡刺。

❻套針繡：刺繡法的一種。在第一批針路間留有空隙，然後套入第二批針路；在第二批針路間又套入第三批針路，依此類推。

❼纏針繡：圖案紋飾特殊時，入針時繡線纏針刺繡，使紋飾略有突起。

❽搶針繡：亦稱「戧針繡」，刺繡針法之一種。用短直針前後相連一批一批地刺繡，有正搶、反搶之分。多用於繡花瓣或蝴蝶，具有裝飾美。

❾輪班、住坐：明代戶口分軍、民、匠、灶四類，各有其賦役方式。匠戶又分兩種，一為輪班匠，住在全國各地，以距京師遠近，別其應役期限之短長，每隔數年輪一班；另一為住坐匠，住在京師及其附近，服役時間較長、每月上班十日。

第十四章

打開皇帝的棺槨

隨著發掘工作的進行，一場風暴席捲而來，發掘人員由此陷進了動盪的漩渦。春色正濃，然而花已落去。在一個男人和兩個女人的玄宮裡，人們時而憂心忡忡，時而乍驚乍喜——

無可奈何花落去

正當發掘人員忙於清理帝后的屍骨及殉葬品的關鍵時刻，一場反右的政治風暴在席捲廣袤的城鄉之後，又沿著曲折的山道，刮進定陵這片陰陽交匯的世界。

這時的發掘隊，已不再受長陵發掘委員會直接領導，而是和定陵博物館的籌建人員組成了一個新的集體。確切地說，發掘隊已由博物館籌建組接管。發掘人員根據籌建組領導人的指示，立即停止清理工作，走出玄宮，參加已經開始的政治運動。

儘管夏鼐幾次向長陵發掘委員會反映情況，說明停止工作將會造成怎樣的損失及危害，但此時委員會的人員已是自身難保，只有為之嘆息和沉默了。

對於這場風暴，已在夏鼐的預料之中，但卻沒有想到竟會在這個時刻到來。也只有在此時，趙其昌才悟出幾個月前，夏鼐在發現金剛牆後，留下的那番話的真正含義：「趕快想辦法打開地宮大門，不然就來不及了。」

現在就已經來不及了。

儘管隊員們夜以繼日地開門、啟棺、清理，儘管夏鼐強忍著嚴重的胃潰瘍病痛，用枕頭墊在胸前，整日趴在棺槨上勞作，可依然無濟於事。隨著隊員們戀戀不捨地放下手中的屍骨和器物，痛苦而又別無選擇地走出地下玄宮，定陵的發掘，就註定要成為新中國考古史上前所未有的一場悲劇了。

夏鼐必須回考古研究所參加反右運動，就要走了。「夏老師，還有什麼要囑咐的？」趙其昌緊握著老師的雙手不忍鬆開。

夏鼐哽咽了幾下，深情地說：「學習之餘要留心點文物，如發現不祥之兆，趕緊告訴我。」趙其昌點點頭，淚珠濺到了緊握的手上。

「多保重吧！」夏鼐那像秋葉般枯黃的臉上帶著一絲苦笑，枯瘦的手在空中無力地揮動了兩下，轉身向停放在定陵大門前廣場上的汽車走去。冷風鼓盪著他的外衣，顯出瘦骨嶙峋卻依然直挺的身軀。汽車一啟動，趙其昌那緊縮的心彷彿驟然裂開，熱血正從那裡溢出，他轉身大步地走進陵園，一口氣爬上寶城，面對蒼翠嵯峨的大峪山，重重地呼出了幾口濁氣。

對於發掘人員來說，新的生活開始了。他們不再鑽進陰森可怕的地下玄宮，在昏暗的燈光和黴氣的汙染中，進行艱辛繁重的操作，而是圍坐在木板房內，聽新來的一位領導人傳達反右運動的意義和步驟。

八月二十二日下午，全體人員開會，這位新領導首先批評趙其昌領導的工作隊，三個月來竟以各種藉口沒有參加政治學習，沒有召開生活檢討會，沒有彙報思想，沒有進行批評和自我批評，沒有……他說：「這還像是個社會主義國家的工作機關嗎？還像是一個社會主義國家的機關幹部嗎？」大有黑雲壓頂之勢。趙其昌一時間不知所措。

這位已有十年黨齡的領導者，冷眼瞧了一下趙其昌：「你要帶頭做自我檢查，認真學習文件，緊跟形勢，批判右派思想，自覺地改造自己的資產階級世界觀……」會場一片沉默，鴉雀無聲。

白萬玉坐在趙其昌旁邊，趕緊推了推他，悄悄說：「快檢討吧！」

趙其昌只好硬著頭皮帶頭檢討，他檢查自己政治學習抓得不緊，沒有自覺地進行思想改造……不料話沒說完，又遭到這位領導的嚴厲批評：「什麼政治學習抓得不緊，你根本就沒抓！這是你世界觀的問題，應該認真地學習文件，深挖思想根源，你甭想蒙混過關，這是嚴肅的政治運動，否則，後果你自己清楚。」

趙其昌忍氣吞聲，再做檢討。他從自己的出身、歷史問題，直到目前的表現，什麼個人主義、白專道路、名利思想、成名成家等等，一股腦兒地往自己頭上扣。他雖然心裡感到委屈、難過，但畢竟還要改造思想，渡過這一關，政治運動嘛！

他回想起那些發掘工作最繁忙的日子裡，他曾親自去購買柴油機、發電機和捲揚機，親自去聯繫一些工程事宜，還要時常進城匯報發掘情況；白天要到工地看看，晚上在一盞煤油燈下記日記、作紀錄、寫簡報、看文獻，每天都要熬到深夜，這樣日以繼夜拚死拚活地幹，為了什麼？不就是為了把自己學得的考古知識應用到實際工作中去，為在考古發掘中能夠做出一點成績，為新中國的考古事業貢獻出自己的一份心血嗎？這又有什麼錯誤呢？

為了下一步發掘工作能夠順利進行，趙其昌強忍一腔怨氣，按照新領導的指示，老老實實地改造世界觀，否則，劃成「右派」，後果真就不堪設想了。他沒有任何怨言，沒有表示任何不滿，更不敢發洩任何牢騷，他仍然一心一意地想著發掘工作，想著如何儘快打開萬曆的棺槨。

白萬玉、劉精義和李樹興等工作隊員，也認認真真地做了自我檢查。木板房被一團沉悶和壓抑的空氣籠罩著、包裹著，再也聽不到冼自強清脆的歌聲和曹國鑒悠揚的二胡曲了。開心的玩笑，暢懷的交談，白老那引人入勝的探險生涯，趙其昌大嗓門述說的歷史軼聞，劉精義詼諧滑稽的取鬧，都一一消失了。

就在社會上反右鬥爭風起雲湧、已成燎原之勢，工作隊人人自危的時候，誰也沒有料到，歷史的報復也隨之悄悄地來臨了。

已經貼在有機玻璃上，並作過簡單技術處理的織錦品，經過冷空氣的侵蝕，慢慢變硬、變脆、變色；光彩豔麗的刺繡珍品，也在空氣的侵蝕中，發現大面積的黑斑，並開始整體黴爛。深藏在棺槨中的屍體，會怎麼樣呢？

一天，白萬玉把趙其昌約到陵園內一個僻靜處，悄悄地說：「聽倉庫保管員嘀咕，裡邊的東西全變質了。」

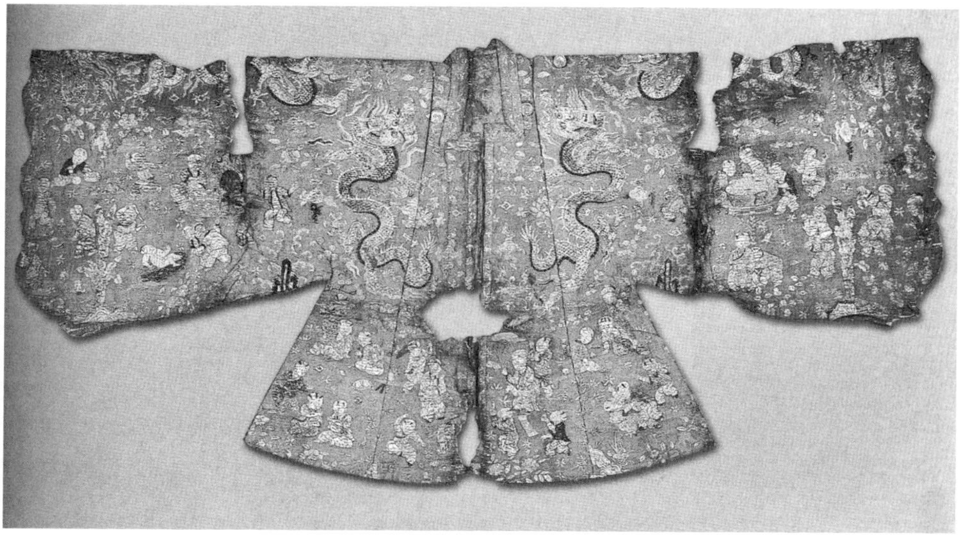

已經變質的金龍百子衣

趙其昌一驚，腦子裡嗡嗡地響起來。他一把抓住白老的手，心情激憤，眼裡射出怕人的光：「這是真的？」

「是保管員偷著和籌建組領導彙報時，我從旁邊聽到的。」白老解釋說。

趙其昌捶著腦袋：「完了！」

這個資訊如同一聲炸雷，使他幾乎昏了過去，半晌沒有作聲。

白萬玉焦急地問：「怎麼辦？你倒是說話呀！」

他這才想起夏鼐臨走時的囑託：「如發現不祥之兆，趕緊告訴我。」目前的情況已經不再是「不祥之兆」，而是一種無法挽回的慘痛事實了。

「趕快告訴夏所長，讓他想辦法吧！」趙其昌急切地對白萬玉說。白萬玉當天就趕回城裡。消息傳到了北京，夏鼐立即來到了定陵。

倉庫打開了。夏鼐和趙其昌等人走了進去。昏暗的屋子裡，一股腐爛發黴的氣味撲鼻而來，一塊塊有機玻璃靠牆排列著，上面粘貼著的織錦品，早已失去了往昔的華姿與麗彩，不管原先是鵝黃、淡青、還是緋紅，都變成了烏黑的雲朵。夏鼐以為是塵土封蓋和燈光昏暗的作用，產生了這奇特的效果。可是，當他把一塊玻璃拿到亮處觀看時，眼淚卻唰地流了下來。

溫暖的陽光照在玻璃上，織錦品如同一塊核桃皮，皺巴巴地縮成一團。他伸出顫巍巍的手撫摸著，織錦品不再柔軟華麗，軟綿綿的身子變成一塊僵硬得刺手的黑鐵片，翹起的部位經手一觸，便嘩啦啦掉到地上。如同腐朽的樹皮，在颶風的吹動中飄然離開母體。夏鼐顫抖著放下手中的「織品」，一言不發，在倉庫裡來回走動。

皇陵發掘的前前後後，夏鼐是一位最清醒的參加者。他的清醒不只是對考古知識的精湛研究，而且是對中國政治、文化及其現狀的深刻瞭解，也是很少有人與之相比的。在定陵發掘之初，他就預感到了未來的結局。對於他的高瞻遠矚，不必等到三具屍骨升騰起衝天大火時再作結論。目前的狀況，已經初露端倪了。

面對幾十匹松樹皮似的織錦品，夏鼐帶著無盡的悲憤和無可奈何的哀嘆，當日返回北京。

不久，消息又從北京傳回定陵，暫時改變了定陵發掘人員和出土屍骨及器物的命運，使這場悲劇在尚未達到高潮之前，暫時降下帷幕。發掘工作再度以喜劇的形式出現。而恰恰是這段喜劇，才增添了整個悲劇的氛圍。八年之後，當它真正達到高潮時，即使是共和國的巨人，也無回天之力，而只能望空興嘆了。

燈光重新閃亮

陰森潮濕的地下玄宮，又亮起了昏淡的燈光，清理工作在停止了近半年之後，終於重新開始。對於發掘人員來說，歷史既然再次給予他們這個良機，就不能輕易地失去。目前最緊迫的任務，就是迅速打開萬曆皇帝的棺槨。

這個寬、高均為一．八米，通長三．九米的巨大棺槨，依然悠閒自得地穩坐在玄堂中央。歷史讓這位帝國皇帝的亡魂，在玄堂上多停留了近半年，今天終於氣數殆盡，在明亮的水銀燈下，被推到了億萬觀眾面前。

朱紅色的槨板為松木精製而成，四壁以銀錠形卯榫壓住，再用鐵釘釘牢。雖歷經三個多世紀，仍不失當初的威嚴和莊重。蓋底板異常厚重，兩側釘入四枚大銅環，想必這是為了梓宮運送及入葬時拖運方便而設。因為有銅環相助，這巨大的棺槨就可從百里之外平安地運到玄宮。槨板之上，放置著木製儀杖幡旗之類的殉葬品，形式排列有序，大有兩軍對壘、兵戎相見之勢。

夏鼐大師親臨現場，隊員們用鐵製的銳器將槨板慢慢撬開拆除，一口楠木製成的梓宮露了出來。只見棺木上方蓋有一塊黃色絲織銘旗，兩端鑲有木製龍牌。銘旗中央金書六個醒目的大字：「大行皇帝梓宮」。

棺木外被朱漆，從四周無一絲縫隙說明，朱漆是在皇帝的屍體入棺後才塗的。梓宮與槨形制相同，前高後低，前寬後窄。從棺前正視，上部略窄、下部稍寬，中部寬大；兩側呈弧形向外突出，使棺內中部有較大的空間；棺蓋則用四個大鐵釘牢牢釘住。

最後一口梓宮就要開啟，幽深的玄宮內悄無聲息。發掘人員撬動棺蓋，鏽蝕的鐵釘在緩緩晃動，厚重的棺蓋露出了隙縫，銳器沿縫隙向裡推進，咯吱、咯吱的聲響，如同棺內的主人發出的呻吟。也難為這位萬曆皇帝，在地下，愧對列祖列宗，來到塵世，又羞於面對世人。所以，唯一的辦法是死死地抓住棺蓋不放。

然而，虛弱的陰魂在這些血氣方剛的小夥子面前，顯得蒼白無力了。陽能克陰，這是兩個世界經過千百年的爭奪得出的最後結論。在這陰陽雙方交手的關鍵時刻，萬曆皇帝再度像對待他的帝國一樣，索性撒手任憑天命。隨著「喀嚓」一聲悶響，朱紅色的棺蓋被高高地撬了起來。四個黑色的鐵釘也如同大明帝國的廷臣守將，自顧不暇，棄關而去，只留下他這個光桿皇帝。

隊員們用手把住棺蓋，憋足力氣，隨著夏鼐大師一聲令下，厚重的棺蓋倏然而起，然後搖搖晃晃地將棺蓋放在了棺床上。大家歡呼著擁向這位大行皇帝的梓宮，只見裡面塞滿了各種光彩奪目的奇珍異寶。一床紅地繡金的錦緞花被，閃著燦燦螢光，護衛著各色的金銀玉器、織錦龍袍。這無疑是一個集大明帝國璀璨物質、文化、藝術的寶庫，是一部詳盡的明代帝國史書。

趙其昌拿起照相機，隨著鎂光燈的閃爍，拍下了開棺後的第一批資料。冼自強手拿畫板，描繪著梓宮與器物的形制。其他隊員忙著測量、編號、記錄、登記……一切都按照考古手段有條不紊地進行著。

夏鼐和趙其昌默默地圍繞著棺木仔細查看，兩人的心情相同，都在考慮著如何清理棺中這數以百計的殉葬品。萬曆的梓宮不同於兩位皇后，它完好無損，高達一．五米，即使站在凳子上，也無法進行操作。如何既便於操作，又不損壞棺木和隨葬品，是首先要解決的問題。

當天晚上，夏鼐把趙其昌找來，談了自己的設想：「在棺木四周搭起木架，架上再鋪木板，這樣人可以趴在木板上進行清理。」趙其昌聽後猶豫地說：「這樣做，好倒是好，可太辛苦了。我們年輕人受得住，您正在病中，怎麼支持得了？」然而，兩人考慮再三，拿不出更好的辦法，只好按這個方案試一試。

很快，萬曆梓宮的四周搭起了木架，鋪上木板，人趴在木板上，探身棺內進行操作。

掀開錦被，裡邊露出了形態各異、色彩不同的道袍、中衣、龍袍等色彩紛呈的衣料。發掘人員按照放置的順序，小心地拿出上層的一件道袍。道袍為素黃綾做成，設有紗裡，右面開襟，腋下有帶巧妙地將開襟綁住；道袍通體肥大，外形同今日道士所穿服裝相類似，不同的是背後有錯襟，兩側開口以至兩腋，這樣的造形，穿起來也許更方便些。底襟裡面有絲線繡字，字跡清晰：

萬曆四十三年正月十八日造

長三尺九寸六分

綿九兩

袍的裡面放有紙條，文字除和繡字相同的外，另有：

本色素綾大袖襯道袍

袍身寬二尺一寸

袍內填有棉絮，但分布極不均勻。根據製造年月和袍的成色進行分析，這件道袍萬曆生前並未穿過。事實上，整個明朝的君主都崇尚佛教，而對道教都比較冷淡。朱元璋和朱棣兩朝，都有佛門高僧輔佐政事。而當年還是燕王的朱棣，正是靠慶壽寺僧人道衍即姚廣孝的幫助才奪得了帝位。萬曆的生母慈聖太后，生前多次捐獻銀兩修繕佛廟，萬曆和鄭貴妃邂逅之後，也時常雙雙到佛寺進香，以求佛祖保佑他們百年之好。明代君主對佛教的崇拜，是否與他們的祖先開國皇帝朱元璋曾當過和尚有關，尚無結論，但這方面的因素至少會對他們的思

鄭振鐸（左一）、夏鼐（中）在萬曆棺側

趙其昌觀察萬曆謚寶

蹲在板架上的白萬玉

想產生影響。

除去嘉靖皇帝之外明代君主對道教冷漠，但並不排斥，仍然是作為一種文化遺產加以容納。萬曆皇帝棺內的道袍或許可作實證。這件道袍的出現，絕非偶然，它同故宮、天壇、紫禁城那輝煌的建築一樣，說明了處在資本主義萌芽時期的帝國在對待文化方面的胸襟和情懷。這與清朝後期漸已形成的小巧精緻的建築及封閉的文化心態形成鮮明的對照。不管鄭和率龐大的船隊七下西洋的最終目的和結果如何，就它的氣魄而言，是後來的大清帝國所不能企及的。假如資本主義工業文明提前三百年引進中國，明代的君臣也絕不會像慈禧太后懼怕火車一樣恐慌不安。可惜，歷史的進步從來就不是以時間的流動而前進的。

在各類袍服、衣料的下層，深藏著一件稀世珍寶，這就是萬曆皇帝的緙絲十二團龍十二章袞服龍袍。袞服是皇帝在祭拜天地、宗廟、社稷、先農、冊拜、聖節和舉行大典時所穿的禮服，是龍袍中最為珍貴的精品。

袞服網底織有「卐」、「壽」字、蝙蝠、如意雲，象徵「萬壽洪福」；十二團龍分別緙制在前後身及兩袖部位，每一團龍又單獨構成一組圓形圖案，中心為一條蛟龍，兩側為「八吉祥」紋樣。蛟龍之上，再飾流雲，龍下飾海水、江崖。「八吉祥」紋是八種圖案紋樣，即輪、羅、傘、蓋、花、罐、魚、盤長。在十二團龍圖案之外，又緙十二章紋樣，這就是屬於帝王特有的十二章袞服。十二章也是十二種紋樣，即日、月、星辰、山、龍、華蟲、宗彝、藻、火、粉米、黼、黻。紋樣各有含義，日、月、星辰，晝夜有光，表示普照天下；山取「鎮」土，龍取「變化無方」；華蟲是雉雞，翎毛華美，表示「文采昭著」；宗彝是尊彝之上再做上長尾猴形，古代相傳長尾巴猴子孝順，棲息於樹，老猴子在最上面，依次相排，小猴子在最下面，守衛長輩的安全，故宗彝取「孝」義，不忘祖先恩德；藻是有花紋的水草，取其有「文」；火即火焰，取其「明亮」；粉米是糧食，人離不開米面，取義養人；是斧頭的形狀，取義「果斷」、「權威」；黼是兩個弓相背，取義「見善背惡」。總之，意在象徵皇帝文武兼備，處政英明果斷，聖光普照大地，恩澤施于四方。遺憾的是，這位萬曆皇帝除了理事專斷之外，其餘諸條卻一無所具。面對祖制圖案的良苦用心，不知作何感想。

關於袞服織法的研究，在沒有新的論斷問世之前，其緙絲「通經斷緯」的技法，應當說是起源於漢魏。一九五九年，考古學家在新疆巴楚西南脫庫孜來古城遺址中，曾發現過一塊用通經斷緯技法織成的紅地寶相花緙毛殘片，按時間推斷，和一九〇六年英國考古學家斯坦因在新疆古樓蘭發現的一片具有「通經斷緯」技法和希臘風格的毛織人像不相上下，均為漢代中期。一九七三年，我國考古工作者又在吐魯番阿斯塔那一帶，發現一套緙絲織成的條帶，經推斷為盛唐時期的產物。

至宋代，緙絲在中華內陸盛行開來，今天我們還可以從《紫鸞鵲譜》、《紫湯荷花》、《紅花樹》等著述的封面或卷首中，找到以緙絲為裝裱的實物，而關於緙絲在宋代盛行的文字證據，也同樣可以找到。莊綽在所著的《雞肋篇》中曾有這樣的記載：「定州織刻絲，不用大機，以熟色絲經於木杼上，隨所欲作花草禽獸狀。以小梭織緯時，先留其處，方以染色線綴於經緯之上，合以成文。若不相連，承空視之，如雕鏤之象，故名刻絲。如婦人一衣，終歲可就。雖作百花，使不相類亦可，蓋緯線非通梭所作也。」莊綽為宋代人，可見緙絲通經斷緯的技法，已為他的同代織匠所用。

萬曆皇帝棺內出土的緙絲十二團龍十二章福壽如意袞服（複製件）

明代初期，禁用緙絲做服，以示節儉。至宣德年間，隨著節儉之風被享樂腐化所代替，緙絲才又重新發展盛行起來。朝廷設內造司，專以緙絲通經斷緯的技法製造袞服（皇帝大典專用服）。由於袞服的製造工藝複雜，造價昂貴，即使最熟練的織匠，每天最多也只能織一寸二分，織完一件袞服，大約需要十年時間。定陵出土萬曆皇帝的這件十二章福壽如意緙絲衮服，應算是目前我國所見到的唯一的緙絲衮服珍品。到一九八三年，定陵博物館委託南京雲錦研究所研究複製一件，該所積三十多年的經驗，花費了整整五年時間，終於織造完成，填補了明代龍袍織造技術失傳三百餘年的空白。

這件袍料的全名為「孔雀羽、織金妝花、柿蒂過肩龍、直袖、膝襴、四合如意雲紋紗、袍面料」。為恢復龍袍的本來面目，必須對原物進行「追色分析」和「經緯分析」。具有三十年織錦經驗的南京雲錦所老藝師王道惠，在色如灰土的龍袍前夜以繼日地描摹四十八天，才完成了龍袍的摹稿，錄下精確的數據。一件龍袍重九百克，而挑結的花本❶即重幾十公斤，用線一二一三七〇根，首尾長達五十多丈。孔雀羽更要經過精心挑選、劈絲、搓接成線，與彩色絲線盤織成雲龍圖案，再與真金線交織在一起，別有一種高貴華麗的裝飾效果。難怪有關專家認為，這件明代皇帝龍袍的複製品在選料、織紋、色彩、圖案和織造技藝都與歷史真品相同，堪稱「傳世稀珍」，終於在一九八四年第四屆全國工藝美術品百花獎評審會上獲得殊榮——金杯獎。

當發掘人員清理到第十一層時，發現一條兩邊對折的錦被。打開錦被，萬曆皇帝的屍骨顯露出來。一個令大家猜測了兩年的謎，終於揭開了。

他已不是保存完好的屍臘，而是一具形貌可怖的骷髏。這位「大行皇帝」靜靜地躺在一床錦被上，骨架頭西腳東，毫無血肉的面頰稍向南偏，左臂下垂，手壓在腹部，細長的手骨攥著一串念珠，像在祈禱神靈的保佑。右臂向上彎曲，手放在下頦附近，一縷黃褐色鬍鬚掛在唇邊。似在悠然自得地捋著鬍鬚，暢談軍國大事，顯然是入葬時人為擺設而成。脊柱上部稍有彎曲，左腿伸直，右腿微屈，兩腳向外撇開。身穿的龍袍大都腐爛，腰部束一條玉帶，頭戴「翼善冠」，髮髻梳理完好，足登高筒長靴，褲腳裝在靴子內。上身打扮像是一位儒士，而下身及長靴又給人一種武士的感覺。如此文武兼備的服飾，在其它出土的陵墓中很少見到。

根據兩位皇后和萬曆帝的骨架情形來看，明代帝后的葬式，似乎比較隨意，並無特別之處。這位一生享盡榮華富貴，精神卻備受磨難的皇帝，在地下生活了三百三十八年之後，終於又返世還陽了。假如他的靈魂真的活著，面對人世滄桑，又該想些什麼？

他所駕馭的帝國古船業已沉淪，他所鍾愛的女人早已化為灰土，就連取其祖宗基業而代之的大清帝國，也已成為昨天的故事。歷史就是這樣造就著一切，又毀滅著一切。大江滾滾東去，浪淘盡千古風流人物！有哲學家說，人生是塵世間的一種幻覺。生與死同樣是生命所達到的最完美的高峰和境界。不知道萬曆皇帝在陰間的世界裡，生活了三百餘年後，是否真的得到了這種生命的體驗？也許只有經歷了生與死的煉獄之後，他才感到傾盡國力建造這座壽宮，不惜生命去愛一個女人，是多麼的滑稽和無聊。塵世間的每一個人，都在刻意幻想一種永恆，其實，真正意義上的永恆是沒有的，任何事物都是時光隧道中短暫的瞬間。生活於世間的人類，如果普遍認識了這一點，或許會免去許多痛苦與麻煩。但要真正領悟這個普通的哲理，又是如此的艱難。正如人要抓著自己的頭髮倒懸於空中一樣，永遠無法做到。

萬曆的屍骨被輕輕地拿出棺外。儘管他的頭顱尚在，但今天的人們已無法和他對話，至於他生前的身體形狀、恩恩怨怨、悲歡離合以及生活習俗，只能間接地加以辨析，以求歷史的相對真實了。經北京口腔醫學院教授周大成鑒定，對於萬曆皇帝及兩位皇后的口腔和牙齒狀況，作出如下結論：

萬曆的口腔疾患較複雜，除患過嚴重的齲齒和牙周病之外，還有楔狀缺損、氟牙症、偏側咀嚼等症；孝靖后亦有很多齲齒和中等程度的牙周病；只有孝端后的牙齒比較健康。

三個頭骨所具備的共同特點是，牙齒的磨耗程度非常輕微，有的牙齒幾乎看不出磨耗的痕跡。據我國出土的一些材料證明，無論是北京猿人，山頂洞人，新石器時代人以及戰國時代人的牙齒頜面磨耗都相當嚴重，這是與他們的食物粗糙分不開的。而這三個頭骨牙齒的頜面磨耗如此輕微，足以說明他們的食物極為精細；也正是過細的食物，造成了他們的齲齒和牙周病。

第二個特點是，萬曆及孝靖后的一些牙齒上都有楔狀缺損，這是由於刷牙方法不合理所致。可見當時宮廷裡使用牙刷已相當普遍。

第三個特點是萬曆的氟牙症。中國最早的氟牙症化石實物是一九七八年五月在山西和河北交界處的許家窯村發現的。這是屬於舊石器時代中期的三個人牙化石，上面都有明顯的黃褐色小窩及斑點。據瞭解，今天生活在那裡的人，仍然都患有氟牙症。許家窯村人的氟牙症和萬曆帝的氟牙症極為相似。這在我國古代口腔疾病史上，是一項重要發現，淵源有待進一步查證。

經北京市公安局刑事科學技術研究所對萬曆和孝靖皇后殘存的頭髮鑒定，結論如下：

萬曆一束，孝靖一束。

萬曆一束為生前梳理時的脫髮，一束為屍體上所留。孝靖亦為屍體所留。

孝靖后頭髮血型為B型。（孝端后殘存頭髮，同屍骨一起毀於文革，無從查證）。

經中科院古脊椎動物與古人類研究所研究人員對萬曆屍骨的復原得出結論：

萬曆生前，體形上部為駝背。從骨骼測定，頭頂到左腳長一・六四米。

璀璨的瑰寶

發掘人員揭開萬曆皇帝屍骨下已腐爛的棉褥，一個新的奇跡出現了。巨大的棺內整齊密集地排列著一層織錦匹料，其色彩之絢麗，質地之華貴，前所未見，更撼人心魄的是，這層織錦品多達六十九捲。如此規模龐大的殉葬織錦珍品，不只國內前所未見，既使是在世界陵墓的出土中也屬罕見。

織錦各自成卷，在兩端和中間又各用一道絲線捆住，稱作「腰封」，中間捆線分開作人字形狀。人字形捆線下方，大都貼有方紙，紙上貼有織品的名稱、產地、匠作及織造年月，有的在年月上方蓋有朱紅色印章。由於長期埋藏於地下，紙上的文字大都模糊不清，發掘人員想盡辦法，但能辨認出來的仍是少數。

上用月白暗蒼龍雲肩通
袖龍欄直身袍暗線……
……雲地熟綾一疋長
五丈五尺四寸龍領全
南京供應機房織造
上用紗柘黃織金彩妝纏
枝連花托捌吉祥壹
匹寬貳尺長四丈
萬曆三十八年閏三月
萬曆二十六年
……山西……石勝保

明代的織錦業，在中華紡織工業史以及工藝美術史上，都曾大放異彩，佔有輝煌的篇章，並以其織工精細、色彩豔麗、品種繁多著稱於世。明代資本主義的萌芽，首先表現在紡織業，它幾乎把古代紡織技術推向了頂峰。但是，隨著時間的流逝，明代織錦品幾乎損毀殆盡，存留至今的實物已是鳳毛麟角。博物館、研究所和收藏家偶有收藏，又多系袍服剪裁下的零星碎品，原裝成匹的明代織錦已近絕跡。新中國成立以後的明代織錦品研究者只有到佛經封皮上去撿拾漸已黴爛的殘片加以探究和考證了。

萬曆棺中織錦品的出現，無疑為研究明代紡織工業史及工藝美術水準，提供了豐富而詳盡的寶貴實物資料。

定陵出土的織錦品，所以後來被考古工作者稱為三千多件出土器物中的首寶，不只因為它有對明代紡織業及工藝美術水準的研究價值，而它的珍貴，同時對於中國古代種桑、養蠶、繅絲、並絲、織綢、紋飾、染色等生產技術的研討，都可以從中得到啟示。

這批絲織品幾乎集我國漢唐以來歷代紋樣之大成，織物組織也品類齊全，從平紋、斜紋、緞紋、變化組織、二重組織到紗羅複雜組織，無不具備。尤其是織物組織配合紋樣的變化，使絲織品較漢唐更加華麗精美，達到了爐火純青的地步。更為珍貴的是匹料上的文字紀錄，既是研究古代紡織科學技術的珍貴文獻，又是明代紡織工業史的注釋。

明朝自永樂皇帝遷都北京後，因北方地廣人稀，土地大多荒蕪，宮廷所用大量物資，常依賴於江南。從定陵出土的絲織品可以看出這樣一個事實，無論是作為帝后袍服的織成疋料，或是別有用途的宮廷藏品，多數來自江南。江南氣候溫和濕潤，適合種植桑麻，早在明朝初期，南京、蘇州、杭州等地，就設有宮廷專用的織染局，朝廷委派專人負責監督，並有嚴格的上交數額和檢查制度。「腰封」上的文字正是為了檢查方便所記。隨著大明帝國日趨衰落，織染局製造匹數逐年增加，到萬曆一朝達到了高潮。文獻記載，織染局上交歲額總數原為兩萬匹，而萬曆初期已達到了十幾萬匹，超出歲額總數的幾倍。

明代的蘇州，曾是錦緞織造中心，這裡聚有大量的織染工匠，每個工匠每日僅能織二、三寸，而對這驚人的上交數額，不得不整日勞作，把絲一條條織成錦緞，又一匹匹送往皇宮，而作為織染匠，卻終日不得溫飽，其淒苦之狀不忍目睹。史料記載：萬曆二十九年六月，織染匠們終於開始怒吼了，以葛賢為首的兩萬餘人掀起了反抗朝廷和官吏的大規模暴動。文獻上記載了這一事實，三百多年前拿起大刀長矛反抗朝廷和官吏的，不正是萬曆棺內織品上發現的趙緒、倪全、薛孝、鄒寬、沈阿狗……這些社會底層的人物嗎！

水能載舟，亦能覆舟。這個淺顯的道理，不知萬曆皇帝生前是否想過。

發掘人員將絲織品一卷卷拿出，梓宮內又出現七十九錠發散著光芒的金錠。多數是十兩一錠，五兩或更小的不多。金元寶絕大部分背面都有字跡，記錄著徵收年月、委官、金戶和金匠的姓名。例如：

雲南布政司計解萬曆三十五年分足色金一錠重拾兩安寧州同知江鋐金戶高如山金匠沈教

雲南布政司計解萬曆四十壹年分足色金壹錠重拾兩委官紹傅金戶杜良金匠沈教

雲南布政司計解萬曆三十六年分足色金壹錠重拾兩委官通判張薦金匠沈教

雲南布政使司計解萬曆四十四年分足色金壹錠重拾兩委官魏元勳金戶吳相金匠沈教

從中可以看出，金錠的貢地多在雲南。儘管從文獻上看，萬曆時的雲南並不盛產黃金，但宮廷的搜刮仍然指向了這片偏遠的邊陲之地，該省每年要向朝廷納黃金五千兩，成為當時的一項沉重負擔。有正直的朝臣看出了徵收貢金的危害，上書勸諫：「雲南大害，莫甚貢金賦稅之事。」戶部主事洪啟初在給萬曆的上疏中也直言不諱地指出：「滇之害無如貢金一事。」然而萬曆始終沒有理睬他們的奏請，貢金數量依然逐年增加。雲南當地政府在無法滿足朝廷供應的情況下，不得不向四川、貴州等地遠道購買，有時甚至到京師通過商人高價收購，然後再轉交宮廷。

交納貢金雖由地方官吏籌措，但最終還是要轉嫁到百姓頭上，當地人民不僅要負擔貢金的稅收，還要經歷運送之苦。由雲南到北京萬里迢迢，其艱難困苦可想而知。史料中曾記載過一支護送貢金的大隊，在渡過雲南境內的盤江時，正趕上山洪暴發，五十多人被大水淹沒，斷送了性命。雲南百姓在長期苦役的煎熬中，終於揭竿而起。萬曆三十四年，一萬多人包圍了礦監衙門，殺死了萬曆派駐雲南的太監楊榮和二百餘名官吏。楊榮的府宅被燒，屍體在烈火中化為灰燼。

當時的政治家魏允貞在評析萬曆一朝的時政時，曾指出：「金取於滇，不足不止；珠取於海，不罄不止；

錦綺取於吳越，不極奇巧不止。」這段記載在揭露時弊的同時，也說明，當時的黃金多取自雲南，正像絲織品多取自江南和蘇杭一樣。定陵出土的絲織品和金錠，和歷史記載相互印證，達到了記載和實物的統一。

在萬曆棺內眾多的殉葬品中，有兩隻不太顯眼的藥罐。罐為金制，鑲有長柄，但卻沒有其它金銀玉器那樣光澤鮮豔。金罐表面有多處磕碰磨損的痕跡，似經長期使用所致，很可能就是專為萬曆皇帝煎熬御藥的藥罐。

明代帝皇有病，煎服藥物有一套完整的制度和規定。太醫院奉旨要派出四至六名御醫，前去宮內診視；在御榻前，先要膝行跪診，然後合議處方開藥。一種藥要用兩劑合成一服裝在藥罐中，罐口貼上「御藥謹封」的封條，有太醫院太醫和內監共同監視熬藥。待藥煎好後，再分成兩份，由御醫或內監先試服一劑，證實無不良效果後，才將另一劑進呈皇帝服用。這套嚴格的制度，其主要目的是為皇帝的安全負責。

萬曆一生多病，經常服藥一事，文獻都有記載。但隨著「國本之爭」越演越烈，他以消極的方法怠工後，臣僚們便把他的病源歸罪於酒色過度、精氣虧損。早在一五八四年，儒史范雋就曾上疏談到「人欲宜防」，並以禹不喜酒、湯不近色為例，懇請萬曆皇帝以美女、酗酒為戒。這位儒史也許沒有考慮到「湯不近色」的真偽，更不會懷疑萬曆的病因。即使今天的明史研究者，尚有一些人與三百年前的臣僚持同一觀點。其實，面對定陵出土的實證，應該打破這種近似偏見的結論。因為無論是棺內萬曆右腿蜷曲的痛苦形狀，還是屍骨復原後，右腿明顯地比左腿短的情形，都足以說明這位皇帝生前確實患有嚴重的足疾。有了這樣的實物作證，而再以陳腐的觀念，把萬曆的「足心疼痛、步履艱難」，一味地歸結於貪戀酒色所致，這就難免有失歷史公允了。

金帶柄罐

在萬曆頭骨的右側，放置著一個不大的圓形盒子。這個盒子的出現，

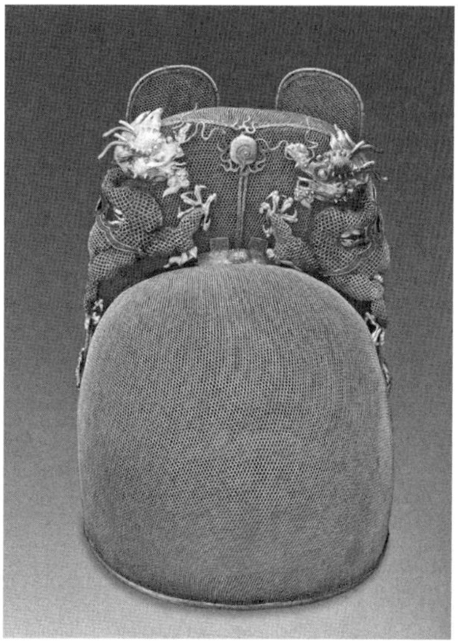

萬曆皇帝的翼善金冠

開始並未引起大家的注意，只當是盛置小型精品的一般殉葬物。當梓宮的器物清理接近尾聲時，發掘人員才將盒子打開。一經開啟，幾乎令人目瞪口呆：小小的盒子內，竟是一頂金光閃爍、富麗堂皇的翼善金冠！

這頂翼善冠，通體用極為精細的金絲編結而成，重量僅為八百二十六克。半圓形的帽山之上，挺立著兩個狀似兔耳的金絲網片，一顆太陽狀的明珠高懸在兩耳中間，兩條金色的行龍足登帽山，正昂首眺望明珠，大有騰雲追日之勢。若能戴在頭上，則天地人融為一體，給人以主宰蒼生、容納寰宇之感。像這樣氣魄宏大、造形精美的金冠，還是首次出土，堪稱國寶。翼善冠的珍貴，除質地全為金線之外，還在於整體的拔絲、編織、焊接等方面的高超技術。它的出現，標誌著中國古代縷織工藝已達到了登峰造極的境地。

隨著梓宮清理臨近尾聲，棺床的木箱也一個個打開。在萬曆棺槨的旁邊，發掘人員發現了一箱著有文字的謚冊。冊為檀香木板做成，原本木色，不髹不染，每冊十板，用絲繩綴結而成，外被織錦，內刻謚文。文皆陰文正楷，直行讀，自右至左。冊的兩端木板不刻字，描金雲龍紋。謚冊的文字，實際是對萬曆一生功績的概括和總結，全文次第排列如下：

維萬曆四十八年次庚申九月乙亥朔初

顯皇帝

廟號

神宗伏冀

……

上帝左右俾沖入永賴洪麻覲

文考烈光四子孫茂膺繁祉謹言

謚冊通篇寫盡溢美之詞，字裡行間充溢著一股皇恩浩蕩、強民富國的韻味。假如不了解萬曆一朝的歷史真情，僅憑謚冊推斷，那該是一派多麼欣欣向榮、四海昇平、輝煌燦爛的景象。可惜，可悲的現實畢竟不是憑幾位儒臣的華麗詞藻就能掩飾得了的。在這一點上，萬曆及其臣僚遠沒有太祖朱元璋的真爽和聰明。朱元璋在為皇陵立碑時，為避免儒臣對他及帝國的粉飾，而親自主筆，以真摯的情感、冷峻的筆鋒，客觀地描繪了自己的生平和創業的艱辛。撇開他那文采飛揚、氣魄恢宏的碑文不論，僅憑直面人生和面對現實的勇氣，就足以讓後人稱道。而萬曆的謚文，除了對他悲愴的人生及業已淪喪的帝國有一絲安慰外，於世人又有何裨益呢？

人類的歷史從來都是以人類自身的血肉黏合而成的。

注釋

❶花本：明朝的織錦技術很複雜，而龍袍的織作更複雜。織機上面有花樓，用絲除各色絲線之外，又有用極薄的金箔撚裡絲線的金線，有時也加入孔雀羽線以增加光澤，如此複雜的技術，常要在樓中下機二人操作。織作之初，要先設計出紋樣圖案，按紋樣再規定各種絲線的經緯交錯結構，作成與成品完全相同形式顏色的樣品，然後照樣品織作。這種樣品即花本。由於花本的用線要比成品粗得多，因而，一個花本比成品要長得多，也重得多，一匹織綿重一、二斤、花本常重至數十斤或百斤。

第十五章

面對沉重的遺產

時代的足音伴著遠古的文化走出地下玄宮，登上神武門城樓。現實與歷史在這裡碰撞出燦爛的火花。面對這沉重的文化遺產，年輕的共和國難以承受它的強大壓力，最終只能將其推下寶城——

命運的轉折

當發掘人員清理到萬曆梓宮下部時，雖然有搭起的木板相助，但幾乎將半個身子探下去，也仍無法再接到器物。這是考古的科學發掘，畢竟不是孫殿英用炸藥盜墓，必須認真細緻地按照科學的程序操作，稍有疏忽，都會造成難以彌補的損失。時間緊迫，不能遲疑，嚴酷的政治形勢和眼前的處境，使大家焦慮不安。而最感焦慮的則是年輕的冼自強，他的主要任務是負責器物原始狀態的描摹，先按照實物的原貌，把圖樣畫出來，再貼上標籤號碼，然後才能對器物進行清理。他問夏鼐：「夏所長，怎麼辦？半個身子都探進去了還是搆不到，我總不能蹲在棺材裡面操作吧！」的確，棺木中尚有不少殉葬品未得到清理，毫無立足的空隙，而又不能置器物於不顧，任意踐踏。

縱觀海外其他國家的同期考古情況，比這規模小的殉葬品，其處理方法是先用石膏將器物在原地灌注，待凝固後拿到實驗室再進行清理，它的好處在於隨時可以用儀器測定，進行各種化學試驗。這一切，在當時的地下宮殿內，面對偌大的皇帝棺木卻無法做到，必須按照現有的條件，老老實實地在原地進行清理。

趙其昌跟著夏鼐大師焦急地圍著棺木轉，耳邊又響起了冼自強的話：「我總不能蹲在棺材裡操作吧！」一個念頭閃過他的腦際：冼自強真還必須蹲在棺材裡操作，但是如何蹲法，得想出個辦法來。他望著冼自強瘦小的身軀，琢磨著，然後把自己的設計方案告訴了夏鼐。夏鼐點著頭：「也只好如此，委屈他了。」

趙其昌走到冼自強面前，問道：「我把你吊在棺材裡可以嗎？」

「怎麼個吊法？」冼自強未解其意，瞪著眼睛迷茫地問道。趙其昌用手比劃著說：「我把一個四方凳子翻過來，四條腿朝上，吊在木架的橫樑上，你蹲在凳子裡，不就可以繪圖了嗎？」說完又補了一句：「只是你太辛苦了。」

不料冼自強高興地說：「沒關係，只要能畫圖，什麼辦法都可以，我不怕！」別無更好的選擇，大家只有按這個土辦法，做了一個方形的小木箱，箱子四角釘上四條長長的木腿，木腿頂端再橫釘兩根木桿。為使木箱移動方便，又不損壞棺木，他們將原來的木架拆除，另外沿著棺木兩側再釘一個稍稍高出棺木的長方形木架，把木箱上的兩根木桿搭在木架上，就平穩地吊在棺內了。木箱既對器物無法造成擠壓，又可以隨時前後移動。冼自強蹲在小木箱內，手拿畫板繼續著他的工作。

幽深的地宮，陰霧淒淒，雖然已到炎熱的夏季，但發掘人員還必須身穿厚厚的絨衣甚至棉衣，才能抵禦襲人的寒氣。黴爛的腐臭和刺鼻的福馬林味兒融合在一起，嗆進人們的肺管，使大家經常咳嗽不止。

還是在清理隨葬品中皇帝的冠冕、皮弁等物時，由於串珠的絲繩黴爛，玉珠已經散落，零亂地攤放在梓宮一角，且實物腐朽疊壓嚴重，形制很難辨認。冕、弁關係到禮儀制度，世間沒有實物存留，目睹這種情形，夏鼐親自承擔了清理任務。他拖著病體爬上了木架，把一個枕頭墊在胸部，趴在木板上，整整用了四天四夜的時間，把冕冠和皮弁的形式、結構、尺寸、色澤以及串珠的繫結式樣、數目，一一記錄下來，並繪製了草圖，為日後的複製工作提供了重要依據。

器物的清理，要求有詳盡的記錄，稍有疏忽，便會給以後的研究工作帶來困難。趙其昌每天做的文字紀錄不下千言，都要送交夏鼐過目，深夜，工作隊下工後，他還不能休息。夏鼐閱讀紀錄十分認真，提出很多疑問，在紀錄上圈圈點點，有時還夾上幾張寫滿密密麻麻的小字，經常是通宵達旦。因為操勞過度，使潰瘍病加重，但他一直堅持到清理工作告一段落，才住進了小湯山療養院。

定陵發掘自一九五六年五月破土動工，到一九五八年七月底，清理工作基本結束，歷時兩年兩個月，以總計用工二萬餘個、耗資四十餘萬元的代價，終於使這座深藏三百六十八年的地下玄宮重見天日。

一九五八年九月六日，新華通訊社向世界播發了新中國第一座皇陵發掘的消息。

（由右至左）趙其昌、劉精義、李樹興、冼自強清理孝靖棺內器物

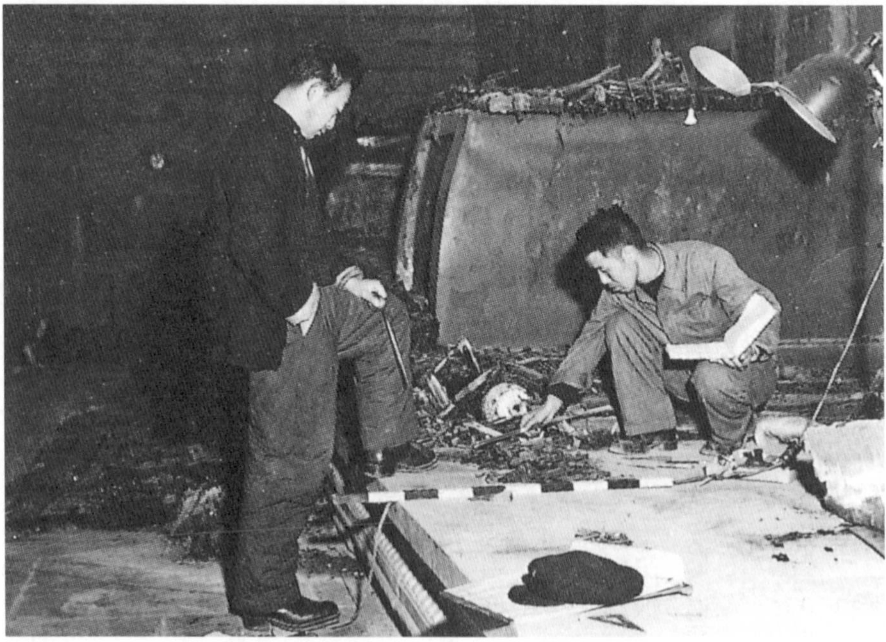

劉觀民（左）、趙其昌（右）清理後殿器物

（由右至左）龐中威、李樹興、祝福祥、劉精義、羅鋼揭取皇后謚冊

時桂山(右)、冼自強（左）清理棺槨頂部器物

新中國成立以來，有計畫的以科學研究為目的，主動發掘的第一座皇帝陵——明十三陵中的定陵已經打開，……有關部門考古人員在清理文物將在這裡建立一個地下博物館。

這條封鎖了將近三年的消息一經公開披露，立即引起世界考古界的震動，海外多家報紙和通訊社爭相報導這條來自古老東方的爆炸性新聞。為搜集到更詳盡的資料和情報，某國駐華大使館派出一個祕書，夾雜在前來參觀的文化界人員之中，混入定陵。儘管發掘消息已經向世界公布，但定陵卻嚴禁外國人入內，這位祕書經公安人員認出，阻擋了他的行動。

一九五八年九月，萬曆帝后的殉葬品走出地下宮殿，登上了故宮神武門城樓，向群眾展出。這是一個金風送爽、萬里秋光的上午，長陵發掘委員會的郭沫若、沈雁冰、鄭振鐸、吳晗、鄧拓、王昆侖、夏鼐等文化巨匠，前來參加剪綵儀式。在光華照人、精美絕倫的金冠、鳳冠和千姿百態、造形奇巧的各種織錦、首飾面前，看得出，吳晗的神情格外興奮和激動。儘管定陵的發掘出現了許多波折，但最終還是按照他的意志和設想完成了。城樓上的這批珍貴的歷史文化遺產，實則是對他所為之作出努力的最後鑒定。穿行在這璀璨的文化藝術長廊裡，吳晗的身心幾乎全部沉浸在勝利的喜悅之中。在這輝煌的時刻，他絕對想不到死神已悄悄向他走來。而主持布置陳列的趙其昌，在開幕的前一天便已回到定陵工地。他心中隱約感到，在這輝煌的時刻過後，又將會有什麼樣的命運，降臨到自己的頭上呢？

在故宮展出的萬曆皇帝棺內出土的三彩瓷觚

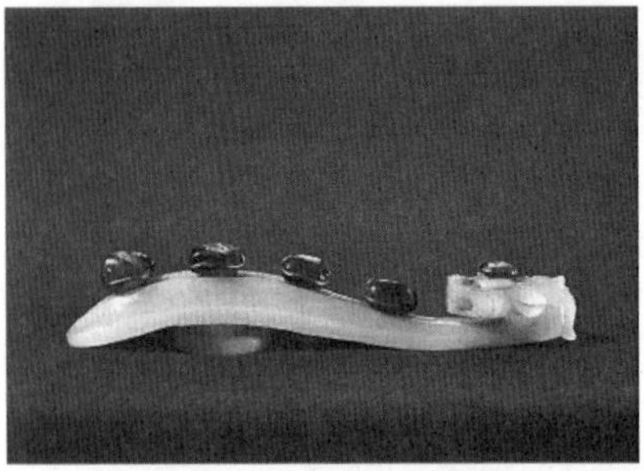

在故宮展出的萬曆皇帝玉帶鉤

趙其昌的預感，在神武門展覽之後的第三天就開始應驗了。他正整理資料，博物館籌建組負責人朱欣陶來到木板房，輕輕地坐到他的跟前。趙其昌抬起頭，見一向和藹可親、談笑風生的老人面色陰沉而嚴肅，便停下手中的工作，問道：「朱老，有什麼事嗎？」朱欣陶的嘴角輕輕動了一下，露出了一絲淡淡的苦笑：「其昌，我跟你說件事，你要有所準備，我說出來你不要激動。」

「天塌下來有山頂著，你就說吧！」趙其昌滿不在乎地表示，心中卻「咚咚」地敲起了小鼓。

朱欣陶臉上漲起了一陣紅暈：「根據文化局的指示，發掘隊的人員要下放勞動，你是第一批，到良鄉竇店農場。」

趙其昌一驚，兩眼呆呆地望著面前的朱欣陶，沒有說話。對於命運的悲劇性轉折，早在他的預料之中，但一旦真的到來，竟也感到茫然不知所措。他站起身來，在木板房裡轉了兩轉，有些激動地問道：「為什麼？」

朱欣陶伸出手，示意趙其昌坐下，臉越發通紅：「這話我也許不該告訴你，既然你提出來，我只好給你透點風，原打算讓你明年開春後再下去，可是……」他停頓了一下，把到了嘴邊的話又收了回去，改口道：「我也無力挽回局勢。」他攤開了雙手，做出一副無可奈何的姿勢。

趙其昌皺緊眉頭，一臉怒氣：「就我自己？」朱欣陶用安慰的語氣說：「白萬玉已回考古所了，就你一個人，你只好先走一步了。」趙其昌似在自言自語，又像在尋找著答案：「我不記得在工作上犯過什麼錯誤……」朱欣陶望著他那張純樸又帶點傻氣的臉，有些憋不住了：「可是有人說你在地宮裡放毒氣，行使特權，」然後用加重的語氣補充道：「再加上你的歷史問題。」

趙其昌的腦袋轟的一下，自己的歷史問題是避不開的，然而毒氣呢？他漸漸冷靜下來，一屁股坐在床上。他回想起來，還是在清理萬曆的棺木時，為防止黴菌的侵蝕，他們不時在地宮中噴灑福馬林藥水和酒精混合液，以便進行消毒防腐。當時有個領導領著老婆孩子來參觀，正趕上他們噴灑藥水，刺鼻的氣味瀰漫開來，那位領導還能勉強支持，可他的老婆卻不停地咳嗽，用手帕擦著溢出的眼淚，兩個孩子也叫喊起來。這位領導見狀，只得舉家迅速離去。那時的趙其昌，怎麼也想不到會引出今天的故事。

儘管事實清楚，如果真是毒氣，他和他的隊員們能在毒氣中周旋數月之久嗎？但他還是按捺不住衝動之情，一股怒火在心中燃燒起來，他感到委屈，又感到悲憤，他無論如何也不明白，噴灑藥水怎麼能和「特權」聯繫在一起？這種是非混淆、黑白顛倒的局面，倒可以清楚地表明，到底是誰在行使「特權」！

一切都無需再問，什麼也不用解釋，事已至此，只有面對現實。

「什麼時候走？」趙其昌問。

「上級領導說今天，我看時間來不及，你收拾一下，明天後天都行。」

「那發掘報告還寫不寫了？」趙其昌指著近三年來積累的數百萬字的發掘紀錄。

朱欣陶一時沒有回答。身為定陵博物館籌建組領導人，他清楚地知道發掘報告的份量。無論是國內還是國外的考古發掘，都是按嚴格的程式進行的。要發掘一座遺址或陵墓，先從實際勘查著手，在掌握了大量的線索和證據後，再進行現場發掘。這個過程要配合照相、測量、繪圖和記錄進行，不能有半點疏忽和遺漏。待實際發掘工作結束後，就應立即撰寫帶有科學研究成果的發掘報告，以不同形式公諸於世，為研究者提供進一步探索的科學性原始依據。定陵發掘出土文物的展出，僅僅是發掘工作的一個段落，整個工作的完成，要以發掘報告的問世作為終點。面對這常識性的問題，今天的朱欣陶也無法解答了。

趙其昌決定第二天離開定陵到竇店農場去接受改造。他單身一人，無牽無掛，不想告訴城內的老父，但他需要向他的隊員們告別。晚上，他正在緊張地收拾行李，劉精義提著一個布包悄悄地走進木板房，聲音低沉而又沙啞地問道：「明天真的要走？」

「真的。」趙其昌抬起頭，四目相對，不用言語。昏暗的燈光下，兩人靜靜地對望著，往事煙雲，多少歡樂悲苦、友誼真情，在心中翻滾開來。

劉精義原就讀南開大學歷史系，因突患嚴重的精神官能症而中途輟學。病癒後，年邁的母親領著唯一的兒子從包頭來京尋找工作，在北京市文物調查研究組和趙其昌邂逅相識。此時定陵急需人手，在趙其昌的力薦下，劉精義加入發掘隊來到定陵。自此，兩個人便結下了深厚的友情。

劉精義是獨子，母親早年孀居，從小養成了一副倔強的脾氣，對待工作卻極為認真細緻。就在發掘人員面對地宮大門無計可施的時候，正是劉精義日以繼夜，埋頭苦讀，從浩如煙海的古籍中找到了「拐釘鑰匙」的記載，為地宮的打開做出了貢獻。

在殉葬品清理的後期，由於寒氣襲人和每天近二十個小時的蹲地操作，趙其昌的腰部受寒，整日痛疼不止，既無時間又缺乏醫療條件，只好在晚上燒幾塊磚頭，墊上毛巾倒換著進行熱敷。當劉精義在德勝門外乘車進城再轉車去十三陵時，看到一家藥鋪門前貼著專治腰痛的中藥「坎離砂」的廣告，他如獲至寶的買了幾包，每天晚上臨睡前，用醋調和，耐心地給趙其昌敷在腰上。這種神奇的鐵砂加醋攪拌，釋放出大量熱能，經過一段土法治療，趙其昌的腰病一時痊癒了……

似乎一切都在眼前，一切又都成為遙遠的過去。在這即將分手的時刻，他們要說些什麼？

依然是相對無語。

最後，劉精義敞開布包，拿出一套毛線衣褲：「這是今天下午從長陵公社買來的，送給你禦寒。」

趙其昌望著，眼淚唰地流了下來，立即抽出跟隨他多年的派克自來水金筆，雙手送上。兩雙大手在靜謐寒冷的北國之夜，緊緊地握在一起……

趙其昌就要走了。

深秋的朝陽灑進陵園，映照著他黝黑的臉，淒冷的寒風掠過大地，刮起一陣塵土，籠罩著他的身軀和蒼翠的樹林。崎嶇的山路上，他背著鋪蓋，手提一包發掘紀錄，向長陵公社的糧站走去，他將從那裡搭車進城，再轉車去所要去的地方。手中的包袱沉甸甸的，讓他心煩，又讓他欣慰。和他相伴三年的定陵就要從身邊離去了，那雄偉的大殿，那蒼老的柏松，那給予他溫暖的木板房，那傾注了他鮮血的地下玄宮……這一切，都將隨著那一幕幕悲歡離合的往事，成為昔日的夢境了。只有這一包沉甸甸的發掘資料還在身邊，這是他從定陵帶走的最珍貴的東西。他知道它的珍貴和價值。他記住了朱欣陶老人的話：「去吧！把資料帶走吧，只有你才能寫出定陵發掘報告。」雄奇的大峪山在他的淚眼中漸漸地模糊起來。歷史讓這個開皇陵發掘之先河的發掘隊長走了。他的命運無疑是一個不幸的轉折。然而這個轉折導致的結果，卻比他自身的不幸要嚴重的多。在不久之後，將有更加淒壯的故事發生，不過，那已不再是一個人的悲劇，而是整個民族的災難了。

第一座皇陵博物館

神武門展覽之後，定陵博物館籌建人員加速了修補、保護、複製殉葬器物的步伐。

首先要修補、複製的自然是三具屍骨。正在中國幫助工作的蘇聯著名雕塑家格拉西莫夫聽到此事，主動找來請求把屍骨帶回蘇聯，做修補和模型複製。在這之前，格氏已為北京博物館修補和製作了古人類頭骨的模型。有關方面怕在這個問題上出現漏洞，婉言謝絕了他的請求。

三具頭骨送往中科院古人類古脊椎動物研究所進行修補。同時，找了兩位從事雕塑的老師，做萬曆帝后的模型。由於萬曆皇帝在他們心中是封建地主階級的傑出代表，模型的製作自然要按照地主的形象進行藝術加工。兩個月後，萬曆帝后的三具人體石膏模型送往定陵。只見萬曆頭戴瓜皮金絲小帽，橫眉怒目，鷹勾鼻子下掛著一張血盆大口，擺出一副要吃人的架勢。左腿長，右腿短，身體極不平衡地站立著，手握皮鞭，側身站立。似在追趕，又似在戰鬥和毆打。這獨特的造型給人的感覺是一個窮凶極惡的大地主，正在對交不起田租的窮人進行殘酷的蹂躪。其動作和形象都維肖維妙，淋漓盡致地表現了封建地主階級吃人的兇惡本相。兩個皇后則穿紅著綠，塗脂抹粉，頭戴鮮花首飾，妖冶而兇殘，一副典型的地主婆形象，真是富於想像、高於生活的革命創作！

就在塑造萬曆帝后的同時，陵園內忙於對出土的織錦匹料進行技術處理和保護。有人建議，絲織匹料可以像古畫一樣進行托裱，背後襯用韌性大的紙張，以便捲舒；有人建議，漿糊內加入防腐劑，以便長久保存。但是，托裱工作並無專業人員現場指揮或指導。裝裱完畢，著名文學家後來又成為專門研究古代服飾的沈從文先生來了。他想看看匹料，作一點研究，將裱品展開，用放大鏡一件件仔細觀察，迷惑不解地問：「怎麼有的裝裱成品顯露的是織品反面？」

「研究織品的結構不是要看反面嗎？」一位工作人員急中生智說。

一句話激怒了沈從文，但他還是面帶微笑地說：「研究織品結構，要看反面，更要看正面。如果為顯示反面結構，留下一釐米、兩釐米、最多五釐米也足夠了，整匹反面，我看是裝裱的錯誤。」他的直言不諱，特別是說到錯誤，使站在旁邊的負責人顯得十分尷尬。沈從文不願再看下去，走出接待室，對同來的助手說：「囊括了中華紡織技藝精華的明代織錦遺產，如此輕率地對待，還做這樣不負責任的解釋，不是出於無知，就是有意欺騙！」

有些袍服的處理，也不盡人意。比如用「聚甲基丙烯酸甲酯」（塑膠）加入軟化劑塗在半腐的衣服上，時間稍久，衣服顏色變深，軟化劑蒸發，質料變硬，硬作一塊，不能展開。未經反覆實驗，匆匆上手，效果不佳，只能停止。科學一旦嫁給愚昧，就註定要遭其蹂躪，而不甘淪亡的科學反過來又將予以致命的報復。這一哲理，在這座皇家陵園再次得到驗證。

定陵絲織品損壞的消息傳到北京，鄭振鐸、夏鼐等大吃一驚。正在焦慮不安、痛心疾首之際，外地傳來消息，有的省分正在組織人力，躍躍欲試，要向帝王陵墓進軍。還有的省分也不甘落後，紛紛效仿。漢陵、唐陵、清陵等等，都響起了開掘號子……面對此種情景，負責全國文物保護、考古發掘的鄭振鐸、夏鼐心急如焚，立即上書國務院，請求對這種極不正常的發掘之風予以制止。這份報告很快得到周恩來總理批准，並通令全國，一股邪風終於停止。巨人力挽狂瀾，使行將有滅頂之災的中國文化遺產再度免遭劫難。

經過一年的艱苦努力，定陵的出土文物基本上已修補、複製完畢。損壞的不能再復元，完好的自然還要公諸於世，以顯示其成果。一九五九年九月三十日，定陵博物館正式宣告成立，即將開放。一九六一年三月，國務院公布明十三陵列為國家重點文物保護單位，包括這座中華大地上首次洞開的地下玄宮。

定陵與槓鈴

定陵博物館一經開放，遊客蜂擁而至，紛紛踏進這座將近四百年的地下宮殿，要親眼看一看那壯麗豪華的建築，一睹帝后的風采，領略一下古代陵寢的氣息。

遺憾的是，在這深達二十七米的地宮深處，他們看到的只是一座空蕩蕩的洞穴。後殿的玄堂上，儘管擺著三口巨大的棺槨，但卻不是金絲楠木製作，而是用白灰和水泥製成的複製品。朱紅色的棺槨散發著油漆的氣味，像是司空見慣的躺櫃，靜靜地擺在遊人面前。遠古的氣息蕩然無存，現代化的意味卻充溢著整個玄宮後殿。不少遊客都滿懷失望地問道：「皇帝皇后的原棺原槨哪裡去了？打開地宮的時候不是還在嗎？」

可是，現在卻消失了。

頗具戲劇性的是，它的消失和定陵博物館的成立，竟是在同一天進行的。一九五九年九月三十日晨，曾鏟下定陵第一鍬土的民工王啟發，接到博物館辦公室主任的指示：「馬上就要開館了，既然複製的棺槨已經做好，原來的棺槨就沒用處了。你帶幾個人到地宮清掃，把那些棺木抬出來，好迎接領導來檢查清潔衛生。」

定陵地宮打開後，大部分民工已回村，只有王啟發等幾位為發掘工作立下過汗馬功勞的人，留在博物館繼續工作。他接到指示，立即召集幾個職工，將宮中的棺木抬了出來。

「棺木放在那裡？」王啟發問主任。

主任將手習慣性地放在額下，作著沉思狀，沒有發話。

「是不是放在倉庫裡。要不下雨就淋壞了。」王啟發作著提示。

「你先回去，待會兒我再告訴你。」主任終於有了良策。

王啟發正在屋裡歇息，辦公室主任走了進來。「倉庫沒有地方，你帶幾個人把它扔出去。」

王啟發心中一顫。他想起發掘時白萬玉老人經常說的話：「發掘的東西，哪怕是一根針、一塊瓦也是無價之寶，千萬不能糟踏了。」如今老人走了，這話卻在他心中銘記不忘。

「這不合適吧？」王啟發沒有動。

「什麼不合適，讓咋幹你就咋幹，把棺底的銅環劈下來，聽我的沒錯。快去，別耽誤了領導來檢查。」主任催促道。

王啟發不情願地走了出去。

幾個職工圍住楠木棺，要取四周的銅環，揮鎬劈了起來。沉重的鎬頭落到棺木上，發出咚咚的撞擊聲。棺木雖經三百多年的腐蝕，但除外層稍有朽痕外，依然完好如初，堅硬如石，不愧為木中之瑰寶。也無怪乎萬曆皇帝會選中它來做自己的壽棺。

當職工們將幾個銅環劈下來時，已累得滿頭大汗，氣喘吁吁。王啟發望著四個碩大的銅環嗚響著落到地上，心中莫名其妙地掠過一絲哀痛。三年的風風雨雨，悲歡離合，有多少人為這座皇陵的發掘付出了心血與汗水。這一切為了什麼？還不是要找到帝后的棺槨與屍體嗎？可今天找到了，棺槨就在眼前，卻要把它劈開扔掉。這又是為什麼？他唯讀了兩年私塾，但已不是開始發掘時那個迷信神鬼狐仙的人了。

他對發掘的意義及出土文物的價值，並不太懂，卻覺得白萬玉老人說得有道理，人家搞了一輩子發掘，還和外國人合夥幹過，是內行呵。這個辦公室主任從隊伍上剛來了幾天，能懂個啥？怎麼能按他說的蠻幹？想到這裡，王啟發制止了眾人，再度來到了辦公室。

「主任，那棺木不能再劈了，找個牆角放著吧。」王啟發近似哀求地說著。

主任正忙於接待前的準備，衝王啟發一瞪眼，說出一句令人心寒意冷的話：「你是不是想留下給自己？」

「轟」地一聲，王啟發的腦子如同炸開一般，熱血驟然升騰起來，臉熱得發燙。他想表示點什麼，但又想到此時正是自己命運的轉折關頭，便強按怒火，退出辦公室，回到自己的木板房抽起了悶煙。

外面的人見自己的工頭已罷工，也放下手中的鎬頭，提著四個銅環回到了各自的宿舍。

主任見大家四散而去，放下手中的工作，嘴裡急呼呼地嘟噥著：「我就不信死了驢就不能推磨了，離了你們地球照樣轉……」向警衛連走去。

幾十名警衛戰士跟著主任來到棺木前。「大家辛苦一下，把這些木頭板子給我扔了。」主任似乎又回到了過去作為軍官的歲月，極為嫻熟地指揮起來。年輕的戰士自然不管事情的凶吉，執行命令是他們恪守的天職。何況像這樣的衛生清理，對於他們已成家常便飯。

戰士們在主任的指揮下喊著號子，將沉重的棺木抬起，來到寶城上。隨著主任一聲威嚴的口令「扔——」戰士們一齊用力，三具巨大的棺槨被掀下牆外，嘩啦啦滾入山溝。

主任眼望著所有的棺木被扔進城外的山溝，才像了卻了一件陳年舊事一樣，長長地噓了一口氣。

一個星期後，定陵棺木被扔的消息傳到夏鼐耳中。這位大師全身發抖，臉色煞白，不停地在房裡走動，馬上打電話讓博物館重新撿回棺木，加以保護。可是，空蕩的山谷早已不見了棺木的蹤影。

三十一年之後，當我來到頤和園，找到當年的發掘隊員李樹興了解這段歷史公案時，那位主任竟然戲劇性地和我們相遇了。真是山不轉水轉，天地太大也太小，在這偶然的背後，實在是蘊藏著一種不可捉摸的必然。

當年的主任兩鬢雪絲，已經退休了。今天，他正以「老驥伏櫪」的精神，為黨的事業再獻餘熱。儘管我們知道他為扔棺的事，後來受了個警告處分，從而成為他心中最為敏感的政治傷痛，不便提起。但既然有緣相逢，還是順便問一句好。

「聽說那棺木是你決定扔的？」有點明知故問。

他的臉輕微地抽搐了一下，眼梢掠過一絲淡淡的悲哀與痛楚，聲音低沉無力：「就算是吧。」

「其實在扔之前，我已請示過領導，包括文化局領導。你想我一個辦公室主任怎麼敢作出那樣的決定？」他的聲音比先前大了些，顯然有些激動，「當事情追查起來時，這些領導就不再承認了，我也就只好自認倒霉吧。」

望著他那有些悲愴的面容和真摯的哀嘆，我們相信他的話是真實的。如果沒有更高層領導的指示，他一個小小的辦公室主任，是斷然不敢這樣自做主張的。可惜沒有人再出來承擔這個責任，歷史的罪過至少在一段時間內，還要記在他的身上。想來他也實在是一個讓人同情的悲劇人物。

回到城裡，我們的心情難以平靜，仍在思索著這件事情的前因後果。無論責任在誰，棺木被扔卻是事實。令人百思不得其解的是，如果一座皇陵博物館連帝后的棺木都不能容納，它還能容納什麼？還需要它做什麼？這時，電視機裡傳出了一陣騷亂的雜音。只見一個光著膀子的彪形大漢，正要舉一對大得嚇人的槓鈴。這是在北京召開的第十一屆亞運會的實況轉播，一場精彩項目的角逐。只見這位運動員活動了一下筋骨，抓把白粉在手中搓搓，瀟灑地來到槓鈴跟前，彎腰弓背，兩手死死抓住鐵槓，隨著氣貫丹田、力運雙臂的一剎那，槓鈴騰空而起，驟然落在他的肩頭；電視機裡再度爆發起喝采嘈雜之聲。他想借餘力再一用勁，以便將槓鈴舉過頭頂。遺憾的是，他已經做不到了。他的腿哆嗦起來，整個身體都在搖動。儘管他二目圓睜，全神貫注，但自身的筋骨承受不住這強大的壓力，意志與精神只得向肉體屈服。槓鈴終被扔了下來，險些砸了自己的雙腳。這個驚險的動作，冥冥中透出一股強大的難以名狀的輻射力，使我們頓悟。

電視機中的槓鈴和我們發掘的定陵，竟有著某種富有哲理的聯繫。一座定陵，囊括了華夏民族幾千年文化的精髓，無論是它的建築，還是葬制，都能從中探尋到中華文化的源頭和發展脈絡，幾乎每一件殉葬品都鐫刻著苦難的歷史足跡和人類行進中的氣息，標誌著華夏文化與政治制度的成熟與衰亡。對於今天的人們，或許這個包裹太沉重了，沉重得如同運動員手中的槓鈴。要背負起這個包裹，就必須具有承受重壓的心態和身體素質，以及豐富的經驗和精湛的技藝。而那時的中華人民共和國，只不過如同一個十歲的少年，骨骼正在成長，肌肉尚未發達，血液仍是鮮嫩的漿汁，雖已漫步行走，卻不能健步如飛，十歲少年縱有千里之志，畢竟尚難倉促行進。如果憑一時的興趣或衝動，其結果必然是步履不穩，像這位運動員對待沉重的槓鈴一樣，帶著無盡的遺憾與痛苦，將包裹扔在腳下。若躲閃不及，傷了自身的腿腳，從此一蹶不振，也未必沒有可能。

這一令人回味的哲理，倒是在定陵之外的頤和園得到啟示。或許這就是中華民族的宿命吧。

第十六章

大風起兮雲飛揚

風暴捲著狂潮漫過十三陵，湧進定陵地下玄宮。火光驟起，三具屍骨和它的發掘者、保護者，頓時成為「專政對象」。隨著烈焰的升騰，中國考古史記下了最悲慘的一頁——

帷幕悄悄拉開

一九六六年，華夏大地上一場驚天動地的響雷滾滾而來，史無前例的無產階級「文化大革命」開始了。當毛澤東穿上已經脫下許久的軍裝，以金戈鐵馬、氣吞山河的軒昂氣度登上天安門城樓，抬起巨臂，向廣場上那片稚嫩鮮活的綠色叢林揮手示意時，一場浩劫已悄悄拉開帷幕。

「四海翻騰雲水怒，五洲震盪風雷激」。數以百萬計的紅衛兵，擦去臉上激動的熱淚，懷著對革命的滿腔熱情和對封建文化的無比仇恨，離開天安門廣場，奔向寺廟、園林、古建築群和文物遺址，以所向披靡、摧枯拉朽之勢，實施「橫掃一切」的革命行動。

毛澤東在天安門城樓上接見紅衛兵

風暴捲起漫天塵沙，浩浩蕩蕩的紅衛兵大軍，高舉戰旗，出北京、渡沙河，翻山越嶺，如同三百年前李自成的大順軍，沿著歷史的荒野古道，一路喊殺著來到尚處於寧靜中的定陵皇家陵園。大軍既至，立即將陵園封鎖起來。這時的定陵博物館早已停止對外開放，工作人員正在閉館學習毛澤東的最新指示。忽見綠色大軍以烏雲蓋頂之勢闖了進來，個個心驚膽戰，不知所措。

「把當權派押起來。」一個十五、六歲的女紅衛兵領袖，發出了來到定陵後的第一道命令。很快，博物館館長朱欣陶等人被關進一間倉庫，從此與世隔絕。

這些大多來自上海、武漢等地的革命小將，在見慣了江河湖海之後，對這座青山古廟、荒塚綠林感到格外新奇。尤其是這座以飛簷異獸的古建築和蒼松勁柏組成的輝煌藝術陵園，更是這些十幾歲的孩子前所未見的。那幽深淒冷的地下玄宮，只在人們講的故事中聽到過。今天，命運賦予了他們一個難得的機會，一切夢幻中的景象都不是海市蜃樓，而是實實在在地展現在面前。既然歷史已經敞開胸懷，坦誠而無償地饋贈，就要義不容辭地抓住它、利用它，按照自己的意志去實現昨天的夢想和今天的誓言。

今天，他們是定陵理所當然的主人。

紅衛兵小將們心懷一種好奇和仇恨的複雜心態，將地面的景物瀏覽一遍後，興致昂然地要進地宮，砸爛這幾百年封建王朝的老窩。

串聯的紅衛兵來到十三陵區進行文化大革命宣傳

「老東西，快交出鑰匙，我們紅色小將要進地下宮殿去批鬥地主頭子！」一個學生穿著的男孩來到倉庫，指著朱欣陶老人有些光禿的腦門指示道。朱欣陶心裡一驚，光滑的腦門上滲出細細的汗珠。他知道一旦打開地宮，讓小將們下去的結局會是什麼。老人望著眼前稚氣未脫的小男孩，沒有吭聲，臉上露出頗有些不屑一顧的神態。

男孩像受了極大的羞辱，心中怒火騰地燃起，他揚起白皙的右手，左腿後撤一步，胳膊掄圓了，猛力向老人的臉頰抽來。「啪」地一聲脆響，朱欣陶身子搖晃了幾下，布滿皺紋的臉上漲起三道紅色的印痕。

「為什麼打人?!」倉庫中的人群憤怒了，眼裡掛著血絲，要跟男孩拚命一搏。

這位小將見幾個大漢圍將上來，心中不免膽怯。他機智地對後面的同伴們叫嚷著：「不給鑰匙，我們也能進去，走！」大隊人馬隨著這位小將呼喊吵嚷著來到地宮門口。一幢黑色的鐵門橫在眼前，如持槍揮棒的戰士，使紅衛兵無法前行。

「找東西把鎖砸開。」一位女紅衛兵首領發著命令。一塊塊磚頭石塊被撿起，又一塊塊帶著仇恨與憤怒向鐵門射來。地宮門前人流湧動，磚石亂飛，喊聲一片，如同三百年前李闖王率領大軍攻克北京；石塊撞擊鐵門的金石之聲，恰似咚咚戰鼓為三軍將士吶喊助威。經過一陣暴風驟雨般的襲擊之後，宮門仍未砸開。這時，有幾個壯漢不知從哪個角落抬出來一根巨大的松木樁，大聲叫喊著：「閃開，快閃開，看我們的！」眾人見運來新式武器，大喜過望，又圍上幾十人，抱住粗大的木樁，一齊向宮門撞去。

「咚——」一聲巨響，整座陵園似乎都在顫抖，地宮券門刷刷地落下灰塵土塊，烏黑的鐵門嗡嗡作響，平整的門面凹陷下一個深坑。

「下定決心！不怕犧牲！排除萬難！爭取勝利！」女首領在這種力量的交鋒中，顯然難以展示自己的才能，便站在一個凸處，不失時機地進行鼓動。在讓她的軍隊增強信念的同時，也再次預告了她的存在和不可動搖的政治地位。

果然，這次撞擊的力量比先前迅猛沉重，隨著「咚、咚」幾聲地動山搖的巨響，鐵門招架不住，只好敞開自己的心扉，任人宰割了。眼看勝利在望，紅衛兵們抱住木樁，攢足力氣，喊著號子，拼命向前撞去。就在木樁接觸鐵門的剎那間，「嘩」地一聲，門鉤脫落，轟然洞開，木樁斜插著鑽進地宮隧道，大批人流倒在地上。

「勝利了，我們勝利了！」地宮門前一片歡騰。歡騰過後，又是一陣猶疑和恐懼，面對這座黑暗陰森的地宮，沒有人敢下去，大家只好互相張望著。

「派人向他們要手電筒，抓一個來帶路。」那位剛才背誦語錄的女首領，再一次顯示了她的指揮才能，向不知所措的人群獻計。手電筒要來了。同時有四個大漢架著老職工王啟發的胳膊，簇擁著來到地宮門前。

「老頭子，你帶我們下去，看看這個地主階級頭子，是什麼樣的反動面目。我們要堅決把他批倒批臭！」

女首領說著，一揮手，王啟發被人推著走進地宮，後面的人流竟爭先恐後地向玄宮底層湧去。一隻手電筒發著微弱的光亮，在王啟發身邊晃動。人流悄無聲息，神祕幽深的地宮，使紅衛兵心中高度緊張甚至畏懼。過慣了城市車水馬龍的生活，對這裡自然感到格外陌生。這是一個超越他們想像而飄渺於塵世之外的天地。人流似無聲的浪濤，漫過前殿、中殿，直到後殿的玄堂。

一切都暴露出來了。站在大殿的盡頭，他們開始感到失望，原想這座地下宮殿，肯定會像夢中那樣刺激人，妖怪、小鬼、骷髏、死屍……驚心動魄，膽戰心驚，可這裡除三口複製的躺櫃狀的棺槨和二十幾個箱子外，夢中的一切俱不存在。希望一旦變成失望，接著而來的就是報復。

定陵地宮中殿的石五拱和青花油缸

人群幾乎將地宮塞滿，普遍感到無聊之後，便想起要對這裡的文化進行「革命」了。文化在哪裡？地宮之內的景物哪些算「文化」？這命應當怎樣「革」？一連串的問題，幾個首領也糊塗起來。這個黑乎乎的洞穴就是文化？這幾口朱漆棺槨也算文化？但有一點他們心中卻是清楚的，這座地下宮殿是舊東西，這裡頭的主人就是地主階級的總代表、反動頭子。只有砸爛一個舊世界，才能建設一個新世界。不管哪些是文化，砸就是革命，就是勝利了。不知是誰從地宮外找來了幾把破笤帚，插進中殿寶座前的「萬年燈」裡，將缸中的油料沾在笤帚上（定陵玄宮器物清理之後，青花大瓷缸和缸中的油料仍放在地宮未動），然後，燃起了大火。

玄宮不再淒冷陰暗，十幾支火把將宮內照得如同白晝。人群開始騷動起來，復仇的欲望急劇地升騰、暴漲。先是有人跳到寶座上當起了「皇帝」和「皇后」，接著有人將寶座連同上面的「皇帝」和「皇后」一起掀翻。打鬧的人群因一時找不到錘子，只好用腳去踢、踹漢白玉雕成的寶座。

就在中殿的漢白玉寶座被掀翻踢打的同時，後殿裡也開始了行動。巨大的棺槨無法掀動，有人開始把殉葬的木箱子搬起來，在玄堂上摔打。隨著「噗噗」的聲響，一個個用白灰複製的木箱瞬間變成了土塊。

王啟發望著眼前的一切，先是震驚，接著發出撕心裂肺的嚎叫：「你們不要這樣，破壞了文物，你們要受到懲罰的啊！」他撲倒在木箱上，雙手張開，眼中布滿血絲。他仗著自己出身貧農，也不知道哪裡來的一股橫勁，做出要與這夥人拼命的架勢。

他的反常表現，同樣使面前的紅衛兵小將們大吃一驚，想不到這個乾巴老頭還有如此的氣魄，敢在強大的紅衛兵面前耍威風。只聽人群一聲喊：「給我們把他拖下來！」話音剛落，幾個強壯的漢子將王啟發拖了下來，按倒在地。王啟發還想掙扎爬起，只覺頭髮被人抓住，頭皮熱辣辣地刺痛，身子向玄宮牆壁撞去。隨著「咚」一聲，一股鮮血濺了出來，噴灑在潔白光滑的牆石上，他的身子隨著血的湧動，慢慢地癱軟了。

「革命」仍在進行。有人把箱子一個個地抬起來，壓在萬曆皇帝的棺槨上，讓這位地主階級的總代表永世不得翻身。為了達到「再踏上一隻腳」的革命效果，一位首領不顧箱子的搖動，奮身爬上去，站在頂端，兩手插腰，在熊熊的火焰中，以巨人的氣派演講起「星星之火可以燎原」……

經過一天的「橫掃」和「砸爛」，紅衛兵開始感到疲憊和乏味，他們離開了定陵，一路高喊著革命口號，打著紅旗，向昌平縣湧去。

大軍遠去，定陵工作人員才稍稍鬆了口氣。幾位當權者心中如一塊石頭落地，暗自慶幸這場風暴迅疾過去。正當他們渴望雨過天晴不會再有意外時，不料，一場更加淒厲肆虐的風暴卻又漸成氣候。

「戰鬥隊」的勇士們

狂風頓起。正處在驚詫、觀望、捉摸不定的境況下的定陵博物館部分工作人員，隨著紅衛兵的到來而有所領悟並行動起來。他們對這場革命風暴不再感到困惑與迷惘，而是覺得有一條新的道路鋪展在面前，這條道路如同雨後的彩虹，輝煌綺麗，使命重大，只要踏上雙腳，人生的意義則其味無窮。

幾乎每一個人都按捺不住內心的激動了。面對這個「四海翻騰」的偉大時代，他們以滿腔的熱情和澎湃的激情，匯入時代的洪流之中。於是，定陵博物館朱欣陶等當權者被打翻在地，新的「革命委員會」宣告成立。

幾乎是在一夜之間，博物館的工作人員分成了「真理戰鬥隊」、「紅旗戰鬥隊」、「七尺槍戰鬥隊」等若干派別。在他們尚未發展到自相殘殺之前，共同的「革命」目標和專政物件，則是定陵的文物和原先的當權者。由此，一場「史無前例」的浩劫開始了。

「革命」有條不紊地進行。各戰鬥隊一致通過：先將朱欣陶等走資派、黑幫押起來，關進倉庫，日夜輪班看守，防止他跑出來破壞「革命行動」。同時組織一切力量，盡可能地摧毀定陵園內的建築物和代表封建主義的一切。

決議一經通過，各派人員紛紛響應。幾十人爭先恐後地擁到陵園前的漫水橋下，要以這裡為革命的起點，依次向前推進，直至地宮深處。

一位二十歲的女講解員，已失去姑娘的羞澀與婀娜，她站在橋頭，雙手插腰，以革命委員會主任的身分和氣度，向她的部下宣布：「革命現在開始！」

「轟」的一聲，早已躍躍欲試的戰鬥隊成員，向自己選準的目標撲去。一座不大的石橋，被幾十個人團團圍住，揮鍬掄錘，手扒腳踩，以不同的方式、不同的角度、不同的路數毀壞開來。人群爭吵著，搶奪著，如同一堆黑色的螞蟻啃搶一個奶油蛋糕，原本就不大的石橋瞬間變成了廢墟，七零八落的石塊，如同一堆白骨橫躺在荒山野地裡。眾人見小橋已無肉可食，便按照原方案採取第二步行動——推倒陵前的無字碑。

一根繩子套在二丈多高的巨大石碑上，女革委一聲喊，眾隊員運足氣力拼命拉拽。

「一、二、三！」

「一、二、三！」

不管這位女革委怎樣呼喊，儘管所有的人都拿出了吃奶的勁頭，但無字碑仍紋絲不動，巍然屹立在藍天白雲之下。只有它身下的龜趺瞪著嚇人的眼睛，齜牙咧嘴，似在痛苦的忍耐中，伺機復仇。繩索仍在一鬆一緊地拽動，革命的口號依然在陵園前一聲高過一聲地隨風震盪。儘管每個人的額頭上都冒出了油亮的汗珠，儘管每個人的手心都勒起了血紅的印痕，麻木之後的疼痛開始刺激每一根神經。但，沒有人提出停止，更沒有人撒手不幹。

隊員們依舊面頰緋紅，雙眼掛著血絲，真誠而不惜一切氣力地彎腰弓背，在號子聲中死命地拉動。在他們心中，革命的勝利就在眼前，革命的成敗，就看這塊無字碑是站著還是倒下。倒下便是成功，站著就意味失敗。在這「民族危機」的嚴峻時刻，作為革命的先鋒隊員，自然不能置國家民族安危於不顧，私自逃離這如火如荼的最為壯懷激烈的前沿陣地。他們有責任義不容辭地要把這塊巨碑拉倒，以迎接文化革命勝利的曙光。在這關鍵時刻，只聽「咔嚓」一聲，繩索斷為兩截，人群紛紛倒地，壓在一起，滾成一團。

望著兩截斷繩和頂天立地的石碑，戰鬥隊的成員開始洩氣了。有人在小聲嘀咕：「當年努爾哈赤和李自成的大軍，都沒有拉倒它，何況我們……」這層薄薄的窗戶紙一經點破，裡邊碩大的世界就變得分明起來。也只有面對這個世界，才感到自己的渺小和可悲。眼前這幾十個隊員，無論是和努爾哈赤的幾十萬鐵騎，還是和李闖王的近百萬大軍相比，的確是相差太遠了。儘管自己有滿腔的革命熱血和高漲的革命意志，依然無濟於事。

蚍蜉撼樹，談何容易？巨人的詩句不是戲言。再一意孤行，顯然不是明智之舉。這次「革命」失敗了，再接再厲爭取下一次的成功吧。作為總指揮的女革委當機立斷，決定放棄無字碑，集中火力攻打明樓。

顯然，這個抉擇再一次犯了沒有借鑒歷史經驗的錯誤。當年清軍入關，兵踐十三陵，定陵園內烈焰升起，幾乎一切建築都焚燒殆盡，唯獨這座明樓安然無恙，因為它的每一根筋骨都是由堅硬的石料構成。縱然是氣吞萬里的清軍，對這座明樓也無可奈何，赤手空拳的他們，同樣也只能望樓興嘆。

堅硬的明樓無法搗毀，總要想辦法給予有力的打擊，以顯示革命造反派的氣魄和不畏困難的精神，這時，隊伍中有一個自稱「小諸葛」的人，望著手足無措的女革委，微微一笑，上前：「我看把樓上刻著『定陵』兩個字的豎匾刷上油漆比搗毀它還要革命。」

小諸葛的建議，立即得到了女革委的贊成和眾人的擁護。幾乎每一個人都在痛恨自己，為什麼這樣的高招是小諸葛首先想出，而不是自己？故宮前天安門城樓上不是已經掛上了毛澤東像了嗎？這是多麼偉大的啟示：中國的歷史，是紅旗如海的天安門城樓上，由那只頻頻搖動的巨手開始書寫的。既然像天安門那樣不破壞它，就給它改變一下面貌。女革委吩咐眾人立即找梯子、油漆、刷子……一切很快完成。

她在人群中掃視了一下，用徵詢的口氣問道：「誰上去刷？」眾人望望這由七架梯子接起來的如同通往天國的橋樑，都把頭往脖頸裡縮，不再吭聲。

女革委見眾人畏縮不前，像受到了羞辱，一股無名之火在胸中燃燒，暴怒地喊道：「到底有沒有人敢

定陵陵園內的明樓

去完成這項革命的重任？」說完，她的目光落到了一個二十一歲的小個子身上。

小個子青年出身將門，中學畢業後繼承父志，投筆從戎，來到部隊穿起了寬大的軍裝，接受血與火的最神聖的考驗。三年後，來到了定陵博物館。血氣方剛的他，在軍隊三年，未能得到像父輩那樣榮立赫赫戰功的機會。今天，機遇分明來了。無論是這通往天國的橋樑，還是女革委姑娘火辣辣的目光，都在無聲地昭示他挺身而出。梯高樓聳，大軍紛紛退縮。誰敢橫刀立馬？唯有自己才能當此重任。小個子想到此處，舉起了拳頭，大聲喊道：「我上去！」

女革委滿意地笑笑，威嚴而莊重地把油漆交給了他，像是將軍對士兵，小聲叮囑：「小心點。」

「嗯。」小個子心領神會，一股力量湧向全身。他手提半桶油漆，向「天梯」奔去。只見他短而粗壯的腳，踏著橫樑一步步向上攀登。所有的人都瞪大眼睛，仰頭觀望，隨著梯子開始抖動，忐忑不安的心也懸了起來。

小個子已爬到了二十幾米的高度了。這時梯子開始大幅度晃動起來，他的身體也隨著飄搖不定，如同細長的樹枝掛著的枯葉，在微風的吹拂中悠悠晃晃大有搖搖欲墜之勢。小個子開始動搖了，後悔當初不該逞能，走上這條稍一失足就要丟掉生命的險途。但事已至此，退卻是不可能的，只有豁出性命走上去。他想起在部隊練習爬木梯時學過的本領，再次顯示了他自己的機智與勇敢，面對劇烈抖動的木梯，不顧頭暈目眩，毅然做出了令腳下所有人為之瞠目結舌的動作：他弓腰曲背，沿著橫樑噔噔地跑了起來，只有這樣，梯子的重心才能下移，他才有可能不在抖動中跌落下去。

他成功了，兩腿站在四十多米的高空中。

小個子不敢回看下面的景物，他知道只要一回頭，就有因暈眩栽倒的可能。下面的人說些什麼，是助威還是加油，是喝采還是擔心，他不再去管。他要做的是必須用漆迅速塗掉眼前這兩米高的刻著「定陵」兩字的巨匾。他穩住身子，蘸上油漆，在高高的巨匾上塗抹起來……

經過將近半小時的艱苦奮戰，他成功了。當他以勝利者的姿態，在眾人的歡呼聲中回到地面時，又突發奇想：為什麼不在匾上貼一張毛澤東像，讓紅太陽的光輝永遠照亮這個牛鬼蛇神出沒無常的陰暗角落呢？

女革委欣然同意了這個革命建議，立即命人找來領袖像和漿糊桶，並將這個光榮使命又一次託付給他。

「天梯」又抖動起來，小個子大踏步向上攀去。搖晃動盪產生的恐懼已經消失，代之而生的是一種赴湯蹈火的無畏與莊嚴。遺憾的是，剛剛上到十多米，他便一腳踩空，連同掀翻的漿糊桶，唏哩嘩啦地跌落下來……

向帝后屍骨進軍

儘管小個子被眾人接住，還是受了傷，不得不送醫院包紮。

出師未捷，先傷大將，這對新成立的「革命委員會」來說，實在是一個不祥的預兆。女革委連夜召集幾位隊長制定下一步行動方案。經過一夜的討論密謀，終於產生了新的計畫：先下地宮砸碎棺槨。

各戰鬥隊立即採取行動。隊員們手執鐵錘、鐵鍬、鐵鎬、鐵鉤……一切具有打擊和破壞力的鐵器，均被搜集來用於「革命行動」。當女革委率大隊人馬闖入地宮時，想不到情況發生了變化，保衛幹部孫志忠、職工李樹興、王啟發等十餘人，已搶先進入地宮後殿，手拿木棍，殺氣騰騰地站在棺槨兩側，注視著後來的人群。

雙方的衝突早在女革委率領戰鬥隊拆橋時就開始了，只是未發展到這種程度。被對方指責為「保皇派」的孫志忠、李亞娟、李樹興、王啟發等，一開始就站在了「革委會」的對立面，以大字報的形式與造反派展開論戰。儘管定陵園內已快成為白紙鋪天蓋地的世界，但這依然不能阻止造反派的「革命行動」。眼看大勢已去，孫志忠等人不再論戰，而是採取文武並舉的方針，要和造反派決一雌雄。

形勢異常嚴峻，武鬥迫在眉睫。火把照得地宮忽暗忽明，雙方瞪大眼睛，屏住呼吸，聽候戰鬥的命令。在這一觸即發的時刻，女革委挺身上前，厲聲問道：「你們為什麼阻止我們的革命行動，保護地主階級的財產？」

孫志忠把手中的棍子在她面前晃了幾下，以同樣的口氣和威風反駁：「這不是地主的財產，這是文物。是黨派我們來保護的，誰要是敢動一下，我們就砸扁他的腦袋。」

「萬曆皇帝就是最大的地主頭子，他的棺材怎麼不是地主階級的財產？」女革委後退一步，右手攥住孫志忠的棍子，繼續爭辯。

「萬曆的棺材早就扔掉了，這是我領人用三百袋洋灰重新做的，萬曆連見都沒見過，怎麼說是地主的財產？」王啟發將棍子在棺槨上略略地敲了兩下。

女革委眨了一下眼皮，沒再說話。形勢陷入僵局。

「咱還是回去商量一下吧。」紅旗戰鬥隊隊長在女革委耳邊小聲提示。

女革委重重地哼了一聲，一咬牙，衝孫志忠憤憤地說道：「你等著，我們早晚要跟你算清這筆帳。」轉過身，率人馬走出地宮。

一連十八個晝夜，「造反派」與「保皇派」在棺槨問題上爭論不休，相持不下。女革委窺視進攻的良機，孫志忠則嚴陣以待，時刻準備血戰玄宮。正在這時，一個令人毛骨悚然的消息傳入定陵。在離定陵不遠的黑山寨大隊，紅衛兵將村中的地主分子王占保全家揪出批鬥，由於王占保不老實交待罪行，他和他的兒子慘死在一頓亂棍之下。為了斬草除根，造反派頭目又帶人將其九歲的孫子從野地裡抓回，活活將其撕成兩半……

黑山寨的消息，給女革委一個新的啟示。她按捺不住內心的激昂，連夜草就一張大字報貼了出來。內容如下：

我們該怎麼辦

東風勁吹，紅旗招展。在轟轟烈烈的無產階級文化大革命的運動中，我們定陵博物館的紅色革命委員會，在毛澤東革命路線指引下，蓬勃發展、勢如燎原。在革命的艱苦歲月中，我們同階級敵人鬥，同保皇派鬥，同當權派鬥，同天鬥，同地鬥，我們在鬥爭中成長，在革命的風口浪尖上得到了鍛煉。

儘管我們革命委員會取得了一定的成績，但離毛澤東他老人家的要求還相差十萬八千里。現在，最大的地主階級頭子就隱藏在倉庫的木箱中，我們不能視而不見，一定要把他抓出來，交給人民群眾審判。黑山寨大隊已經給我們做出了榜樣，我們工人階級是革命的先鋒隊，我們決不能甘心落後，讓地主階級頭子逍遙法外。我們一定要把他批倒批臭，踏上千萬隻腳，讓他永世不得翻身！

革命的號角已經吹響，我們定陵博物館的工人階級，一定要將無產階級文化大革命進行到底！

打倒當權派！

打倒保皇派！

打倒地主階級的頭子萬曆！

這張似通非通的大字報一貼出，立即在定陵園內掀起了巨大波瀾。誰也沒有想到，就在他們的眼皮底下，居然還有一個地主階級的頭子隱藏著。大字報的提示，使他們恍然大悟，暗自佩服這位女革委的高瞻遠矚和超人智慧。如果沒有她的及時提醒，這位地主階級的最大頭子就可能長期隱藏下去，他的滔天罪行就不可能被勞動人民所認識，果真如此，後果不堪設想。好險！

造反派不再進入地宮砸棺槨，目前最緊迫的任務是把萬曆這個地主頭子抬出來，進行審判。在女革委的帶領下，造反派瘋狂地向倉庫衝去。

「快交出倉庫鑰匙，我們要抓萬曆！」女革委對倉庫保管員李亞娟下命令。

「沒有領導的簽字，我不能開庫，這是規定。」李亞娟冷冷地說。

「什麼領導，我就是這裡的領導，快給打開！」女革委一反姑娘應有的溫柔，惡狠狠地對李亞娟耍起威風。保衛幹部孫志忠等人聞訊趕來了。女革委不再退讓，她決定以流血來達到革命的目的，似乎也只有如此才能取得成功。這決心早就在她寫那張大字報的時候就下定了。

「給我堵住！」女革委命令身邊的「真理戰鬥隊」隊長。

於是，幾十條漢子疾速衝出，和孫志忠等人交起手來。一刻鐘後，孫志忠等人寡不敵眾，被推到一邊，造反派惡狠狠地說：「你們要再保護地主階級的總頭子，就把你們和當權派一樣關起來。」

「現在你給不給鑰匙？」女革委斜視著李亞娟，以勝利者的姿態下最後通諜。

「沒有領導的簽字，我不能給。你身為革委會主任，這點道理應該知道。」李亞娟依舊冷言相對。

女革委咬咬牙，低沉地說了聲：「好吧。」轉身便走。

倉庫的大門打開，女革委拿著一個紙條和一支鋼筆，遞到博物館辦公室上任不久的劉主任跟前：「簽個字吧。」辦公室主任接過紙條，只見上面歪歪斜斜地寫著一行字：

我們要抓萬曆進行審判

「這個字我不能簽。」劉主任可憐巴巴地望著女革委，想得到一點同情。

「啪！」一個耳光搧到臉上，頭髮被一隻大手揪住，辦公室主任瘦弱的身體向牆壁飛去。隨著撲地一聲響動，身子慢慢倒了下去，鼻孔裡竄出一股紅色的血漿。

「簽不簽？」「紅旗戰鬥隊」隊長揪著劉主任的頭髮，又咚咚地朝牆壁碰了兩下。

「我簽。」劉主任閉著雙目，接過鋼筆，身子倚在牆上，手指顫抖著在紙條上劃上了「同意」兩個字，然後寫上了自己的名字。

女革委拿著紙條在李亞娟眼前晃動了一下：「現在你還有什麼可說的？」李亞娟接過紙條看罷，眼前一片模糊。她不再說話，慢吞吞地掏出鑰匙，打開鐵鎖，領造反派來到幾個木箱前，說：「全在這裡。」

箱子被一個個打開，只見萬曆皇帝和皇后的屍骨完整地躺在裡面。這是中國科學院古脊椎動物與古人類研究所工作人員，經過一年的努力，才把三具零散的屍骨用鐵絲穿製成一個完善的整體。「文革」前，三具屍骨一直放在該研究所保存，「文革」爆發後，該所領導人怕有閃失，決定物歸原主，以圖安全，想不到劫難還是來臨了。一九六六年八月二十四日，這是中華考古史上最為悲慘的祭日。據定陵博物館職工師峰後來回憶，這一天從早到晚，始終未見到太陽。

三具屍骨擺到定陵博物館大紅門前的廣場上，由女革委組織人員進行批鬥。除屍骨外，還有一箱帝后的畫像、照片等資料性的「罪證」，和屍骨一同被抬了出來。帝后的三幅畫像是清理地宮時，發掘隊員曹國鑒精描細繪畫成的。僅畫像上的金粉就用了二兩之多。

女革委為了顯示這次聲勢浩大不同尋常的批鬥大會，特意作了一番精心安排。她派人到長陵管理處、長陵供銷社、林場、糧站、學校等單位聯繫，要求他們派人前來聲援。與此同時，有人建議批鬥結束後，將帝后屍骨砸碎焚燒，以示革命進行到底的決定和氣魄，女革委當機立斷，拍手贊成。下午二點十五分，定陵園內的廣場上已是人山人海。除邀請的幾個單位人員外，還有附近農村的農民、紅衛兵、學生，人們紛紛前來，要親眼看看這壯麗輝煌的場面。

三具屍骨整齊地擺放在一起。萬曆皇帝的屍骨在中，兩個皇后分居兩側。周圍堆放著帝后畫像和照片資料等實物罪證。一切準備就緒，女革委開始帶頭高喊革命口號：

「打倒當權派！」

「打倒保皇派！」

「橫掃一切牛鬼蛇神！」

「打倒地主階級頭子萬曆！」

「堅決將無產階級文化大革命進行到底！」

……

口號剛一結束，女革委衝著人群大喊一聲：「革命現在開始！」話音剛落，十幾個大漢便把懷中抱得太久的石塊，猛力向屍骨投去。隨著一陣「劈劈啪啪」的響動，三具屍骨被擊得七零八落，一片狼藉。

人群開始湧動，驚訝、困惑、麻木、讚嘆、歡喜……各種目光一齊向女革委射來。女革委心中一熱，立即吩咐身邊的人員：「點火燒了他們！」

一聲令下，烈焰騰起，廣場一片火海。木柴伴著屍骨，在烈焰中「叭叭」炸響，似在呻吟，又像在反抗。濃黑的煙霧扭成一股股煙柱，交錯著，擁抱著，不情願地向天空飄去。煙灰四散飄落，紛紛揚揚，空氣中散發著刺人肺腑的氣味。

不知是塵世上狂熱的衝動和盲目的激情感動了上帝，還是萬曆帝后的靈魂作祟，正在升騰、濃煙噴射之時，隨著一聲驚天動地的炸雷，大雨傾盆而下。觀光的人群四散奔逃，烈火無聲無息地熄滅，燃燒的屍骨在湧動的水流中浮蕩漂搖，和翻起的泥土溶為一體，重新回到了廣袤的大自然之中。

為時太晚的反思

在萬曆帝后的屍骨被焚毀的二十三年之後，我們來到了十三陵特區，以歷史記錄者的身份，尋訪在那動盪歲月中留下的殘跡。

在陵園的機器房裡，我們見到了當時親手用朱漆噴刷明樓巨匾並參與焚燒屍骨的小個子青年。他已不年輕，顯然比當年成熟多了，昔日的狂熱在他的身上已很難見到。當我們想證實他的出身時，他沒有直接回答，只是從抽屜裡拿出一本小冊子遞過來。這是「八一」小學的紀念冊。他說：「八一小學是聶榮臻元帥創辦的，因此又叫聶榮臻小學。當時在這個學校讀書的，全是名門之後。」打開扉頁，是毛澤東、朱德、周恩來等和學生們的合影照。一所小學校能得到如此眾多的巨人的關照，實屬罕見。翻到一九五六年的畢業合影，他指著右上方的一個矮矮胖胖的、逗人喜歡的孩子說：「這就是我。左邊是×××，右邊是×××……」他一個個地說著名字，以及他們的父母，似乎為那天真爛漫、輝煌壯麗的少年時代而陶醉，而自豪。這種自豪一定長久地注入他的心中，並有可能成為他生活中的支柱。要不，他是不會把這個紀念冊帶到機器房來的。

當我們拐彎抹角地將話題扯到焚燒屍骨一事時，本想他會不高興或者對這段事實及自己的行為加以掩飾，可他的坦誠令我們吃驚。他對那段往事毫不遮掩和否認，對自己當時的行為直言不諱，還對一些細節作了補充和解釋。他說：

「『文化大革命』害了一代人，同時也損害了一大批文化遺產。你們問的兩件事都是真的，我上明樓用朱漆刷匾，那天風很大，梯子綁得又不牢靠，真像天梯一樣，走到頂點就能感覺到濕乎乎的雲霧從耳邊擦過。那時候可真有點『為有犧牲多壯志，敢叫日月換新天』的勁頭。要是現在啊，給我多少錢也不敢幹。你想想，如果摔死不就白死了。現在我腿上和頭上的傷疤，不但沒人管，自己也不好意思講，像小偷去偷東西傷了身體一樣。那時候也真叫傻，人家匾上那定陵兩個字礙著我什麼事？可我當時卻認為是反動標語，非要上去遮蓋、用漆塗掉不可。這是何苦呢？但還是一本正經地去幹了。

前些日子文化局又來人調查焚燒屍骨的事，讓當事人簽名。我簽了。自己做的事就要承認，我不像有些人，砸的時候風頭出得比誰都狂，可一旦追究下來，又像個老鼠一樣縮進洞裡不敢露頭。好漢做事好漢當嘛。況且這是在文革的大氣候中幹的，像這樣的浩劫，幾乎全國每個文化遺址、博物館、園林都有。儘管現在公安部門把定陵焚燒屍骨、第二毛紡廠武鬥、黑山寨劈孩子，列入昌平縣文革三大要案，可到現在一個人也沒處理，法不責眾嘛。這是中國的古話。退一步說，真要是進監獄，大家一起去。承認的要去，不承認的也要去，××的官司從來是重證據不重口供的，何必躲躲閃閃？不過話又說回來，就是把我們這些人抓進監獄也不覺過分。屍骨毀得太可惜了，這不是我們吃飯的碗和筷子，砸了斷了還可買同樣的。可這屍骨又哪去買？即是買來也不是萬曆帝后而是別人的了。你們要把這場悲劇寫出來，告訴後人，不要再折騰了，再折騰下去中國的文化就完蛋了……」

小個子不愧是名門之後。說這段歷史時，仍不失大家風度。他的神態、動作和口若懸河的滔滔解說，似乎讓人感到是在做一次學術演講，或者是勝利後的總結報告，抑或是在敘述一個和自己毫不相干的別人的事。他的身上，我們領悟到了太極拳的奧妙。太極拳為中國所獨創，太極拳剛柔相濟的精華，就是中國人的處世哲理。

與小個子相反，當我們在昌平縣城見到當年那位「文革」女主任時，她滿臉憂鬱，兩鬢過早地染上了雪絲。她在農村長大，從小飽嘗貧寒之苦，至今仍不富裕，兩間不大的屋子，除了一台黑白電視機外，找不到更值錢的東西。也許愚昧和無知使她過早地走向衰老。

當我們把話題扯到「文革」那段歲月時，她對自己一生最為顯赫的時代，並不感到自豪和驕傲。她的臉儘管也抹上了淡淡的紅暈，但看得出是因羞澀和痛悔所致。她沒有提及自己當年如何指揮的那場轟轟烈烈的「革命行動」，只是說自那場「革命」之後，幾乎天天都做惡夢，夢見萬曆帝和兩個皇后，拿著大刀要殺她。每次夢醒之後，都發現枕頭被冷汗浸濕一片。這個夢纏繞了她二十多年，以致使她青春早逝，並患了嚴重的神經衰弱症。她的身體越來越衰弱，常常感到步履艱難，氣力不支。她說也許這是報應，後悔當初不該那樣無知和狂妄。

臨別的時候，她疲乏的眼裡流出了熱淚。她真誠地把我們送出好遠好遠。望著她瘦削的身體和滿臉的倦容，我們怎麼也想像不出這就是當年叱吒風雲，創造了震驚中外考古界巨大的悲劇的導演和主角。人真是個難以捉摸的怪物。

當我們把女革委和小個子此時的心情告訴當年的「保皇派」領袖孫志忠時，這位已到知天命之年的漢子憤憤地說道：「現在他們後悔了，當年要不是他們的愚昧和野蠻，何以連祖宗的屍骨都沒能保住？」任何一種文明都是人類寶貴的財富。可惜，無論是他還是她，都悔悟得太晚了。

第十七章

海瑞與吳晗

歷史的海瑞，現實的吳晗，陰差陽錯，三百年後糾纏在一起。不同的時代，相似的際遇，死者為活者打開了心靈的閘門。一齣《海瑞罷官》，成為「文化革命」的導火線——

消失的偶像

萬曆十五年（一五八七年）也就是萬曆皇帝的定陵修建到第三年的十一月十三日，南京都察院右都御史海瑞在他的住所與世長辭。

這是一個極富傳奇色彩的人物，對於他的是非功過應該如何評論，人們曾發生過尖銳的爭執。這爭執一直延續了三百多年。而在中華人民共和國成立之後，再度掀起了浪潮，並由此引發出一場人類文化的大劫難。

海瑞，字汝賢，號剛峰，廣東瓊山人，嘉靖年間舉人。海瑞中了舉人以後，因無力再讀書，便出仕做官。開始被委任為福建一個縣的儒學教官，一次提學御史來學校視察，別人都下跪迎接，只有海瑞不下跪，站在中間像個筆架，後來得了一個「筆架博士」的綽號。

他在福建儒學任期四年，到一五五八年升任浙江嚴州淳安縣知縣的時候，已經是四十五歲了。淳安縣山多地少，地方窮苦。地主大多有三、四百畝的田產，卻沒有分毫的捐稅，而農民收不到多少糧食，卻得交百十畝的稅差。於是富的愈富，窮的更窮。

面對這種情形，海瑞為百姓做了不少好事，改革了許多弊政。幾年後，他總結經驗，並把這些措施編成一部書，叫做《淳安政事》。

海瑞在淳安縣做了兩件事，使這個七品官的名聲開始為人所知。一件是擋了都御史鄢懋卿的大駕；一件是拿辦總督胡宗憲的公子。

鄢懋卿是當朝宰相嚴嵩的黨羽，以都御史奉命巡查鹽政，南北各省的食鹽徵收專賣，都歸他節制，以期更有效地增加朝廷的收入，從而增加抵抗倭寇的財力。不想這位欽差大臣卻帶著小妾，坐著五彩輿乘到處貪汙勒索，使得地方官員疲於供應。而鄢懋卿本人卻大言不慚地先發出通令，稱自己「素性簡樸，不喜承迎。凡飲食供帳俱宜簡樸為尚，毋得過為華奢，靡費里甲」。以便為自己的奢靡遮掩並達到沽名釣譽的目的。

海瑞巧妙地利用了這個機會，當鄢懋卿的節制使尚未到達淳安時，他本人已經接到了一個稟帖，開頭就恭恭敬敬地寫著：「嚴州府淳安縣知縣海瑞謹稟。」接著就把通令的原文節錄於後，並說淳安地方小，容不下鄢老爺的大駕。但是聽到你以前所到的地方，鋪張供應，每次酒席費銀三、四百兩，並有金花銀緞奉獻，甚至連溺器也是銀製的。最後直言不諱地說，如果不能拒絕地方官這樣的阿諛奉承，將來勢必無法做到秉公辦事，完成皇上委託的重任。鄢懋卿接到稟帖後，沒敢再進淳安，而是繞道而去了。

胡宗憲是浙江總督，也是嚴嵩的親信，雖在浙江任職，但一家老少卻住在原籍安徽。一次，他的兒子從浙江杭州帶著父親給的三千兩銀子回安徽老家。淳安縣是三省的交通要道，也是胡公子落腳由水路轉乘車馬的必經之地。

胡公子率領一夥人住進淳安驛站，想不到驛卒送來的飯菜竟是豆腐煮青菜。胡公子勃然大怒，立即吩咐隨行人員把驛卒和驛丞捆綁起來，懸吊在樑上痛打。驛站的人慌了手腳，趕緊把消息告訴海瑞，海瑞不慌不忙地說：「我自有辦法。」立即帶領衙役趕來。海瑞明知故問：「你是什麼人？」

公子說：「我乃浙江總督胡大人的長公子，你淳安縣有眼無珠，竟用這種粗飯來招待我？」

「胡說！」海瑞大怒，「胡大人何等清正廉明，他的公子肯定也必斯文有禮，知道規矩，豈像你這樣的胡作非為之輩，看來你必是一個冒充胡大人公子的匪徒。給我拿下！」

胡公子束手就擒，其餘隨行人員也一同被捆了起來。海瑞命人搜查了胡公子的行李，發現三千兩銀子後，沒收入庫。隨後給總督胡宗憲寫了一份稟帖，說明在淳安縣捉到了一夥冒充大人公子的匪徒，現已派人將其中二名押往省城，請大人辨認虛實，親自處理，以免壞了大人清廉的名聲。

胡宗憲見到兒子和海瑞的稟帖後，明知海瑞是在捉弄自己，卻有苦難言，還不得不將錯就錯，並誇獎海瑞治盜有方。海瑞從此聲名大振，因為當朝敢於捉弄總督大人的知縣除海瑞再無他人。

當然，總督大人是不會白白咽下這口窩囊氣的。因為得罪了胡宗憲和鄢懋卿，雖然海瑞治理淳安的政績很好，但還是被排擠調職。不久，海瑞便在胡宗憲等人的參劾下，由知縣降為湖廣興國州判官。儘管海瑞受到了降職處罰，但他不畏權勢、剛直不阿的性格卻始終不變。在任判官期間，他親自審理過許多當地知名的大案、要案和疑案。他的不懈努力，終於換來了一個「海青天」的雅號。

在興國一年半的時間內，他辦了許多好事，清丈了田畝，減少了冗官，減輕了人民的負擔。其中最快人心的事是懲處惡少張豹、張魁。張鏊作過兵部尚書，在南昌養老享福。而他的兩個侄子張豹、張魁，卻依仗叔父的權勢，作威作福，無惡不作。一次到興國買木材，以勢欺人，魚肉百姓。百姓到縣衙訴苦告狀，海瑞派人傳訊張豹、張魁。這兩個惡少不但不聽，還突然跑到縣衙大吵大鬧。海瑞大怒，拿下二人送到府裡，知府不但判他們無罪，居然把這兩個惡少放了回家。海瑞氣極，寫信向上司力爭。張鏊雖然設法四處求情，又出面寫信求海瑞高抬貴手，但海瑞不理，終於把這兩個橫行欺市的傢伙判了罪，大快人心。

一五六二年，歷任首輔二十年的大學士嚴嵩被嘉靖皇帝罷官免職，而嚴嵩所扶植的私黨也相繼倒臺，其中包括胡宗憲和鄢懋卿。由於海瑞在他們當權的時候，敢於和他們抗衡，為此他的聲望再度大增。這就使他在權勢更替的時期分外引人矚目，並成為眾人心目中的偶像。三年之後，由新任吏部人選司郎中陸光祖推薦，海瑞做了戶部主事，由江西調到北京。但不久發生的一件震驚朝野的奇事，卻使他差點丟了性命。

在嚴嵩罷職三年後的一五六五年八月，嘉靖皇帝突然在几案上和被子裡發現了一粒金丹和一隻桃子，急忙詢問是誰所為，然而左右侍衛沒人承認。長期祈禱神靈、尋覓道家祕方以求長生不死的嘉靖，見無人承認，便鬼迷心竅，認為是上天的恩賜，當場服下，並洋洋自得地到太極殿去拜謝天地，隨後又到太廟告知祖先。這件事，朝廷上下議論紛紛。有人祝賀，也有人不滿，暗中譏笑。這種天賜仙桃的把戲，不過是皇帝身邊的內侍所為，無非是想博得皇帝的歡喜。因為嘉靖時常為尋不到仙藥和祕方而無故地痛打內侍，使得他們為此膽顫心寒，不得不想點辦法對付。果然，嘉靖上當了。

對於皇帝的這種愚昧行為，海瑞當然明察。於是，他經過一番考慮，決定置死上疏，來揭穿這場鬧劇。他在奏疏中說，日前嚴嵩罷相，嚴世蕃受到極刑，算是大快人心。但嚴嵩罷相之後，同嚴嵩為相之前的情況相差無幾，當今政治並不清明，比之漢文帝差之甚遠。他說，天下不滿陛下已久矣。古代君王有過，靠臣子匡正，今陛下修齋建醮，群臣相來進香。陛下得仙桃、天藥，群臣紛紛稱賀。陛下之事錯，群臣順從陛下亦為錯矣。而滿朝群臣沒有一人肯來向陛下說出「真情」，實為諂諛之人，並為欺君之罪！而陛下最大的過錯莫過於齋醮煉藥以求長生。陛下受長生之術於陶仲文，並稱為師。然陶仲文已死矣，他自不能長生，陛下又怎獨求長生？仙桃天藥，尤其怪妄。桃必採而後得，藥必製而後成。今無故得之，是自跑來還是天有手送至？實為陛下左右奸人欺騙所為，而陛下以為真，實為大錯矣……今愚民們傳言，嘉者，家也；靖者，盡也！嘉靖的寓意則是「民窮財盡，家家皆淨」！疏文的結尾說：「今群臣為保祿位而諂諛，百姓則懼怕責罰而閉言，臣實乃不勝憤恨，冒死上疏，以表區區微忱，敬希陛下垂聽。」

海瑞的疏文洋洋灑灑數百言，深刻尖銳，咄咄逼人，實乃古今罕見。連三百年後中國的一位新生巨人毛澤東都大加稱讚。但當時的嘉靖讀罷，卻暴跳如雷，將疏文扔在地上，顫抖著身子喊道：「快把海瑞抓起來，別讓他跑了。」

有太監在一旁回答：「這個海瑞根本無逃跑之意，聽說他連棺材都做好了，還安排了後事。同時把他的老僕人也打發回家，免得受到牽連。」

嘉靖一聽，憤怒中不免吃了一驚。他又拾起疏文看了一遍，覺得海瑞說得似乎有些道理，但那尖刻的筆鋒和語言讓他感到極為刺眼。嘉靖遲疑很久，和首輔徐階商量，徐階替海瑞說了一些好話。嘉靖思前想後，沒有找到一個合適的處理海瑞的辦法，只好把疏文留中不發。

一五六六年二月底，嘉靖皇帝終於一病不起。他感到胸腹墜悶，腸胃疼痛，再也不敢吞服金丹，而不得不請太醫院的醫生來診治。病中的皇帝想起海瑞的疏文，還氣憤難平，下令錦衣衛把他逮捕，押到東廠禁錮。海瑞在監獄一住就是十個月。

一天，獄中忽然設酒相待。海瑞以為自己死期已至，這是生前最後一餐，便對獄卒說：「這一天終於到了。」說完，神色不變，同往常一樣地吃喝起來。提牢主事走到海瑞跟前，悄悄告訴他：「皇帝業已升天，並留有遺詔。」說著把從宮中抄來的皇帝遺詔遞給海瑞。只見上面寫道：

朕奉宗廟四十五年，享國長久，累朝無有，一念惓惓，惟敬天勤民是務。只緣多病，過求長生，遂至奸人誑惑。自今建言得罪諸臣，存者召用，歿者恤錄，現在監者即釋復原職。特此遺諭！

海瑞看完遺詔，雙膝跪下，伏地大哭，傷心得嘔吐不止，最後倒地昏迷不醒了。

六十歲的嘉靖皇帝終於命歸西天，葬入十三陵中的永陵。他的兒子朱載垕繼位，是為隆慶皇帝。隆慶帝按照先皇的遺詔，一一作了處理，海瑞也回到了戶部。至於海瑞的官職問題，卻是一件令人頭痛的事。內閣大學士和吏部尚書再三思量，決定把他調出戶部，加升為尚寶司丞，即管理皇帝大印的尚寶司的主官，官為正五品。由於他的一貫廉潔、忠心和剛正不阿的性格，上任不久就遭到一些同僚的反對。在這種情形下，吏部又將他調至大理寺擔任寺丞。而海瑞的意見往往跟上司相左，很快又受到臣僚的仇視，在萬般無奈中，吏部決定乾脆讓他閒置起來，但官職卻是堂而皇之的南京通政司通政使，官階也由五品升為正三品。

之所以說他被閒置起來，是因為此時留守南京的官員大多無事可幹，無職可盡。通政司的職責，也只是把南方各省的奏章看後，再封好轉往北京的通政司，由北京通政司轉交皇帝。海瑞自然而然地被架空了。可憐這位三品朝廷命官，落了個英雄無用武之地。

海瑞當然不會安於現狀，憤然向皇帝陳請：自己才疏學淺，連這個只管轉送檔而無行政責任的差使都沒做好，打算辭職為民。

這種「陳請」的方式果然奏效。當年夏天，即隆慶三年（一五六九年）他就被任命為南直隸巡撫，駐節巡撫衙門設在蘇州。這南直隸共轄十府，其地明顯地分為富貴與貧賤兩大類，貧富懸殊，難以治理，許多朝廷大員都曾在此地栽過跟頭。而任命他的內閣大學士張居正和吏部，也正是利用這只難纏的「刺蝟」，在政治上置他於死命。

但對決策人的用心，海瑞沒有察覺，即使察覺，也不會回頭。海瑞最恨貪汙，一上任便發出布告，嚴禁貪汙，打擊豪強，屬下的地方官有貪汙行為的，嚇得膽戰心驚，罪惡較大的自動提出辭職。有的大戶本來用朱紅油漆大門，聽說海瑞巡撫來了，嚇得把顯眼的朱紅大門改漆成黑色。管織造的太監，一向坐八抬大轎，這時也嚇得改乘二人小轎了。

大地主們知道海瑞一貫主張限田，人人自危，坐臥不安。海瑞在江南作巡撫的短短八個月中，主要作了兩件大事。一件是「除弊」，一件是「興利」。

除弊，主要是打擊豪強和大地主，要他們把非法侵占的農田退出一部分還給農民。這件事海瑞做得非常堅決，就連曾在嘉靖面前替他說好話、救過他一命而罷官在家的首輔徐階也不放過。徐階只好退出一部分。海瑞很不滿意，寫信給徐階，要他退出大半，徐階雖然懷恨在心，也只好照辦。還有徐階的弟弟徐陟，作過侍郎，在鄉里為非作歹，殘害百姓，海瑞同樣沒有給徐階留面子，逮捕了徐陟依法制裁。

興利，是興修水利。江蘇的吳淞江，沿江的田畝全靠這條江水灌溉。但年久失修，河道淤積，一有暴雨，便成小災，淹沒田地，水利變成水害，海瑞親自進行調查，決定治理。正月動工，結合賑濟饑民，用工代賑；他親自坐小船往來江上，監視工程的進行，不久就完工了，人民大得利益。

海瑞的這一切做法卻被在朝的官僚，在野的鄉官大族痛恨至極。他們找出種種藉口，先後向皇帝告狀，說海瑞偏激過火，包庇壞人，打擊鄉紳，只圖自己的好名聲，而破壞朝廷的政策。一時海瑞成為大官僚、大地主的公敵。果然，海瑞上任八個月後便被迫退職，回到天涯海角的瓊州老家閒住。這樣的結局對於海瑞來說，無疑是一種莫大的痛苦。

海瑞在憂鬱的精神狀態中孤零零地耕耘祖傳的四十畝土地。退隱在荒涼瘴癘之地，如果有一個美好幸福的家庭，也許多少還能排遣一些寂寞和空虛，然而海瑞在這方面卻沒能得到任何慰藉。他曾三次結婚，又有兩個小妾，他的三位夫人先後為他生過三個兒子，但都不幸夭折。他的兩個妻子都在與性格乖戾的母親的吵鬧中，先後離他而去，剛娶的小妾也在太夫人的威逼下不明不白地死去。他已沒有任何親人可以傾吐憤懣，只是把心中的積憤與痛苦連同他從政以來的文件信函加以整理印發，聊補生活的缺憾。

一五八五年，已退職十五載的海瑞被萬曆皇帝重新起用，任命他為南京右僉都御史，後改為南京吏部右侍郎。這時的海瑞已是七十二歲的高齡了。

海瑞風塵僕僕地從海南來到南京，一路上的勞頓還沒恢復，便立即給皇帝上了一篇疏文，大意說：「陛下勵精圖治，而吏治卻很不理想，原因就是對貪官的刑罰太輕。諸臣找不到這個原因，反而說只要侍官們以『禮』，他們自會廉直，這其實是文過飾非。這樣的『待士以禮』，老百姓又怎麼辦？太祖洪武三十年明訂刑律，凡貪汙枉法八十貫的，便處絞刑。貪汙再多的，依太祖的規定是剝下皮來裝上稻草，公開示眾。現在也應該這麼做。」

海瑞此議一出，輿論鼎沸，反對的居多數，認為這不符合本朝提倡的「仁政」。但也受到青年學子和下級官員的擁護，結果不但在朝廷上，也在社會上掀起了一場大辯論。那時海瑞已改任南京都御史。他的一個部下，提學御史房寰竟破例參劾了自己的頂頭上司。說他到任後「無一善狀」，只知道「詐偽荒誕，誇耀自己，貶低別人」。又玩弄造謠誹謗的故技，無中生有地捏造說他「以聖人自許，奚落孔孟，蔑視天子」。這種抓住片言隻語便想繩人以罪的手法博得一些人的喝采，但也遭到一些人的憤怒駁斥。

兩京的官員為這件事紛紛擾擾爭吵不休。萬曆便叫吏部考慮個妥善辦法。吏部的官員們商討之後，提出處理意見，認為海瑞那剝皮實草的主張過於偏執，「不協於公論」，建議不任命他以重要實職，但仍保留他都御史的正二品的官階待遇。萬曆同意了這個意見，批示說：「海瑞屢經薦舉，故特旨簡用。近日條陳重刑之說，有乖政體，指責朕躬，過於迂戇。朕並不怪罪而加以優容。不過海瑞雖然當局任事，恐非所長，而用以鎮雅俗、勵頹風，未為無補，合令本官照舊供職。」

這份詔令由給事中六科衙門抄發公布，由各地的《邸報》傳遍天下，海瑞還能有什麼作為呢？連皇帝都說他「迂戇」，說他「任事非所長」，而他的「照舊供職」，也僅僅起個「鎮雅俗、勵頹風」的作用，他這個堂堂的二品大員，還有什麼理由再幹下去？海瑞憤而上疏辭請，一連上了七次辭呈，但每次的御批都是照例的四個字：「所請不准」。這樣，海瑞整日在欲幹不能，欲罷不休的處境中艱難度日。

萬曆十五年（一五八七年），七十四歲的海瑞，終於在極度的憂鬱憤懣中走完了他的人生途程，在南京都察院的住所裡逝世。

辦理喪事的南京僉都御史王用汲，見這位骨瘦如柴、白髮似雪的青天海大人躺在一張破舊的木床上，身邊堆積著陳舊的粗布被褥和衣衫，不禁潸然淚下。海瑞唯一的積蓄只有十兩紋銀，還不夠買一口棺材。王用汲在悲痛之餘回到南京都察院，發動同鄉捐款，才沒有使海瑞暴屍荒野。

海瑞死後的情景催人淚下，慟徹肝腸。百姓萬分悲痛，哀傷不已。街市停止營業，穿戴白色衣冠的送喪行列，夾著江岸悼祭哀哭的悲聲，驚天動地，連成一片，百里不絕，無不顯示了江南父老鄉親，對這位曾為他們造福的前南直隸巡撫的哀悼之情。

海瑞從政二十多年，充滿了各種各樣的糾紛。他的信條和個性使他既被人尊重，又被人遺棄。正當萬曆皇帝和臣僚們集中精力和財力修築定陵壽宮時，傳來海瑞的死訊。他的謝世，無疑使萬曆皇帝本人和京都負責人事的官員又大大地鬆了一口氣，他們再也用不著為這位大眾心目中的清官去操心，為這位到處惹是生非的人物再做安排了。而為數不少的臣僚，卻為自己面前少了一位對手而慶幸。

死屍復活

就在海瑞謝世三百年後的一九五九年四月，他的死屍復活，並登上了中國的政治舞臺。這位海大人的出現，引起的社會震動要比他當年的罵嘉靖皇帝強烈得多。由此發生的整個國家民族的災難，大概也是這位封建時代的正直官吏所無法預料的。

自一九五七年反右鬥爭擴大化後，不少幹部怕招惹是非，開始對自己的言行細加斟酌了。在一九五八年的「大躍進」和人民公社化運動中，出現了以高指標、瞎指揮、浮誇風和「共產風」為主要標誌的「左」傾錯誤，更使一些幹部緘口無言，對許多問題報喜不報憂。毛澤東察覺了這個問題，並在一九五九年四月黨中央召開的上海會議上，對這種不敢講真話的作風提出了批評。一次，毛澤東正津津有味地看家鄉的湘劇《生死牌》，戲到結尾時出現了海瑞。毛澤東主席精神為之一振，一個奇特的念頭在心中滋生。戲散後，他把《明史·海瑞傳》找來翻閱，那個念頭也在心中漸漸地醞釀成熟了。

第二天，他向一位分管宣傳的領導人講了一段海瑞的故事。他說：「海瑞這個人對皇帝罵得很厲害，罵嘉靖是『家家皆淨』。他還把這話寫在給皇帝的上疏裡，以後被關進監獄。有一天，看獄的人忽然拿酒菜給他吃，他很奇怪，便問看監的老頭，才知道嘉靖皇帝死了。他大哭，把吃的東西都吐了出來。儘管海瑞攻擊皇帝很厲害，但對皇帝本人還是忠心耿耿的……」毛澤東講完，指示這位領導要宣傳海瑞剛正不阿的精神，找幾個歷史學家研究一下，從什麼角度、用什麼方法做宣傳工作。

涉及到明史，就不能不想到作為明史專家的吳晗。這位領導把毛澤東的指示給吳晗講過之後，鼓勵他來寫有關海瑞的文章。於是，吳晗施展才華很快寫成了一篇《海瑞罵皇帝》刊登在同年六月十六日的《人民日報》上。這篇文章的內容，基本上就是毛澤東講的那段海瑞的故事，也是《明史．海瑞傳》中的內容，中心思想突出一個「敢」字。之後，吳晗以極大的熱情和駕輕就熟的技巧，又寫了《海瑞》、《清官海瑞》、《海瑞的故事》等文章，其宗旨和主要內容，仍然是按照毛澤東的意見，著重宣傳海瑞敢說話、敢說真話的精神。

翻閱當年的報刊，我們不難發現，吳晗在所寫的關於海瑞的一系列文章中，最重要的當是《論海瑞》一篇。此文寫於一九五九年廬山會議之前，發表於廬山會議之後。文章比較系統地論述了海瑞一生的功績，對海瑞作了充分的肯定。在「海瑞的歷史地位」小標題下，作者談了他研究海瑞的目的和意圖：

> 我們肯定、歌頌他一生反對壞人壞事；肯定、歌頌他一生反對貪汙，反對奢侈浪費，反對鄉愿；我們肯定、歌頌他一生處處事事為百姓設想，為民謀利；我們肯定、歌頌他一生不向困難低頭，百折不撓的鬥爭精神；我們肯定、歌頌他一生言行一致，裡外如一的實踐精神。這些品質都是我們今天所需學習和提倡的，而且只有社會主義時代，這些品質才能得到充分發揚，雖然我們今天需要的海瑞和封建時代的海瑞在社會內容上有原則的不同。
>
> 在今天，建設社會主義社會的今天，我們需要站在人民立場、工人階級立場的海瑞，為建設社會主義而進行百折不撓鬥爭的海瑞，反對舊時代的鄉愿和今天的官僚主義的海瑞，深入群眾、領導群眾、鼓足幹勁、力爭上游的海瑞。這樣，封建時代的海瑞還是值得我們學習的。

顯然，吳晗這一系列文章，已遠不是清華園時期為研究歷史而研究歷史了。他要按照毛澤東提出的「古為今用」的意圖去描寫歷史、再現歷史，使腐朽的歷史人物又有了新的含義。據研究者透露，廬山會議之後，吳晗把這篇文章送給參加過這次會議的一位領導同志看時，這位領導把毛澤東說的是提倡真海瑞、不是假海瑞；是提倡左派海瑞，不是提倡右派海瑞的意思對吳晗講了出來，因此，出於政治和形勢的需要，在發表這篇文章之前，吳晗畫蛇添足地加入了一段反對右傾機會主義分子假冒海瑞的文字。這段文字和全文毫不相干，而是根據當時的形勢加上去的一段話。其用意及所指已很明顯。

一九五九年九月，北京京劇團演員馬連良約吳晗把海瑞的事蹟改編成戲。儘管吳晗並不熟悉戲劇，但由於朋友的期望和海瑞精神的鼓舞及形勢的需要，他還是答應下來，硬著頭皮在京劇界知名人士的幫助下，於一九六〇年三月寫成五場京劇《海瑞》的劇本。為慎重起見，吳晗在徵求文化、戲劇界負責人及朋友的意見後，才於一九六〇年底開始彩排並改名為《海瑞罷官》。

這時的吳晗和馬連良沒有想到，《海瑞罷官》一劇公演之後，得到的反應是「毛主席很高興」，並在家裡接見了主演海瑞的馬連良，同他一起吃飯，還說：「戲好，海瑞是好人。」馬連良回來告訴吳晗說：「明史真偉大，禮賢下士，接近群眾。」吳晗聽了自然是喜出望外。能得到主席的讚賞，可見這齣戲的確是成功的。而對《海瑞罷官》喝采最強烈的文藝界則認為一個歷史學家居然能寫出京劇劇本來，它打破了「史」和「戲」的界限，提供了一個新的良好開端。廖沫沙在《史和戲——賀吳晗的〈海瑞罷官〉演出》一文中說：「我認為你寫《海瑞罷官》，總算開始打破『史』和『戲』這兩家的門戶，從姓史的一家踏進姓戲的一家去了。這就很難得，是個創造性的工作。」

馬連良《海瑞罷官》扮相

《海瑞罷官》和其他劇本不同的是，由一位歷史工作者而不是戲劇工作者寫成的。這種史學家和戲劇家的協作，理所當然地在文化界、學術界人士中引起強烈的反響。另一方面，《海瑞罷官》在寫海瑞同惡勢力鬥爭中，表現出剛直不阿的精神，不但伸張了歷史正氣，而且對現實也有一定的教育意義。直到今天來看，這個劇本從創作意圖到題材都是積極的，體現了毛澤東主席的文藝觀點，按說不應有所異議。但是誰也沒有料到，江青、張春橋、姚文元等人，早已在暗中磨刀霍霍了。一場史無前例的浩劫，將圍繞著海瑞這具復活的僵屍開始。

吹皺一池清水

一九六五年十一月十一日，吳晗從外地開會回來，和往常一樣來到寓所西屋的書桌旁，翻閱當天的報紙和有關歷史資料。他做夢也沒有想到，放在他書桌上那堆當天的報紙裡，會有一篇文章竟是要把他置於死地的信號。

吳晗剛坐下，妻子袁震就從正房走過來。她臉色慘白，指著桌上那張頭一天的《文匯報》，怔怔地站了一會兒，沒說一句話就悄聲走開了。吳晗順手打開報紙，原來刊登著一篇姚文元《評新編歷史劇〈海瑞罷官〉》的文章。他粗粗地看了一遍，覺得過於牽強附會，所用史料也有不少是斷章取義，大有蠻不講理的勢頭。本想不去理會，但出於一種政治的敏感，他又不得不認真地看了一遍。當他讀到文章最後一部分時，不禁大吃一驚。

「《海瑞罷官》這張『大字報』的『現實意義』究竟是什麼？對我們社會主義時期的中國人民究竟起了什麼作用？要回答這個問題，就要研究一下作品產生的背景。大家知道，一九六一年，正是我國因為連續三年自然災害而遇到暫時的經濟困難的時候，在帝國主義、各國反動派和現代修正主義一再發動反華高潮的情況下，牛鬼蛇神們刮過一陣『單幹風』、『翻案風』。他們鼓吹什麼單幹的優越性，要求恢復個體經濟，要求『退田』。這就是要拆人民公社的台，恢復地主富農的罪惡統治。那些在舊社會中為勞動人民製造了無數冤獄的帝國主義者和地富反壞右，他們失掉了製造冤獄的權利，他們覺得被打倒是『冤枉』的，大肆叫囂什麼『平冤獄』，他們希望有那麼一個代表他們利益的人物出來，充當他們的政治代理人，同無產階級專政對抗，為他們抱不平，為他們『翻案』，使他們再上台執政。『退田』、『平冤獄』，這就是當時資產階級反對無產階級專政和社會主義革命的鬥爭焦點……《海瑞罷官》並不是芬芳的香花，而是一株毒草。它雖然是頭幾年發表和演出的，但是歌頌的文章連篇累牘，類似的作品和文章大量流傳，影響很大，流毒很廣，不加以澄清，對人民的事業是十分有害的。」吳晗讀了這段話後，憤慨之餘，靜下心來細細琢磨一番，他覺得這不是一篇學術討論的文章，也不太相信這篇文章僅僅出自姚文元一人之手。他隱約地感到，一場風暴就要到來了。

十天之後，當吳晗得知姚文元的文章已在上海出了單行本時，心情越發沉重起來。一篇學術討論的文章竟然發行單行本，這意味著什麼？可是，吳晗不會想到，江青為了炮製姚文元這篇文章，早在一九六二年就以她的特殊身份，找了中宣部、文化部的四個正副部長，別有用心地提出要批《海瑞罷官》。一九六四年的下半年，江青又親自出面，要北京一個作者寫批判《海瑞罷官》的文章，遭到拒絕後，又跑到上海找她的老搭檔張春橋著手組織人馬。一九六五年初，姚文元奉命把初稿炮製出來，並由張春橋親自修改。這樣，他們「暗中藏著評《海瑞罷官》這篇文章，來往於京滬路上，保密了七、八個月之久」。江青特別交代，文章「不用叫周恩來看」。

迫於當時的形勢，十一月底，北京各報不得不相繼轉載姚文元的文章。《北京日報》於十一月二十九日被迫轉載此文時，在按語中特別強調了毛澤東一貫宣導的「百家爭鳴」的方針，並說：「幾年來，學術界、文藝界對《海瑞罷官》這齣戲和吳晗同志寫的其他文章是有不同意見的。我們認為，有不同意見應該展開討論。」

批判「三家村」的宣傳畫

第二天，《人民日報》也被迫轉載了姚文元的文章。按語指出：「對海瑞和《海瑞罷官》的評價，實際上牽涉到如何對待歷史人物和歷史劇問題，用什麼樣的觀點來研究歷史和怎樣用藝術形式來反映歷史人物和歷史事件的問題，我們希望，通過這次辯論，能夠進一步發展各種意見之間的互相爭論和互相批評」。並強調我們的方針是：既容許批評的自由，也容許反批評的自由；對於錯誤的意見，我們也採取說理的方法，實事求是，以理服人。《北京日報》《人民日報》的按語分別、由彭真和周恩來定稿，從中不難看出，他們為保護吳晗的良苦用心。

一九六六年二月七日，中央文革五人小組向中共中央提出《關於當前學術討論的彙報提綱》，試圖對學術討論中「左」的偏向加以適當的限制。提綱強調了學術問題應通過「百家爭鳴」，辨明是非。對當時關於《海瑞罷官》問題的討論，明確認為是學術討論的性質。並指出：討論「要堅持實事求是，在真理面前人人平等的原則，要以理服人，不要像學閥一樣武斷和以勢壓人」。但林彪、江青卻置之不理。從三月分起，便把矛頭直接對準了包括吳晗在內的「三家村」，批判物件的範圍擴大到中共北京市委書記鄧拓、統戰部長廖沫沙，並用工農兵的名義，要揪「三家村」的後台。

一九六六年三月，由北京市委書記萬里出面，讓吳晗下鄉去參加農村「四清」工作。顯然，市委領導是想保護吳晗，讓他換一個環境。當吳晗來到北京郊區昌平縣大東流村時，對「三家村」的聲討已經遍及全國。吳晗下鄉時化名李明光，群眾並不知道他就是要批鬥的吳晗。村裡開會批判吳晗、「三家村」時都請他參加，整天廣播喇叭都在喊「打倒吳晗」。有一天公社批鬥一個流氓小偷，揭發批判時，有人居然說這個流氓小偷是受吳晗的影響和腐蝕的。此時的吳晗心如刀絞，他怎麼也想不通自己一番心血竟會成為令人痛心的眾矢之的。

自五月八日開始，京滬兩地各大報刊紛紛發表姚文元、關鋒、戚本禹等人的文章，矛頭直指北京市委。八天之後的五月十六日，毛澤東親自主持制定了《五・一六通知》，「文化大革命」正式開始。鬥爭目標從吳晗擴展到黨政軍各級領導幹部和文藝、理論、教育、新聞、出版等各界的知識分子。此時，吳晗已被稱作「反動學術權威」、「反黨、反社會主義的資產階級代表人物」，逐步失去人身自由，被揪到各處批鬥，經受更加嚴峻殘酷的迫害。

走向人生終點

一九六六年五月，吳晗被正式揪出來為長達十年的「文化大革命」開刀祭旗了。他幾乎每天都要接受揪鬥，飽嘗難以忍受的痛苦與屈辱。當時八歲的兒子後來在回憶文章中寫道：「我永遠忘不了他們把爸爸跪綁在烈日下的枯樹幹上，往他脖子裡灌曬得滾燙的沙子。他們掄起皮帶抽他，揪他的頭髮，擰他的耳朵，用各種想得出來的法子侮辱他。爸爸三天兩頭被拉去遊鬥，學校要鬥，區裡要鬥，縣裡要鬥，這裡要鬥，那裡也要鬥。」

在批鬥之初，吳晗全家住在北長街原來的住處，但後來被掃地出門。紅衛兵勒令他和妻子袁震每天到北長街掃街道，並且隨時把他們夫婦揪出來侮辱。酷暑烈日下，吳晗被拖到馬路上，跪在粗硬的瓦礫上，遭受殘酷的毒打。每次爬起來之後，都是膝蓋皮膚劃破，鮮血染紅雙腿和土地。而這時的吳晗，一拐一瘸地回到住處，擦去身上的血跡，便拿起毛澤東主席簽名送他的著作來看。但他越看越覺得自己委屈，不知道自己的一片赤誠之心，為什麼會遭到如此的報應。

一九四九年一月三十一日，北平和平解放。當人民解放軍舉行浩大的入城儀式時，吳晗隨同一些黨、政、軍負責人一起參加了這一隆重儀式。幾天之後，他和錢俊瑞等人受黨中央之託，接管北京大學、清華大學，同時被任命為清華大學歷史系主任、文學院長、校務委員會副主任等職。

由於地下黨事先做了大量工作，清華大學的絕大部分師生都留在了學校。中華人民共和國成立後，吳晗曾經對一起搞民主運動的地下黨人說過：「你們如果工作做好了，還是可以把胡適留下來的。」實際上，早在解放前夕，吳晗在上海和北平都親自試圖爭取在學術上曾給過自己很大影響的胡適留下來，但都沒有成功。一九四六年，吳晗親自到北大去見胡適，結果是話不投機，恩師與高徒只談了兩句就僵持起來。後來胡適對別人說：「吳晗可惜，走錯了路。」而吳晗卻認為胡適走錯了路。

一九四九年十一月，吳晗應邀到蘇聯參加十月革命三十二周年紀念活動，途中聽到了自己當選為北京市副市長的消息。他曾多次設想共和國成立後，仍舊從事明史研究工作，從來沒有從政做官的打算和準備。當他聽到廣播後，曾打電報給總理，申明自己的想法。回國後，周總理親自找他談了一整夜，才使他接受了這一工作，並以極大的熱情開始了自己的新生活。

早在一九四九年一月十四日，吳晗就給毛澤東主席寫信，要求加入共產黨。毛澤東表示同意他的要求，只是在覆信中談到「惟實行時機尚值得研究，詳情請恩來同志面告。」此後的幾年中，吳晗又多次真誠而懇切地向市委提出入黨要求，但一直沒有批准。一九五四年，吳晗在給彭真的一封長信中，表達了自己要求加入中國共產黨的迫切心情：

> 過去幾年，我沒有偷懶，相反是忙亂。每天都很疲倦，但是工作抓不住重心。
>
> 參加了許多工作，也用了心，也出了力。但是從來不知道哪些是做對了的，哪些是做錯了的。也沒有人告訴我做對的總結下去，再深入搞。做錯了，為什麼錯，如何改正。

因為我不能參加黨，黨對我是客氣的，優容的。

我沒有放棄要求參加黨的想法，我想以努力工作來爭取，今年不成，到明年，五年不成，十年，二十年，只要不死，總有一天會達到的。目的沒有什麼，只是要求得到教育，做好工作……

一九五七年初春，北京市委第二書記劉仁找吳晗談話，通知他中央正式批准他加入中國共產黨。吳晗以他對工作的熱情和對黨組織的忠誠，終於實現了自己夢寐以求的心願。唯此，他的遭遇也就顯得更加悲壯。

吳晗經受了長期野蠻的毒打和折磨後，終於倒了。在這殘酷的困境中，他思緒萬千，想到他的學生時代，想到周恩來的教導，想到毛澤東主席的英明。他覺得當前發生的一切，都和毛澤東以前的教導不相符。那麼毛澤東為什麼不出來制止這些過火的行動呢？這個問號像一個謎團，久久困惑著他的心，直到他生命的最後一刻也沒有解開。

一九六八年三月，吳晗被捕入獄。在此之前，他和夏鼐在黨校的一個角落裡相遇。四目相對，兩位文化大師熱淚盈眶。當他們談到定陵發掘一事時，吳晗以極度的悲傷說：「文獻記載：罌粟在明朝中葉就已傳入中國，作為藥用，我總在懷疑萬曆生前抽過大煙，可惜這方面的證據不足。本來萬曆的骨頭可以拿來化驗一下好證實真偽，然而一把火，就什麼也別想了。」夏鼐表情複雜無可奈何地點點頭。

「作銘，在定陵發掘這件事上，到現在我才明白，當初我們的論爭，你和老鄭是對的。你比我看得更遠……」吳晗說著，淚珠又落了下來。

就在吳晗入獄的第二個月，他的妻子袁震也被送入「勞改隊」，實行「群眾專政」。吳晗和妻子袁震幾十年同甘共苦，很為熟知他們的人所稱道。

袁震長期身患重病，不能生育。新中國成立後，他們的家庭生活比較安定，袁震的身體也慢慢地好了起來。這時，夫妻倆都想有個孩子。他們的心事被康克清知道後，建議他們從孤兒院領個孩子撫養。吳晗接受了康大姐的建議，從孤兒院借來幾張孩子的照片，並看中了小彥。這個小姑娘長得很機靈，很討人喜歡。吳晗親自到孤兒院把她抱回來。不久，又從孤兒院抱回一個男孩，取名吳彰。從此他們的家庭增添了新的內容和歡樂。

在全國一片聲討「三家村」的喧囂聲中，這個溫暖的家庭被破壞了。吳彰在《倖存者的回憶》中寫道：「深夜裡的猛烈砸門聲常常把人嚇醒，我縮在媽媽懷裡。他們翻過圍牆，破門而入。整個院子裡貼滿了『該死』、『砸爛』的大標語。外國友人送給爸爸的禮品當作『四舊』被砸爛了，電視機也不能倖免。就連爸爸珍存著的姐姐從三歲起畫的圖畫，都在斥罵聲裡付之一炬……」

進入一九六九年，一件件更加悲慘的事向這個家庭不斷襲來。三月十七日，袁震被允許從勞改隊回家看病。當晚，住同院的萬里聽說袁震回家的消息，特地送來了一碗紅豆稀粥。誰也沒有想到，這竟是她的「最後的晚餐」。倍受折磨、身體已垮的袁震，當天夜裡突然病情加重，大口喘氣，全身抽搐。小彥和吳彰立即把母親送到北京某醫院，但由於她是吳晗的家屬，同時又是右派，醫院把她視作敵人，沒有進行搶救，翌日淩晨，一生苦難的袁震撇下了兩個未成年的孩子，與世長辭了。直到小彥去太平間為她更衣時，袁震的雙眼還半睜半閉，面頰上殘留著幾滴清淚。她死不瞑目。因為她不知道自己死後，吳晗和孩子的命運將會怎樣。一九六九年十月十一日，突然有人來叫小彥和吳彰去看他們的爸爸。

姐弟倆異常興奮。他們將近一年未見爸爸的面了，以為這次是造反派大發善心，讓他們探監。但當他們出門時，一股陰風撲面而來，來接的汽車竟是醫院的牌子。姐弟倆預感到這是不祥之兆。果然，來人對他們冷冷地說：「你爸爸今天早晨死了。」

晴空霹靂。小彥癱坐在地上嚎啕大哭，她雙手抱住來人的腿追問：「我爸爸怎麼不想看看我們呀？」來人回答：「昨晚他提出要見你們，我們不知道你們住在哪兒。」姐弟倆哭聲更高，小彥昏倒在地。在場的醫生抱起她，眼裡流出同情的淚水。
這時，車後走過一個人，對姐弟倆大聲訓斥道：「你爸爸是個壞人，如果不和他劃清界線，沒有你們的好處……這件事不許告訴任何人，否則饒不了你們！」
汽車遠去，吳晗的屍體被帶走，只有一條血跡斑斑的褲子留在姐弟倆手中。從此，一雙痛悲欲絕的少年相依為命，苦度人生。一九七五年，小彥被捕入獄。被抓走那天，剛動過闌尾炎手術，身上還有醫生當日開具的證明。她腳帶鐐銬，闌尾疼痛就給止痛片，哭喊就注射冬眠靈，門牙被打掉了，額頭上打開了口子……農曆八月十五之夜，小彥在牢房裡想起了全家一起度過的最後那個中秋節，此時彼時，此地彼地，死者生者，百種滋味交雜纏繞，她毅然用死向當權者們提出了抗議，但未能如願，剛把她搶救過來，又被送回了牢房。
一九七六年九月二十三日，在黎明到來之前的黑暗中，二十二歲的小彥死在獄中。就在這位可憐的姑娘死去半個月後，「四人幫」走下了政治舞台，中國歷史開始重新改寫。吳晗以真摯的熱忱，按照毛澤東的意圖，讓海瑞這具政治僵屍再度復活，結果反使自己和兩位親人相繼喪命。富戲劇性的是，海瑞和吳晗，儘管相隔三個多世紀，但無論人生遭遇、政治主張、道德觀念，還是個人生活，都有著驚人的相似之處。正像海瑞生前崇尚「富貴不能淫，貧賤不能移，威武不能屈」的名言，而三百年後的吳晗，同樣也把它當作生活信條一樣。只是吳晗似乎遠不如海瑞幸運，至少那位「海青天」的人生結局，還不至於悲慘到如此程度。

第十八章

活著的與死去的

一盞油燈，在荒野古墓中跳動著希望之光，發掘報告的書寫工作被迫轉入地下。當趙其昌在風浪中浮出水面時，山水依舊，人事已非，昔日喧鬧的情感世界，頓成一片死亡之海——

古墓裡亮起一豆燈光

趙其昌來到了竇店農場，開始了他的勞動改造生活。農場位於北京西南郊，四周有起伏的群山丘陵環繞，因地理位置偏僻，交通不便，加上風沙不斷，人煙稀少。

趙其昌從定陵來時，地裡的莊稼即將收割完畢。無垠的土地飄盪著白茫茫的荒草，淒冷的風，捲著沙土，尖叫著，不住地滾動，向幾十間破爛不堪的房屋湧來，天地一片昏黃。

第二天，他就在農場一個小組長的監督下，挖溝築堤，開始冬天的勞動任務。此時的趙其昌心中清楚地知道自己的政治地位。他已不是令人欽佩的北大畢業生，也不再是躊躇滿志的定陵考古隊隊長，他是作為一名歷史反革命分子來接受勞動改造的。年輕氣盛、力大勇猛的他，當年「步測秦川八百里」，對於勞動並不感到棘手和懼怕。定陵近三年的發掘生活，已使他習慣了體力勞動，況且，從小生活在農村，已經飽嘗了田野勞動的苦辣辛酸，這小小的農活又算得了什麼？再大的勞動強度，也壓不垮這位血氣方剛的漢子。

但是，精神上的苦悶卻使他難以承受。失去了心愛的工作，聽不到同伴熟悉的聲音，看不見黃色的琉璃瓦和翠綠的松柏，在這陌生的世界裡，一股難以名狀的窒息與痛苦包圍著他，一雙雙警惕而鄙視的目光，無時不在刺傷著他流血的心房，使他越發感到孤獨與悲哀。好在還有一樣東西，在這淒清迷茫的世界裡散發著一絲微弱的光芒，昭示著前方的漫漫長程。

他時刻惦念著從定陵帶來的一包發掘資料，這是他在苦難的歲月中生存下去的唯一精神支柱。

他在思索著如何利用這些原始資料，把定陵發掘報告儘快寫出來，以了卻吳晗、夏鼐和發掘隊員以及自己的心願。顯然，報告在宿舍是寫不成的，必須採取祕密行動。

夜深人靜，趙其昌躺在土坑上，眼望漆黑的屋頂，聆聽窗外寒風的呼嘯，思緒翻騰。半個月過去了，依然沒有找到合適的地方。他想以學習毛澤東著作為掩護，躲在坑頭上偷偷書寫，可資料太多太雜，行動極不方便，容易引起人們的注意。他想躲進倉庫，可倉庫裡放著器物和糧食，更不可能。尤其是倉庫保管員那雙鄙視警覺的眼睛，老盯著自己，憤怒之中又有些驚慌，假如有一天倉庫被盜，第一個被懷疑的肯定不是別人。在這片荒原裡，他無法找到屬於自己的安全領地。他有些絕望了。

天氣越發寒冷，土屋被凍得一塊塊暴裂開來。修堤勞動仍未停止。不過，工地上很少見到農場領導與職工，迎風勞作的是和趙其昌同樣的幾個被改造分子。

「趙其昌，你回場裡向保管員要兩把鎬來，這塊土太他媽的硬了。」小組長望著凍土層，罵罵咧咧地發著牢騷。趙其昌聽到命令，恭恭敬敬地向這位監工的小組長點點頭，撒開雙腿，向場部走去。

在離場部大院好幾百米的地方，有一個閃光的東西吸引著他改變了方向。這是一條不太寬的山溝，溝的一側長滿枯草，枯草環繞著一座破舊的古墓，半截斷碑躺在一邊，被陽光照射著發出折光。趙其昌來到古墓跟前。

古墓不大，從形式上看它的主人可能出生在一個中等之家。墓穴全為長磚起券，暴露的一頭顯然是前幾年挖溝築堤時撬開的。趙其昌扒開枯草，俯身往穴內窺視，裡面空空蕩蕩，棺木屍骨早已腐爛，形成一堆土灰。趙其昌見狀，心中一動，真是「踏破鐵鞋無覓處」，這座古墓不正是定陵發掘報告寫作的理想之地嗎？

他一路小跑來到場部，除要來兩把鎬外，又拿了一把鐵鍬。他沒有直奔三里路外的工地，而是偷偷拐到古墓前蹲下，見四下無人，便像一個盜墓的老手，扒開枯草，「蹭」地鑽進墓穴，把鐵鍬悄悄地拽進來。這座司空見慣的古墓，顯然無法和定陵的地下玄宮相比，既不幽深也不黑暗，溫暖的陽光照著墓口，裡邊的景物也見得分明。只是墓穴太小，他的身子不能完全站起來，鐵鍬也不能自如地揮動，只有彎腰弓背，進行著清理工作……

趙其昌爬出墓穴，把打掃出來的棺木、屍骨埋入溝裡，見無痕跡留下，才長噓一口氣，抹去額頭上沁出的汗水，向工地走去。

晚上，他剛參加完場部組織的學習、討論會，就小偷一樣溜到倉庫旁邊，扛起白天選好的一塊木板，借著夜幕的掩護，聽聽四周沒有異常動靜，便大著膽子將木板扔出牆外，隨之身子一躍，翻過矮牆跳入荒野。

他挾起木板，在寒風的伴奏聲中，向古墓奔去。有了木板，自然要有支撐的東西。他從周圍撿幾塊方磚，借著月光將木板支在墓穴的一側，製成一張特殊的書案。

第二天，他又從垃圾堆裡撿來一個墨水瓶，灌滿煤油，製成了一盞油燈，萬事俱備。當黑夜再度來臨時，他用撿來的一塊麻袋片，包著發掘資料潛入墓穴。他把資料放在書案上，用麻袋片擋住墓口，點亮油燈，開始了寫作。從此，在這曠野的墓穴深處，一個後來擔任首都博物館館長的考古學家，開始了他極富傳奇色彩又難為後人置信的苦難歷程。

報告的寫作很棘手，除了一堆現場紀錄的原始資料，沒有別的史書、文獻可供參考。而這樣的學術報告沒有史料可查，沒有助手協作，趙其昌在墓中用的燈盞只是憑一堆原始資料，即使再偉大的天才一個人也是難以完成的。此時的趙其昌心中清楚，要寫的報告僅是一個雛型。即使如此，自己今天的行動仍然具有重要的意義。

白天勞動，夜晚寫作。幾天過去了，寫作進展順利，這一祕密行動沒有被人察覺。趙其昌暗自慶幸。一開始每晚零點以前，不論是正處於亢奮的創作衝動之中，還是痛苦地思索因史料不足而帶來的難題，一到這個時刻，必須裝作去廁所，再提心吊膽地回到宿舍睡覺。十幾天後，他見眾人特別是監督的小組長沒有反應，而同屋的「右派」老頭，整天胃痛肝痛，已自顧不暇，便膽子越來越大，有時到黎明才回宿舍。黃昏連著黑夜，黑夜連著黎明，趙其昌在昂奮與痛苦中迎來了元旦。

晚上，在他參加場部的「一九五九年慶祝新年晚會」上，再一次痛斥了自己的「反動思想」，並表示了「在新的一年裡堅決改正錯誤，認真接受改造」的決心之後，又悄悄潛入墓穴。

一豆燈光在狹窄陰冷的古墓裡燃起，趙其昌端坐案前，望著跳動的昏黃燈光，思緒如潮水翻騰暴漲開來。他想起了兩年前那個元旦的晚上，想起了那鋪滿皚皚白雪的皇家陵園，想起了白萬玉老人那絕妙的對聯和悲涼的愛情故事，想起了劉精義、冼自強、曹國鑒幾個孩子般的調皮與歡笑，甚至想起了那個曾給予自己歡樂與痛苦的「卡門」。一切都在眼前，一切都已成為遙遠的過去。他無心再寫下去了，壓抑與茫然使他放棄了報告的寫作，開始沿著翻騰的思緒追憶過去的歲月，思考走過的人生旅途，咀嚼生命存在的意義與甘苦。墓穴極靜，靜得能聽到自己的呼吸。燈光不住地顫動，似在為他的遭遇哭泣。墓穴外呼嘯的寒風漸漸消失，枯草中傳來窸窸窣窣的響動。趙其昌起身爬出墓口，見地上鋪了一層潔白的銀氈，天空下起了大雪。

他昂起頭，冰涼的雪花簌簌地飄落到臉上，他感到一絲愜意，心中的哀愁與怨艾在雪花的親吻中漸漸隱去，一種精神與意志交融的力量在奔流的血液中湧動升騰。趙其昌重新鑽進墓穴，點燃了一堆準備好的木柴，將一隻粗大的茶缸放在支起的方磚上，煮起節日的佳餚。他要在這陰冷凄苦的墓穴裡，過一個別開生面的新年。

在那艱難的年月裡，用茶缸煮飯菜已不是第一次。伙房裡每頓分發的窩頭，對於力大如牛的趙其昌來說，遠不能滿足生命消耗的需要，每當夜深人靜伏案疾書時，不爭氣的肚子總是咕咕地叫個不停，令他神志不安，無力繼續寫作。趙其昌終於有了辦法，白天勞動時，設法撿些地瓜頭、蘿蔔根、白菜葉，洗淨後放進茶缸，晚上帶到墓穴點火燒煮，用以充饑。這一創造性的行動，同他的墓內寫作一樣，尚未暴露，並漸漸成為他生活中不可缺少的一個組成部分。

今天晚上，菜缸裡的菜肴和往日有所不同，除了洗得發白的瓜菜外，還有一隻羊蹄、幾片羊肉和一塊鼠肉。羊肉是上午弄來的，為慶祝元旦，場部伙房宰了一隻綿羊，特為晚餐食用。當然，這令人垂涎三尺的佳餚只有場裡幹部和職工才有權享受，改造分子是沒有這份口福的。這種做法天經地義，理所當然，沒有一個幹部提出異議，更沒有一個被改造分子膽敢當眾抱怨或背後議論。這裡是勞動改造農場，不是大鳴大放的會場。歷史就是這樣毫不留情。

趙其昌明知吃肉無望，便心生一計，利用自己氣力過人的條件，主動幫助伙房師傅宰羊。一刀下去，鮮血噴湧，羊皮被慢慢剝落之後，他不露聲色地討來了曬羊皮的任務，托著羊皮找個僻靜角落，掏出折疊刀，快速刮下皮上殘肉，順手又割一隻羊蹄，才戀戀不捨地把羊皮撐到牆上晾曬。

火越燒越旺，茶缸裡的水沸騰起來，墓穴裡散發出撲鼻的肉香和淡淡的膻味。趙其昌嗅嗅鼻子，將溢出的口水咽下，把茶缸端到木板上。缸蓋揭開，蒸騰的熱氣中，羊肉和鼠肉起伏翻滾，似在歡樂地舞蹈。

老鼠是昨天夜裡抓到的。當他伏案疾書時，隱約感到腳邊有東西蠕動，低頭一看，一隻碩大的老鼠在肆無忌憚地啃咬他的鞋幫。這使他大為光火，不由放下手中的筆。灰鼠像感應到了什麼，停止咀嚼，抬起閃爍的豆眼直視著他。

「殺死這隻害人精！」頓時一股無名怒火占據了他，以致被這種怒火燒得渾身戰慄。他抬腳猛地踩去，老鼠轉身逃走，在墓穴裡四處躲藏。他抓起地上一塊磚頭，不顧一切地砸去，老鼠被打倒了。他提起尾巴想扔到墓外，但沉甸甸的老鼠，使他忽然想起《詩經》中「碩鼠」一詩：「碩鼠碩鼠，三歲貫汝，莫我肯顧。」好啊！人類把你養得肥肥的，卻一點也不感謝人類。今天，我非扒了你的皮，煮了你的肉，嘗嘗你到底是什麼滋味！於是，一塊肥肥的老鼠肉，成了趙其昌的杯中羹。他喝著別具風味的羊肉、鼠肉、瓜菜根葉的三鮮湯，滿頭大汗地望著熊熊的火苗、蒸騰的熱氣，還有案頭完成的一落底稿，一股幾個月來從未有過的愜意和快感流遍全身。

他點燃一支煙，想活動活動筋骨。他爬出洞外，面前一片茫茫的銀色世界，那樣的潔白，那樣的晶瑩。寒風夾著雪片吹打在臉上，頓覺涼爽輕鬆，彷彿肩上的千斤重擔一下子卸掉了。當他剛要對著這沉寂空曠的雪野吐出久久壓在心頭的鬱氣時，遠處傳來了幾聲犬吠。他不由得全身一震，一股怒火湧到心頭。他知道這叫聲出自農場副場長的那條忠實走狗，真是狗仗人勢，每次見到主人對他橫眉豎目，牠就在一旁虎視眈眈地狂吠幾聲。此刻，他感到這每一聲狗叫，都變成了「打倒趙其昌」的吼聲。

他爬進墓穴，火已熄滅，燈火在昏暗中搖曳著。他感到疲倦感到癱軟，趴在木板上昏昏地睡著了。

一縷晨曦透進墓中，他打了個呵欠，伸了伸懶腰，帶著嘆息爬出墓穴時，積雪已覆蓋了原野，天地一片純白，只有山邊還殘留著一點枯黃的痕跡。這是一個多麼美的冰雪世界啊，然而，這是一種淒冷的美。遠處傳來幾聲隱約的雞鳴，新的一年到來了。

令人失望的定時炸彈

一九五九年元月三日，對趙其昌來說，無疑是一個雪上加霜的日子，使他心中殘存的一線希望之火徹底熄滅。

大雪紛紛揚揚地下了兩天兩夜，積雪幾乎沒過腳背。三日晨，雪過天晴，皚皚的原野上，灑滿點點金輝。這是一個打獵出遊的好天氣。

副場長扛上獵槍，帶著幾個平日追隨他的部下和那條忠實的獵犬，洋洋自得地踏上荒原雪野，尋找野兔的蹤跡。副場長原是軍人出身，打獵出遊是他的嗜好，其迷戀程度僅次於他平常下棋、打撲克。幾個人出了場部院門向曠野走去，在離古墓一百米處，進入了深溝。按照經驗，野兔這時經常躲藏在溝中的乾草裡。

腳步在積雪中跋涉，獵狗嗅著地面，突然急速地向古墓奔去。副場長發現溝沿上有腳印，便加快了速度。獵狗在前面奔著，終於在古墓前停下，向著墓穴狂吠。

隊伍聚集在古墓前。「像是有人來過。」一個部下搶先提示副場長，「過去看看。」副場長警覺地命令著。有人來到墓口處，朝著積雪覆蓋的枯草猛烈踢去，「噗」的一聲，用麻袋片遮掩的門簾陷進墓穴，露出一個洞口，眾人立即圍了上來。

墓口一經捅開，裡面的景物暴露無遺：木板、油燈、書箱……一一展現在遊獵者面前。「可能是要飯的叫化子在這裡住過。」有人提醒副場長。又是一陣瘋狂的犬吠。副場長望瞭望愛犬，搖搖頭，彎下腰，以軍人特有的敏銳觀察片刻，衝身邊的部下低聲說道：「進去看看。」兩個人帶著狗爬了進去，隨後，副場長也鑽進墓穴……

接下去的一幕是可想而知的。

趙其昌被兩個大漢扭住胳膊，押到場部辦公室。領導端坐桌前，面帶怒容，驚奇地望著趙其昌，似是第一次相識。趙其昌懵懵懂懂地在屋裡掃視了一眼，猛地發現墓穴裡那個鼓囊囊的包袱放在椅子上，他的頭「嗡」的一聲，心中暗自叫著：「完了！」

別無選擇，趙其昌只好老老實實地交代了自己的「罪行」。下午，按照場部的命令，全場人員都集中到幾百米外的古墓前開批鬥大會。批判大會對於場裡的每一個幹部、職工甚至孩子，都不感到新鮮，無休止的學習、批鬥，使許多人越來越感到厭煩。而這次卻例外，圍著一座古墓開批鬥會是他們未曾見過的，何況有關趙其昌的祕聞已經通過不同的途徑傳播開來。人們都懷著極為驚奇的心情，要親眼目睹一下這個神祕人物的真實面目。

人們在雪地裡議論紛紛，急切地等待著趙其昌的出現。狹小的古墓如同剛剛打開的定陵地下玄宮，吸引眾人爭相觀望。一夥人剛爬出去，另一夥人又急不可待地鑽進去，有些不耐煩的人開始起哄，做各種惡作劇，人群騷動起來。

趙其昌終於出現了。兩個彪形大漢反扭著他的胳膊，使他整個身子呈九十度彎曲，如同一輛平板車在雪地裡推進。眾人狂叫著擁過來，把他團團圍住。趙其昌身後重重地挨了一腳，猛一晃動，「噗通」一聲跪在雪地上，棉帽從頭上掉下來，一頭蓬亂的黑髮在寒風中遮住了眼睛，活脫脫一名囚犯。

「真看不出，平時不聲不響的，還幹出這種事來。」一個中年婦女在小聲嘀咕。

「人心難測啊。」一位老者故作深沉地隨聲附和。

「這種事又不是偷盜、搶劫，礙他們什麼事，非要整人？」一個身穿軍上衣的青年大膽地提出了自己的觀點。

人群正在騷動之時，場部領導一字兒排列著向古墓走來。場長身穿軍大衣，腳蹬黃色翻毛牛皮鞋，來到人群中間，威風凜凜地左右環視一眼，找個高處站上去，大聲宣布：「現場批鬥會現在開始，把階級敵人趙其昌押上來！」

兩個大漢把趙其昌拖到場長面前。場長清清嗓子，望著下面黑壓壓的一片人頭，精神抖擻，像是得勝歸來的將軍，聲音洪亮地開口了：「看來我不說，大家也已經知道了。今天上午，副場長帶領幾個民兵，按照場部預先研究的方案，順藤摸瓜，經過艱苦卓絕的奮戰，終於在這座古墓裡挖出了一顆定時炸彈和變天帳。」場長說到這裡，戛然剎住。

靜心聆聽的人群幾乎同時「啊」了一聲，誰也沒有想到，能在這裡挖出一顆定時炸彈，看來故事的真相遠比他們了解得要精彩得多。這一雙雙期待的目光急切地注視著場長殷紅的面頰，希圖盡快看看定時炸彈和變天帳的模樣。

場長見時機已到，一揮手，讓副場長把包袱打開，大聲宣布：「趙其昌就是定時炸彈，這包東西就是變天帳……」

「嗨——」不等場長說完，人群如同泄了氣的皮球，騷動起來。

有的人上前撿起幾本資料看看，又憤怒地扔下。顯然，這憤怒是衝場長來的。

「明明是個大活人，怎麼說成是定時炸彈，是不是場領導的眼睛有毛病……」幾個青年人在人群中遊說，開始爭取更多人的反擊。場長不再顧及大家的情緒，按照他的思維邏輯繼續講下去。

「不錯，趙其昌是個大活人，也正是他活著，才成為埋在我們身邊的定時炸彈，他想什麼時候跳出來炸毀共產黨的江山，就什麼時候出來。大家說這不是定時炸彈又是什麼。」他彎腰撿起幾本定陵發掘資料，在空中抖動著：「大家不要小看這些東西，這上面全是封建地主階級剝削勞動人民的鐵證。什麼金錠五十，銀錠一〇二，織錦一六一匹……趙其昌是典型的剝削階級代言人，這些數字就是他準備反攻倒算的變天帳。他時刻想推翻無數革命先烈拋頭顱、灑熱血打下的天下，這份變天帳充分地說明了他的狼子野心……」

場長講完，由副場長敘述挖定時炸彈和變天帳的經過。副場長以他那出色的編故事的才能，使這偶然而平淡無奇的發現，變成了一個驚心動魄、跌宕起伏的偵探故事，栩栩如生的刻畫，活靈活現的描繪，使他瞬間變成了一個頂天立地的英雄。眾人無不為之瞠目。半年之後，曾有人以此為素材寫了篇小說，題目叫《古墓捉鬼記》。

為表示同階級敵人鬥爭的徹底性，場長命人將古墓搗毀，把趙其昌押進一間倉庫看管起來，「變天帳」準備送交上級請功領賞……

也許是巧合，幾天之後北京有信函到來，要趙其昌立刻回京，編寫定陵發掘簡報的下半部分，完成後仍回農場。信中特別注明，此次回京，不是編製定陵發掘的大報告，而是「簡要報告」。趙其昌暫時離開了農場。

《定陵發掘簡要報告》的上半部分，是他下放農場前夕，用了幾個夜晚草成的，刊於一九五八年《考古通訊》第七期。而此次編寫的「簡要報告」，於一九五九年《考古》第七期刊出，都是第七期，又是一個巧合，時間刊發於《考古通訊》卻整整隔了一年，而且未署作者姓名，這在考古學史上實屬少見。

半個月後「簡報」寫完，趙其昌返回農場，繼續勞動改造。在以後十年的歲月裡，他還要經受嚴酷的肉體與精神的雙重摧殘是注定了的。他輾轉多處，顛沛流離，關牛棚，挨批鬥，挖防空壕，燒磚、蓋房等等，差不多經歷了那個時代大多數有追求、有建樹、有良知的知識分子所遭遇過的全部痛苦。

無盡的哀思

一九六九年底，趙其昌完成了他的改造課程，回到原來的工作崗位——北京市文物調查研究組。當他放下行李，來到吳晗家，想找恩師傾訴離愁別苦時，只見屋舍依舊，卻已換了房主，吳晗、袁震均已謝世歸天。趙其昌不禁淚如雨下。他怎麼也想不到，剛剛六十歲的吳晗竟匆匆離去。他清楚地記得，吳晗不只一次地對他說過：「等定陵發掘工作完成了，咱倆合作，寫一本定陵研究的書，解決幾個歷史疑案。比如說萬曆抽鴉片的問題，關於傳說他是瘸子的問題，以及明代的葬制、器物、帝后服制等問題……」想不到這一切都成為一個破碎的夢。作為明史專家的吳晗，力主發掘明陵，但是一直沒能、而且再也不能以定陵的發掘資料，寫一篇研究文章了。他的慘死已不是他個人的不幸，至少是中國史學界的悲哀，一個無法彌補的重大損失。

趙其昌來到夏鼐的家，想向這位老師暢述自己今後的打算。可夏鼐大師住進牛棚不久就下放了。

他又想起了鄭振鐸，這位當年曾經反對、但一經總理批示，遂立即擔負起發掘指揮工作的文化巨匠，在籌備神武門定陵出土文物展覽時，他們見過最後一面。展覽會後不久，他出訪阿富汗和阿拉伯聯合共和國，中途飛機失事，不幸遇難，成為定陵發掘主持者中第一個作古之人。趙其昌心中不勝酸楚，他帶著極大的哀痛，步履沉重地摸到西直門內老虎廟九號。這是白萬玉老人的家。自從老人離開定陵回北京後，就再沒有聽到他的消息，不知如今是什麼情況。趙其昌想立刻見到這位對待年輕人像慈父一般的長者。

然而，當他來到老人的房前時，卻見一把大鎖將門牢牢地鎖住，鐵鎖已生出鏽斑，說明很久未開啟過，他心中一震，呆呆地望著面前的一切。他已經明白，這又是一幕悲劇的預告。果然，鄰居告訴他：「白萬玉的老伴去世後，搬到廣渠門他妹妹家去了……」

趙其昌到廣渠門一帶四處詢問，沒有找到老人的下落。他不甘心，向熟人打聽，不久又去尋找。當他敲開房門時，只見一個鑲著黑邊的鏡框掛在牆上。鏡框中白老神采奕奕，正向他微笑。老人的妹妹說：「我哥哥自從老伴去世後，就有些神志不清，說話總是顛三倒四，幾天前因腦溢血突然去世了。」

趙其昌不知自己是怎樣走出門來的。從前每次去看望老人，老人總是把自己送出門外，他走出好遠回頭望時，還見老人在望著自己微笑。這次心裡就像有一塊鉛砣，壓得他喘不過氣來。沒能見到老人最後一面，他追悔莫及。他恨自己沒有及時找到老人，更沒有預料到老人會這樣匆匆離開這個世界……

趙其昌含著眼淚，回憶起自己與白老將近三年朝夕相處的日子。在定陵發掘中，不論嚴寒酷暑，老人總是兢兢業業地堅持在探溝旁邊，使發掘工作得以順利地進行。他付出了全部的光熱，但卻清貧得沒有一床多餘的棉被。臨來定陵前，他向考古所申請領取一條棉被，當時考古所的同志們還感慨地對他說：「你看白老多麼可憐，每次外出田野工作，都要申請被子。」

趙其昌不只一次去過老人家，每次見到的都是繩床陋室，四壁空空。這樣一位曾經跋涉大漠，闖蕩戈壁，歷盡艱苦，穿行在燦爛的歷史文化長廊中，為中華考古事業奉獻一生的人，最後竟沒有遺物留下，甚至沒有留下一篇文章。他像春蠶吐絲，像蠟燭燃燒，默默無聞地奉獻自己，又默默無聞地離開人世。華夏神州不就因為有著無數這樣默默無聞的子孫，忍辱負重，自強不息，才得以繁衍興盛嗎？他們創造了歷史，書寫著歷史，他們正是我們中華民族的脊樑！

趙其昌懷著沉重的心情，再度走進這座皇家陵園，眼望明樓翠柏，黃瓦紅牆，不由悲從中來，禁不住潸然淚下。十五年前，他是作為新中國第一批考古專業的大學生，來到這裡追尋青春之夢的。這座陵園，是他事業的起點，愛情的萌芽地，是他走進社會認識人生的第一本教科書。在這裡，他得到了人與人之間真誠的關心與友誼，得到了愛情的歡樂與幸福，懂得了一個人投身於社會之中所具有的價值與意義，同時也飽嘗過人生的艱辛、失戀的痛苦、命運的折磨。他為它而歌、而哭，灑下悲喜交融的淚水。

故地重返，一切都不再是往昔的面貌。零亂的園林，遍地磚瓦石塊，塗滿黑字的白紙，在牆上、樹上、朱漆的圓柱和潔白的石碑上飄搖抖動，翠綠的陵園變成一個白色的世界。陵園不再神祕，不再令人留戀，它已變成了一個恐怖的政治決鬥場。

趙其昌沒有見到朱欣陶，這位老人被當作特務，押上了專設的審判台，「造反派」一頓拳腳棍棒，將他的肋骨打斷、昏倒台上，幸虧精通醫務的女兒冒死搶救，才保住了性命。

定陵博物館已不是當初的情況。當年的發掘隊員劉精義走了，于樹功走了，冼自強、曹國鑒、王傑、龐中威也都回考古所了。只有王啟發、孫獻寶等幾個民工是趙其昌所熟悉的，故友相見，自是一番感慨。當他問起往日一同發掘定陵的民工時，才知道他們之中一些人已經病故。尤其令趙其昌悲痛和懷念的是攝影師劉德安的上吊自殺。

他無法忘懷劉德安與自己生活的那一段時光。這位平凡的攝影師，在定陵的地下玄宮裡，面對黑暗淒冷，刺人肺腑的腐爛黴氣，沒有退縮過、畏懼過，對工作的極端熱忱和對事業的執著追求，使他克服了重重困難，頑強地挺了過來。然而十年浩劫，發生在朗朗乾坤之中的非人折磨，卻使他擁抱了死神。

明樓依舊在，只是朱顏改，夢中陵園的輝煌壯麗，俱往矣！趙其昌從定陵空手而歸。他沒有拿到資料，也沒有人願意把資料交給他。他懷著無盡的悵惘和悲涼，回到北京，繼續接受勞動改造。關於《定陵發掘報告》的成書與出版並獲得兩項大獎，則又是二十多年以後的事情了。

第十九章

在歷史的檔案裡

往事如同玫瑰色的彩雲。定陵歷史的檔案裡，記錄著形形色色令人眼花繚亂、百思不解的故事與軼聞：由於歲月的鏽蝕，越發變得奧祕莫測、撲朔迷離、令人神往——

毛澤東不去定陵

一九五八年春，十三陵水庫工地忙碌異常。中共中央領導人毛澤東、劉少奇、朱德等，先後來到這一歷史性的並具有濃厚政治意味的工程參加勞動。

幾輛黑色牌轎車離開水庫工地，在明媚的春光中向陵區駛去。在這之前，定陵工作人員已接到電話：「毛澤東要參觀定陵地下宮殿，請做好接待準備。」

轎車穿過神道，先在長陵前停下。毛澤東、周恩來和幾位高級首長走下轎車，向長陵大殿緩緩走去。高大雄偉的祾恩殿，在麗日的照耀下發出燦爛的金輝，飛簷上的螭獸在翠綠的松柏和漸已泛青的花草襯托中，越發顯得神奇與鮮活。毛澤東深吸了一口春天的氣息，頓時精神振奮起來。他踏著堅硬而凹凸不平的方磚通道，大步向前。

「十三陵是個好地方，這朱棣也真是有些眼力。」毛澤東像是對身邊的周恩來，又像是自言自語地說著，踏上石階，走進祾恩殿。

毛澤東的目光先是在粗大的楠木柱上瀏覽一番，輕輕地點著下額。好像是在心中默數那些粗大的楠木柱的數目。然後抬起頭，默默地仰望著殿頂。當他邁出大殿門檻時，轉身對身後的工作人員說道：「好氣派的大殿……一個死人建這麼座大殿，有何益處？實在是勞民傷財。」

「畢竟是封建階級的生活觀嘛！」周恩來接過毛澤東的話題。

毛澤東不再言語，隨陪同人員登上長陵寶頂。他微微喘了幾口氣，把衣扣解開，掏出一支煙含在口中，點上火，狠勁吸了一口，噴出煙霧。毛澤東習慣地左手卡腰，右手夾住香煙，站在寶頂，面對自西而東的河水，靜靜地望著。

工農紅軍改編成八路軍後，東渡黃河，建立晉察冀邊區，開闢了包括昌平、平綏路以西地區在內的平西抗日根據地。進而以昌平十三陵和後七村為落腳點，創建了平北抗日根據地，打通了平西通往冀東的交通要道，使平西、平北、冀東三處抗日根據地連成一片，戰略包圍日軍侵略華北的基地北平、天津。日軍投降後，國共兩黨在這裡以河為界，河北為解放區，河南為國統區。經過近一年的對峙和爭奪，國民黨被迫撤退，共產黨走出十三陵，開始了對敵人的追剿。這段歷史，此時的毛澤東一定不會忘記。

「有人說明朝在軍事上的失利，在於對北京的守禦分兵太散。恩來，你看呢？」毛澤東轉身問總理。周恩來望著翻捲的河水和起伏的山巒，沉思片刻說：「十三陵、居庸關和北京城，地非不險、城非不高、兵非不多、糧非不足也，國法不行而人心去也。」

「顧炎武的話被你拿來，確實恰如其分啊！」毛澤東說著望望周恩來的臉，兩個巨人會心地笑笑，走下寶頂，邁出陵園大門。就在毛澤東上車的一剎那，好像遺失了什麼，他抓住車門，回身深深地望了一眼蒼松翠柏中的皇家陵園，臉上掠過一絲淡淡的悵惘。這稍縱即逝的神情，被總理及時捕捉並作出了反應。

「主席，還去定陵嗎？」

「他日再去吧。」毛澤東說著轉身進入轎車，向十三陵水庫駛去。毛澤東突然改變參觀定陵地下宮殿的計畫，使陪同人員大為不解。於是，在當時的中國高層領導人中，唯有毛澤東一個人從未踏進地下宮殿之門。

陵園裡來了「胡伯伯」

一九五八年夏末，一輛轎車駛入定陵園內，車裡走下一位下頷留有長鬚的老人。只見他上身穿一件略顯肥大的粗布白褂，腳穿一雙膠皮「抗戰鞋」，瘦削的臉面露出睿智。隨同的黃文歡外長向迎來的夏鼐、朱欣陶等人介紹：「這就是我們越南抗戰的領袖胡志明主席。」

胡志明微笑著同工作人員一一握手，用流利的廣東話客氣地說道：「今天給你們添麻煩了。」

工作人員請胡志明進木板房接待室，可他似乎沒有在意，眼睛在草地瞟了一下說：「屋裡悶，還是先在這兒坐一會吧。」逕自坐在松樹下的大石上面，眾人也只好坐下來陪他說話。

「這陵園真美，在越南見不到。」當他爬上高高的明樓時，胡志明望著面前的景物讚嘆地說。

夏鼐答道：「越南的陵園也有它獨到的特點，中國也同樣見不到。」趙其昌搶拍了一組鏡頭，胡志明擺擺手說：「請不要拍照吧。」說罷繫著鞋帶，微微笑起來。趙其昌趕忙收起了照相機。

胡志明（右二）在夏鼐（左一）等人陪同下參觀定陵地宮出土器物

一刻鐘後，胡志明起身跟工作人員參觀了部分展品，然後走下地宮。

接待室裡，胡志明臉上仍然顯露著喜悅與興奮，他微微地搖搖頭：「這麼豪華的地下宮殿和器物，真是難以想像。這次可是沒有白來啊！」朱欣陶拿出一張白紙鋪展在胡志明面前：「胡主席，您是第一位來這裡參觀的外國領導人，請您在上面留句話作個紀念吧。」說著將毛筆遞過來。

胡志明拿著毛筆，望望身邊的黃文歡說：「這次來中國，外界沒有報導，題字的事還是下一次再說吧。」說著，在紙的右下側寫了「胡志明」三個字，放下了筆。

後來，據《參考消息》披露，胡志明確是祕密來華，和毛主席進行了會談。會談的內容新聞界未作公開報導，外人也無從知道。若干年後，有關人士透露，胡志明主席的這次來訪，主要是商談中國援越的具體事宜。

周恩來對死人不感興趣

一九六五年九月，周恩來總理陪同巴基斯坦總統阿尤布汗來到定陵。隨行還有陳毅、吳晗等中央和北京市政府要人。

一下車，周總理便吩咐隨行的服務人員到售票口買票。門票買好後，總理問：「這票多少錢一張？」服務人員回答：「三毛。」

周恩來皺了一下眉頭，轉問身邊的吳晗：「是不是貴了點？」

吳晗微微一笑：「不貴，總理你可知道，這裡複製一頂鳳冠就要幾千塊哪！三毛錢一張要幾年才能收回來呢。」

周總理點點頭，不再作聲，陪同阿尤布汗走進展覽廳。吳晗指著一頂鳳冠對總理說：「這是請通縣花絲鑲嵌廠的老藝人複製的，怎麼樣？」

總理望著鳳冠端詳了一會兒，說道：「還是蠻好的。阿尤布汗總統，你看呢？」周恩來把臉轉向客人。翻譯轉達總統的話：「很好，真是太美了。」

走出展廳，總理陪客人向地宮走去。來到明樓前，眾人駐足觀望。雄偉壯觀的明樓在陽光的照射中，分外神奇秀麗，飛簷上的螭獸禽鳥，在藍天白雲的烘托下，躍躍欲飛。阿尤布汗興奮地漲紅了臉。正在這時，有個負責文化和定陵博物館的人，來到周恩來面前，滿臉堆笑地說：「總理，您看是不是在這明樓上掛一幅紅軍長征的圖畫？」

總理「嗯」了一聲，驚奇地看了一眼面前的人，面帶不易察覺的慍怒，對陪同人員說道：「我參加過長征，我不會畫，你們誰會畫？」獻策者紅著臉躲到眾人身後，不再吭氣了。

從地宮出來，阿尤布汗總統搖搖頭，伸出拇指。翻譯將他的話譯過來：「這地下宮殿太偉大了，如此輝煌的建築和氣勢，真了不起。」

總理臉上流露出興奮之情：「這裡有十三座帝王陵墓，每一座都是這個樣子。」

吳晗及時地接過總理的話：「長陵比這定陵規模還要大，要是發掘，一定更為壯觀，研究價值也大於定陵。」定陵發掘後，由於全國興起了挖掘帝王陵墓的熱潮，在鄭振鐸、夏鼐的建議下，國務院下發了「停止對一切皇帝陵墓發掘」的檔，因而定陵發掘的名義是「試掘」，但吳晗、郭沫若等文化名人卻一直想發掘長陵，實現當年的宿願。此刻他見機會難得，便接著剛才的話問總理：「我們是否再發掘長陵？」

「需要多少錢？」

「大約要四十萬。」吳晗有些激動。朱欣陶用手捅捅吳晗，小聲說：「不夠，四十萬不夠。」

總理沒有說話，向停放在不遠處的轎車走去。

吳晗著急地問：「總理，您看這長陵發掘的事？」

周恩來沉思片刻說道：「我對死人不感興趣！」

也正因為這句話，明成祖朱棣才在他的陵寢裡安睡至今。中國文化瑰寶又免遭一次劫難。巨人的抉擇，是成祖皇帝亡魂的幸運，也是整個華夏民族的幸運。

宋慶齡進入地下宮殿

一九五八年，莫斯科世界和平大會閉幕後，郭沫若、宋慶齡同機回國，在閒談中郭沫若說：「定陵地下宮殿打開了，你不去看看？」

「怎麼？地下還有宮殿？」宋慶齡問。郭沫若把定陵發掘的前前後後告訴了她，引起了她的極大興趣。回到北京不久，在發掘委員北京市副市長王昆侖陪同下，宋慶齡來到定陵。

她緩緩地走下臨時木梯，進入地下宮殿，全不顧腐黴氣味、寒冷潮濕，一處一處、一殿一殿，看得特別仔細。她用雙手撫摸著石牆、石門，讚不絕口地說：「文化源遠流長，博大精深，太偉大了！」

這時，她的大衣一角不慎沾染了石牆上一點水漬，隨行的攝影記者侯波女士隨手拿出手帕，想為她擦拭一下。

「不必擦了！在這文化殿堂裡，我能沾染一點水澤，也算是幸運吧！」她微笑著，覺得到處是珍寶。走出地宮，她興致不減，又坐在木板房內看出土文物，聽趙其昌講述定陵歷史、發掘過程和文物出土情況，還不時地提出一些文物的研究、考證問題。她問得很多，聽得很仔細，趙其昌隨口說：「萬曆皇帝建造了陵墓，他死了，把『文化』留給了我們。」

她不同意，微笑著搖搖頭說：「不！文化不僅僅屬於我們，它高於民族，屬於人類。」

臨行前，她順手拿出一枚世界和平大會的紀念章，別在趙其昌胸前，親切地握著趙其昌的手：「你們很辛苦，為發掘中華文化作出了貢獻，謝謝你們。」趙其昌挺直腰肢，深深地鞠了躬，說：「謝謝副主席的鼓勵。」作為最高的獎賞，他把這枚金光熠熠的紀念章視為珍寶，珍藏至今。

十三陵水庫建設高潮中，陳毅副總理帶著外交部的官員，在水庫緊張勞動之後也來到定陵。看完了出土文物、地下宮殿，和同事們圍坐在柏樹下的石條上休息。

夫人張茜遞過一杯熱茶，他一飲而盡，敞開衣襟，拖著濃厚的四川鄉音對著大家高談闊論起來。

「今天真高興！我們看到了祖國文化，中華文化源遠流長，有了它，祖國文化才更豐富。這裡埋葬的已經不是皇帝老倌兒，而是文化！」他又喝了一杯熱茶，站起身來，用敞開的衣襟搧著風，有些激動了。「前幾年，陝西要在豐鎬遺址建磚窯、燒磚，被制止了。豐京鎬京是周代文化的發祥地，文化遺址要燒磚，把祖宗文化燒光了，這怎麼行？我們到哪裡找祖先去？」

稍停一會，他又面對趙其昌說：「發掘定陵，這事我知道，我管文化，簽過意見，我同意。你們這個工作隊還不錯，我看你們年齡都不大，科學發掘，時間不長，收穫不小。再加把勁，抓緊研究、出書，搞陳列，讓國內外賓客都來看，看看我們祖國燦爛的文化。」趙其昌彙報說：「出土文物正在整理、修復，研究、出書、陳列都要搞。建陳列室，經費稍嫌不足。」

陳毅沉思片刻，說：「宣揚祖國文化是大好事，我大力支持，贊成。外賓參觀嘛！我看外交部可以補助些經費。」外交部的官員們表示同意。「這樣吧，今天說定，立字為證，拿筆來。」說完他接過一支筆，大筆一揮，寫道：

> 為定陵建館開放參觀，外交部補助六萬元。陳毅

事後不久，外交部果然撥款六萬元，補助建館。

攝影師懸樑自盡

地宮內清理文物，是發掘過程中最關鍵的一環，極為艱鉅、複雜。

考古程序要求，一件器物出土，既要詳細地記錄它本身的位置與上下層次和周圍的關係，又要製圖、拍照，以取得最重要的現場資料，作為研究工作最可靠的依據。

可以想像，那些殉葬品並不都保存完整。如果是一件已腐或半腐的戰槍、甲冑等等，有關它的質地、尺寸、形式、裝飾物等等，如果不能在現場弄清楚、記錄明確，而是留下一筆糊塗帳，也就失去了發掘的意義。這不僅是工作隊的失職，也可以說是對文化的褻瀆或犯罪。正因如此，這一發掘與清理器物工作本身就是研究。它不僅要求廣博的學識，更要求技術的配合，在目前，則更需要時間。

工作隊把清理的工作時間定為每日至少十二小時。實際上，整日在黑暗的玄宮裡不見天日，燈光如豆，分不清黑夜白天，已經沒有什麼時間概念了。

正忙得不可開交，又插入拍攝電影，一大群人來來往往，真是忙中添亂。中央新聞紀錄電影製片廠導演張慶鴻、攝影師沈傑帶來了一支近二十人的隊伍，設備、器材，男男女女四卡車。特製的攝影機座搬入地宮，廠內僅有的三部發電車無法進入陵園，不得不安排在寶城外面的荒郊野外，而把成捆成捆的電線通入地宮，需要發電時，搖動電話呼叫。

年輕的攝影師沈傑，性情爽朗，帶著一股青春氣息，和趙其昌一見如故。

「老趙，你等著看，我要用光的效果讓中外人士看看皇陵！」

趙其昌毫不示弱，拍拍他的肩膀：「好哇！老兄，我等著呢。有一點不合格，我可敢砸了你的攝影機！」

「為了不影響清理工作，攝影師和導演商議，把攝影時間全部放在夜晚進行。這一來可難住了趙其昌，他不得不把時間再次調整，十二小時之外再加四個小時拍電影。午夜時分，全體隊員再下地宮，把一天來的清理工作再作「重複表演」。這樣，影片拍攝的仍舊是現場實況，但又不完全是實況。為了時間，也只能如此。

至於趙其昌本人，清理工作全部經手，一刻不離，夜間電影拍完，他還要整理一天的紀錄，核對圖片，同導演一起編寫解說詞，安排明天的工作。天剛亮，沈傑又來拉他起床，不是爬陵後的大峪山，就是去陵園廣場前踢足球。

電影拍攝很不順利。深埋在地下的石頭建築內，潮濕的水氣混雜著腐朽的黴味，再加上福馬林與酒精的混合氣體，本來就刺人鼻眼，十來盞熾熱的攝影燈的烘烤，使地宮成了霧的世界，嚴重影響著影片的品質。只好拍拍停停，停停再拍，一盤膠片拍完，連夜送回廠裡洗印車間看效果，效果不佳，必須重新拍攝。

製片廠的三輛發電車全部拉到定陵，廠裡停產，廠長派人來要發電車。結果只得兩頭兼顧，白日裡兩部發電車回廠應急，夜晚再趕回定陵，車輛人員，日日夜夜，來往於北京與定陵之間，一連四個多月，影片終於完成。

兩個多小時的紀錄片《地下宮殿》，不僅在國內放映引起了轟動，國外放映時，在新加坡、菲律賓等地的華僑中，也贏得了一片喝彩聲。

就在拍攝電影的同時，另一位攝影師也在默默地工作著。他就是工作隊專門請來的劉德安，一位年近五十的中年人。他不聲不響，整日在地宮內奔忙，清理一件拍一件，清理一層拍一層。一層層一件件，日夜不斷。

正常情況下，拍照並不困難。但是在地下宮殿這一特殊環境下，拍一張品質較好的照片，也確非易事。地宮潮濕，照相機進入地宮，鏡箱鏡頭就沾滿潮氣露珠，必須先吹風、烘烤，使水氣散盡才能使用。發電機電力不足，燈光微弱，拍完一層，必須顯示效果，否則，下一層清理工作不能進行。這就逼得劉德安將地宮殿內當作臨時暗房，拍完一張便立即沖洗。一年多的時間，幾千張照片就是這樣完成的。

最困難的是拍攝地宮內部全景。趙其昌要求，必須將前殿到後殿、石門樓、牆壁、三口棺槨作為一個整體拍攝下來，既要顯示殿堂的雄偉壯觀，又要具有深邃的立體感，同時還不能出現電線、燈架的痕跡。劉德安整整用了一周的時間，經過無數次的反覆實驗，調整角度、位置與燈光，終於拍下了殿內的全貌。神祕的殿堂，光潔的石門和牆壁，巨大的棺槨，都在照片上清晰地顯示出來，達到了現實與藝術交融的完美境界。若干年後，這張珍貴的照片被選作發掘報告的封面，顯示當時玄宮洞開時的獨特風采。

一九五九年前後，正當紀錄片《地下宮殿》轟動中外時，沈傑隨同我國女子登山隊拍紀錄片，在海拔七千二百米的冰山上遇到暴風雪，他抱著機器堅持拍攝，不幸身負重傷，被截去全部腳趾。三十多年中，他參加拍攝了一百幾十部紀錄片，獲得六個國內獎，九個國際獎。他的業餘愛好是餵養鴿子。現在除去在電影攝影師學會負責之外，他還是信鴿協會的主要成員之一。

劉德安是北京昌平沙河人，從小愛好攝影，在北京一座照相館學徒，後來自己開了一間照相館。公私合營後，在長陵經營照相業務，地宮打開，急需建暗室，把他請了來。「文革」中，有人說他是「資本家」，萬曆皇帝的「孝子賢孫」，一陣苦鬥，他挺不住，撇下愛妻和三個未成年的孩子，懸樑自盡了。他的死，使趙其昌深感不安。

當初要不是他的邀請，也許能躲過這場災難。他總感到有責任，又不知道責任何在。他曾經幾次去沙河，想找他的親人，但沒有下落。他又翻閱照片資料，想撿取幾張放大，作為紀念並送給他的親人，但是，在他拍攝的那麼多照片中，竟沒有一張是拍攝劉德安本人的。

江青深夜進入地宮

一九七一年八月二十七日深夜，定陵博物館值班人員突然接到電話，說：「江青同志要去定陵參觀，現已動身啟程，請做好接待準備。」值班人員放下電話，急忙叫醒熟睡中的新任館長劉軍彙報情況。儘管這位年輕的館長對江青深夜來訪大為不解，但還是不敢怠慢，指示工作人員快速作好一切準備。

凌晨三點，兩輛轎車和一輛卡車駛進定陵園內。燈光中，江青面容疲倦地走出轎車，朝寂靜的夜空張開雙臂打個呵欠，才跟隨工作人員走進接待室。

「天氣太悶，睡不著呵，到你們這個世外桃源休息一會兒。」江青自我介紹來定陵的意圖。

一個隨行人員把劉軍悄悄叫到室外說：「江青同志想在這裡過夜，趕快準備房間讓她休息。」

「接待室的被褥都不太乾淨，這……」劉軍為難地解釋。

「不要緊，這一切東西我們都帶來了，你只管找個好一點的房間就行。」來人說著催促劉軍：「快去準備吧，要不江青同志又要發火了。」

夜色中，幾個人正從卡車上七手八腳地搬床、抱被褥和蚊帳、竹竿，看來確實一切俱備。床和蚊帳很快安裝停當，只有一個沙發似的木製器物不知如何擺放。劉軍問來人：「這個放在哪裡合適？」

「噢——」來人笑笑，「這是個簡易廁所，先隨便找個地方放著，江青同志用時，拿出來用布在周圍搭個棚子就可以了。」說完，打開一個木箱，指著裡面淡綠色的布：「這些就是。」

在場的工作人員望著眼前的簡易廁所，都忍不住偷偷笑起來。參觀定陵帶廁所，他們未曾見過，今天也算是大開眼界了。

第二天上午，江青臉上倦容已經消失，代之而來的是一種雄視一切的高傲。在工作人員陪同下，她先步入展廳，瀏覽了一遍出土器物，臉上流露出不屑一顧的神態。她指著萬曆皇帝使用的藥罐，輕微地晃了一下頭，極為厭惡地說道：「什麼破爛貨也往這陵墓裡放，這個死皇帝也真是不值錢。」眾人不作聲，只是陪著苦笑。

江青來到鳳冠跟前，頓時精神大振。她彎下腰，右手扶住眼鏡框，頭幾乎貼到玻璃上，靜靜地觀望一陣後，抬起頭，對眾人說：「這個嗎，還不錯。能拿出來戴一下嗎？」

「能，能……」劉軍點頭答應，讓講解員抽開玻璃拿了出來。

「呵，真漂亮。不過這上面的點綴是不是也多了一點。」江青捧著鳳冠，面頰泛起幾縷紅潤，看上去有些激動。她輕輕地把鳳冠戴到頭上，兩腮越發紅起來。「好看嗎？」她有些不好意思地問身邊的一個陪同人員。

「好看，太好看了。」陪同人員異口同聲地恭維著，彷彿此時的江青果真已成了當代女皇。

「太沉了，戴一天準得叫它壓死。看來這皇后也是不容易當的。」江青嘆息著把鳳冠摘下，交給工作人員，向泥塑「收租院」陳列室走去。

萬曆皇帝和劉文彩、周扒皮等一組泥像展現在面前，一個個奇醜無比，拿著秤桿、算盤，正收租子。江青先是怔愣了一下，經講解員一番介紹，才若有所思地點點頭。

江青看完泥塑，走出展廳，神采飛揚地對劉軍說：「你們辦了一件好事，讓更多的人受到階級教育，我看這個經驗應該推廣，如果每個旅遊區都能像定陵一樣辦個收租院，階級教育的效果會更好……」江青邊走邊滔滔不絕地講著，隨行的一個人員在小本子上認真地作著紀錄。

當她在一位女服務員的攙扶下，慢慢走下地宮台階，進入幽深陰暗的大殿時，臉上立即罩起灰白色的色調，她不再說話，面容嚴肅起來。隨著迴盪的腳步聲，她來到後殿的棺床跟前。

三口朱紅色棺槨靜靜地立於之上，在灰暗的電燈照耀下泛著淡淡的青光。陰冷的寒風沿著地宮隧道鑽進來，浸入肌骨。江青打了個冷顫，在棺槨前輕輕踱了幾步，然後站在地上一動不動。等講解員說完，大家轉過臉來，驀然發現江青表情癡呆，神色沮喪，不禁感到詫異。一個隨行人員悄悄來到她面前，輕聲問道：「我們是不是該回去了？」江青點點頭，摘下眼鏡，掏出手帕在鏡片上擦了兩下，朝三口棺材深深地鞠了一躬，轉身向外走去。

來到地宮外面的小道上，江青仍滿臉陰沉。她指著道邊的木槿花，嚴厲地說：「怎麼栽些這麼賤的花，太寒磣人了。要換成牡丹，馬上派人去辦！」陪同人員連連點頭稱是。

在接待室裡，江青仰坐在沙發上，望著面前的茶水，帶著怨恨似地對隨行的兩個女服務員說：「把我的花生米拿來，給大家分一分。」

兩個服務員來到她的臨時臥室，將一袋子花生米提過來，挨個分發起來。快到江青跟前時，服務員的後腿撞到茶几上，茶水濺了出來。

江青抬起頭，兩個鏡片閃著明晃晃的光，臉比剛才更灰白。「你們兩個就知道吃，你看看，你看看……」她抬手指著茶杯，大聲指責喝斥。

接待室的氣氛變得緊張起來，工作人員大多低著頭，不再看面前這位氣派非凡、喜怒無常的第一夫人。

「你們公社社員一個勞動日合多少錢？」江青望著博物館館長劉軍，打破了沉默。

「我不知道。」劉軍紅著臉，眼睛躲過江青奪人的目光。

「什麼你都不知道！」江青再次動怒，手在沙發上咚咚地敲了兩下。這時，一個隨行的高級幹部插話說：「這裡歸北京市管理，不參與當地的分紅。」

江青把頭扭向一邊，不再追問。

午飯後，江青躺在床上迷迷糊糊地入睡，突然屋頂上麻雀嘰嘰喳喳地叫喚起來。她翻身坐起，怒氣衝衝地吩咐身邊的工作人員：「快去把這些該死的東西給我轟走。真是一群廢物，連個覺都不讓睡安穩……」

博物館長接到任務，親率十幾個人在房前屋後轟起麻雀來。可那小東西似乎故意作對，在房頂上跳來跳去，不肯離開，叫聲越來越響，越來越雜。劉軍抹了把額頭的熱汗，急中生智，跑到警衛部隊找來十餘名戰士，豎起梯子，輪流站到梯子上，用杆子嚇唬、轟趕。江青見屋外再無響動，這才漸入夢鄉。晚上九點，江青一行拔寨啟程，三輛汽車消失在夜色中。

一個星期後，林彪的座機在溫都爾汗爆炸身亡。江青夜闖定陵的行動，也就越發讓人難以捉摸。是一時心血來潮，還是另有原因，大概只有她本人才能解釋了。

金錠失竊案

一九七七年九月二十五日夜，陰霾的天空終於釋放出蘊蓄已久的沉重，狂風夾著暴雨終於呼嘯著撲進陵園。古松搖撼，磚瓦震響，沉寂的皇家陵園在風雨的吹打中不停地顫動呻吟。

藉著迷濛的夜色，一個黑影穿過雨霧，來到一號展廳的房後蹲了下來。密集的雨點敲打著玻璃窗，發出咚咚的聲響。黑影見四面無人，貼著牆皮慢慢直起身，掏出身帶的螺絲刀，在後窗玻璃和木框交接處，快速劃動起來。不一會兒，嘩啦一聲，玻璃脫框而落。黑影伸出手，將窗內的插銷拔出，啟開窗戶，然後抓住豎立的鋼筋，猛力向外拉動，隨著一聲驚天動地的響雷，黑影縱身跳入展廳……

第二天，風雨停息，天空晴朗。當講解員進入展廳開始接待遊客時，突然發現窗子敞開，展廳內器物被盜，十七個金錠不翼而飛。

案發後，公安部門立即進行偵查，可是三個月沒有結果。四個月後，有消息傳進定陵，盜竊金錠的罪犯在山西落網。

原來，風雨之夜潛入展廳盜竊金錠的，曾是定陵的一個臨時警衛人員，當他得知自己要回山西農村老家時，便萌生了盜竊金錠的欲念。經過仔細勘察，他選中了一號展廳的後窗為突破口，並藉著風雨的掩護，實施了自己的計畫。

他以自己的聰明與機智，躲過了公安人員的盤問與搜查，將十七個金錠順利帶回老家。為怕事情敗露，三個月內沒有聲張。隨著時間的流逝，他那顆懸著的心漸漸平穩下來，便急不可待地將十七個金錠拿到縣城集市上銷售。結果終於敗露，他被押到了公安局接受審問。盜竊者沒有想到，這金錠原是用錫鑄成的贗品，只是在表面塗了一層金粉而已。一場虛幻的黃金夢，使他實實在在地蹲了幾年牢房。

夜擒盜寶賊

一九九五年二月二十二日深夜，殘淡的月光被一片黑雲漸漸吞掉。十三陵區出奇地寂靜，定陵陵區內更顯得陰森、恐怖。突然，一條黑影在陵牆外的雜草枯葉中閃現開來，他匍匐著慢慢向前移動。這時，驟然而起的西北風夾雜著零星的雪花呼嘯而來，乾裂的枯樹枝發出「咔嚓、咔嚓」怕人的聲響——月黑風高，整個陵區像一個無形的幽靈在抖動。

那個伏在雜草枯葉中的黑影，摸到了牆下一棵古樹攀了上去。他在一個樹叉上坐定，迅速從背上的背包裡掏出一根背包帶，繫在樹叉上，然後手拽背包繩，一個猿猴盪鞦韆的動作，飛離樹叉落到了高大深邃的陵園圍牆之上。他忍著刺骨的寒風和恐怖的氣息，在圍牆之上足足趴了兩個多小時，直到他認為可以採取行動時，才慢慢沿圍牆向珍寶展廳爬去……

又是半個多小時過去了，黑影終於潛行到與定陵珍寶展廳平行的牆簷，他沿牆攀上一棵古松，又在樹枝上拴緊一根背包帶，然後拽著背包帶滑到陵園內。他蹲在樹下靜聽了一會兒，見除了風雪樹木瓦礫吹動碰撞之聲，並未有人的聲音出現，便強按住砰砰跳動的心，悄悄來到展廳門口。當他看到鐵門緊閉，並知無從下手後，又迅速爬上了一棵松樹，用剛才的方法將繩子拴在樹枝上，爾後借著北風輕輕盪到展廳房頂上。他伸出快要凍僵的手，開始一片片地揭掀房頂上的瓦，他想借此開個天窗，然後憑窗而下，潛入展廳。當這個天窗就要打開，定陵展廳珍寶將遭劫難之時，一陣強勁的北風驟然吹來，勁風和雪粒重重地抽打在他的臉上、身上，黑影覺得兩眼發黑，頭昏腦脹，身不由己地怦然倒了下去。與此同時，幾片被揭開的瓦片也隨風飄起，重重地摔在房頂和地下，發出一連串啪、啪的聲響。更為奇特的是，守護陵園的武警戰士夜巡也剛好至此。

這一連串奇特的巧合，完成了一個不再奇特的故事。武警戰士聽到響聲立即端槍注視，子彈嘩嘩推入槍膛，隨之一束強烈的電光射上房頂，黑影被電光和槍口包圍。

從昏厥中醒來的黑影，看到眼前的境況，出於本能的指使，想起身逃跑。只聽一位武警戰士大喊一聲：「別動，動就打死你！」而另一名武警戰士此時已拉響了報警器，數十名護陵武警官兵和保安人員迅速趕來並包圍了展廳。黑影自知自己已是插翅難逃，又不願做槍下之鬼，便縮成一團，面無血色地爬下屋頂束手就擒。

在昌平縣公安局的審訊室裡，黑影用顫抖的聲音交代了自己的犯罪經過。

此人名叫梁沼華，係北京市懷柔縣農民。前幾年，初中畢業的梁沼華，先是在縣裡幹了幾年臨時工，他嫌活累掙錢少，便辭職在家門口擺了個煎餅攤。這個時候的他倒也能幹，每天起早貪黑地忙碌，兩年下來竟積攢了一筆錢。有了錢，他的胃口也隨之增大，又在縣城雁棲湖風景區租了一片工藝品的攤位，開始了更大規模的經營。為了廣開管道，擴大財源，他不斷地出外打聽資訊，學習同行們的經驗。當他來到十三陵時，不知為什麼，他被定陵展廳玻璃櫥內的金銀器具和皇室用品所吸引，並如癡如醉，久久捨不得離去。當時，他的心底湧出了一股可怕的邪念或者叫做自私情結，他在想，要是這些東西歸自己所有，那麼此生的吃穿住行便可隨心所欲了——這個念頭在他心中閃電一樣地劃過之後，便很快消失了。最後他還是清清白白地離開了定陵展廳，儘管戀戀不捨。

一九九二年初，梁沼華在懷柔縣城北租了兩畝地，借款投資十萬多元，建起了一座三百平方米營業面積的飯館，由自己和妻子經營。同時，他還在後院養豬、養雞、種菜，想以多種經營、全面出擊的方式在三年內賺回本錢。如果上蒼有眼，肯助他一臂之力，那麼他命運的結局或許是另一種模樣。但是，上帝沒有格外對他惠顧，他的飯館由於位置偏僻，顧客稀少，加之管理無方，三年下來，不僅沒有賺到大錢，連償還借款都沒指望。眼看到了還款的日期，梁沼華開始坐立不安。半個月後，上門討債的人接踵而至。梁沼華先是採用推拖、搪塞等中國商人慣用的招數加以應付，可時間一長，沒有人再能耐住性子等待這個善良的欺騙了。眼看年關已近，債主們便搭幫結夥以優勢兵力開赴他家靜坐等待，任憑梁沼華再怎麼施展招數，這幫人是王八吃秤砣——鐵（貼）了心地等下去，不見到錢就不挪窩。無奈中的梁沼華最後只得用飯館做抵押，並指天戳地地詛咒發誓，債主們才答應給他最後一次機會並宣布撤兵。撤兵前梁沼華簽了還帳日期不超過二月底的合同。

大年三十晚上，街坊四鄰張燈結綵，熱鬧異常，他卻像熱鍋上的螞蟻，坐臥不安，他一根一根地抽著煙，悶頭想著這欠款的事，絞盡腦汁思量著一個個應付方案。黎明時分，他感到又困又乏，便斜臥在床上迷糊起來。忽然，他的腦海驀地掠過在定陵時的情景。要是能把展廳裡的珍寶盜出來，何愁債不能還，日子過不好。他這樣想著，心中不覺激動起來，熱血在脈管加快了流速，臉也變得有些發燙。他站起身，又點燃一支煙，在屋裡來回踱步。他在渴望那個輝煌前景的同時，也有些擔心害怕，萬一此事敗露，後果將是不堪設想。手銬、監獄、槍口……想到這些，他又有些害怕起來，他覺得脊樑骨一陣比一陣涼……當他抽完最後一支煙，並將煙蒂踩滅的瞬間，還是作出了一個決定他命運的抉擇——幹！

於是，他開始拋棄一切煩惱，白天黑夜地精心制訂盜竊方案，從翻牆入院、靠近展廳、上房挖洞、懸繩入室、逃離現場等，每個環節都仔細算出所需的時間。為防意外，他還對行動中可能出現的各種意外情況，進行了假設和化險為夷的應付措施。與此同時，他還準備了鉗子、改錐、玻璃刀、剔骨刀、手電筒、面具、塑膠模擬手槍及攀登用的背包帶等作案工具。當這一切都準備妥當，梁沼華便懷著一顆忐忑不安的心踏上了去往定陵之路。

二月二十二日上午，他登上了三四八次由懷北開往北京的火車，到昌平站下車後，又換乘汽車來到定陵。他買了一張門票直奔展廳，先是觀察室外地形地物，再進入展廳。對櫥內的金冠、金爵、金盆、金元寶等仔細觀察所在位置，並選擇了取寶的最佳進入點……當一切胸有成竹後，他走出展室，來到定陵北牆外，觀察好地形，找了個僻靜之處歇息起來。當深夜來臨時，他按預先設想的計畫開始行動起來。萬萬沒有想到，他竟栽了，等待他的恰恰就是他不願意看到的一切。

帝后棺槨與七條人命

一九九〇年秋，當我們來到定陵打撈歷史的碎片時，聽到了一個恐怖而又令人不解的消息：當年扔掉的棺槨被當地農民撿去，並有七人為它喪了命。一九五九年，萬曆和兩個皇后的楠木棺槨，在定陵博物館辦公室主任的指揮下，扔進寶城外面的山溝後，當天下午就被附近的農民一搶而光。大家見到這塊表面剝蝕、整體卻完好如新的棺木，如獲至寶。有一對年邁的夫婦，特地用這珍貴的楠木請人打做棺材，以備後事。事情竟如此巧合，第一具棺木製成後，老伴蹬腿歸天；第二具剛剛完工，老頭子也一命嗚呼，前後不到半個月。

老夫妻的突然去世，使知道底細的人大為震驚，這個故事也就越傳越神祕。然而，五個月後，一個更加神祕恐怖的故事又發生了。

在撿棺木的公社社員中，某農民收穫最大。棺木扔下寶城時，他正和老婆在陵牆外的山坡上勞動。他意識到這是難得的好木料，於是立即行動，和老婆一起將寬大厚實的金絲楠木板一塊塊連拖帶拉弄到自己地裡。其他人在他的啟示下，這才開始了行動。

他把木板拉到家中，立即找人做成了兩個躺櫃，端端正正地擺在堂屋裡。村人有的羨慕他發了一筆橫財，有的則不無忌妒地警告說：「皇帝的東西不是隨便可以用的，要是沒那福份，消受不起，還會搭上性命……」

這些話，他沒放在心上，然而令人百思不得其解的是，悲劇真的發生了。

這是一個星期天的中午，他和老婆帶著滿身泥水收工回家時，突然發現四個孩子不見了。他老婆的心「怦怦」直跳，冥冥中一種不祥的預感似乎在催促著她，顧不上做飯，便急忙院內院外四處尋找呼喊。當夫妻倆轉了一圈重新回到屋裡時，驀然發現躺櫃邊放著四雙小鞋。倆人只覺頭部「嗡」的一聲炸響，迅速打開櫃蓋，只見四個孩子相互擠壓著，早已氣絕身亡。孩子們的手指根部滲出了血漬，櫃壁布滿了抓過的痕跡。

警車鳴叫著開進裕陵村，閃光燈在躺櫃前「啪啪」閃爍。當地公安人員將四個孩子（三男一女，最大的十二歲，最小的女孩僅五歲）的死因作了詳細分析後，得出「係缺氧憋死」的結論。

我們來到這位農民家中，見一位身材高的漢子站在院子中間，滿頭花白的頭髮遮掩著一張黑土似的臉，濃密的鬍鬚像叢生的野草，呆滯的目光怔怔地望著我們，竟看不出表情上的變化。當年那四個孩子死後，夫妻倆在短短的幾年中又生了四個（這次是三女一男）。令人悲嘆和困惑的是，他唯一的兒子高中畢業不久，未能施展自己的抱負，卻在一個靜謐的深夜，趴在躺櫃上神祕地死去。據說是因為用煤燒地坑，引起一氧化碳中毒而死。

我們走進屋裡，一種恐怖、淒涼的情緒迷霧一樣在心中升騰翻滾。潮濕陰暗的堂屋中，兩個朱漆躺櫃靜靜地依牆而臥，儼然兩副棺槨，令人毛骨悚然。這位農民的妹妹見哥哥無力解釋孩子的死因，便主動上前掀開櫃蓋給我們講述三十年前那悲慘的一幕。她說：「在櫃蓋和櫃壁之間有一個鐵掛鉤，櫃蓋蓋嚴後可以鎖上，孩子們一定是鑽進躺櫃裡打鬧時，不料蓋子自動落下，掛鉤正好掛住。這樣，任憑裡邊怎樣叫喊掙扎，也只有死路一條。」

面對兩個棺槨狀的躺櫃和近乎癡呆的他，一種莫名其妙的念頭湧上我們的心頭：會不會因為這兩個躺櫃再生不測？當我們問他為什麼不將躺櫃扔掉，以免看著它傷心時，他似乎沒有聽懂我們的問話，木然地望著，沒有回答。他的妹妹說：「好多人都勸他扔掉，說這櫃子裡附了鬼魂。我就不同意這點，這些迷信的說法不可信。我看一切都是命中註定。沒有這個躺櫃，五個孩子也不一定能保住……」

轉了一圈又回到命上。不知她所說的「命」算不算迷信。

尾聲

陰霾散開，華夏初晴，《定陵發掘報告》歷盡劫難而復生。面對定陵——一個濃縮的帝國，第一部打開的大明帝國的百科全書，不能不令人感慨。但願我們衝出「怪圈」，構築起民族文化的大廈，讓五千年文明古國再展雄風——

復生的希望

一九八九年八月二十一日，《北京晚報》在頭版頭條位置報導了這樣一條消息——

明定陵考古歷三十年而完成——一批發掘報告已開始陸續出版

三十年前明定陵的發掘曾震動中外，今天，隨著延遲了三十年的明定陵發掘報告出版問世，十三陵將再次引起中外文化界的注目。目前，編製定陵發掘報告的工作已完畢，經文物出版社的努力，已有一部輯有一三六幀皇陵墓葬出土文物精品彩照的《定陵掇英》大型圖冊先行出版，其中還收有近四十幅當年發掘現場的墓葬照片；內容包括近五十萬文字、三八〇餘幅墨線圖的發掘學術報告《定陵》即將排印，於近期內出版……報告內容包括十三陵概況，定陵的營建、結構、形制，出土遺物的記錄考證，以及幾份有關的考古鑒定專題報告附錄等。專家認為，定陵綜合發掘學術報告的出版，將為我國的明史研究和考古專題研究提供極其豐富的基礎材料。

遺憾！這一切，對為此付出心血乃至生命的夏鼐大師來說，無疑是來得太遲了，他永遠無法見到了。作為親自指導定陵發掘的夏鼐大師，深知報告的撰寫對於研究的重要性。如果一座陵墓或一處遺址，只將裡面的器物或原貌呈現出來，不作任何歷史的探索與研究，未能從中清晰地窺視歷史的政治、經濟、文化及社會關係的風貌，那麼，這考古發掘又有何益？

但是，當時正在幹校勞動改造的夏鼐，縱有鴻鵠之志，也由不得他了。改造與學習是他的首要任務，儘管他對此越來越感到厭倦與困惑，痛苦甚至絕望，但依然別無選擇地承受。

「林彪事件」之後，夏鼐重新返回工作崗位，主持中國考古研究所的工作。一九七二年八月，越南考古學代表團訪問中國，夏鼐負責接待。席間，越南代表問夏鼐：「明定陵是貴國成立後發掘的第一座皇帝陵，您是發掘的具體指導人。我國的胡志明主席曾去參觀過這一偉大的發掘奇跡，不知現在發掘報告是否已出版？我們想帶回去拜讀。」

面對異國的同行的關心與要求，夏鼐的臉微微泛起一層紅暈，以歉疚的心情說道：「我們目前正在搞文化革命，發掘人員和指導者都忙於這項工作，定陵發掘報告還一時無暇顧及，等他日出版，一定請你們指教。」

越南代表微笑著點點頭，表示理解，並對夏鼐親切的話語和友好的態度感到滿意。此時，他們當然不會知道定陵發掘人員和指導者們的悲慘遭遇，更不會理解夏鼐心中的淒苦與面臨的境況是何其艱難。

在這之後，夏鼐不斷收到國內外考古專家和考古愛好者的來信，詢問定陵發掘報告的情況。他先是認真地一一解釋，隨著信函的增多和詢問者語言的尖刻，他感到解釋已是徒勞，想盡一切辦法盡快寫出發掘報告才是首要的。從此他對一切詢問都只能表示沉默。

一九七六年十二月六日，山西一位中學教師冒著刺骨的寒風，來到夏鼐的辦公室。這位教師是考古愛好者，同時對《明史》有一定的研究。自定陵發掘的消息公布後，他就關注著報告的誕生，希望能從中得到教益。「文革」中他被打成「漏網右派」，送進農場勞動改造，但對考古的嗜好和《明史》的研究從未放棄。今天，他專程來到北京，向夏鼐大師請教《明史》中的疑難問題，並詢問定陵發掘報告的情況。

相同的命運，相同的志向，夏鼐望著面前這位教師真誠的舉動和渴求的眼神，沉寂的心潮再度翻滾開來。他感到自己不能沉默了。前方已經燃起希望之光，一個新時代的到來必然要喚醒一個科學的春天。送走了中學教師，他開始醞釀發掘報告的撰寫計畫。

一九七七年十月，以夏鼐為團長的中國考古代表團訪問伊朗，並參加伊朗考古學中心召開的伊朗考古學年會。會上，夏鼐作了關於《中國考古成果》的報告，當介紹到定陵發掘的情況時，與會代表開始提問：「夏鼐先生，定陵發掘報告是否已經在國內出版？」

「尚未出版。」夏鼐最擔心的問題終於被提了出來，他只好硬著頭皮照實回答。

「像這樣偉大的發掘，二十年不出學術報告，是否是你們的考古習慣？」問話變得刻薄起來。

「中國考古的習慣和世界各國幾乎是一樣的，定陵發掘報告之所以推遲出版日期，是由於我們經歷了十年『文化大革命』的緣故，這應算作是一個特殊的情況。」夏鼐毫不猶豫地回答。

「中國『文化大革命』我們只是從報刊電台上了解到點滴情況，請夏先生講一下這革命的具體內容好嗎？」

夏鼐心中一震。是啊，這「文化大革命」的具體內容是什麼？是把知識分子趕進牛棚？是把共和國主席、北京市副市長折磨致死？是將萬曆帝后的屍骨砸碎焚燒？……這一切，他沒有回答，也無法回答。

面對一雙雙期待的眼睛，夏鼐以他的睿智機敏和超人的應變能力說道：「中國的『文化大革命』是一個複雜的課題，歡迎諸位到中國訪問和了解。我要告訴大家的是，定陵發掘報告不久就將出版問世，到時請諸位朋友們指教。」

夏鼐結束伊朗的訪問回國後，第二天晚上便匆匆來到趙其昌家裡。這時的趙其昌已回到北京市文物局開始了正常工作。師生相見，百感交集，話題自然扯到激動過他們心靈的定陵和定陵遭到的劫難。當夏鼐談起要集中力量撰寫發掘報告時，趙其昌已熱淚盈眶。他從箱子裡抱出一疊信函，一併遞給夏鼐：「這些年，我收到了近百封詢問報告情況的信件，大多數都沒有答覆。我感到這是我們的恥辱，我沒臉向他們解釋……」

夏鼐望著趙其昌激動的臉頰，按捺住心中奔湧的熱流，笑了笑說：「我們雪恥的日子已經到來了，準備一下吧，爭取把這個報告寫出一流的水準。」

一九七九年四月，中國考古學會成立大會及考古學規畫會議在古城西安召開。夏鼐以考古學會理事長及考古研究所所長的身份，在會上宣布定陵發掘報告的編撰工程已列為國家「六五」社科重點專案，並立即組織人力開展工作。

會後，已任首都博物館館長的趙其昌和中國社科院考古研究所副研究員王岩，立即放下手中的工作，趕赴定陵博物館，開始了這項長達五年的艱辛繁雜的浩大工程。

遲到的報告

當趙其昌、王岩來到定陵，同定陵的青年考古工作者王秀玲找到文物倉庫保管員李亞娟，李亞娟拿出當年被稱作「變天帳」的發掘原始資料時，不禁大為震驚。幾百份資料、數千幅照片，特別是那幾大冊現場紀錄，歷二十年滄桑竟完好無損，這不能不算作是不幸之中的大幸！

李亞娟原是北京市一位普通的家庭婦女。一九五八年定陵出土器物在神武門展覽時，被臨時招聘為解說員，以後便來到定陵博物館負責倉庫管理工作。在大多數人失去理智的「文革」狂潮中，李亞娟始終以清醒的頭腦，不惜代價以盡職責。當萬曆帝后的屍骨在無奈中被迫交出時，隨著升騰的火焰和飄緲的塵灰，她曾流下過痛苦的淚水。也就在那時，她下定決心，要以生命作代價，保住倉庫中的一切器物。「造反派」火燒屍骨後，曾多次威逼她交出萬曆帝后的服飾、金冠。她被打得口鼻流血，幾次昏倒在倉庫門前，但她卻以難以想像的意志與精神，使這些稀世珍寶免遭劫難。儘管她家裡有四個孩子，其中一個患先天癡呆症，需要照料。但在一九六六至一九六八年形勢最嚴峻的三年中，她幾乎和家中斷絕了來往，一個人孤零零地住在定陵博物館，日夜守護倉庫，使造反派無可奈何。隨著形勢的好轉，她又開始對倉庫中的器物進行整理，並採取力所能及的保護措施。數千幅照片底版，正是在她不斷的晾曬和保護下，才完好如初沒有出現發黃變質現象。

李亞娟只是一個具有初中程度的女性，對於文物的保護與管理，則是出於職責的考慮，未必來源於對中國文化的深層認識。直到一九八五年她患肺癌去世時，仍是一個普通的倉庫保管員。通觀她的人生經歷，的確是極為平凡的，就像江河湖海中的一滴水珠，沒有騰起過壯闊的波瀾，也沒有留下洪大的聲響。但從某種意義上講，她又是一位偉大的女性。事實上，也正是像她這樣的「小人物」，胼手胝足，用熱血和赤誠默默地書寫著人類文明的發展史。

面對一堆原始發掘材料，趙其昌、王岩和王秀玲日夜兼程地整理編寫，從十三陵概況、定陵的規模形制，一直到各類出土珍品的形態及來源、背景，不少器物還要進行修復。三人一邊守著資料實物測量、繪圖，一邊來往於定陵與北京之間查閱文獻，同時請專家對器物進行鑒定、化驗分析，並考慮複製。

皇陵出土的器物中，品類繁多，這明代物質文化的精髓，是一個極為複雜的研究課題，即便初步整理，也涉及多種學科與專門知識的配合。特別是那些半腐的織錦，人間近乎絕跡，技藝早已失傳，如果不能分析、解剖、追蹤，從繅絲、染色、織造成型等一系列複雜的工藝流程研究起，就很難看清它的本來面目，當然也就談不上繼承，更談不上「古為今用」發揚光大了。

蘇州，這座美麗的城市，在明代是織錦的中心之一。蘇州織品研究所有一位工程師吳平，這位年近不惑的單身女士告別了多年來相依為命的七旬老父，來到定陵，一坐就是三年。她夜以繼日，在空蕩蕩的庫房中面對那既不易展開又不能觸動的明代織錦遺物，繪製出幾百張織錦、服飾圖片，寫下了幾百頁分析資料。直到任務完成，她才離開。最後的研究工作由北京紡織科學研究所的劉柏茂、羅瑞林等專家扶病完成，撰寫出「專題報告」。

蘇州刺繡研究所所長顧文霞女士，為複製緙絲袞服組成專門班子，挑選最好的技藝能手，三上定陵，面對出土實物分析研究，然後回所用三年時間終於完成了稀世珍品的袞服複製品。該所的孫佩蘭女士也完成了袞服織造的技術報告。

在明代，南京也是絲織品的重要產地之一，定陵出土的織錦匹料、袍服，有的「腰封」已經注明為南京織造。南京雲錦研究所所長汪印然接受複製「織金孔雀羽裝花紗龍袍」的邀請，拖著文革中挨打落下的腰傷病體，帶領著技師和高級研究員面對出土實物進行分析，特製了明代慣用的提花木樓機，繪製出長長的專用花本，並追蹤早已失傳的明代染色技術。為了尋找錘打金箔的絕技，幾度尋訪，終於在南京郊區找到了明代打箔金工的後裔，當即在該處建立了打箔作坊，恢復了用金箔纏裹蠶絲的絕技。為了用金絲結合孔雀羽毛在透明顯花的紗地上織成永不變色、金翠交輝的龍紋，十三陵特區文物科長魏玉清跑遍了全國的禽鳥養殖場和動物園，才彙集到一團，也僅僅是一團孔雀羽。

地宮中的長明燈燈油，在地下儲存三百多年，這樣的實物在國內是僅見的。對此進行化驗分析，取得資料，對我們今天的油料儲存無疑是可資借鑒的。找到糧食部穀物油脂化學研究所，青年研究人員樊鐵愉快地接受了邀請。但他時間太緊，正準備資料出國講學，而他只好連夜分析化驗，寫出「專題」報告，次日清晨就出國遠行去了。

帝、后的牙齒需要鑒定，但是頭骨牙齒毀於「文革」，怎麼辦？趙其昌想起了北京市口腔醫院的周大成教授，他是口腔醫學史專家，寫過不少關於古人牙齒的論文。地宮打開之後，他到過定陵，能否從他那兒找到一點資料？誰知見面他就哈哈大笑說：「好哇！早已寫好了，拿去吧！」二十多年前的資料他還保存著，這是不幸中之大幸，可算專題報告最為順利的一項。

而首飾、木質品等項的鑒定，在北京花絲鑲嵌廠的柳淑蘭和中國林業科學研究院木材工業研究所的劉鵬的熱情協助下，也很快順利完成。

骨骼毀了，無法鑒定。頭髮中微量元素含量的鑒定，由中國社會科學院考古研究所的李虎侯自願承擔。並請來北京市刑事科學技術研究所的高富願，作頭髮的血型鑒定。幸而保存下了萬曆和孝靖的兩束髮髻，孝端的則毀於「文革」。

為寶石、玉石的鑒定，趙其昌和王岩來到地質部八十歲高齡的老專家楊傑家中，請他幫忙。對於寶石、玉石的鑒定，楊傑教授堪稱國內最著名的權威。青年時代在德國留學十三年，專攻寶石玉石，回國後又從事這方面的研究。一九六八年滿城漢墓出土稀世珍寶「金縷玉衣」就是由他鑒定的。當他們說明來意後，老教授感慨地說：「我等了你們二十年，今天終於來了！」可惜來晚了，儘管老教授支撐著病體，斷斷續續地進行鑒定、分析、化驗，但未及全部完成，他又謝世了。未竟的事業，不得不再請地質博物館的中年研究員趙松齡等專家繼續完成。

老專家的去世，不能不說是件憾事。但是，更大的遺憾則是三具屍骨的消失。

對於屍骨，郭沫若早就有過建議：要多方面化驗。在清理萬曆皇帝屍骨時，郭老又對趙其昌說：「外國人有古代病理學研究，一是研究死亡原因，那是法醫學上的問題。我們也希望知道萬曆的死因。他一生多病，有人說他是個瘸子，有史料記載他吸過鴉片，但是到底是什麼病使他的身體變形，卻成了不解之謎。將來可用多種手段測試，凡能做到的都要詳細地分析研究。這樣可以使我們知道到底是什麼病致他於死命，並可知道什麼病在什麼時候就有了。比如梅毒，在明代末期才有記載。美洲的印第安人無此病，是歐洲人到美洲後才有的，過去此病在中國叫廣東瘡，萬曆有沒有？我們都要追蹤一下，積累一些確切的資料。」可是當他們要找屍骨進行測試和研究時，已經晚矣。趙其昌、王岩和王秀玲滿懷悲憤與悔恨，在定陵前廣場和陵園外的土地上搜尋了整整一個上午，連一片骨渣也未發現，只有那個悲壯的故事還殘留在人們心中。

一九八五年三月，定陵發掘報告的撰寫工作進入尾聲。夏鼐大師聽取了趙其昌、王岩的彙報後，興奮地說道：「考古所的工作，我可以少管、不管，定陵發掘報告的事我要管到底。困難我幫你們解決，爭取盡快完成。」

一九八五年六月十五日上午，夏鼐像往常一樣正在辦公室忙碌。突然急劇地咳嗽起來，一股熱流從胸中升起，沿食道噴湧出來。一低頭，兩口鮮血濺到地上，他覺得頭昏眼花全身無力。多年的田野考古工作，使他的胃、肝和心臟受到極大的損害，疾病越來越多地纏繞著他的身心，消耗著他的生命。夏鼐預感到今天的徵兆不同尋常，便放下手中正在批閱的一份檔，緩緩地來到院內，想呼吸幾口新鮮空氣，活動一下筋骨，以便繼續堅持工作，待稍有空閒時，再去醫院診治。

夏鼐大師在院子裡踱了幾步，又猛然立住腳，轉身向辦公室走去。他要通了定陵博物館的電話，讓趙其昌立即將發掘報告的初稿送來。

報告當天下午便送到夏鼐辦公室，但夏鼐已病發而被送進醫院。趙其昌和一位工作人員將報告送至醫院，病情稍得緩和的夏鼐捧著厚厚的書稿，仰起蒼白憔悴的臉，微笑著對趙其昌說：「看到它，我就放心了，走後對老同學也有個交待。」此時的趙其昌自然不明白大師話中的全部含義。當他醒悟時已經晚了，任他怎樣捶胸頓足也無濟於事。

一九八五年六月十九日，一位工作人員到夏鼐的辦公室請示工作，卻發現大師趴在辦公桌上，永遠地睡著了。桌上放著定陵發掘報告的初稿，稿紙上留下了用紅筆圈劃的密密麻麻的字跡。

就在這一年的冬天，定陵博物館原館長、八十八歲高齡的朱欣陶，也在廣州某醫院與世長辭。昌平縣委和十三陵特區黨委在定陵舉行隆重的追悼會，並遵照老人遺願，將他的骨灰撒在了十三陵這片他從青年時代作為黨的地下工作者就開始奉獻自己青春和熱血的土地上。

讓歷史告訴未來

一九九五年十月中旬，我們又來到十三陵特區進行最後一次採訪。此時正是收穫的季節，田野裡柿子紅得誘人，山坡上樹葉在秋霜的親吻中變得紅豔豔的，恰似少女羞澀的臉頰。置身於群山樹影的懷抱，面對大自然的旖旎風情，恍惚進入一種博大寬廣的大千境界。染色的樹林覆蓋了黃褐色的土地，升騰飄渺的霧氣，掩映著雄偉的紅牆和金紅色的琉璃殿宇，在激蕩澎湃的霧海中若隱若現，時有時無。登上高大寬坦的寶城陵牆，頓感心胸豁然開朗，時間和空間在這裡凝固，忘卻了自己的存在如同步入世間仙境。美哉秋色，壯哉山陵！此情此景令人悠然生發出百般思緒，千種情懷。浩浩乎天地，茫茫乎蒼生，匆匆歲月，逝者如斯。

十三陵，真是一處世間難得的好地方，不愧為皇家聖土。在這塊古老神奇的土地上，疊刻著歷史與現實，過去與未來的印痕。每一座殿宇，每一座陵園，都是一部歷史的畫冊，國家民族的興亡盛衰，帝王將相的悲歡離合，黎民百姓的喜怒哀樂，都在這裡淋漓盡致地展示出來。這是一個濃縮的帝國，大明帝國近三百年歷史風情的總紀錄。

穿越在這琉璃飛簷、蒼松翠柏組成的歷史畫廊裡，我們的心情又分外沉重。一個曾經叱吒風雲、呼風喚雨、改天換地的帝國，終於走向了衰亡；散落在這一隅之地，令人不禁心懷愴然。除長、定、昭三陵尚存之外，其餘諸陵當年輝煌的殿宇、磅礴的明樓、宏偉的朱牆，已是殘破不堪，滿身瘡痍，容貌全非。歷史長河奔騰不息，飄蕩跳躍的浪花總會消失。一切事物來自自然，最後的結局也只能是重新回歸自然。這是永恆的真理。

黃昏隱去，夜幕降臨。我們穿行在陵區的鄉村採訪。陵區一片寂靜，漆黑的夜幕覆蓋了壯麗的殿宇和蒼鬱的松林。秋風吹過，樹葉飄零，在無垠的夜色中發出唰唰啦啦的聲響。這響聲使我們想起皇宮的鼓樂，萬曆無力的哀嘆，鄭貴妃痛苦的呻吟，張居正革新的訴說和憤怒的吶喊。

風越來越大，濃霧在山坳中升騰飄浮，前方一片迷濛。在蒼茫的山間小路上，如同走進遠古的歲月，整個身心都和歷史風雲融為一體。作為個體的人，已成為那段史詩中的一個符號。我們早已忘卻了自己的現實使命，似乎成為明帝國的一個士兵……李自成的馬蹄聲越來越清晰，努爾哈赤大軍盔甲刀槍的碰撞聲越發分明可辨。明帝國滅亡在即，歷史從此開始改寫。一種莫名奇妙的悲哀充溢著我們的胸臆，使我們感到透不過氣來。

深夜，我們在定陵博物館投宿。儘管樓下現代化的電視正播放流行歌曲，但我們的心仍在歷史的長廊裡徘徊。有人說，居庸關為蒙古高原通往北京的咽喉，天壽山則為北京北部的重要屏障。居庸關、天壽山與北京一存俱存，一亡俱亡，所以有人認為明帝國在軍事上失利於北京守禦分兵太散，從而失去了防禦重點。因為天津要守，以保漕運、海運；通州要守，這是北京最重要的屯糧之地；涿州要守，這是北京南行的門戶；西山要守，這是北方通往北京的咽喉；天壽山要守，這是北京的北部屏障，又是祖陵所在地；加之京師九門要守，皇宮要守，處處分兵，其結果為合兵來犯者擊破，故遭敗北。

實際上，明帝國的滅亡，不在軍事上的失利，而在政治制度的衰落和頹喪。居庸關、十三陵與北京也非一亡俱亡。正統十四年「土木堡之變」後，大軍從紫荊關進入天壽山，焚長、獻二陵。雖抵北京城下，但北京未克。嘉靖二十九年「庚戌之變」，俺答汗大軍自古北口進入，犯十三陵，北京依然固守……當一個人口眾多的國家，其君臣百姓的行動全憑一種簡單粗淺和僵死的傳統觀念所限制，而法律又缺乏統一性和原則性時，無論是皇帝勵精圖治還是庸庸碌碌；首輔獨裁還是八面玲瓏；高級將領富於創造還是苟且偷安；文官集團清正廉潔還是徇私舞弊；最後的結果，只能是不分善惡，難辨是非，個人無所建樹，國家更談不上興旺發達。「國法不行而人心去也」，明帝國的滅亡乃勢在必然。

經過一夜痛苦的沉思，我們拖著疲憊的身體在旭日東昇中隨著昂奮的人流走進定陵地下玄宮。這是明帝國向後人敞開的第一本《百科全書》。陰森、神祕、恐怖、蒼涼、輝煌、熱烈、悲壯……各種情緒召喚著我們去尋究這個已經消失了的帝國之謎，去一睹帝國主人昔日的風采英姿。可惜的是他卻早已香消玉殞，無法見到了。不甘心的遊客用指甲在朱漆的棺槨上用力摳挖，致使棺槨露出一個個白色的深窩，不知道是出於好奇，還是發洩心中的憤懣，或是兩者俱在其中。

對發掘這座皇陵的得失，現在做出結論恐怕還為時過早。但它留下的諸多事實，又不能不令我們靜心反思。歷史中確有屬於未來的東西。

二千一百年前，阿房宮和秦始皇陵相繼升起衝天烈焰；二十個世紀後，明定陵園內又燃起了大火。悲劇總是在這塊古老的土地上不斷地上演，中國的文明幾經興衰沉浮，變得殘缺不全，給後人留下了許多無法彌補的遺憾。當定陵園內烈火升騰、萬曆帝后的屍骨化為灰燼時，也許我們並不知道拿破崙皇帝的一根頭髮在西方竟以五百萬法郎的價值拍賣。我們最早地擁有了火藥，卻不能有效地保衛國家，而倍受洋槍炮艦的襲擊。我們擁有燦爛的敦煌瑰寶，卻眼看著外國人一車車運走。直至今天，尚有人不惜一切代價，將祖國珍寶偷運出境，以牟取暴利。在世界的每一家博物館裡，幾乎都有中國的文物，而我們卻很少有外國文物的收藏與展出。破壞與出賣，幾乎形成一個獨特的文化怪圈，困惑著我們的身心。不知何時才能衝破這個怪圈，重新認識和保護我們的文明，並以熱情與責任構築起民族文化的大廈，使這個五千年文明古國再展昔日的蓋世雄風。

凱羅．紀伯倫（K. Gibrocn）說過：「當你們中間有人跌倒的時候，他是為後面的人跌倒的，是一塊絆腳石的警告。」這極富哲理的箴言，對於定陵的發掘和今天的我們，都是一個深刻的啟示。

失去的，永不再有。

現存的，應該珍視。

讓我們肩負起中華五千年的古老文明，同我們的祖國一同走向二十一世紀新的征程。

代跋

往事如煙

◎趙其昌

定陵發掘，已經四十多年過去了，面對著文稿，那些悠悠往事一齊湧來，千頭萬緒。隨著時光的流逝，有些事已經記憶不清，有些事也確實有意無意地不再去想它；那些終生難忘的，再度浮現時卻又亂糟糟如一團麻絮，真不知從何說起。

文稿中寫了萬曆皇帝、皇后、妃嬪、文臣武將，也寫了明朝歷史、考古學史、考古工程，還涉及一系列歷史事件、人物，方方面面，影影綽綽，就像是亂麻中又灑上一杯膠水，使我越發擇不出個頭緒來。掩卷之後，我在屋子裡來回踱步，苦苦思索。

「啊，原來我是在讀一部報告文學！」我倏然頓悟。

考古總要去考證歷史，多年的考古生涯，使我的腦筋禁錮了，思想僵化了。文學史學，雖然同源，卻不同流，文稿是文學，又何必非像考古那樣，樁樁件件、點點滴滴去作詳盡的考證呢？一部《紅樓夢》，本來是文學，又是歷史，對曹雪芹來說，不過是頑石一「夢」，如果非去考證大觀園處所，宴會的座次，真寶玉假寶玉，豈不真的陷入「繁瑣哲學」，這樣的考證又有何益？更何況文稿已經清清楚楚地說明，這只是定陵發掘的一個側面記錄。定陵發掘已經過去很多年，地下宮殿經年開放，它本身也在闡述著歷史，現在又添了個文學，有文有史，源流俱在，還有什麼可講？如果非講它的是非得失，那就請廣大的讀者去評說吧。想到這裡，我的思想也豁然開朗了。

考古學是歷史科學的組成部分，其任務在於根據古代人類通過各種活動遺留下來的遺跡遺物，用以研究人類古代歷史。古代人有意無意遺留下來的遺跡遺物很多，古城古堡、洞穴廢墟、居住村落、建築遺址等等是一類，而更多的則是墓葬。人總是要死的，古今皆然。按照一般習慣，人死去要埋葬，一代一代的死去，又一代一代的埋葬，形成了為數眾多的墳丘。社會向前進，各個時代的埋葬形式也隨之發展演變，葬制、習俗、隨葬器物也就千差萬別。如果把它們一個個完整地挖出來，按照時代、地區以排列比較，先民們所走過的腳步，也就成了看得見摸得到的形象逼真的歷史。不管故去的先民承認不承認，也不論他們留給我們的是石器、青銅、金銀、碑刻、陶瓷等等，抑或罎罎罐罐，一抹丹青、半爪鴻泥，甚至一堆遺棄的廢物垃圾，但是，其中卻無不積澱著他們的思想意識、風俗習慣，包含了科學、技術、文學、藝術等等，再加上多種部落、民族、地區相互交往、學習滲透、取長補短所構成的物質文化——現實人們常叫它文物，莫不正是我們今天的物質文明與精神文明之源呢？如果說考古是在「尋根」，尋人類的根、民族的根，尋我們文明之根、文化之根，那些書寫考古的文學之作又是什麼？時下社會上有「尋根文學」一說，要說它是真正的「尋根文學」，該是名實相符吧。

考古、歷史工作者的歷史尋根，常以文物展出或論文、專著的形式展現出來，普及不免受到影響。而文學工作者用生花之筆去尋根，以廣大人民喜聞樂見的文學形式表現，影響所及，使人們對先輩的歷史文明作更進一步的理解與認識，其作用也許要遠遠超過前者。我們的民族之根很深，根深必葉茂；文史同源，文明之源很遠，源遠流長。祝願老樹新枝，讓文明之花開得更豔。

定陵是帝王陵墓，封建帝王以全國的人力物力財力營建陵墓，埋葬自己，其規模之宏大可以想見。就建築講，地上的、地下的構成一個整體，它包括了對生與死的認識，對周圍環境——所謂「風水」的理解、運用，同時涉及選址、布局、設計、測量、施工等諸多實際問題；就出土器物講，又聯繫到當時的政治、經濟、文化、科技水準等。一個地下宮殿，不只是皇帝生前生活的再現，實際上應該視為明代社會的一個縮影。皇帝生前可以建陵埋葬，但現在的陵墓已經不再為他所有，而是中國文化的組成部分。如果把它完整地揭示出來，對出土器物進行修復整理、妥善保存並展示出來，再進行多方面的研究闡述，無疑對中國文化是一大貢獻。定陵是新中國成立後第一次主動發掘的帝王陵墓，多年以後，如果回顧這一歷程，值得反思的地方的確不少，有些也不能說不是教訓。

考古發掘，是要把埋沒在地下的遺跡遺物揭露出來，在揭露過程中，遺跡遺物不可避免地會受到不同程度的損壞，從這個意義上講，任何發掘都是對遺跡遺物的破壞，古今中外皆如此。考古工作者的責任在於採取最妥當最嚴密的方法，使這種損壞降低到最低程度，從這一原則出發來檢驗定陵發掘，年輕的工作隊禁受住了考驗。按照考古常規，發掘工作完畢，只是完成了全部工程的一半，最重要的工作是將出土器物進行整理，然後寫出全面的發掘報告，這才是全部工程的最後結束。但定陵的發掘卻不是這樣，發掘工作完成後，工作隊解散了，各自回到原單位或下放勞動。工作隊解散，定陵博物館建立，開放參觀，但是並沒有繼續工作隊未完的工作。二十多年之後，再到定陵整理器物、編寫報告時，有些器物已經面目全非了。損壞沒有發生在發掘之初，而是發生在發掘之後，這是萬萬沒有料到的，痛心遺憾之餘，而損失已無法彌補。原因自然是多方面的，運動的衝擊、人為的破壞，也許主要還與認識或責任有關。一個文化工作者，如果對祖國的歷史文化沒有一定程度的理解與認識甚至起碼的熱愛，損失自然也就不可避免了。三十多年以後，夏鼐所長說了句不無遺憾的話：「如果現在挖，後果會好些，再推遲三十年也許更好。」至此，我才理解他與鄭振鐸當初一再反對發掘的含義，和後來上書國務院請求制止再挖皇陵的良苦用心。

定陵發掘完成後，地下宮殿開放，陳列一些出土器物，並不能滿足多方面研究工作的需要，因而全面地系統地詳細地反映陵墓發掘與出土文物的「報告」就顯得特別重要。正是由於這一原因，中外學術界對它的盼望、催促與責難也就成了理所當然的事。遺憾的是，報告問世，已經三十多年過去了。對人類歷史來說，三十年不算個大數字，對一個人來說，一生之中又能有幾個三十年？發掘工作於一九五八年完成，再回定陵整理器物、編寫報告已是一九七九年底，而一九九一年新年前夕我才看到發掘報告的樣書。我久久地望著幾十萬文字、幾百幅圖像、拓片、照片、厚厚的八開版兩大冊，心潮起伏，又勾起許多往事。

編寫的曲折過程不必再提，而發掘委員們關心發掘報告的一些零星瑣事，卻難以忘懷，怎麼也排遣不開。

鄭振鐸當時是文化部副部長兼文物局局長，主管全國圖書館、博物館與文物考古事業，又兼中國科學院考古研究所所長（時夏鼐為副所長），關心定陵發掘是必然的。有一次他問我有什麼困難需要他解決，我說，有一部明代抄本（萬曆起居注），現藏天津圖書館善本部，它是《明實錄・萬曆實錄》的底本，保存定陵材料當然比現行《明實錄》更多，但屬特藏善本，不外借，我們很需要但看不到。他當即答應「這事我來辦」。五天之後，他專程派人借來，送到定陵，還附了一張紙條：「確是明抄，海內孤本，十分寶貴，保存好，速看速還。鄭」。幾十大本，幾百萬字，我連夜閱讀、摘記，又立即組織人重抄一部，原書送還。重抄本數十冊現存定陵。

發掘工作剛完，在故宮神武門舉辦了「定陵出土文物展覽」。在展期中，《人民日報》約他寫稿介紹，他來到現場，一見我開口便說：「發掘工作完成了，要立即著手寫發掘報告，要快，不能拖。」又說他藏有明代帝后服飾圖片數十張（他不僅是著名的文學家也是著名的古籍版本收藏家），十分寶貴，有彩色，比《三才圖會》的要準確，寫報告可作參考，次日他便把圖片交夏所長轉給我。展覽開幕後，他的文章在《人民日報》刊出（一九五八年八月三一日，題為〈朱翊鈞的地下宮殿〉），定陵發掘的消息一經公布，轟動中外。我下放時，在農村新聞廣播中聽到他出訪阿富汗、阿聯等國飛機失事的消息，心中十分悲痛。若干年後回定陵寫發掘報告，他的圖片真的成為復原帝后服飾極為重要的參考資料，事畢送還，主人卻歸道山了。他去世後，全部藏書捐贈北京圖書館，入特藏部，館方為他的贈書編印了厚厚一部《西諦書目》（鄭字西諦），那些圖片久借不歸，未能列入書目，我有責任，至今引為憾事。然而略感慰藉的是，利用定陵資料寫出文章的，在發掘委員中他是唯一的一位。

發掘委員會的委員中，郭沫若最關心發掘，經常到現場看看，有時還帶幾本明人筆記要我閱讀，坐下來談考古、談明史，一坐就是半天。郭老早年學醫，打開地宮之前，他一再囑咐，人死放久了，有一種「屍毒」，千萬要小心。帝后的屍骨，將來要作多方面檢驗，提供病理或醫藥方面研究，請專家寫專題，附在發掘報告上。他關心工作隊的健康、安全，盡可能做了些防護設備，沒有出現事故也沒有染上「屍毒」，但是，屍骨卻被燒毀了，連一點骨渣也沒有找到。

地宮打開之後，他來得更多了。一天下午他突然來要看一下皇后的「謚冊」——死後晉封的冊文。他坐在木板房內用放大鏡仔細閱讀，夫人于立群卻張羅著為我介紹女友。郭老聽覺不敏，拍拍助聽器仍聽不清我們的談話，站起來大聲問：「你們在談什麼？」于立群附耳大聲說：「皇后問題。」我在紙上寫了「對象」二字，朝他眼前一展，他笑了：「噢，對象！我看你的物件就是發掘報告，這比結婚重要啊，你結婚時立群可以參加，不過，我可希望你在結婚之前就把報告拿給我看！」說罷哈哈大笑。今天，發掘報告終於出版，他卻溘然而逝。我往哪裡去送呢？

鄧拓對定陵發掘十分關心，也經常來工地現場。他說：「我在研究中國資本主義萌芽，萬曆一朝是關鍵。」他翻閱我平時摘錄的有關明代史料的卡片，並希望我借給他，我答應了。臨上車他又囑咐我：「開棺要告訴我，我要看，出土器物我要一件一件仔細看，發掘報告我更要看。」並一再說明，寫報告時，史料卡片一定送還。「文革」之中，他被抄家，卡片不知去向，多少年的心血丟失了，我並不介意，而現在，發掘報告出版了，作為發掘委員，他卻無緣過目了，我深感不安。

「文革」後期，在燈市口馬路上突然遇到夏鼐所長——我的業師。他說剛從「五七幹校」回來，要籌備一個全國文物展。隨後問我情況，我如實以對：「我還沒有解放，正在單位挖防空洞，勞動改造。」他說：「很好嘛！還在挖土，沒離開老本行呀。」問我定陵情況，我擺擺手說：「這一行不幹了！我現在練就了一把好手藝，設計、畫圖、起券壘牆，樣樣能幹，以後改做瓦匠了！」他笑著說：「按古希臘的諺語，你能蓋房子，再種些樹，我看還是個好公民嘛。」看得出他是有意在安慰我。

夏所長有個習慣，平時同他談話，他總是隨走隨說，在辦公室裡，也是我坐著說，他來回走動，邊聽邊說。這一次卻一反常態，我們在馬路邊相對站立，足足二十分鐘，沒說上幾句話。我把他提著的一捆蔬菜放在自行車筐內，並肩而行，一直走到乾麵胡同他的宿舍，路上我們竟沒說一句話。事後，他把詢問定陵發掘報告的信函遞給我，有國內的，更多是國外的，厚厚一疊。有詢問，也有譏諷、挖苦，甚至口出不遜，令人難以忍受。我也把收到的詢問信送他看。他不再走動，靜靜地坐著，一語不發。我已經理解，為了這未完成的皇陵工程，他所承受的壓力該有多大。沒想到一部發掘報告的分量，竟是這般沉重！

王岩和我把整理定陵發掘報告的工作計畫、編寫提綱擬好之後，送夏所長過目，順便講了個意見：定陵出土器物中絲織品最多，多年沒作整理，保存又不好，這一次想仔細整理，留下個詳細記錄，繪出細緻圖樣，使今後的研究工作不再去觸動原物，以減少損壞。他很同意。請他估計個時間，以便掌握進度。他沉思很久說：「定陵挖了兩年，那是日夜趕工的，照那樣幹法，幾千件東西整理起來，也許比兩年要長些，你們看兩年半行不行？」臨行時，他又補充說：「所內的技術力量你們隨時用，下田野的可以調回來。我只希望能快點完成。」實際情況比我們共同估計的要複雜得多，夜以繼日，足足幹了五年才完稿，送他過目時，時間超出了一倍。我們很感不安，而他卻平靜地說：「我瞭解，實物腐朽嚴重，不容易整理，你們盡力了。」稿子交到他手不久，誰又想到，這位中國社會科學院副院長、考古研究所名譽所長、身兼國外六國院士的一代考古巨匠，卻與世長辭了。

定陵發掘之初，他並不贊成，確定發掘之後，他卻是具體指導者，無論是初期的發掘工作還是最後的發掘報告，都凝聚著他的心血。在和他的遺體告別之後，歸途中我默默地想：與其他發掘委員相比，也許他還算幸運的，雖然沒有看到發掘報告最後成書，總算看到了完稿，自始全終，在發掘委員中他是僅有的一位。九泉之下，可以瞑目了。

吳晗當時是北京市副市長兼北京市文化教育委員會主任，主管文教事業，我的原單位北京市文物調查研究組為他直接領導（後屬文化局）。他又是歷史學家，明陵發掘的發起人之一、發掘委員，對發掘當然關心備至。一九五八年初秋，我下放前夕，《考古通訊》要公布「定陵發掘簡要報告」，責任編輯徐元邦坐等索稿，我連夜趕寫〈簡報〉上半部，打電話報告吳晗，問他是否過目。回答很乾脆：「簡報稿子我不看，我只望你抓緊時間早日完成正式報告，我要看正式發掘報告。」我低聲答應。他哪裡知道，我第二天就要離開定陵，下放勞動，我不願告訴他。此一去何時回京，能否回來，不能預料，正式報告的事我卻貿然答應下來，真是糊塗之至，心中十分不安。

吳晗逝世十年之後，即一九七九年，「三家村」冤案平反。一九八四年是吳晗誕辰七五周年、逝世十五周年，生前他曾任北京市歷史學會會長，學會事前籌備開紀念大會、出版《吳晗史學論著選集》，他原為清華大學教授，清華建「晗亭」屆時揭幕（鄧小平題字），學會理事分工，我承擔在首都博物館舉辦「吳晗紀念展覽」的工作。布展期間，我從定陵取來幾張照片，放大展出。開幕前夕，吳晗的胞妹吳浦月來了，面對照片，問我當時情況，我極力按捺住激動的情感，盡量把話題扯開：大約在一九五七年前後，吳晗要出訪埃及，特地來到定陵，問我要不要帶回一點關於發掘金字塔的資料。我告訴他這類資料圖書館可以找到，從定陵出土器物看，急需一些國外對出土文物的修復、保存等書籍。此後不久，他陪同駐埃及大使陳家康夫婦到定陵參觀，順便將厚厚一本修復文物的英文書交給我。我試譯了其中的重要章節供參考，挺費力，沒譯完就放下了。說到這裡，我把吳晗與陳家康夫婦的合照指給吳浦月，她一直默然不語。我又講述了一些多年來吳晗關心北京文物考古的事例，她仍然默默不語，後來我講他關心定陵發掘報告以及多次指點我讀書記筆記的情況。講述之間，也許無意中流露了我的深切懷念之情，萬萬沒有料到，她竟當著那麼多人的面，緊緊抱住我嚎啕大哭起來，我一時茫然，不知所措。

事隔不久，《吳晗傳》作者之一王宏志來找我，說要補充一點吳晗與北京文物和定陵發掘的史實。當時發掘報告正在編寫，尚未完稿，一提定陵這塊心病，我又哽咽起來，談話無法進行。我們是先後同學，也許他不會怪我失態。沒過多久，侯仁之教授介紹美國人馬紫梅女士來訪，她也要寫一本英文本《吳晗傳》。事先約好時間，我有了一點心理準備，談了一些吳晗關心北京文物事業的例子，她滿意地走了。然而就在送走馬女士之後時間不長，吳浦月也帶著無限悲傷和遺恨，尋找她的胞兄去了。我滿懷悲痛之情參加了她的葬禮。

定陵發掘報告久久不能問世，師友們偶爾問及原因，我也講述一些情況，做點解釋，自然也流露一點情緒。有的同行知道一點內情，衝著我說幾句歇後語發牢騷：你不就是拉磨的驢嗎，報告寫不寫關你屁事，鹹吃蘿蔔淡操心。他的意思很清楚，安排不安排整理發掘報告，有領導在，你，小幹部，是「小驢拉磨」，聽吆喝的。有的師長勸我：既如此，你可以考慮寫一篇「備忘錄」，在《考古》雜誌上刊出，至少可以取得國內外同行的諒解。發掘期間，工作記錄之外，我也零星地記了些日記，以備查考。但「文革」中大都丟失了，時間、地點、人物記不大清，「備忘錄」不好著筆，一直沒有寫。現在好了，發掘報告出版，一代皇陵工程終於最後結束，我如釋重負，再也不用「備忘錄」了。

行文至此，本可結束了，但猛地想起，熱心的讀者也許關心多少年前那支工作隊的去向，所以應該再嘮

時任文化部副部長兼文物局局長的鄭振鐸（中）

郭沫若(左二)、夏鼐(左三)在地宮後殿

正在視察的吳晗(左二)

叨幾句。白萬玉，據他講，「盧溝橋事變」後曾在他的老家張家口尤關縣幹過一陣遊擊隊，跟日本人狠打過幾仗。除去這段時間，他一生都在幹考古，大家尊稱他「白老」。定陵發掘沒有星期天，兩年多他也就在探溝和地宮中度過。他田野經驗豐富，尤其長於修復器物，可惜工作隊結束過早，沒有發揮他的專長。回到考古所，不久退休，北京大學的考古專業又請他去講過器物修復課，也帶過同學的野外學習。他無子嗣，記得養子在電車公司工作，我去找過，卻無結果。對於中國早期的考古調查，河南、陝西、甘肅以及解放前的西北科學考察團的內蒙、新疆之行，他都有過詳細的講述，我也作過詳細筆錄，如能整理出來，對他應是個紀念。

于樹功本是北京市文物調查研究組祕書，工作隊初建，他擔負了一切行政事務，安排就緒後，又回到文物組。他是中共天津三位建黨人之一于樹德的弟弟（另二位是李錫九、江著元），青年時代與先烈李大釗有交往，送莫斯科學習，與烏蘭夫、伍修權等同屆。日本占領東北，回哈爾濱做情報工作，被告密入獄，判死刑，又改無期。幾年之後，他竟說服了留學日本的青年獄醫趙公民（解放後任吉林省衛生廳廳長，死於「文革」，結伴）出逃，成為日本監獄內重犯逃脫僅有的一例。曾入煤窯，隱姓埋名做礦工。後回到北京，蹬三輪車為生，解放前接通關係。能說半句俄語，他卻偏偏要做文物工作。「文革」中，為越獄一事又受衝擊。晚年躺在病床上，我去看他，去一次哭一次，害得我不敢久待。只有一次，我們憶起當年有人曾以掘陵破壞「風水」為由，揚言要幹掉我，他特地送我一把蘇制匕首防身的事，兩人不禁哈哈大笑。遺憾的是他去世時我在定陵寫報告，未能見上最後一面。

劉精義這位當年的文弱書生，今天已是文質彬彬的學者，在北京市文物研究所，副研究員，致力於北京史研究，寫了幾篇頗有見地的論文。他說並未放棄十三陵，正在作「明陵劄記」，幾十萬言，不久即可成書。一提到健康，他總是說陵園中那日日夜夜的泥水生活鍛煉了他，至今保持著熬夜的習慣。

李樹興是開工不久才到定陵的，清理工作中搞登記、保管，工作隊解散留在定陵，「文革」中焚毀屍骨，他是目擊者，聽他講過一些別人不願說的細節。現在頤和園管文物，偶去遊園還談談往事。

曹國鑒、冼自強、王杰仍在考古所工作，曹練得一手瘦金書、寫意畫，成了書畫家；冼在實驗室搞碳14，整日足不出戶；王杰卻天天出差去發掘現場畫圖。

如果前後聯繫起來，二十年後編寫報告者自然也屬工作隊成員。

王岩這位六十年代初北京大學考古專業的畢業生，「文革」中去保定滿城發掘那知名中外的「金縷玉衣」，發掘報告剛一完成便轉到定陵。整理器物等細緻繁瑣而艱巨的工作是他和王秀玲完成的，幾年的時間，把他累壞了，明顯地看出兩鬢增添了幾縷白髮，剛一結束，又遠去洛陽了。人在洛陽，心繫定陵，仍要關心那本報告稿，排圖、修改、校樣，一稿一稿與責任編輯樓宇棟折騰了七次，京洛路上他往返至少七趟。五年編寫，兩年複核校訂，一本報告耗去他七年時間。現在他是考古所洛陽隊隊長，又在那裡挖漢唐城址，消息傳來，很有收穫。

王秀玲是「文革」期中北京師範大學歷史系畢業生，十三陵生人，研究鄉土，當然最合適，現在擔任講課任務，培養解說員。

魏玉清是十三陵特區文物科長，編寫報告期間承擔著繁重的後勤行政事務，做得井井有條。又潛心於業務，寫書還擔任著十三陵的全部陳列工作。

吳平，是從蘇州特邀來的，六十年代初北京工藝美術學院染織系的高材生，在定陵一住近三年，絲織品匹料、龍袍、靴帽等全部圖案紋飾是她一人完成。在大案子上把破損的碎片拼湊起來，初稿畫完，謄成清稿，一稿一稿、一張一張，足足幾百張，一個放大鏡磨得模模糊糊。有一次她舉著放大鏡卻斜指著我的鼻子說：「你呀，你呀！把我的青春磨完了！」回蘇州不久，又離別相依為命的老父遠渡重洋去美國進修。不久前接到來信，詢問發掘報告的事，我真想回信不提「報告」二字，只寫個「祝你青春永駐」，也回敬她一個玩笑。

定陵開放之後，觀眾人山人海，天天如此。有一次我陪外賓去參觀，走出陵園大門，在廣場上看到一位農民裝束的白髮老者，站在一塊石頭上高聲講解，觀眾圍得水泄不通。側耳聽聽，定陵的歷史、發掘和意義、過程，講得清楚明白，真實而生動，語氣中還帶著幾分得意。定陵的人我幾乎都熟悉，但不認得他，哪裡來的一位義務解說員？仔細一看，原來是三十多年前參加發掘的一位民工，模樣還記得，但忘了姓名。我不願打擾他，悄悄地走開了。三十多年前疑神疑鬼的山民，今天高高地站在廣場上對著眾多的觀眾講得繪聲繪色、頭頭是道，又是什麼使他有了這麼大的變化，前後判若兩人？噢！我突然明白，是文化，文化顯示力量了。

直接與定陵發掘有關的人講完，該輪到我自己上場了。我嘛，四十多年前的毛頭小夥子，已經退休，齒搖、髮蒼蒼，垂垂老矣。田野跑不動，只能關在斗室中爬格子。定陵發掘之初，吳晗要求我搜集明代北京的歷史資料，「文革」前作過一部分送他過目，他被抄家，資料散失了。「文革」後重新再作，日夜不息，二百萬言已經脫稿。吳晗是我的領導、師長，生前交給我兩件事，定陵發掘他沒有看到最後完成，也沒能利用發掘報告寫出一篇文章，過早地去逝了。今天，發掘報告已經出版，還獲得兩個獎項，一個中國社會科學院的社會科學研究優秀成果獎；一個夏鼐考古學基金會的考古學研究優秀成果獎。《明實錄北京史料》業已完成，得此消息，九泉有知，當可瞑目了。老師，安息吧！

寫到這裡，我感到很累，很疲乏。站起身來，直直腰、挺挺胸，推開窗子想換換空氣，扭開收音機聽聽香港回歸的消息，不想卻傳來北京地區天氣預報：

明天　晴

溫度　零上二度至零下九度

風力二三級

北部山區有小雨雪

噢！明天，是一個難得的好天氣，年輕的考古隊又該出發了，一點小雨雪擋不住他們的去路。祖先留給我們的遺產太多了，埋藏得很深，需要他們去苦苦地尋、深深地挖。我依稀看到他們的身影又在淒冷的荒野上一步一步地探索、尋覓，一鏟一鏟地發掘。他們肩上的擔子夠重的。祝他們成功。

一九九六年冬，於北京西四寓所。

〔簡介〕

趙其昌（一九二六—二〇一〇），河北安國縣人，一九五三年北京大學歷史學系考古學專業畢業後分配到北京市文教委員會文物調查研究組，後轉入首都博物館工作，長期從事北京地區考古學、歷史學方面的研究。一九五六年參加明代定陵的發掘工作，擔任考古發掘隊隊長。一九八五年—一九八八年任首都博物館館長。一九八八年退休，後兼任首都博物館專家委員會主任。主要著述有《定陵考古發掘報告》，與王岩（社科院考古所）合著，一九九一年由文物出版社出版，獲中國社會科學院考古所研究優秀成果獎與夏鼐考古基金會優秀獎。另有《定陵掇英》大型畫冊。《明實錄北京史料》四冊，有關北京史跡考證、論述文字數十篇，如〈唐幽州鄉里〉、〈延慶奚人遺跡〉等，編為《京華集》出版。

附錄

主要參考文獻

談遷：《國榷》，中華書局，1958年。
《明實錄．神宗實錄》，南京影印本。
《鈔本萬曆起居注》，定陵藏重抄本。
何寶善等：《萬曆皇帝朱翊鈞》，北京燕山出版社，1990年。
黃仁宇：《萬曆十五年》，中華書局，1982年。
朱東潤：《張居正大傳》，湖北人民出版社，1957年。
羅哲文、羅揚：《中國歷代帝王陵寢》，上海文化出版社，1984年。
吳夢起：《大明興衰》，遼寧少兒出版社，1989年。
中科院考古所編著：《滿城漢墓》，文物出版社，1978年。
蘇雙碧、王宏志：《吳晗傳》，北京出版社，1984年。
夏鼐、蘇雙碧等：《吳晗的學術生涯》，浙江人民出版社，1984年。
繆荃孫等：《光緒昌平州志》，北京古籍出版社，1989年。

徐曉光、高崢：《世界文化之謎》，文化藝術出版社，1987年。
夏鼐：《中國文明的起源》，文物出版社，1985年。
常霞青：《麝香之路上的西藏宗教文化》，浙江人民出版社，1988年。
孫學明等：《喜馬拉雅之謎》，人民文學出版社，1989年。
許大齡：《漫談明十三陵》《燕都》1986年第4期。
劉精義：《明神宗純懿皇貴妃王氏壙志考》，北京史研究會1982年印。
金濤：《他在田野上辛勤耕耘》《光明日報》1985年9月8日。
黃修明、張力：《中國十大高僧》，延邊大學出版社，1992年。
長陵發掘委員會工作隊：《定陵試掘簡報（上）》《考古通訊》1958年第7期。
長陵發掘委員會工作隊：《定陵試掘簡報（下）》《考古》1959年第7期。
王岩、王秀玲：《明十三陵的陪葬墓》《考古》1986年第6期。
胡漢生：《明定陵玄宮制度考》《考古》1987年第4期。
胡漢生：《明陵建築的風水與風格》《考古》1988年第3期。
門巋：《中國后妃的生死歌哭》，科學出版社，1989年。
趙其昌、王岩：《定陵》，文物出版社，1990年。
王岩、趙其昌、樓宇棟：《定陵掇英》，文物出版社，1990年。

後記

謹向以上列目參考書已故的、健在的著者、編者致以誠摯的謝意。在本書採訪過程中，得到了十三陵特區辦事處的關懷和支持，受到定陵博物館、中國社科院考古研究所和當年參加發掘人員的熱情協助，謹向何寶善、師鋒、王秀玲、胡漢生、王岩、趙其昌、劉精義、李樹興、冼自強、王啟發、李德森、李佩儒等同志致以謝意！

國家圖書館出版品預行編目(CIP)資料

風雪定陵：地下玄宮洞開之謎 / 岳南, 楊仕著. – 三版. -- 臺北市 : 遠流, 2016.11
面； 公分
ISBN 978-957-32-7910-5（平裝）

1.古墓 2.考古學 3.中國

797.82 105019091